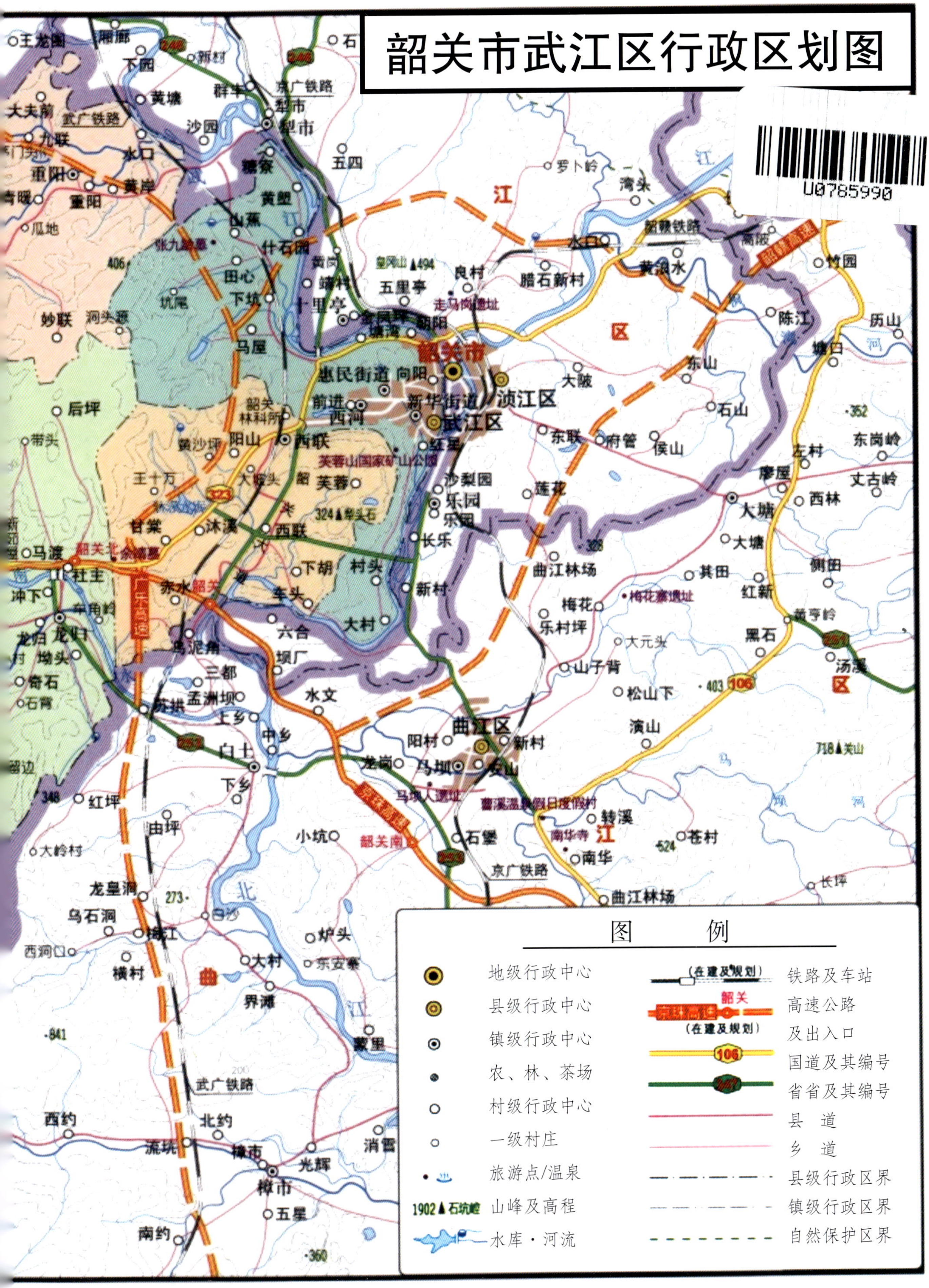
韶关市武江区行政区划图
王龙围
下园
新村
京广铁路
犁市
黄塘
沙园
大夫前
武广铁路
九联
水口
重阳
黄岸
五四
罗卜岭
湾头
江
蔡屋
黄塱
山系
张九龄墓
什石围
瓜地
田心
下坑
坑尾
皇冈山 494
良村
五里亭
腊石新村
水口
韶赣铁路
黄浪水
韶赣高速
竹园
走马岗遗址
十里亭
区
陈江
历山
妙联
洞头源
马屋
韶关市
东山
大陂
惠民街道
向阳
浈江区
新华街道
前进
西河
武江区
石山
352
后坪
韶关林科所
东联
府管
侯山
东岗岭
阳山
西联
红星
左村
芙蓉山国家矿山公园
廖屋
丈古岭
王十万
大坑头
芙蓉
沙梨园
莲花
乐园
西林
大塘
甘棠
沐溪
324 帽头石
西联
长乐
大塘
马渡
韶关北
社主
下胡
村头
曲江林场
其田
侧田
冲下
红新
车头
新村
广乐高速
赤水
梅花
梅花寨遗址
龙归
黄亭岭
大村
乐村坪
黑石
坳头
乌泥角
六合
大元头
坝厂
山子背
汤溪
奇石
三都
区
孟洲坝
水文
松山下
403
106
上乡
中乡
曲江区
新村
滨山
白土
阳村
龙岗
马坝
安山
718 关山
下乡
红坪
马坝人遗址
曹溪温泉假日度假村
转溪
由坪
小坑
韶关南
石堡
南华寺
524
苍村
大岭村
南华
京广铁路
龙皇洞
273
曲江林场
长坪
乌石洞
北
樟江
白沙
炉头
西洞口
大村
东安寨
横村
曲
界滩
江
841
蒙里
武广铁路
200
西约
北约
流坑
樟市
消雪
光辉
樟市
五星
南约
360
图例
地级行政中心
县级行政中心
镇级行政中心
农、林、茶场
村级行政中心
一级村庄
旅游点/温泉
1902 石坑崆
山峰及高程
水库·河流
（在建及规划）
铁路及车站
韶关
京珠高速
（在建及规划）
高速公路
及出入口
106
国道及其编号
347
省道及其编号
县道
乡道
县级行政区界
镇级行政区界
自然保护区界

武江年鉴

2016（总第9卷）

《武江年鉴》编纂委员会　编

方志出版社
Publishing House of Local Records

图书在版编目（CIP）数据

武江年鉴．2016／《武江年鉴》编纂委员会编．—北京：方志出版社，2016.10
ISBN 978-7-5144-2170-5

Ⅰ．①武… Ⅱ．①武… Ⅲ．①区（城市）—韶关—2016—年鉴 Ⅳ．①Z526.53

中国版本图书馆CIP数据核字（2016）第264456号

武江年鉴（2016）

编　　者：《武江年鉴》编纂委员会
责任编辑：刘方圆

出 版 人：冀祥德
出 版 者：方 志 出 版 社
地址　北京市朝阳区潘家园东里9里（国家方志馆4层）
邮编　100021
网址　http：//www.fzph.org
发　　行：方志出版社发行中心
电话（010）67110500
经　　销：各地新华书店
印　　刷：韶关市新华宏达印务有限公司

开　　本：889×1194　1/16
印　　张：22
字　　数：646千
版　　次：2016年10月第1版　2016年10月第1次印刷
印　　数：001~500册

ISBN 978-7-5144-2170-5　定价：200.00元

编辑说明

一、《武江年鉴》是由中共武江区委领导、区政府主持、区史志办公室组织实施、各承编单位共同参与编纂的地方综合年鉴。该书以马列主义、毛泽东思想、邓小平理论、“三个代表”重要思想和科学发展观为指导，全面、系统、准确地反映武江区自然、政治、经济、文化、社会等方面的基本情况，为读者了解和研究武江区提供基本资料。

二、《武江年鉴（2016）》采用分类编辑法。主体内容设类目、分目、条目三个结构层次，以条目为表现内容的基本形式。全书条目的标题统一用黑体加【】表示，少数包含多方面资料的条目则在文内用楷体标题标明各段资料的主题。

三、《武江年鉴（2016）》着重反映2015年武江区各项事业发展的基本情况。全书分正文和彩页两大部分。正文内容由特载、大事记、概况、行业专文、镇（街）概况、人物荣誉、社会经济统计资料、附录等组成，共28个类目111个分目906个条目；彩页主要反映年内全区政务活动。

四、本年鉴编目设计在上一年的基础上，对部分栏目编排进行适当调整，并增加少量分目和条目，使篇目更加科学和完整。

五、本年鉴的统计数据采用法定计量单位（少量计量单位仍用“亩”“公里”“吨”），统计数据以武江区统计局提供的数据为准，统计局无此数据的则使用单位统计数据。

六、本年鉴撰稿人姓名在文末标出，部分特殊内容的作者在标题下方标出。

七、本年鉴的编辑出版工作在中共武江区委、区政府领导下，在各有关单位的通力合作下，依靠各单位撰稿人员共同完成，在此谨表谢意。书中难免有疏漏差错之处，敬请读者批评指正。

《武江年鉴》编纂委员会

名誉主任： 王德雄

主　　任： 黄建华

副 主 任： 孙理鸣　王敏雯　欧阳征禄

委　　员：（排名不分先后）

何远韶　粟　健　洪维陶　龚映韶　汤应辉
王洪明　朱旭东　黄维民　林小夏　邓桂生
张祈俊　刘　敏　成振铭　张思建　曹华龙
刘立文　韩伟强　陈雪延　李力克　黄艺顺
潘歧亮　曾　宏　方旭铭　刘　武　胡丽娟
黄海涛　肖大清　王　鸽　何爱华　钟爱明
刘存友　梁嘉金　杨　岚　龚耿岚　谢洪泉
朱广昌　叶文辉　段锋刚　姜蕴芝

《武江年鉴》编辑部

主　　编： 欧阳征禄

副 主 编： 李卫东

编辑人员： 欧阳征禄　李卫东　董素梅　黄　敬

《武江年鉴》审稿组

组　　长： 王敏雯

副 组 长： 朱旭东　欧阳征禄　叶文辉　邱　江

成　　员： 林卓伟　刘学农　陈志坚　陈发中　莫远媚

《武江年鉴》撰稿人员

（排名不分先后）

欧阳征禄　李卫东　董素梅　林雪丽　黄　平　禤宇萍　李　琪　麦燕玲　杨良潭
徐　玲　朱　江　冯　洁　侯芊彤　王　莉　李　毅　刘　琼　邓映辉　官庆添
李　强　林基乐　王龙树　赵桂林　于方娟　朱玉娟　陈勇胜　成志军　李文杰
李旭阳　钟喜梅　韦凤孝　朱　唯　曾楚钧　王　瑾　罗　争　张志明　张益华
杨　琼　刘丽华　陈文利　王　敏　刘建强　曾伟虾　廖振诚　刘学农　马立峰
廖志辉　巫伟东　骆婕怡　王　智　陈飞凤　向劲松　姚俊曦　甘　楠　翁一成
谢珍环　张文清　李仕跃　华建浩　胡银峰　刘　媚　钟卫娜　郭志东　温　碧
潘会亮　刘建庭　黄永和　戴　进　林东韶　李林霖　龚　文　白玉婷　陈志青
曾甫清　林秋苹　杨　娓　肖新桂

武江数字2016

土地面积682平方千米

年末户籍人口26.85万人

年末常住人口30.93万人

人口自然增长率6.36‰

地区生产总值2174537万元

第一产业增加值61943万元

第二产业增加值1039310万元

全部工业增加值914589万元

第三产业增加值1073284万元

第一、第二、第三产业构成2.8:47.8:49.4

人均地区生产总值70671元

规模以上工业增加值870989万元

农林牧渔业总产值100762万元

社会固定资产投资总额1017235万元

社会消费品零售总额1009470万元

外贸进口总额1523万美元

外贸出口总额1555万美元

实际利用外商直接投资88万美元

地方公共财政预算收入42197万元

其中：

国家税收收入（本级）5428万元

地方税收收入（本级）24605万元

地方公共财政预算支出99508万元

城镇单位在岗职工年末人数77160人

城镇单位在岗职工年人均工资58628元

城镇常住居民人均可支配收入28015元

农村常住居民人均可支配收入14058元

耕地面积0.69万公顷

粮食播种面积0.50万公顷

粮食产量2.72万吨

林地面积5.28万公顷

森林覆盖率72.23%

活立木蓄积量415.88万立方米

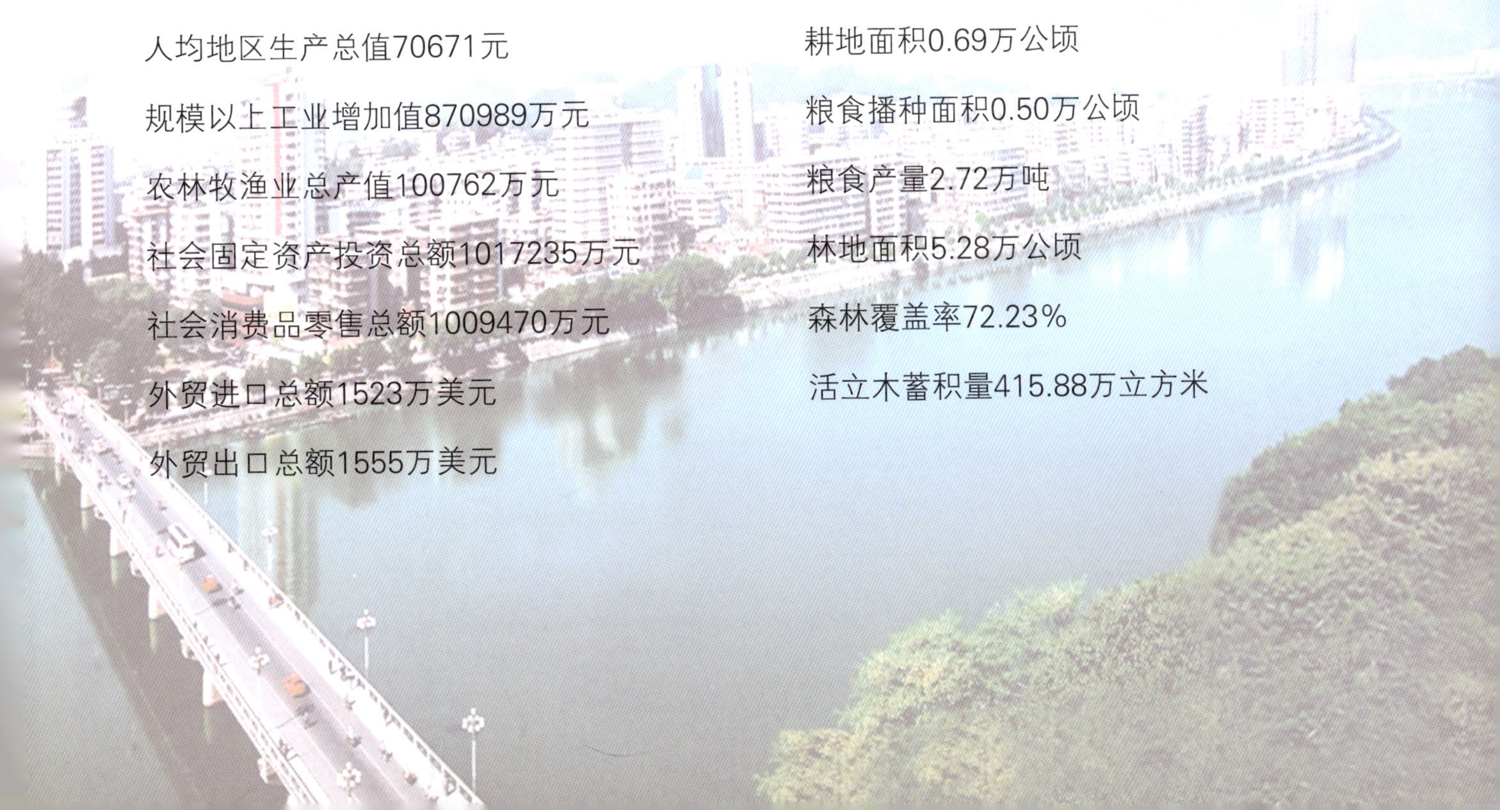

领导视察

1 2015年6月10日，韶关市市委书记蓝佛安（左二）到武江区调研（段锋刚摄）

2 2015年1月6日，韶关市市长艾学峰（左三）到武江区检查安全生产工作（段锋刚摄）

3 2015年6月29日，韶关市军分区首长郭伟坚（右三）到武江区开展七一慰问活动（段锋刚摄）

4 2015年11月17日，韶关市常务副市长陈波（左二）检查经济发展目标落实情况（段锋刚摄）

1 2015年9月16日，韶关市代市长骆蔚峰（前排右三）到武江区调研（段锋刚摄）

2 2015年5月21日，省委巡视组到武江区开展谈话工作（段锋刚摄）

3 2015年4月22日，省委组织部到武江区检查基层党员工作（黄伟坚摄）

4 2015年4月15日，省妇联组织中山大学调研组到武江区调研妇联、社工工作情况（黄伟坚摄）

1 2015年1月26日，韶关市委组织部部长肖怀跃（左三）、市人大常委会副主任张平（左二）慰问困难群众（段锋刚摄）

2 2015年6月29日，韶关市副市长许志新（右二）到武江区开展七一慰问活动（黄伟坚摄）

3 2015年8月6日，韶关市委宣传部部长柳琛子（左二）到武江区检查创文工作（段锋刚摄）

4 2015年9月23日，韶关市副市长王伟阳（右二）到武江区调研计生工作（林卓伟摄）

1 2015年12月14日，韶关市委组织部部长华旭初（左二）到武江区调研党建工作（段锋刚摄）
2 2015年1月22日，共青团市委到武江区慰问留守儿童（黄伟坚摄）
3 2015年7月3日，韶关市督查组检查武江区重点项目工作（黄伟坚摄）
4 2015年9月24日，韶关市督导组到武江区检查妇女儿童工作（黄伟坚摄）
5 2015年11月19日，韶关市委办在武江开展调研工作（段锋刚摄）

政务活动

2015年1月8日，区委书记王德雄（左四）、区长黄建华（左二）督导新城和园区建设项目（段锋刚摄）

2015年1月5日，区长黄建华（右一）检查安全生产工作（段锋刚摄）

1 2015年1月7日，武江区政协组织调研重点项目（林卓伟摄）
2 2015年1月28日，武江区政协八届五次会议视察活动（林卓伟摄）
3 2015年11月24日，区委书记王德雄（右三）到龙归河（江湾镇段）检查中小河流治理情况（段锋刚摄）
4 2015年5月27日，武江区人大系列视察活动（黄伟坚摄）
5 2015年6月18日，区委书记王德雄（左二）到龙归等地调研农业农村工作（段锋刚摄）

1 2015年9月10日，武江区组织开展警示教育活动（段锋刚摄）

2 2015年5月29日，武江区开展“六一”节慰问活动（黄伟坚摄）

3 2015年3月11日，武江区四套班子领导带领广大干部职工开展义务植树（段锋刚摄）

4 2015年9月30日，武江区机关干部参加国家公祭日活动（段锋刚摄）

1 2015年2月9日，区委书记王德雄（右三）、区长黄建华（右六）率队开展春节前安全生产检查、消防及食品药品安全大检查（段锋刚摄）

2 2015年8月18日，区长黄建华（右一）率队开展安全生产大检查（林卓伟摄）

3 2015年1月5日，武江区开展消防安全大检查（黄伟坚摄）

4 2015年1月21日，武江区开展校园食品安全大检查（黄伟坚摄）

5 2015年8月11日，武江区开展园区企业消防安全突击检查（黄伟坚摄）

6 2015年2月12日，武江区捣毁光明巷制假酒窝点（林卓伟摄）

1 2015年7月23日，武江区开展“八一”慰问活动（段锋刚摄）

2 2015年2月9日，区委书记王德雄（右二）率队开展春节慰问活动（段锋刚摄）

3 2015年2月6日，区委常委彭波（右一）开展春节前慰问活动（黄伟坚摄）

4 2015年9月8日，区委书记王德雄（左三）慰问贫困户（段锋刚摄）

5 2015年9月8日，区委书记王德雄（左排中）率队开展教师节慰问活动（段锋刚摄）

1 2015年4月2日，区委书记王德雄（右五）深入工厂车间（段锋刚摄）

2 2015年4月17日，区委书记王德雄（右二）调研房地产企业（段锋刚摄）

3 2015年6月30日，区委书记王德雄（右四）到学校调研义务教育均衡发展工作（段锋刚摄）

4 2015年8月21日，区委书记王德雄（右二）到工业企业调研（段锋刚摄）

5 2015年10月22日，区长黄建华（右一）率队督导创文工作（黄伟坚摄）

1 2015年4月13日，区委书记王德雄（前排右二）检查防汛工作（段锋刚摄）

2 2015年8月21日，区长黄建华（右一）督查创文工作（林卓伟摄）

3 2015年6月5日，区委书记王德雄（左一）察看内涝情况（段锋刚摄）

4 2015年5月2日，区委宣传部部长郑伟平（右二）到沐溪水库检查（段锋刚摄）

1 2015年4月24日，区委书记王德雄（右三）到芙蓉新区督导各重点项目（黄伟坚摄）

2 2015年9月9日，区委书记王德雄（右二）了解芙蓉新村建设进展（段锋刚摄）

3 2015年9月25日，区委书记王德雄（右三）、区长黄建华（左一）到芙蓉隧道查看施工进度（段锋刚摄）

4 2015年11月24日，区委书记王德雄（右三）到重阳河（重阳镇段）检查施工情况（段锋刚摄）

1 2015年3月3日，区委书记王德雄（左二）在西河镇检查镇街领导干部驻点普遍联系群众工作（段锋刚摄）

2 2015年8月19日，武江区人口文化创建工作启动仪式，区长黄建华（右一）为人口文化创建试点镇授牌（段锋刚摄）

3 2015年12月1日，武江区召开芙蓉新城征地工作座谈会（段锋刚摄）

4 2015年12月7日，区委书记王德雄（左三）检查社区工作（段锋刚摄）

1 2015年3月24日，韶关市考核组考评武江区综治创平工作（林卓伟摄）

2 2015年6月15日，武江区委召开常委扩大会议传达学习市委书记蓝佛安调研要求（段锋刚摄）

3 2015年9月18日，武江区委常委会召开会议专题研究部署省委巡视组反馈意见整改落实工作（段锋刚摄）

4 2015年11月13日，武江区委常委会讨论巡视整改报告（段锋刚摄）

5 2015年11月17日，武江区和市芙蓉新区管委会联合召开会议（段锋刚摄）

1 2015年2月4日，武江区召开创平工作总结暨交流会（林卓伟摄）

2 2015年5月19日，武江区召开土地确权专题会议（黄伟坚摄）

3 2015年6月4日，武江区开展村（社区）党支部书记培训班（段锋刚摄）

4 2015年8月14日，武江区召开创文推进会（黄伟坚摄）

会议学习

1 2015年1月26日，王德雄在区委八届四次全会上讲话（段锋刚摄）

2 2015年1月26日，区委八届四次全会召开（段锋刚摄）

3 2015年3月26日，武江区委中心组学习扩大会（林卓伟摄）

4 2015年12月31日，武江区委召开八届五次全体会议（段锋刚摄）

■1 2015年5月27日，武江区召开“三严三实”专题教育工作会议（段锋刚摄）

■2 2015年6月30日，召开武江区委中心组“三严三实”第一专题学习研讨会（段锋刚摄）

■3 2015年10月13日，武江区委办召开党支部组织生活会（段锋刚摄）

■4 2015年10月13日，区委书记王德雄以普通党员身份参加区委办党支部组织生活会（段锋刚摄）

■5 2015年12月29日，武江区委领导班子专题民主生活会（段锋刚摄）

1 2015年1月29日，武江区人大八届五次会议召开（黄伟坚摄）

2 2015年1月29日，王德雄在武江区人大八届五次会议上讲话（黄伟坚摄）

3 2015年12月30日，武江区人大领导班子召开民主生活会（黄伟坚摄）

4 2015年3月6日，武江区召开纪检工作会议（林卓伟摄）

1 2015年3月6日，武江区召开政府八届四次全体会议（黄伟坚摄）

2 2015年3月6日，区长黄建华在武江区政府八届四次全体会议讲话（黄伟坚摄）

3 2015年10月14日，武江区召开“三述”（述责述廉述德）报告会（林卓伟摄）

4 2015年8月31日，武江区召开扶贫“双到”推进会议（段锋刚摄）

1 2015年7月27日，区长黄建华在全区经济分析会议上（段锋刚摄）

2 2015年7月27日，武江区召开经济形势分析暨重点项目推进会（段锋刚摄）

3 2015年7月24日，武江区举办学习贯彻习近平总书记系列重要讲话精神宣讲报告会（段锋刚摄）

4 2015年12月30日，武江区政府领导班子专题民主生活会（林卓伟摄）

1 2015年4月21日，武江区召开第二季度安全生产及消防工作会议（黄伟坚摄）

2 2015年10月16日，武江区召开迎接全国创文测评工作会议（林卓伟摄）

3 2015年1月28日，政协武江区八届五次会议召开（林卓伟摄）

4 2015年10月14日，武江区召开政协领导班子民主生活会（黄伟坚摄）

1 2015年1月4日，武江区召开双拥工作动员会（林卓伟摄）

2 2015年2月11日，武江区人武部部长、政委调整任命大会（黄伟坚摄）

3 2015年7月14日，武江区召开年度武警暨征兵工作会议（段锋刚摄）

经济发展

1 奥园地产项目工地（林卓伟摄）

2 甘棠工业园（段锋刚摄）

3 武江区甘棠工业园掀起企业入园建设、投产热潮（段锋刚摄）

4 以纯项目生产工场（段锋刚摄）

5 中小河流治理工程施工现场（段锋刚摄）

1 发展迅速的武江科技工业园（林卓伟摄）

2 黄沙坪电子商务产业园（林卓伟摄）

3 建设中的芙蓉隧道（黄伟坚摄）

4 芙蓉新城重点项目建设（黄伟坚摄）

1 蓬勃发展的武江（黄伟坚摄）
2 芙蓉新城（黄伟坚摄）
3 武江区重阳兰花基地（黄伟坚摄）

社会民生

1 2015年1月1日，武江区举办元旦文艺演出活动（黄伟坚摄）

2 2015年2月4日，武江区文体协会到市福利院开展文艺演出活动（黄伟坚摄）

3 2015年3月8日，武江区文体协会举办“三八”文艺演出活动（黄伟坚摄）

4 2015年8月18日，武江区举办纪念抗日胜利文艺会演（段锋刚摄）

5 2015年9月29日，武江区举办校园文化暨国庆文艺会演（黄伟坚摄）

1

2

3

4

5

1 2015年5月18日，武江区乒乓球公开赛（林卓伟摄）

2 2015年8月6日，武江区开展全民健身日现场（林卓伟摄）

3 2015年9月19日，武江区西河镇举办农民运动会（黄伟坚摄）

4 2015年10月3日，武江区围棋公开挑战赛（黄伟坚摄）

5 2015年12月1日，武江区第三届中小学生篮球赛及冬季跑启动仪式（黄伟坚摄）

1 2015年2月8日，社会主义核心价值观新春楹联进万家活动（龙归）主会场（林卓伟摄）

2 2015年2月9日，赤水新村送春联（林卓伟摄）

3 2015年9月29日，武江区启动南粤幸福周，图为区委副书记曾清兰致辞（林卓伟摄）

4 2015年8月10日，武江区道德讲堂场景（黄伟坚摄）

1 2015年3月13日，武江区开展“315”宣传活动（林卓伟摄）

2 2015年8月28日，武江区开展金秋助学活动（黄伟坚摄）

3 2015年9月14日，武江区安全知识进校园活动现场（林卓伟摄）

4 2015年8月7日，武江区团委组织留守儿童开展活动（黄伟坚摄）

1 2015年2月11日，武江区工商联组织会员企业开展献爱心活动（黄伟坚摄）

2 2015年6月12日，武江区开展无偿献血活动（黄伟坚摄）

3 2015年6月26日，新华街开展三社联动（段锋刚摄）

4 2015年6月29日，武江区组织开展扶贫济困日捐款活动（段锋刚摄）

5 2015年10月9日，香港爱心人士到武江区献爱心（黄伟坚摄）

1 2015年8月1日，武江区开展征兵报名咨询活动（段锋刚摄）

2 2015年6月17日，武江区沙湖社区工作场景（黄伟坚摄）

3 2015年11月22日，纪委信访举报开放日（林卓伟摄）

4 2015年12月4日，澳门妇联到武江区开展学习交流活动（黄伟坚摄）

目　录

特　载

大 事 记

概　况

中共韶关市武江区委员会

武江区人大常委会

韶关市武江区人民政府

政协韶关市武江区委员会

纪检·监察

民主党派·工商联

群众团体·社会组织

人民武装

法　治

经济管理

工业·科技

农业（水利）·林业

商业·贸易

财政·税务

城乡建设·公路

教 育

文 化

卫生·体育

社会生活

镇（街道）

先进人物 · 荣誉

统计资料

文件辑录

附 录

索 引

特　载

武江区2014年投入逾5亿元建设民生事业

▲龙归万亩高标准基本农田建设，2014年武江区政府承诺为民办实事之一 （区委宣传部供稿）

前　言

悠悠万事，民生为大。它关乎城乡治理大局，也关乎社会稳定，更与老百姓的油盐柴米、福祉红利如影相随：住房、就业、医疗、养老、公共服务……在武江区，回眸刚刚过去的一年，有大手笔的民生保障投入、细致入微的“民生账单”，涉及改造乡镇医疗卫生场所、重修灾后冲毁桥梁、开展城市内涝整治、高标准基本农田建设、校园运动设施修建等方方面面，力求让居民得到更舒适、便捷的生活保障。

据统计，去年全区共投入逾5亿元建设民生事业，占公共财政预算支出64%。然而，民生是永恒的课题，在群众对幸福程度不断追求中，武江区政府正在完善工作方式，倾听民声，促进更多民生实事落地，谱写幸福武江新蓝图。

实事篇

定制实事“礼包”传递民生情怀。2014年，武江区政府投入大量的财力、物力、人力，向百姓送出多个民生“礼包”。其中在2014年完成为民办的实事有：升级改造龙归卫生院综合大楼、重建重阳大沙洲桥及陀村桥、建设龙归镇全民健身广场、建设花城社区公共服务站示范点、开展芙蓉市场片区内涝整治、重建江湾围坪寺前桥、修建镇泰小学运动场塑胶跑道、开展龙归万亩高标准基本农田建设，以实事惠民的方式，夯实民生之基，传递民生情怀。

升级改造龙归卫生院综合大楼。在各乡镇、农村，不少居民生病了都喜欢往市区大医院跑，原因是农村医疗设施相对简陋，让人感到不放心。然而，随着武江区深化医疗改革，加大医疗保障民生投入，基层看病难的状况发生了改变。在武江区龙归镇卫生院综合大楼，今年23岁的居民小何正在住院等待临产。这栋今年1月刚刚投入使用的大楼，病房宽敞洁净，小何感到非常舒服，“这栋新楼也很漂亮，住得也很舒服，感觉各方面条件都比较方便，和市区一些大医院相比也差不多。”记者了解到，龙归镇卫生院综合大楼是区政府去年承诺为民办的十件实事之一，原来的旧楼共5层，原来是龙归镇中心小学成人教育大楼，2012年经区政府同意，将龙归成教楼无偿划拨给龙归卫生院，升级改造为该院业务综合楼。改造项目总投资约124万元，该工程由区卫计局牵头组织实施，去年5月开始施工，11月完工。武江区龙归镇中心卫生院副院长付宏胜介绍，综合大楼以妇产科业务为主，随着升级改造，添置了一批新的仪器设备和医疗人才，现在卫生院的病人除了龙归镇，还辐射到乳源、曲江区白土镇、武江区西联镇等地，还有不少各县区慕名而来的病人，相比原来可以更好地满足居民的医疗服务需求。

建设花城社区公共服务站示范。“我们花城社区活动中心有书画厅、综合活动厅、图书储藏区、阅览区、科普展示区、绿色网吧等功能室，藏书量有6000册。居民可以在这里学习书画、借图书、上网，参加讲座、沙龙、排练舞蹈……”走进芙蓉东路178号碧水花城8栋一楼，花城社区活动中心工作人员凌嘉华热心地向记者介绍，这个面积近1000平方米的活动中心，已经成为居民文化娱乐生活的重要场所，辐射惠及沙洲尾片区3.4平方公里近3万居民。据了解，花城社区活动中心由新华街道办事处组织实施，共计投入经费140多万元，于去年8月份完工并投入使用，是区政府去年承诺为民办的10件实事之一。凌嘉华介绍，中心每天早上9点开放，每逢周末是居民活动的高峰期，有近百人。中心整合了各种资源，“很多居民反映，沙洲尾这一带平常外出市区借图书非常麻烦，所以我们设立了市图书馆分管，两边实行通借通还，为居民服务。”记者看到，这里的藏书涉及少儿、文学、历史、地理、经济等等，种类齐全，书目丰富。在多功能区，还有居民在指导下随着音乐翩翩起舞。据介绍，这里每逢周一、周三、周五有舞蹈团队进行排练，每逢周二、周四、周六，有乐队进行排练，周末还有沙龙、手工编织等活动，十分热闹。家住附近的老刘正在“绿色网吧”功能区上网，“我平常喜欢看看军事方面的新闻，有空就过来看看，上一个小时或半个小时，这里环境很新，各种设施都很齐全，也有专人打理，气氛很好，很方便我们居民！”

建设龙归镇全民健身广场。随着生活水平的提高，在我市相对偏远的乡镇，人们渴望在劳作之余享受休闲和娱乐生活。在武江区龙归镇河滨街街口，过往的一片荒地已被改造成新的全民健身文化广场，为附近村民提供了优质的健身和文娱活动场所。记者来到龙归镇全民健身文化广场，只见广场休闲娱乐设施一应俱全，有一个崭新的塑胶篮球场，各类健身器材、滑滑梯等儿童游乐设施，六张乒乓球台。有老人家带着小朋友们在散步、玩耍。家在龙归镇中心住的居民陈阿姨说，以往广场还未修建时，自己只能在河边散散步，也没有场地去跳舞。“现在我每天晚上都来这里跳广场舞，这里地方大，起码有几百人晚上来这里玩，很热闹。”龙归镇全民健身文化广场由区体育局和龙归镇政府组织实施，共投入建设资金60万元，于去年1月动工，面积约3000平方米，有篮球场1个，羽毛球场4个，乒乓球台6张，健身路径18条，于去年8月份建成并正式投入使用。

保障篇

关爱困难群体纾解民生之忧。困难群体的生活水平与城市的幸福程度息息相关，也是最重要的民生“考题”，丈量着城市的人文关怀和民生“温度。”2014年，武江区致力保障低收入群众生活，完善社会救助体系，加强扶贫“双到”等工作，纾解民生之忧。

扶贫“双到”助贫困户摘掉穷帽子。武江区下辖有5镇2街51个村委会，新一轮扶贫开发“双到”工作有省核定相对贫困村4个，相对贫困村内有贫困户226户，807人。去年该区加大帮扶工作力度，多渠道筹集资金，通过引导贫困村注资入股水电站及实体企业，引导贫困户发展特色优势产业，有效地促进贫困村、贫困户早日脱贫。2014年全区有劳动能力贫困户209户，782人在2013年底全部脱贫的基础上，收入继续保持高增长的态势，无劳动能力贫困户全部纳入低保，享受医保、新农保待遇；贫困户年人均纯收入达6665.82元，其中有劳动能力人均纯收入达6705.7元，分别比2013年增长了18.16%和16.98%。4个贫困村2014年的村集体收入共计38.64万元，平均每个村9.79万元，比2013年总数15.14万元增长了1.55倍，比帮扶前的2012年总数4.24万元增长了8.11倍。为充分利用区位优势，武江区在贫困村大力发展蔬菜、冬菇、木耳、莲藕、慈姑等农业特色产业。目前4个贫困村都培育有自己特色的产业，成立了农民合作社，培育了示范基地，辐射带动226户贫困户，756人参与了产业化生产。

全力提升低收入群众生活水平。2014年，武江区着力加强城乡低保规范化管理，严格落实分类施保政策和动态管理制度，建立与经济增长和物价水平相适应的补助标准正常增长机制，完善制度建设，出台《关于调整城乡低保最低月标准及农村五保供养最低年标准的通知》，城乡最低生活保障标准于2014年1月重新调整，目前执行的标准是：城镇每人每月370元，农村每人每月230元，人均补差水平城镇每人每月由242元增至333元，农村每人每月由111元增至147元，达到省、市要求的补差水平。目前，全区共有低保对象1730户3257人，去年1—11月共发放低保资金874.01万元，有效保障城乡低保群众的基本生活。为确保五保对象的正常生活，2014年武江区五保供养标准按2013年度农村居民收入的60%提高，由原来每人每月的513元提高到每人每月572元，目前，全区共有“五保”对象95人，其中集中供养71人，分散供养24人，集中供养比例超过了上级要求的50%。

文教篇

加强文化教育满足民生之需。文化、教育，与千家万户的精神文明建设紧密相连。武江区近年来创新工作方式，加大财政投入，让基层农村的群众也能享受到均衡的公共文化、教育服务，引导成立文艺协会倡导健康向上生活。“去年是我们区近年来举办各类群众性文化、文艺活动最多的一年。”武江区文化新闻出版局局长方旭铭介绍，随着丰富的精神文化生活逐渐成为群众的热切期盼，武江区不断地为创建良好文化服务平台，加大财政投入力度，建设群众基础文化设施，积极组织开展“三下乡”等活动。2014年，武江区文化新闻出版局共争取各级文化发展扶持资金403万元，用于加强文化设施建设。方旭铭介绍，去年8月武江区文化艺术体育协会成立，一共包含36支队伍，1300多名会员，它作为民间团体，有灵活的创收渠道和功能，也有带动发展文艺爱好者的草根性，这一方式让民间文艺团体不仅促进文化惠民，还在丰富基层精神文化生活中发挥了重要作用。在政府的资金支持下，协会发挥了组织、培训、指导等作用，去年成立以来举办了大大小小数十场活动，从千人广场舞，到乡村演出，协会倡导着积极健康的文化生活，也为乡镇农村带去一股文化新风。“比如说，协会到乡镇去组织开展活动，既送戏下乡演出，又邀请乡镇民间团队和他们一起参与活动和表演，从而促进当地的民间文化团队相互交流学习。”方旭铭说。

加强教育管理均衡优质资源。中小学生防流控辍工作是武江区长久以来的重点工作，去年，全区“普九”成果得到巩固。确保小学适龄儿童入学率保持在100%，小学毕业生入读初中的比率为100%。该区加强规范收费管理，确保了办学行为规范有序。武江区加强了“五个禁止”的执行力度检查，采取一票否决制度，有效遏制了违规办学行为。为了让城乡学生都能共享优质的教育资源，武江区近年来启动了“班班通”工程建设项目。在2013年，全区已投资468.86万元完成了“班班通”工程第一期170套多媒体互动教学平台的安装工程。2014年，第二期工程预算资金为987.25万元。截至去年11月，全区已完成大部分学校“班班通”多媒体电教平台的建设，目前仅剩6所学校和部分偏远教学点的“班班通”多媒体电教平台未安装。“班班通”工程完成后，武江区将在所有义务教育阶段学校教学班（包括教学点）实现“班班通”多媒体电教平台全覆盖，达成全面完成“班班通”工程建设任务的目标。

记者手记

民之生计，是柴米油盐，也是生活冷暖，它涉及的范围之广，实事之细，考验着政府的发展观念和工作思路，也事关民心，关乎大局。因此，民生建设是一个复杂的、长远的系统和工程。除了政府每年承诺为民办的实事以外，执政者还需在日常工作生活中，倾听百姓对民生事业的诉求，“急民之所急，忧民之所忧”，才能有的放矢，取得更有针对性的成果。政府可通过畅通新、老渠道，收集群众对民生实事的意见建议，可通过听证会、座谈会、实地走访、发放征求意见表、公布举报箱、开展互评等传统模式，结合利用网络问政平台、电话访谈、微博微信留言、调查等方式畅通意见渠道，广纳民意。让民生建设不仅有规范化、制度化的安排，也能向精细化方向发展。让群众在更大范围里从民生建设中收益，感受幸福。民生是永恒的课题。

（根据《韶关日报》文章整理）

武江区2014年工作回顾及新年展望

▲蓬勃发展的武江区俯瞰　（童铜韶摄）

▲武江区甘棠工业园掀起企业入园建设热潮　（童铜韶摄）

推进重点项目 新区建设步伐加快

新区建设的首要载体是土地，征地工作首当其冲。临时周转房、土地权属纠纷……征地过程中，各类问题层出不穷，个个都极为棘手，处理不好就会严重影响征地工作。“全区动员、全民支持，想方设法攻坚克难”这是记者对该区推进征地工作直观的印象。一年来，该区努力克服重重困难，新区征地工作加快推进。芙蓉新城完成路网交地约54公顷，保利商业综合体、市民文化活动中心等重点项目交地约67公顷，确保了新城11个重点项目建设用地；苗圃基地交地近40公顷；莞韶城一期及智慧广场等项目交地约400公顷。至此，起步区1300多公顷土地已基本完成征收。

安置工作是事关新城区建设进度和质量的大事。一年来，该区全面加快安置工作。赤水新村228套房屋已投入使用，西联新村117栋房屋、芙蓉新村115栋房屋正抓紧建设，今年可建成房屋1228套并启动搬迁；车头、阳山新村建设基本完成土地平整，即将实施主体建设；下胡新村已完成选址，今年上半年有望正式动工。

市、区两级领导高度重视新城路网建设，主要领导亲自抓，使新城路网建设取得重大进展。芙蓉大道南、32号路已建成通车，百旺路改扩建、芙蓉大道北、南华路、滨江路等6条骨干道路正在动工建设，“三纵三横”的新城路网框架初步成型，让人看到新城区的发展前景。

与此同时，公建项目建设进度加快，芙蓉新城活力初显。广东韶关实验学校顺利开学；新城排洪水系、芙蓉隧道、综合客运枢纽项目开工建设；市行政服务中心等12个单位进驻新城，市直单位加快了进驻新城步伐。人保财险等企业进驻新城，保利商业综合体项目进入实质性规划建设阶段，碧桂园太阳城凤凰酒店开业运营。新区城市产业项目逐渐增多。以碧桂园太阳城、恒大城、保利大都会为主的三大居住片区初具规模，已建成商品房1.5万多套，社区入住率逐步提高，人气逐步提升。

莞韶城建设突飞猛进，黄沙坪电子商务产业园首期50栋电子商务楼建设完工，区内路网等基础设施快速推进。

扩容提质 老城区改造紧锣密鼓

旧城区“三旧”改造和市政工程建设是城市提质的重要内容。一年来，老城区改造力度不断加大。“三旧”改造项目稳步推进，原福苑酒店项目正在进行地下室施工；二棉厂改造项目已完成5座楼房的主体施工；万紫千红项目正在进行土石方工程；万通城项目总体建筑优化设计基本完成；原市农业局大院和芙蓉丽景等项目也在加快推进。

市政工程建设时间紧、任务重，情况复杂，既是市委、市政府交给武江区的工作，也是武江区自身发展的实际需要。一年来，该区整合各方力量，攻坚克难，啃下不少“硬骨头”。目前，工业西内涝整治工程基本完工，芙蓉北路、上饶路、移山路、群康路等项目正在加快建设，奥园项目第一期顺利进场施工。

该区坚持“三个结合”，扎实开展打击“两违”工作。即在工作方式上坚持重点打击和舆论引导相结合，在区域控制上坚持突出重点和兼顾全局相结合，在实施手段上坚持鼓励自拆和政府强拆相结合。全年共拆除大小违法建筑143宗，合计面积约3.7万平方米。

加快新型工业化 经济发展稳中有进

“地区生产总值突破200亿元大关，是我市唯一一个超200亿的县（市、区）；人均GDP突破1万美元，超出全国、全省、全市平均水平；区级公共财政预算收入突破4亿元，增长18.8%。”这些亮眼的数字，让记者深深感受到武江区经济发展的成果。

为加快新型工业化发展，该区继续实施激励政策，建立重点企业跟踪服务、预测预警工作机制，积极推动和帮助传统优势企业实现增资扩产。记者了解到，该区去年完成规模以上工业增加值81.2亿元，同比增长8.6%。，全区实际利用外资2731.4万美元，全市排名第一。记者发现，工业的发展有赖于两个支撑，一个是烟草、玩具、制药、电力、机械等五大支柱产业发展较快，完成工业增加值76.8亿元。另一个则是民营企业的发展，全年民营企业完成工业增加值11.9亿元，增长9.2%，其中武江科技工业园已建成投产企业28家，去年完成工业增加值7.6亿元，增长26.1%。

甘棠园区是该区近年来着力打造的工业发展新平台，对该区今后经济发展至关重要。记者注意到，去年甘棠园区建设取得非常大的突破，逐步迎来企业入园建设高峰期，签约的41家企业已有24家挂牌成交，其中，莱雅化工、以纯服装、烟草机械等19个项目正式动工建设，有9家企业进入基础设施建设阶段，飞翔自动变速箱一期工程已完成设备调试进入试产。

第三产业繁荣是武江区的一个突出优势。去年，该区第三产业稳中向好，全年实现增加值100.3亿元，增长11.2%。重点抓住专业市场和星级酒店的培育，光华五金机电城顺利开业，前进建材城等保持良好发展势头，新建成汇展酒店、碧桂园太阳城酒店等，“西河商圈”呈现专业市场、酒店商务、商贸金融、大型商场集聚发展态势。

支出逾5亿
民生事业扎实推进

该区从群众最急切的问题抓起，从群众最希望的事情办起，用改革的思路和可持续发展的方式统筹做好民生工作，一年来共支出5亿多元用于保障民生，占总支出的64.3%。共发放低保资金1065万元，支出五保供养金73.4万元，低收入人群的基本生活得到了有效保障；狠抓社保扩面征缴，顺利完成城乡居民社会养老保险和医疗保险参保任务；采取积极措施推动就业创业；曲仁矿棚户区改造工作取得突破性进展，477户棚改户将入住新居；不断提升基本公共服务水平，政府承诺的10件实事基本完成。

凝聚合力
党的建设全面加强

该区扎实开展党的群众路线教育实践活动，全面加强党的建设，坚定不移推进党风廉政建设和反腐败斗争，为推进各项事业发展提供坚强有力的保证。

在群众路线教育实践活动中，该区广泛听取各行各业的意见建议，共征集意见建议1955条。在此基础上，聚焦“四风”抓整改，切实解决干部作风问题。同时，坚持通过完善制度建立长效机制，共废止制度34项，新建制度243项，修订制度280项，打通联系服务群众“最后一公里”。

为深入贯彻落实中央八项规定，2014年，全区精简会议36.2%、文件22.6%、“三公”经费42.8%、评比表彰活动90%。

2014年武江区主要经济指标完成情况

2014年，武江区坚持以重点项目作为推动经济发展的主要抓手，全年完成生产总值204.8亿元，突破200亿元大关，增长9.9%；区级公共财政预算收入突破4亿元大关，增长18.8%；实施重点项目55项，完成固定资产投资87.6亿元，同比增长44.5%，固定资产投资增速居全市首位。

展望2015：新年新举措
谋求“四个新突破”
加快“两化”进程

“芙蓉新城是武江实现整体升级的希望所在，甘棠园区承载着武江工业转型发展的梦想。我们必须以时不我待的紧迫感，全面加快园区和新城建设。”武江区委书记王德雄说。

据介绍，新的一年，武江区在“两化”建设上将谋求实现“四个新突破”，即以芙蓉新城为着力点，在加力提速城镇化上谋求新突破；以甘棠园区和莞韶园区为着力点，在促进工业结构调整上谋求新突破；以重点项目为着力点，在提升现代服务业水平上谋求新突破；以农业现代化为着力点，在加强农业基础上谋求新突破。

在新城区，该区将继续加快新城农民安置新村建设，完善赤水新村的配套设施，力争西联、芙蓉、车头安置新村房屋建设工程年内完工，启动下胡安置新村房屋工程建设。做好项目服务，配合市加快交通路网、文体场馆、市场、公园等市政和公共配套，配合市抓好保利商业综合体、恒大酒店等商业项目的实施。

同时，该区将加快推动蝶峦酒店等“三旧”改造项目的建设。支持欧浦御龙湾、南枫碧水花城、碧桂园、恒大、保利等房地产项目的开发建设。积极推进棚户区改造，全力配合市做好芙蓉北路改扩建以及上饶路、移山路、群康路、独芳路等市政项目的建设工作。继续开展市容环境综合整治，做好拆违控违工作，强化创文巩园成果。

该区将全力推动甘棠园区已签约的41家企业实现全面动工建设，全面配合莞韶园区的征地拆迁和项目建设工作。在重点项目方面，该区重点推进奥园、万通城、恒大酒店等商业项目建设；鼓励和支持前进建材城、五洲国际汽配城和光华五金机电商贸城发展壮大；依托莞韶城黄沙坪电子商务产业园，加快发展电子信息产业。该区进一步加大农业基础设施和水利设施建设力度，培育和壮大农业龙头企业和农民专业合作社，做强特色精品农业。

此外，该区将全面统筹城乡发展，全面推进依法治区，全面加强党的建设，巩固拓展群众路线教育实践活动成果，积极适应新常态，寻求新突破，圆满完成今年预期目标任务，开创武江区振兴发展新局面。

2015年武江区工作总体要求

全面贯彻落实党的十八大和十八届三中、四中全会、省委十一届四次全会及市委工作会议精神，深入学习贯彻习近平总书记系列重要讲话精神，主动适应经济社会发展新常态，全面加快“两化”进程，以改革创新的精神力促经济实现新发展；全面统筹城乡发展，以营造更加公平的社会环境为重点持续改善民生；全面推进依法治区，以法治思维和法治方式维护社会和谐稳定；全面落实从严管理干部队伍各项要求，聚精会神抓好党的建设。

2015年武江区经济社会发展预期目标

全区生产总值增长8%左右，固定资产投资增长16%以上，区级公共财政预算收入增长10%左右，城乡居民收入与经济发展（GDP）同步增长。

2015年武江区政府将办好6件民生实事

1.建设龙归中心卫生院综合大楼；

2.建设龙归中心幼儿园；

3.建设一批农村文化体育活动中心；

4.重修重阳镇重阳桥；

5.建设新华、惠民街道便民服务中心；

6.实施市五中校园周边环境及道路综合整治

（根据《韶关日报》文章整理）

▲迎新晚会让市民感受新年的喜庆　　（张伟摄）

武江区农林水工作综述

▲龙归镇坳头村几百亩莲藕长势喜人，农户正顶着烈日采挖莲藕

（张伟摄）

武江区一直以来都是市区重要蔬菜种植地，事关每一位市区居民菜篮子和餐桌。

近年来，武江区农、林、水工作围绕促进现代化目标，认真贯彻落实中央、省、市各项农村农业政策，加大财政支农资金投入，促进了全区农业农村经济持续稳定发展和农民收入的提高，积极完成了冬春农田水利建设和水库除险、中小河流治理、安全饮水和小农水重点县建设任务，并积极筹措专项资金实施造林绿化工程，全面推进生态文明建设，着力创新惠农体制，推进了农业农村工作又好又快发展。

培育壮大农业龙头企业

去年以来，武江区以中央一号文件为指导，实行科教兴农战略，重点推进农业现代化，发展特色农业，培育壮大农业龙头企业和农民合作社，构建新型农业经营体系，加强农村生态文明建设，不断完善农业农村发展基础条件，积极推进高标准农田建设。

保安全：稳定市区粮菜供给近郊菜远郊粮是武江区种植业特点。随着市民对农产品质量安全要求的提高和城镇化进展加快，武江区成为市区各大市场时蔬、粮食的主要来源地之一。

记者了解到，去年该区全年蔬菜种植面积2万亩以上，全年播种面积接近6万亩，上市量在10万吨左右。其中，该区蔬菜做到上市均衡、价格平稳、抽检合格率在98%以上，多次合格率达到100%。

在抓好粮食生产确保粮食安全方面，该区严格执行粮食工作考评责任制，把市下达粮食播种面积7.42万亩、总产量2.62万吨的生产任务，作为硬指标分解下达给各镇，以确保粮食生产和各项任务的落实。2014年常年水稻种植面积3.8万亩，全年播种面积6.6万亩，水稻单产378公斤，比去年同期362公斤亩增16公斤，总产量达到2.49万吨，超额完成市下达的考核任务，达到高产、优质、高效的“三高”目标。

在畜禽养殖业方面，该区去年生猪饲养量和出栏量为14.99万头和9.03万头，分别比去年增长6.4%和5.38%，家禽饲养量和出栏量为100.93万只和76.46万只，山羊、牛饲养量及水产品养殖等方面均实现增长。

为确保农资打假落到实处，该区还强化执法，积极发挥牵头作用，与公安、工商等部门密切配合，开展联合执法，依法坚决查处生产、销售和使用禁用农、兽药及非法添加违禁物质等行为。2014年开展了3次专项行动，检查了15家农资销售网点、6家种子销售门店和4家兽药经营店。

此外，该区动物防疫工作扎实有效，禽流感、口蹄疫等重大动物疫病疫苗的注射率达100%，较好地完成了防疫任务，有效地防止重大动物疫病的发生。

抓龙头：现代农业取得新成效

在武江，龙归淮山、重阳黑美人西瓜、江湾冬菇等农产品已经成为武江的特色农产品，在当地党委、政府的支持下，已经走上了产业化、现代化的道路。

去年，该区认真贯彻省、市加快现代农业、生态农业发展的精神，继续加快农业发展方式的转变，现代农业发展取得新成效，养牛、石斛、食用菌等特色种养初具规模。全区专业合作社达55家，新建科技示范生产基地1个，新增农业生产基地3个，新培育国家级农业龙头企业1家、市级龙头企业2家，新培育家庭农场9家。

在现代农业科技推广普及上，该区启动了2013年基层农技推广体系改革与建设补助项目，选拔了9位农业专家和25位农技指导员，确定了3个农业技术示范基地和200户农业科技示范户，分别对农技指导员和农业科技示范户进行了集中培训。并把示范基地和示范户的物化补贴发放完毕，较好地发挥了示范带动辐射作用。2014年基层农技推广体系改革与建设补助项目也已开始实施，深受农民欢迎。

据了解，2014年该区共有中央农机购置补贴资金款45万元，共办理购置补贴农机具159台套，受益农户115户，指标确认书150份。已落实补贴资金44.994万元，完成总额的99.98%。

为做好农机安全工作，区农机总站加大了农机安全知识的宣传，培训拖拉机驾驶员26名，并对农机事故隐患进行排查，加强安全生产督查，组织农机安全监理人员深入生产一线，严肃查处无牌、无证和违章载人等违法行为，预防、杜绝了重特大农机事故的发生。

新目标：今年农民收入实现新增长

在去年取得成绩的基础上，该区提出今年农业工作的奋斗目标是：农业增加值达到4%；农村居民年人均纯收入增长要达到10%。其中，种植业和养殖业仍是该区发展重点。2015年全区粮食播种面积稳定在7.5万亩以上，粮食总产量要达到2.65万吨以上；稳定蔬菜播种面积6万亩以上，蔬菜总产量要达到11万吨以上；稳定水果种植面积1万亩以上，水果总产量要达到1万吨以上；生猪饲养量要达到15.16万头，出栏量要达到9.1万头，增长比例要达到4%以上。2015年全区要培育壮大新型农业经营主体，年内新培育1家市级农业龙头企业；争取有1家合作社升级为市级示范社。新增加1个养殖基地，新培育家庭农场1—2家。

在重点抓好农产品质量安全工作方面，认真履行农产品质量安全和动物疫病防控责任，抓好重大动物疫病防控、畜禽产品产地检疫和“瘦肉精”、蔬菜农药残留检测工作，畜禽免疫率要达到100%，屠宰检疫要达到100%，蔬菜农药残留检测合格率要达到98%以上。

此外，今年该区积极推进土地经营权确权登记颁证工作，引导土地经营权有序流转。按照省、市的统一部署，完成重阳镇两个试点村的农村土地承包经营权确权登记颁证试点工作，并全面推开全区的农村土地承包经营权确权登记颁证试点工作。

建设民生水利造福百姓

2014年，武江区坚持以科学发展观统领水务工作全局，紧紧围绕区委、区政府工作部署，按照年初制定的工作计划，扎实有效地推进各项水务工作，取得了较好的成效。

未雨绸缪：着力抓好三防工作

该区积极做好汛前各项准备工作，完善各级防洪预案59个，与各防汛责任单位签订防汛责任书153份，加强对重点水利设施及防汛责任单位进行汛前安全检查。严格落实三防值班制度，值班期间保证人员到岗到位。

该区还投入资金8.5万元，购置了抗旱防汛物资一批。此外，该区积极配合市三防信息系统建设工作和加强三防工作人员业务培训，投入资金9万元，完成区级三防值班室和区、镇两级三防信息接收应急保障系统的安装调试。

该区还继续抓好水利工程建设。重阳镇小型农田水利示范镇工程于2012年11月开工建设，期间在各参建单位的努力下，采取有力措施，确保了工程全面完工，完成工程投资1041万元。该区小（2）型水库安全加固工程建设有甘棠水库、甲冲坑水库2宗，工程进展顺利，目前已完成工程总投资140万元。

武江区还积极推进龙归河治理工程建设。目前龙归河治理工程已开工建设，各项工作按计划进行，现已完成投资1700多万元。

去年该区还积极加强水政工作，加强《水法》宣传教育，增强群众守法意识。此外，水库移民工作也是该区一项民生工程。该区积极做好移民历史遗留问题协调工作，及时化解矛盾和纠纷，维护了社会的稳定。

目标明确：开创水务工作新局面

该区着力抓好小型农田水利重点县建设工程项目和中小河流整治项目建设工作，确保工程建设如期完成。努力做好水库移民工作。重点解决水库移民基础设施薄弱等突出问题，基本解决水库移民行路难、饮水难等问题，进一步改善移民生产生活条件，保持库区和移民安置区的社会稳定。做好水资源保护和开发利用工作。加强对全区河流及水库的水质状况监督与管理，做好水污染突发事件的应急处理工作。做好《水法》《渔业法》的宣传工作，继续加强水政渔政监察执法巡查，坚决打击各类违法行为。进一步加强小水电安全管理、继续抓好安全生产工作等。积极加强与上级主管部门和相关乡镇联系，加大协调力度，保证各项水利工程顺利施工。

打造生态绿色新武江

在林业方面，武江区深入贯彻落实党的十八大和习近平总书记视察广东重要讲话精神，紧紧围绕“新一轮绿化广东大行动，建设全国绿色生态区”的总体目标，全面深化集体林权制度改革，积极组织春季造林，狠抓森林资源培育和管理，稳步扩大森林面积，提升森林质量，增强森林生态功能。

四大重点工程全面完成去年，武江区林业局努力抓好造林抚育和森林防火工作。全力实施碳汇造林、生态景观林带、森林进城围城以及乡村绿化美化等林业重点工程建设，积极做好森林防火工作，保护森林资源维护生态安全。

其中四大林业重点工程建设任务已全部完成。全面完成2014年度森林碳汇工程建设任务515公顷，其中省级资金386.27公顷，社会资金128.73公顷，森林碳汇工程任务完成率100%。按质按量完成30公里沿江生态景观林带建设任务。2014年新增市级森林公园张九龄森林公园。完成乡村绿化美化示范点10个，其中省级示范点3个，市县级示范点7个。分布在龙归、西河、重阳3个镇，涉及10个自然村，种植苗木16500株。

在森林防火方面，2014年该区全面加强森林防火能力建设，一是认真贯彻落实，高度重视。二是加大森林防火宣传工作，提高全区人民防火意识。三是充实防火物资储备，提升处置火灾应急能力。四是加强护林员队伍建设，提高队伍综合素质。五是重视野外火源管理工作，最大限度减少森林火险隐患。

在武江林业局与各乡镇的相互配合和共同努力下，2014年全区未发生重特大火灾火情，有效地保护了森林资源，维护了生态安全。

提高森林景观质量

今年是新一轮绿化广东大行动非常关键的一年，该区将高度重视绿色生态发展，大力推进碳汇造林、生态景观林带、森林进城围城和乡村绿化美化等重点林业生态工程。

今年该区计划碳汇造林工程面积515公顷，其中人工造林386.27公顷，社会造林128.73公顷，主要分布在龙归镇密落、寺前、凤田、多田和樟源林场共计26个作业小班，目前已完成204公顷的栽植工作，预计4月底可完成。

该区将继续打造生态景观林带，主要任务为广乐高速10公里生态景观林带建设，目前已完成约6.67公顷的栽植工作。今年该区拟建市级森林公园黄沙坪森林公园，目前已完成编制可行性研究报告，正在进行施工，预计年底前可以完成。今年该区将完成乡村绿化美化点8个，主要分布在江湾、西河、重阳3个乡镇，利用村庄闲置地绿化村庄村道，鼓励引导村民利用村旁、路旁、水旁和房前屋后等四旁地造林种果、栽花植草等多种形式绿化。此外，武江区内有京珠高速、广乐高速和武广高铁三大交通枢纽，为全面提高交通主干道森林景观质量，优化森林生态环境，该区今年进行武江区交通主干线森林景观改造项目，对主干道一公里范围内山体宜林荒山、迹地、疏残林实施人工造林或补植套种，对纯松林、纯桉树林实施改造提升，对新造林地实施抚育提升。今年建设任务369.53公顷，按建设路线分京珠高速224.27公顷，广乐高速145.26公顷；按建设类型分为人工造林，补植套种和抚育提升。目前已完成将近3000亩的栽植工作，预计4月底可以完成任务。

（根据《韶关日报》文章整理）

▲龙归镇马渡山植树点数十名当地村民正热火朝天开展植树活动

（区委宣传部供稿）

武江区计生工作谱新篇

▲武江区委书记、区人大常委会主任王德雄到重阳镇检查计生工作

（区委宣传部供稿）

▲2014年5月15日，武江区对计生先进单位进行表彰

（区委宣传部供稿）

深化改革
计生工作再上新台阶

长期以来，武江区区委、区政府高度重视人口计生工作。2014年以来，武江区积极稳妥推进卫生和计划生育机构改革，出台卫生计生系统的机构改革方案，并印发了“三定”方案，组建成立武江区卫生和计划生育局，该局整合了原卫生、计生部门多项职能，加强了深化医疗体制改革、推进基本卫生公共服务均等化、执行计划生育法律法规等方面的职能。

该区狠抓基础工作，加强计划生育管理服务。在全区范围内适时开展计划生育集中服务管理活动。出台了《武江区2014年计生集中服务活动实施方案》。对活动完成情况实行每日短信排名通报，每10天书面通报一次，对进度落后镇街颁发红黄牌警告，有力地推进了工作开展。

该区做好计生协会工作，积极推进全区计生服务机构改革，充分利用卫生院和区计生服务站的人员、设备和技术优势提升计生服务质量。建立了1个区级协会，7个镇（街）级协会和82个村（居）级协会，利用节假日开展了丰富多彩的活动。去年，协会还为937户计划生育家庭购买了意外伤害保险。

在2014年“5·29”会员活动日中，该区各镇、街开展了形式多样的活动，包括计生宣传、慰问独生子女贫困家庭、慰问计生贫困母亲等，收到良好效果。

该区做好流动人口计生服务管理工作。在全区开展了流动人口计划生育服务管理专项活动，进一步摸清了该区流动人口底数和变动情况，完善了育龄流动人口计划生育信息档案，进一步完善了“一盘棋”工作机制，流动人口均等化服务得到提升。

该区积极组织开展计生专干培训。去年共举办了4期镇村干部计生业务培训班，培训村居计生专干共计约500人次。

该区进一步提高计划生育优质服务水平。推进免费孕前优生健康检查项目，超额完成了省市下达的检查任务，并在省质量评估中被评为优秀。区卫计局、妇联、龙归镇联合举办了“关爱女性”免费健康检查活动，开设了多个免费检查项目。

该区加强计生药具管理。目前全区各镇（街）、村（居）均设置了符合标准的药具仓库和发放网点，配备了专职管理人员。

该区大力落实利益导向政策。全区奖励特别扶助对象160人，兑现扶助金133.7万元；农村部分计生家庭奖259人，兑现金额35.33万元，农村节育奖1216人，兑现金额72.49万元；城镇独生子女父母奖励，全区在册发放人数达到5008人，兑现总金额达475.01万元。

该区切实加强计生依法行政。依法依规开展社会抚养费征收，及时为群众办理再生育审批服务，未发生因计生执法引发的群体性事件和群体上访事件。同时开通了“12356”阳光计生服务热线，全面推行计划生育政务公开，并在全区各计生办事窗口安装满意度调查电子设备，主动接受群众监督。

“四到位”为计生工作提供保障

据了解，为做好计生工作，武江区做好“四个到位”，即领导重视到位、人财物保障到位、业务指导到位、宣传服务到位。

领导重视到位。区、镇两级主要领导高度重视人口计生工作，始终坚持党政一把手“亲自抓、负总责”，定期听取汇报，亲自部署检查，保持了工作的经常性和连续性。一年来，先后多次在区委常委会议、区政府常务会议研究部署人口计生工作。书记、区长亲自参与制定考核方案，多次深入基层一线督导检查，在全区营造了严抓计生的氛围。各综合治理单位积极履行职责，一方面，与计生部门密切配合，建立信息互通和数据共享机制，另一方面，主动为挂钩村（居）提供人财物支持，推动了人口与计生工作向纵深发展。

人财物保障到位。2014年，区本级预算投入1668.89万元，比上年增长14.6%，大幅高于区财政经常性收入增长幅度。在队伍建设方面，该区、镇（街）两级计生系统共有124人。配备村（居）计生专干82人，且全部为“两委”委员担任，享受与村（居）“两委”同等的待遇。

业务指导到位。区卫计局根据“月评比，季考核”制度，通过及时调整每个季度的考核细则，有侧重点地开展月评比活动，引导基层把时间和精力集中在平时做好经常性工作上。同时加强业务指导，每月每季度检查中发现的不足，及时向有关单位反馈，并积极研究措施予以解决，推动全区计生工作平稳发展。

宣传服务到位。该区扎实做好计生宣传教育工作，充分利用元旦、春节、“三八”国际妇女节、计生协会会员活动日、世界人口日、中秋国庆等节假日，集中开展了人口计生宣传服务活动，免费为辖区内的育龄群众提供安全、有效、适宜的避孕节育药具和常见病普查普治、生殖健康、免费孕检等服务，深入宣传计划生育政策法规、避孕节育措施和优生优育知识。同时将印有计生宣传标语的一次性饮水杯、纸筒、环保袋等日用品派发给群众，大大地提高了群众对计生政策的知晓率。

2014年，该区举办了3场科学育儿讲座，邀请了省卫计委领导莅临指导。该区还利用新兴媒体开设了宣传网站、QQ群、微信公众平台等宣传平台，增强了宣传效果。浓厚的计生宣传氛围对群众自觉主动选择避孕节育措施，降低政策外生育风险起到了积极作用，为全区持续稳定低生育水平，不断提高出生人口素质打下良好基础。

推行家庭医生服务试点探索新思路

2014年3月，武江区率先在全市启动家庭医生式服务试点工作，通过以社区、乡村医生为主体分片包干，为居民提供一对一的医疗服务。

该区家庭医生式服务试点服务机构选定在重阳镇卫生院，由该镇卫生院根据实际将所辖的8个村（居）划分为11个区域，每个区域配备一个家庭医生团队。按照自愿签约、自由选择、规范服务的原则，由服务团队与服务家庭签订服务协议，建立相对固定的契约服务关系，提供包括家庭健康管理服务、健康咨询及用药指导、就医预约登记服务、转介转诊服务、基本公共卫生服务和基本医疗服务等六个服务项目。签订服务协议后，村民有健康问题时，可以随时拨打与之签约的服务医生电话反映咨询并会得到及时帮助和指导。同时，家庭医生团队还对空巢老人或行动不便并有需求的签约村民提供上门健康咨询、指导等各种基本医疗服务。服务费用以签订的项目协议内容按年收取，由医保基金、基本公共卫生服务经费和签约居民个人负担。

率先实现计生困难家庭意外伤害保险全覆盖

近年来，武江区高度重视计划生育保险工作，并将其作为深入推进“生育关怀行动”的重要内容和创新亮点工作来抓，认真制定工作方案，精心组织实施，稳步、有序地向前推进。

2015年初，该区财政投入4万多元为全区1300多户计生困难家庭购买了意外伤害保险，首次对全区计划生育低保家庭、计划生育残疾人家庭、因病致贫计划生育家庭、纯二女户计生家庭实现了全覆盖，增强计生困难家庭抵御风险的能力。此外，在计生家庭意外伤害保险平稳推进的基础上，以计划生育群众需求为导向，加强宣传倡导，逐步推广独生子女综合保险、计划生育家庭成员保险、计划生育手术保险、流动人口双查保险、计划生育工作人员保险和计生特殊困难家庭保险等险种，不断拓展保险覆盖范围，全面提高计生家庭保险保障总体水平，提升广大计生人群幸福指数。

创建“流动人口计生之家”

随着城市流动人口的不断增加，提高流动人口的管理和服务成为当务之需。为此，武江区新华街道协同该区卫计局开展了“流动人口计生之家”创建活动。

为完善组织网络体系，新华街道成立了“流动人口计生之家”创建活动领导小组，将流动人口计生之家创建工作纳入流动人口服务管理总体规划。根据“公平对待、搞好服务、合理引导、完善管理”的工作方针，在社区流动人口集中的区域，积极创建“流动人口计生之家”。通过入户调查，摸清了流动人口的基本信息，建立了流动人口档案，建

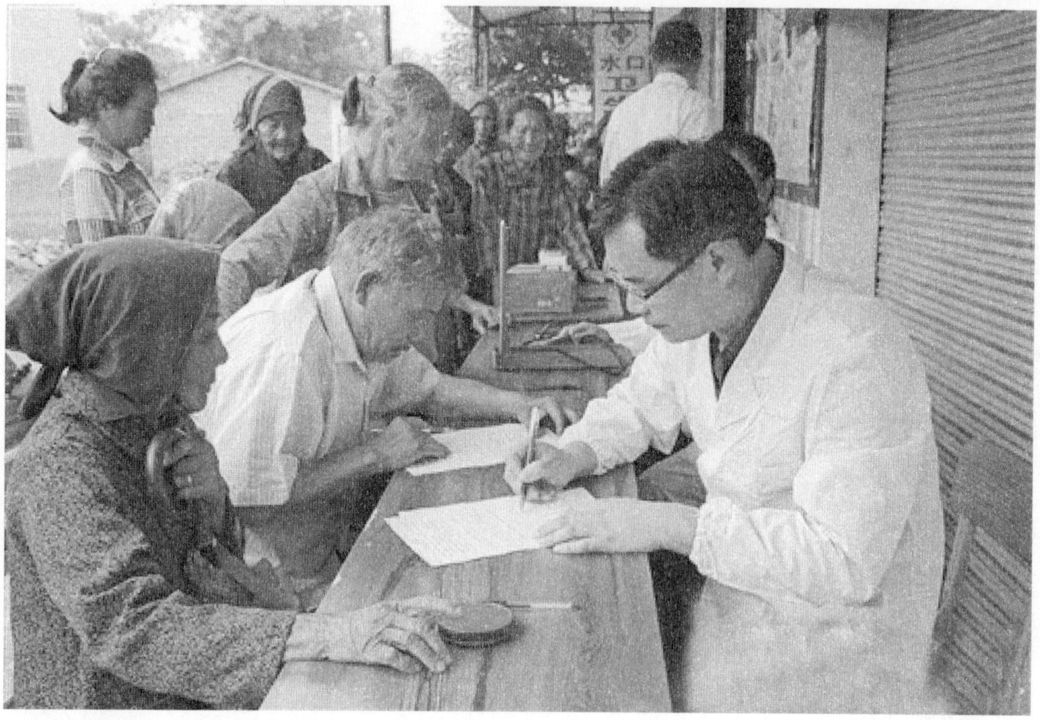

▲武江区在重阳镇开展家庭医生式服务　（区委宣传部供稿）

立健全流动人口一盘棋区域协作等工作制度，并加快推进流动人口区域网络化协作，构建区域间信息共享平台。

为进一步加强流动人口计划生育管理，提升服务水平，新华街道在每个社区配备两名计生专干的基础上，再配备一名专业社工，辅助开展工作，为育龄妇女群众提供优质服务。社区分片组成管理小组，建立计生工作Q群，通过及时传递信息，交换意见，交流经验，提高计生专干业务能力。

在“流动人口计生之家”创建工作中，新华街道率先引入社工服务，由街道计生办牵头，与专业社工一起，面向特定服务人群——主要是外来务工的流动妇女开展服务，帮助她们解决实际困难和问题，同时加强普法宣传，并进行安全知识、生殖保健知识、出生缺陷干预及就业技能培训。

社工服务为计生工作添活力

武江区新华街道花城社区是全市首个社工试点社区。2013年1月，通过政府购买社会服务的方式，6名专业社工进入花城社区开展专业服务。

两年来，社会工作者为社区群众提供生殖健康咨询服务、心理疏导服务，宣传人口计生法律法规和生育文化，配合各级计生协会开展婚育新风进万家、生育关怀和关爱女孩等活动，积极介入城市流动人口服务，协助广大流动人口尽快融入当地社区，实现户籍人口与外地人口的和谐共处，成为了基层计生工作的品牌。

社工参与计生工作，在武江区乃至韶关市首开先河，是社工专业结合计生服务的创新之举。实践证明，社工通过计生政策进家庭、进学校、进社区的形式，开展关爱女孩、关心独生子女、关注留守儿童以及开展特殊家庭互助、计生家庭联谊、家庭教育讲座、失独家庭心理援助等活动，对促进全区计生工作的开展起到了很好的示范作用。

（根据《韶关日报》文章整理）

武江区科技工作发展纪实

▲武江区委书记、区人大常委会主任王德雄（右二）在工业园区考察企业科技成果转化运用情况　　　　（区委宣传部供稿）

近年来，武江区着力抓好企业自主创新和科技成果转化运用，区域科技创新能力研发水平逐年提高，涌现出一批具有一定实力的技术研发中心以及具有自主知识产权的高新技术企业或产业，走出了一条引进、消化、吸收的科技创新之路。尤其是在机械装备制造业方面，该区注重培育创新型科技龙头企业，积极推进产学研合作和企业间科研联合攻关，产业聚集度不断提升，逐步形成了产业特色明显、专业分工合理、创新基础稳固的机械装备制造产业集群，成为推动全区乃至全市经济社会发展的有生力量。

亮点：一批科技成果得到转化应用

据统计，2012年以来，武江区共有81项科技项目获得韶关市科技进步奖，其中一等奖2项，二等奖38项，三等奖44项。如：辖区企业——丽珠集团利民制药厂的“提高中药注射剂安全性的产业化关键技术”项目获2012年度市科技进步奖一等奖。

尤其难能可贵的是，辖区高新企业——韶关液压件厂有限公司与武汉科技大学共同承担的“冶金高频液压控制伺服元件关键技术及应用”项目荣获2013年度国家技术发明奖二等奖，这也是近十多年来我市企业获得的国家级最高荣誉。

荣誉：一批单位和个人获表彰奖励

●龙归镇龙安村赖得雄荣获中国科协、财政部颁发的2012年基层科普行动计划先进农村科普带头人称号。

●新华街道惠民西社区被中国科协、财政部评为2013年度基层科普行动计划科普示范社区先进单位。

●2013年龙归镇后坪村宋道玉被评为农村科普带头人先进个人。

案例 LED照明节能产品示范推广成效显著

据了解，3年前，武江区与市政府签订推广LED责任书，制定《武江区推广LED工作方案》。为此，该区投入资金62万元大力推进LED照明产品推广应用工作。其中，投入资金12万元完成了区政府大院办楼室内外LED照明产品改造，政府大院办公楼及会议室室内照明灯具于2014年1月中旬已全部更换了LED灯具。

经过LED灯具更换，该区区政府办公大院照明灯具总瓦数从84942W降到现在使用LED照明产品的34968W，总瓦数减少了49973.5W，节能58.8%，达到预期目的。

与此同时，区财政还投入资金13万元完成了区卫计局、惠民街道、新华街道等部门的公共照明LED改造；各镇及其他部门的LED照明产品改造目前仍在积极推进之中。此外，投资250多万元的甘棠工业园LED路灯建设及武江科技工业园LED路灯改造工程也正在快速推进中。

加强政府引导 提升企业自主创新能力

武江区坚持把科技项目作为引导、带动企业自主创新的有效抓手，采取有效措施切实做好科技计划项目的申报、管理和实施工作。近几年，该区科技部门走访企业，挖掘资源，强化科技服务，积极鼓励优势企业申报省、市级科技项目，同时协同区财政安排区级预算资金，组织实施区级的科技计划项目。数字显示，2012年至今，辖区企事业单位共申报技术创新、产学研等国家、省、市级科技项目105项，其中获国家立项项目3项、省立项项目12项，争取资金支持800多万元；获市立项项目37个，获资金支持400多万元。

除了大力抓好科技项目申报、管理和实施工作外，该区还十分注重引导和培育有条件的企业开展省、市级工程技术研究中心的创建工作，以此提升区域科技创新能力。目前，全区已建立企业工程技术研发中心15家，其中省级4家，市级11家。不少研发中心如今已成为我市行业领域科技创新的领头雁。如2014年度由丹霞农机有限公司组建的“韶关市丘陵农业机械工程研究开发中心”、飞翔变速箱有限公司组建的“韶关市商用汽车自动变速箱工程技术研究开发中心”等，其创新能力在行业内具有很高的认可度。

引导企业向高新技术企业、产业发展，是武江区的又一成功举措。据了解，近年来该区以各种形式引导辖区企业申报高新企业，并与高校、科研单位联合进行高新技术产品的开发，把引进、消化、吸收、创新有机衔接起来，同时对引进的基础性、关键性技术设备进行攻关，从而真正建立起自己的核心技术，形成有自主知识产权的高新技术产业。比如：该区海粤生物科技有限公司去年底通过了国家高新技术企业认定，丽珠集团利民制药厂、韶关液压件厂有限公司顺利通过了国家高新技术企业复审，丽珠集团利民制药厂还通过广东省创新型企业的审核，被列为广东省创新型企业；韶关市博尔通节能科技有限公司博的“捷省通喷淋式大口径直排节水坐便器”入选广东省绿色低碳建筑技术与产品目录。迄今为止，全区国家高新技术企业已达12家，省民营科技企业26家。

加大科技投入 专利申请居首

武江区高度重视科技工作，积极落实区级科技经费的预算安排，保证区级科技经费足额投入，逐年增长。该区财政科技经费投入从2012年的481万元提高到2014年的914万元，增长了90%。

与此同时，为鼓励辖区企业积极申报专利，区科技部门想方设法做好服务，并邀请专业人员深入沐溪工业园、武江科技工业园，帮助企业捕捉知识产权信息，挖掘技术创新点，强化专利申请指导，促进企业的知识产权保护。统计显示，2012年至2014年，全区专利申请量达1074件，其中发明296件、实用新型596件、外观设计182件；专利授权量为613件，其中发明专利30件、实用新型511件、外观设计72件，居全市各地首位。

记者注意到，武江区专利申请和授权总量之所以能多年保持全市第一，与区委、区政府重视科技自主创新不无关系。该区率先在全市县区中制定出台了《韶关市武江区专利补助办法》，并出台了《韶关市武江区关于加强知识产权管理工作的决定》等政策，充分激发了企事业单位及个人发明创造的热情。据了解，2012年至2014年，全区共发放专利补助60.66万元，专利奖励51万元。

由于知识产权和专利工作成绩突出，该区去年申报“国家知识产权强县工程示范县（区）”获得了国家知识产权局批准认定，成为广东省6个示范试点县（市、区）之一。

打造核心城镇 增强产业集聚

西联镇是韶关新城区建设的主阵地。随着芙蓉新城区建设的提速，武江区抓住契机在西联镇大力培育和发展工程机械与装备制造业，并取得了显著成果。他们采取有效措施引导、推动镇内各企业开展科技创新，加快科技创新团队、科技人才引进，同时培育和发展创新型龙头企业，打造特色品牌，初步闯出了一条创新型、效益型、集约型、生态型专业镇的发展模式。尤其是西联镇2013年被省科技厅批准为广东省工程机械与装备制造技术创新专业镇后，武江区积极邀请省、市专业人员为专业镇的发展集体把脉，并结合自身特点和优势制定出一整套发展策略。

一是增强产业集聚，不断壮大特色产业规模。依托芙蓉新区建设、韶关市沐溪工业园、武江科技工业园和甘棠工业园，集聚矿山机械和工程机械制造、液压油缸、汽车部件、农业机械等一批先进机械拳头产品，逐步成为产业特色鲜明、专业分工合理、创新基础较好的先进机械制造业产业集群。

二是坚持自主创新，着力提升产业技术创新能力。推进辖区企业与国内外同行、高校、科研院所的技术合作与交流，在坚持自主创新的前提下，加快对重型工程机械、新一代轿车轮毂轴承、大型破碎机等先进设计、制造技术的引进消化吸收创新。依托辖区企业组建广东省轿车轮毂轴承工程技术研究开发中心、液压油缸工程技术研究开发中心、韶关市非开挖设备工程技术研究开发中心、农业机械技术研究开发中心等创新载体，努力搭建技术合作平台，集中研制一批重大关键技术项目，为产业化和科技创新提供技术支撑。

三是推进企业合作，增强产业辐射力。通过西联镇机械装备制造产业的带动和牵引，集聚与之产业相配套的上下游产业链，推动特色产业不断向纵深辐射。

四是推进产学研合作，构建产业创新体系。切实加强与高校、研究院所的技术合作，逐渐形成人才培养、委托开发、技术转让、技术服务等长效合作方式，合作内容由单项技术合作向多元化扩展，由短期合作向共建技术平台的长期合作扩展。

活动面向大众 科普深入人心

在武江区，无论是企业、校园，还是社区、乡村，每年各种主题科普活动基本做到了常态化，全区浓厚的科普氛围给人留下深刻印象。

区科技部门的同志告诉记者，自2012年以来区科技部门在每年的全国防灾减灾日宣传周、全国科技活动周、全国科普日和广东省科技进步活动月期间，均组织开展一系列大型群众性科普推广宣传活动。比如组织开展“科普大篷车进校园”“科技馆进百校”等活动，让学生不出校园就能享受

▲科普活动进校园　　（区委宣传部供稿）

到生动的“科普盛宴”。

同时，该区每年还组织开展送科技下乡活动，为农民兄弟举办各类农村适用技术培训班。比如配合全省科技文化卫生三下乡活动的开展，在西河镇举办蔬菜无公害栽培技术培训；在龙归镇举办生姜种植技术培训等等，受到农户的好评。此外，该区还结合我市创文要求认真抓好对各街道、乡镇科普活动室以及宣传栏等科普设施建设。到目前为止，全区各镇、街均已建有科普活动室、科普宣传栏。

记者手记

科技创新是强区之道

武江区围绕中心工作开展科技创新，促进科技成果转化运用，推动了经济社会平稳较快发展，区域经济实力也因此得以较大提升。其实践再次表明：科技创新乃强区之道。

科学技术是第一生产力。加强科技创新，既是新常态下的必然选择，也是产业转型的必由之路。仔细分析武江区的做法不难发现，科技创新的主体是企业，关键在政策引领。这二者武江区都做得比较到位。比如该区制定的“专利补助办法”“关于加强知识产权管理工作的决定”等政策，激发了大众创新和企事业单位发明创造的热情，各种专利申请多年在全市处于领先地位。可以说，这也是武江区长期坚定不移大力实施创新驱动发展战略，大力推进以科技创新为核心的全面创新结出的硕果。

当前，武江区正引导企业加强研发机构建设，以提升企业自主创新能力。他们将继续推进产学研合作，积极促进企业与院校、科研院所构建产学研合作基地，实现校（院）企合作，优势互补；同时，充分利用芙蓉新区建设的契机，全力打造西联工程机械与装备制造专业镇，增强专业镇创新能力，实现专业镇产业结构转型升级。可以预见，随着芙蓉新城区建设的提速，作为新区建设主战场的武江区，必将在科技创新历史进程中扮演更重要角色，发挥更大作用。

潮起海天阔，扬帆正当时。面临国家大力倡导和支持创新创业的重大机遇，我们由衷期望武江区继续推进科技体制机制创新，一如既往抓好科技创新工作，着力培育发展更多富有活力的创新型企业，推动区域经济全面转型升级。

（根据《韶关日报》文章整理）

武江区加强和谐社区建设综述

▲社区工作人员正在便民服务大厅内为社区居民服务

（区委宣传部供稿）

▲社区内图书室方便群众阅读　　（区委宣传部供稿）

前　言

社区建设事关人民幸福、社会和谐。

短短几年间，随着经济社会不断进步，居住环境不断改善，一批设施健全、功能完善、活动经常、特色鲜明、深受群众欢迎的和谐示范社区，让越来越多的人受益。

近年来，武江区以构建和谐社区为总目标，以群众受益满意为工作标准，着力在加大和谐社区建设推动力、提升社区管理服务整体水平等方面下功夫，各项工作迈上新台阶。

如今，环境变美了，心里亮堂了，笑容荡漾在居民脸上，喜悦萦绕在社区干部心头，一个个和谐、文明的武江社区新形象正以崭新姿态呈现在世人面前。

投入增加建设提速 基础设施焕然一新

“简陋”“狭窄”是对老居委会的形象描述。许多社区原来仅有10多平方米的办公用房，根本没有居民活动场地。

捉襟见肘的尴尬局面严重制约着社区工作的开展。针对这一实际，近年来，武江区把加强社区建设摆在重要的位置，把社区的发展纳入全区经济社会发展的总体规划，加大社区建设投入。每年都制定具体的工作目标，按照总体规划、分步实施、整体推进的步骤具体实施，社区基础设施建设得到较大的改善。

在推进平安和谐社区建设工作中，该区首先从抓好办公场所基层设施建设着手，主动争取市、区领导和街辖区开发商及社会各方力量的支持。目前，金洲、工业中等11个社区居委会办公场所达2850.27平方米，是由房地产开发商无偿提供的；武江南、惠民东、红尾坑等8个社区居委会办公场所为1673平方米，是由政府国有资产划拨的；芙蓉东等其他5个社区居委会办公场所1670平方米是街道办事处自有资产。

该区还盘活区政府闲置资产6处共1700平方米，提供给社区居委会作为办公用房，并投入资金1100多万元对社区办公用房进行装修，设置办事平台，购买办公设备，增设宣传栏等；另外，积极争取市住建局、市民政局和市规划局等部门支持，协调房地产开发商按规定提供

社区办公用房。目前，区内地产开发商已提供社区办公用房15处共2800多平方米，其中，南枫碧水花城项目提供社区办公用房达1100平方米并移交社区居委会使用。

经过近年来的努力，武江区已建立起系统、有效的平安和谐社区服务平台。街道、社区有综合服务窗口，可集中办理计划生育、民政事务、残疾人事业、老龄咨询服务、社区志愿者服务、下岗再就业登记、法律援助、流动党员服务，具备开展各种技能培训功能。

同时，社区还建有党团活动室、文体活动室、星光老人之家、残疾人康复室、图书阅览室、警务室、计生服务室、人民调解工作室、婚育学校、社区卫生站、户外文体小广场等，增加服务群众的功能。同时按照“一社区一特色、一社区一品牌”的工作思路，各社区分别开展各具特色的社区文化活动和社区体育运动等，吸引群众积极参加活动。

此外，社区还构建有综合治理、矛盾纠纷调解网络，组织开展“四进”社区、无毒社区、计划生育“双无”社区、文明社区等一系列主题活动，创建了一批党建、卫生、文明、健康保健、人民调解、计生服务、文体活动、残疾人康复、劳动保障服务等各具特色的示范社区，为建设平安和谐社区创造了实践平台。

优化服务维护稳定 和谐社区赢得民心

社区是社会的基本单元，改善民生的依托在社区，维护稳定的根基在社区。

建设平安和谐社区，必须解决有人办事的问题。武江区在选好配强社区“两委”班子的同时，注重加强社区队伍的建设，特别是注重加强社区志愿者队伍的建设。社区建立的志愿者队伍建设工作制度，按照各类人才的特长进行分类登记，建立社区人才资源信息库。按照个人的兴趣和特长组成志愿者服务小分队，分别以无偿、低偿或有偿的方式为居民群众提供服务。据统计，全区有2700多人的志愿者队伍，为辖区居民提供了家教、家政、通厕、家庭装修、搬家、家电维修、废旧物品回收等社区服务，极大地方便了社区居民生活。

近年来，武江区还根据社会的不断发展和社区居民群众的需求，不断拓展社区服务领域。目前，社区服务已经拓展了社区医疗卫生、城市保洁、社会综合治理、纠纷调解、计划生育、民政事务、残疾人事业、老龄咨询服务、老人托管、居家养老、家政服务等一系列服务项目，帮助社区居民群众解决了一大批实际问题，得到了社区群众的认可。

该区还在惠民西社区建立了劳动保障服务站，2010年被评为广东省充分就业星级社区；在社区积极开展“红心结”服务活动，为困难家庭解决实际困难和问题；建立“爱心超市”2家，共筹集和发放各类物资折合人民币近百万元，帮助困难家庭渡过生活难关。

2012年9月，武江区还率先在全市成立了韶关市海邻社会工作服务中心，作为我市首家民政部门培育扶持、民间组织管理注册成立的民间非营利性社工机构，中心成立后，承接了韶关市首批政府购买社会工作服务试点项目——新华街道花城社区社工服务站。该社工服务站从个案服务、青少年服务、社区服务、社区公益服务四个方向作为切入点，立足公益事业，上为政府分忧，下为群众解难，致力于整合社会资源，传播社工文化、全民公益文化，探索提供优质的社会工作服务。目前，该服务站已开展个案服务、社区走访，并进入社区、学校开展社工服务宣讲，筹建了青少年图书室，并与广东电视台公共频道达成合作意向，引入苹果书屋公益计划资源，为社区青少年提供更加优质的教育资源。

为加强治安管理，该区为每个社区建设了社区警务室，将全区48.7%的警力配置到基层派出所，确保“一区一警”，并建立了一支以社区治保队伍、户管员、治安员为主的专业巡逻队伍，结合实际构建新型社区警务工作机制，加强群防群治。

完善制度加强管理
长效机制惠及民生

近年来，武江区围绕社区党的建设、民主选举、民主决策、民主管理、民主监督以及共驻共建等方面，建立健全各项规章制度。同时，还因地制宜地探索创新了适应新的发展要求的长效机制。

为了加强街道社区党组织与驻区单位党组织之间的联系和合作，由街道社区党组织牵头与驻区单位党组织成立了“党建工作联席会”，由各驻区单位的党组织选派一名领导作为联席会议成员，同时还成立了“党建联席会议理事会”，作为经常性的协商议事机构，研究决策社区党建工作的重大事项，形成了“驻在社区、关心社区、支持社区”和“共驻共建、资源共享、优势互补、互惠互利”的社区党建新格局。

根据新时期社区党建工作的形势和任务要求，从2004年开始，武江区在全市率先建立了社区党建指导员制度。区委组织部在全区科级以上退休干部中，选聘了一批身体健康、年龄在55—65岁之间、具有一定的政治理论水平和丰富的党务工作经验的老同志担任社区党建指导员。区委组织部建立社区党建指导员联络站，街道党工委成立社区党建指导员工作小组，社区党建指导员定期深入社区开展工作。通过建立社区党建指导员制度，高质高效培训一批社区党建人才，加快社区党组织的建设进程。

另外，街道、社区党组织积极探索和实践新时期党员管理教育新途径。如在第二批先进性教育活动中，省委先进办把该区惠民街作为全省第二批先进性教育活动先行点之一，惠民街党工委在开展先进性教育活动先行点工作中，在区委的领导下、在市委先进办的指导下，不负众望，创造出了“党组织找党员、党员找党员、党员找组织”的“找党员”经验，得到省委、市委的肯定，省委、市委在第二批先进性教育活动中对惠民街党工委“找党员”经验进行了推广。组织部门积极改进“两个退出”企业党员的接收工作，努力提高党员的报到率。对企业党员人员较多且又相对集中的，采取就地接收、就地组建党组织、就地建立学习小组等措施，做到党组织关系的交接、党组织的建立、党员的管理教育三落实。各街道社区党组织还积极创新了建立特色学习小组、困难党员帮扶责任制、党员管理教育互动机制等一系列新方法。

不仅如此，武江区还制定和实施了《武江区街道工作实绩考核办法》。《考核办法》根据平安和谐社区建设的要求，对街道抓社区建设等各项工作制定了具体的量化考核标准，年底有考评，并使考评结果与奖惩措施相挂钩。通过制定和实施《考核办法》，落实了街道抓平安和谐建设的责任。

亮点聚焦

花城社区：网格化管理为社区服务提质

2014年11月，花城社区开展社会管理综合治理“网格化”管理试点工作。为使“网格化管理、人性化服务”成为真正的“为民、惠民、便民”工程，该社区在保证居民话语权、努力解决民之所需、促进平安稳定方面做实做细。

花城社区建立了“花城社区公共信息平台”微信公众号等民意表达渠道，建立每月召开一次的网格员工作例会，遇重大事项开展不定期的民情恳谈会，形成了广覆盖、高效率的民情民意收集网络和协调处理体系。社区还成立了群防群治队伍，分块分批进行网格巡逻。推行出租房协助式包片管理机制，由网格员协助民警做好出租房房东、房客信息清查登记，为社区构建了一张范围大、反应快、效果好的防控网。

据了解，网格服务立足居民群众的切身感受，以实实在在的服务凸显社区网格化带来的变化。今年以来社区组织居民、挂钩单位开展爱国卫生运动3次，清理卫生死角30处，切实改善了居民小区的环境面貌；在网格化的管理下，社区居委会也能尽快地了解到民生问题，并促使不少民生项目及时得到落实。例如，近来，连日暴雨致使城区内街小巷多处内涝。网格员向社区反映情况后，社区居委会工作人员每天都到辖区排查，发现坑洼积水情况及时上报相关部门，切实保证管辖路段居民群众安全出行。

沙湖社区：

创建“五好”提高管理水平

沙湖社区党支部按照“五好”基层党组织要求，建立和完善各项管理制度，规范了社区的内部管理，扎实有效地开展基层组织党建工作，促社区管理水平迈上新台阶。

该社区建立了党建联席会议制度，把社区警务、社区卫生站、学校、幼儿园等单位都统一到社区党支部的集体领导之下。驻区所有单位都参与社区重大活动，重大问题和大型活动召开联席会议集体讨论，有效解决各社区内的各类矛盾，为和谐社区提供了坚强的组织保障。

社区依靠物业管理公司等驻辖区单位，从环境整治、医疗卫生、绿化美化社区环境、家政服务、治安巡逻、消防自救、法律服务、宣传文化等多项服务上下功夫，以全力为群众做好服务为出发点，构建社区服务网络，提高社区品位。

不仅如此，社区广大党员是社区建设的参与者和带头人，支部制定了党员教育培训计划，并把建设生态文明城市作为培训内容，利用党课、座谈会、宣传橱窗、远程教育等方式，做好党员的经常性教育，并结合社区实际为每一位党员建立了“一人一岗”，社区各项工作和各种活动都有党员积极参与。

（根据《韶关日报》文章整理）

武江区领导干部驻点普遍直接联系群众工作富有特色

▲武江区委书记王德雄（右一）深入一线检查指导驻点联系制度落实情况（段锋刚摄）

核心提示：自启动乡镇（街道）领导干部驻点普遍直接联系群众工作以来，武江区严格按照省、市的统一部署，在辖区5镇2街83个村（社区）按照“驻点团队+辅助团队+联络员+法律顾问”的方式，把每周二设为固定驻点日，组建了800余人的服务团队，扎实、全面地铺开这项工作，并取得阶段性成果。截止到今年6月底，全区各驻点团队共开展驻点联系工作31期，直接联系群众40010人次，收集群众反映问题2751条，已有2437条得到妥善解决，受到群众广泛好评。

构筑驻点网络　把工作做“常”

武江区在落实干部驻点普遍直接联系群众工作中，有一项举措令人印象深刻，那就是：分层驻点联系，分级解决问题。

记者注意到，该区非常注重顶层设计，他们根据省、市实施意见，建立了区委常委挂点联系制度，由区委常委分工挂钩联系各镇（街），并且每季度召开一次常委会作专题汇报，指导、协调、督促干部驻点普遍直接联系群众工作。武江区委书记王德雄高度重视，先后多次深入镇街检查开展情况、存在问题，并就如何开展活动、确保取得实效进行详细部署。

与此同时，在具体实施过程中，各镇（街）“一把手”亲自挂帅，落实“一岗双责”，并负责牵头驻点情况较复杂、管理难度大的村（社区），引导、督促驻点团队积极联系和服务群众。而在村（社区）一级，则由村（社区）党组织书记牵头负责成立辅助团队，成员除了村（社区）“两委”班子成员和驻村机构的负责人外，还包括“第一书记”、大学生村干部及各类志愿者等，每个村（社区）还专门配备一名法律顾问。通过合理组建驻点团队以及辅助团队，增强了驻点普遍直接联系工作的互动性，激发了各团队工作积极性。特别值得一提的是，武江区在严格执行省、市驻点普遍直接联系规定的基础上，还对标准进行细化、分类，然后围绕“村村有团

▲ 重阳镇新建的灌溉工程惠泽千亩农田 （石黎星摄）

队，户户有联系”的目标，提出了“三定三包联系法”，从而确保驻点零遗漏。

所谓“三定”，是指定员、定时、定点；“三包”则是包村、包组、包户。“定员”目的是确保人员稳定，保障驻点工作的完整和连续，群众反映的问题“一跟到底”；“定时”是为了建立常态联系，全区统一每周二作为驻点日，当天原则上不安排重大会议，便于统一部署、统一要求，最大限度减少会务对驻点工作的影响；“定点”是为了合理划分责任田，驻点成员每人直接联系1—2个村（社区）的基础上，还要求结合小区、商铺、合作社、协会等特点，以村（居）民小组为基本单位科学划分网格，确保责任具体到人。

而“三包”之目的就是为了确保“三个全覆盖”——

一是联系行政村全覆盖。每个团队都要联系一个行政村，充分发挥村（社区）党组织的领导核心作用。

二是联系村（居）小组全覆盖。团队成员要确保100%联系责任内的村（居）小组，充分发挥村民小组的作用。

三是联系群众全覆盖。以户为单位，实行网格化管理式的联系服务，包括外出务工人员和外来务工人员，构建起镇（街）党（工）委—村（社区）党组织—党员干部的三级网格管理体系。

紧扣三项任务 把工作做“实”

干部驻点普遍直接联系群众是一项实打实的工作，来不得半点虚假。为此，武江区在具体抓落实上，紧紧扣住三点，竭力把工作做实——

建好一个平台。该区坚持实在实用、因地制宜的原则，注重整合镇（街）党代表工作室、人大代表联络室、综合服务站点等平台，在83个村（社区）均建立了集中规范的镇（村）两级驻点联系群众工作室，采取“驻点办公、灵活服务”的方式，公开驻点团队信息，把驻点团队成员的姓名、职务、电话等制作成标示牌，张贴在显眼地方；统一印制“驻点联系卡”，逐家逐户送达所有联系对象；依托“民情日记”、“421”项目等载体，一边收集群众反映自身工作和生活中存在的困难和问题，及时帮助解决，一边利用党建阵地平台征求群众对各项重点工作决策的意见建议。

扮好两个角色。首先是扮好“民情联络员”。在驻点联系过程中向广大群众宣传党的路线方针政策，帮助群众领会党委、政府的决策部署精神，指导、引导村（社区）和群众开展工作；通过上门走访、体验工作、参加“两委”班子会议等形式，详细了解群众的基本情况和生产生活信息，全面掌握动态。然后是扮好“民生服务员”。通过党群联席会议等平台，了解群众意愿，听取群众心声，沟通思想，增进理解，培养感情，形成和谐融洽的党群干群关系，注重解决群众反映的“民生微实事”，能现场解决的问题现场解决，不能现场解决的报请有关部门按程序办理。

建好三个账本。一是建好驻点联系日志。驻点团队在开展联系工作前，先对辖区内村（居）民情况进行摸底，填写联系户家庭成员的基本信息、家庭条件等基本情况，以准确记录每次驻点联系工作的基本情况和联系户的具体情况。

二是建好问题台账。对走访中群众反映的意见建议，驻点团队逐一登记在问题台账中，对所收集的意见建议进行分类梳理，定期开展民情分析，按属地管理、分级负责和归口落实的原则，明确责任人、完成时限和处理办法，使问题得到合理有效地解决，并将处理结果及时向相关群众反馈并在一定范围内公开。

三是建好办理登记表。凡是已经办妥的问题，均要求驻点团队及时回访反映问题的群众，体现了服务群众事无巨细的理念。针对需区一级解决的问题，则要求团队成员必须亲自过问、协调、跟踪、反馈，担任起“第一协调”责任，真正以区级层面的力量推动基层问题更快更好地解决。

丰富走访方式 把工作做“精”

开展干部驻点普遍直接联系群众，离不开对群众的走访。武江区在这方面做到了灵活多样、不拘一格。

传统圩日定点访。如果驻点日恰逢传统圩日，则在镇（街）专门指定地点、指定若干名驻点成员接待群众来访，其他成员则继续深入到村（居）民小组开展上门入户直接联系服务工作，确保联系服务群众“无死角”。

特殊人员预约访。针对长期不在家的外出人员、留守妇孺、孤寡老人、残障人士等群体，灵活安排晚上、周末、节假日等时间开展驻点联系工作，进行预约上门服务，全方面收集群众意见和建议，确保驻点联系服务工作的实效性和领导干部联系服务群众的主动性。

强化监督管理 把工作做“严”

完善督查制度，实行每周通报。实行驻点联系工作公告制、驻点联系工作纪实制、驻点联系工作会议制等机制，对群众反映问题的处理结果及时向群众做出反馈。区委组织部也坚持在每周二驻点日由部长带队，采取不打招呼的经常性督查与阶段性督查、定期检查与随机抽查、明察与暗访相结合等方式，强化对驻点普遍直接联系群众制度执行情况的监督检查，帮助解决存在的问题。同时，把驻点联系工作情况纳入领导干部年度考核范围，作为个人述职评议内容。据统计，截至目前，已开展督查28次，对7个镇（街）、35个村（社区）进行明察暗访，通报15起不规范行为。

落实“四不”制度，保障工作纪律。即不擅自离开工作岗位，不接受驻点群众的任何财物和吃请，不在驻点村报销应由个人支付的任何费用。同时引入群众评议监督机制，结合群众满意度测评工作，对村（社区）开展驻点联系工作情况进行打分，使干部真正沉下去，民意浮上来。

亮点一

重阳镇

“万家灯火”活动拉近干群距离

自干部驻点普遍直接联系群众工作开展以来，重阳镇结合实际，开展“万家灯火”活动，利用驻点日中午和晚上时间上门走家串户，点亮万家灯火，选择群众最方便的时间拉近和群众的距离，确保了联系的广泛性。

记者了解到，该镇“万家灯火”活动突出点亮五项常态化驻点“任务之灯”：一是驻点团队根据驻点村的不同情况，点亮“发展希望之灯”；二是围绕群众最关心、最直接、最现实的利益问题点亮“温暖民心之灯”，让群众得到更多实惠，提高幸福感；

三是大力倡导民主、文明新风尚，点亮“乡风文明之灯”；四是主动发挥宣传者、监督者等角色作用，点亮“清廉领航之灯”；五是在驻点村大力倡导民主之风，点亮“和谐自治之灯”。

统计显示，自2014年11月活动开展至今，重阳镇9个驻点团队、50名团队成员在54名辅助队员的协助下共直接联系群众6741名，收集意见建议531条，群众反映各类问题499个，其中338个问题在镇、村（社区）解决。据称，深受全镇群众好评的“万家灯火”活动，目前已被列为2015年武江区委“书记项目”。

亮点二

江湾镇

“三个站点”连百姓“三支队伍”系民情

自开展乡镇（街道）领导干部驻点普遍直接联系群众工作以来，江湾镇结合实际，创新了“三点三队”工作法，通过完善镇、村、组的“三点”便民服务网络，组建党员义务队、便民服务队、突击队“三支”服务队伍，构建起上下贯通、协调运转的为民服务“绿色通道”。

一是提高镇级便民服务中心的办事效率，确保联系服务群众“零差评”。该镇整合信访、计生、民政、劳动保障等部门资源，实行一个窗口受理、一条龙服务、一次性办结，为群众办事打开方便之门。同时，镇村干部在日常驻点联系中积极主动为群众代办业务。统计显示，驻点团队至今共为183名村民提供代办服务，协调解决群众诉求76件。

二是提高村级便民服务站的处理能力，做到联系服务群众“零距离”。为扭转群众办事难的被动局面，该镇依托村级组织活动场所，延伸工作触角，在村居建立便民服务站。镇班子成员带领驻点团队固定每周二到便民服务站接待群众，解决当场能解决的简单问题，保证群众随时找得到人、办得了事。

三是提高村小组便民服务点的反应速度，实现联系服务群众“零时差”。按照方便群众就近办事的原则，驻点团队还在各个村小组设立便民服务点。自去年11月以来，服务队员共为群众办实事66件。

四是组建三支为民服务队伍，推进党员干部“有担当”。其中，党员义务队主要由党员和入党积极分子中的志愿者组成，定期组织开展各类志愿服务，为村民提供力所能及的帮助；便民服务队，由负责窗口部门业务的镇村干部组成，为群众办理民生实事；突击队，由青年党团员组成，承担急难险重任务。

记者手记

解决问题是关键

武江区干部驻点联系活动的开展，一开始就以为群众解决实际问题、为百姓办好事实事为目的，可谓抓住了活动的精髓。事实上，驻点联系是手段，不是目的，目的是要解决好群众最现实最直接最迫切的问题。要落实好普遍直接联系群众，就要长期坚持，形成常态，及时解决问题，抓出成效。

须知，建立领导干部普遍直接联系群众制度既是持续抓好党的作风建设，提高执政能力的重要举措，也是密切党群干群关系的实际需要。鉴于此，领导干部深入基层一线督导开展工作，必须长期坚持下去，使之做到常态化、制度化，从而推动关系群众切身利益问题的切实解决。

总之，开展联系群众活动，就应该像武江区这样，及时了解群众想什么、要什么，切实把工作做“常”、做“实”、做“精”、做“严”，努力做到联系群众全覆盖，让群众切身感受驻点联系工作“能用、管用、好用”。唯如此，活动才能达到预期效果。

（根据《韶关日报》文章整理）

武江区开展“创文”“申名”工作纪实

▲武江区城管队员在整治市场秩序　　（区委宣传部供稿）

▲武江区开展“食品安全”主题道德讲堂活动

（区委宣传部供稿）

核心提示：今年以来，武江区按照新一轮创建工作的总体要求，以着力沟通协调、促进部门联动、形成合力为抓手，以落实责任、检查督导、绩效考核为手段，扎实推进辖区“创文”“申名”的各项基础性工作，做到氛围不淡、力度不减，为我市创建全国文明城市暨申报国家历史文化名城工作的有序开展作出了艰辛努力并取得显著效果。

层层落实
创建热潮迅速掀起

记者了解到，全市创文动员大会刚一结束，武江区随即召开区四套班子会、区创文指挥部成员单位会议，进行层层传达，而且将重点放在组织学习市委蓝佛安书记在会议上的重要讲话精神上，提出要迅速把思想和行动统一到市委、市政府的决策部署上来，进一步明确工作重点，努力在全区掀起新一轮创建工作热潮。

全区创文的组织架构很快完善了起来。区创文办在区指挥部的领导下，继续深化区、镇（街）、区直成员单位及社区（村）三级创文机构和网络的作用，并结合“申名”工作要求，近期将抽调相关单位人员充实创文办“申名”力量。

紧接着，《武江区创建全国文明城市工作规划》《武江区申报国家历史文化名城工作实施方案》《武江区创建全国文明城市2015年重点工作实施方案》《武江区创建全国文明城市2015年宣传工作意见》《武江区2015年未成年人思想道德建设工作意见》等五份工作方案，经区委常委会审议通过后迅速下发到各单位。

与此同时，创文、申名的重点、责任、分工等等，不断细化，并将任务落实到相关领导和具体单位。其中，创文工作重点对加强农贸市场专项整治、完善基础设施建设、深化社会主义核心价值观培育践行工作、加强公民道德教育等方面进行了部署；申名工作重点对文物古迹的保护管理和文保单位的升级、文化内涵的提升和文化品牌的打造、申名宣传工作等方面进行了部署。一时间，辖区范围内创建热潮迅速掀起，创建的氛围日渐浓厚，全区上下形成了一股强大的创文、申名热潮。

打造品牌
文明创建不断深化

在推进“创文”和“申名”工作中，武江区还结合市创建工作要求，因地制宜研究制定了《关于加快“创建文明村镇，建设美丽乡村”的意见》，把“美丽乡村”建设作为本区创文工作和精神文明建设工作在基层推动的重要抓手和落脚点，通过协同多部门齐抓共建，加强农村宣传教育、软硬件建设、问题专项治理、文化惠民工程，在打造农村精神文明建设品牌方面取得了显著成效。

该区还结合创文工作重点任务，着力推进社区专业志愿服务站点建设，并坚持经常性开展活动，促进了辖区社区志愿服务转入制度化、专业化、常态化。

在公民道德教育方面，该区不断深化“道德讲堂”活动，至今为止，各道德讲堂已开展活动306场，参与活动人数达10000余人次，道德讲堂已成为辖区精神文明建设的特色品牌之一。该区还高度重视未成年人思想道德建设工作，善于利用道德模范选树典型，宣扬凡人善举，传递正能量。

强化整治
城管水平逐步提升

创文行动掀起高潮至今，武江区环卫部门的同志们共同演绎了感人的一幕，他们起早贪黑，清扫保洁，建立垃圾收运秩序，加强垃圾中转站管护，市容环境卫生水平大幅提升。据记者了解，仅今年上半年，区环卫所便组织人员分别在2月、4月、6月于辖区开展了三次大型清理整治卫生行动，共出动人员600余人次，出动水车及垃圾运输车1223车次，先后清理了

323沿线、津头岭、姐妹岭等20多条主次干道及小街巷，清理卫生死角近850处，清运淤泥杂物约3057吨。

同样，区城管部门深化落实管理主体责任，相继开展了多次市容市貌、查违控违、夜间大排档、渣土车撒漏等专项整治行动，重点对乱摆卖、乱张贴等城市“六乱”和违法建设等进行重拳整治。统计表明，上半年，区城管部门共开展专项整治行动39次，出动663人次，出动执法车辆165次，教育劝导8000多人（次），纠正“六乱”现象6772次。

与此同时，区工商部门也积极履行职能，强化对辖区农贸市场的管理，仅上半年就开展了6次整治，出动执法人员298人次，执法车辆92车次。而区食药监局则将工作侧重点放在对食品安全的整治及开展“文明餐桌”行动上，至今已累计立案查处各类食品案件25宗，结案17宗，罚没收入近5万元；还出动114人次，派发文明餐桌三角告示牌、宣传海报、小册子共2000余份。

强化宣传　营造浓厚创文氛围

记者注意到，为广泛深入推进创文宣传“百千万”工程，武江区除以培育践行核心价值观、创文、申名等为内容，更换、更新了遍布城区的58个区属宣传栏外，还制作印刷了创文申名宣传小册子12000份，分发到社区和群众中；此外，辖区各单位还结合“创文”“中国梦”“核心价值观”“申名”等主题悬挂张贴标语横幅160多条，在全区范围内形成了多维度、广覆盖的宣传氛围。

在开展主题活动方面，该区非常善于结合传统节日和各类纪念日活动开展创文、申名宣传，在潜移默化中提高居民群众对“创文”“申名”的知晓率和支持度，提升市民文明素质；同时，还借助社区专业志愿服务以及深入开展创文“五个一”入户宣传，助推创文、申名宣传家喻户晓。

切实履职　申名工作全面启动

一是强化文物古迹保护管理。武江区文化部门在第三次全国文物普查工作的基础上，及时开展保护工作，加强对全区212处文物点保护管理，对一些破坏严重的文物进行加固抢修，并树立保护标志。

二是加强历史建筑保护管理。区住建部门先后对辖区五镇十个祠堂进行了取证和取样的摸底调查工作。

三是加强非物质文化遗产的保护和传承。先后在辖区相关镇、街走访了“粽子、炒米饼”“灰水糍”“艾糍、年糕”“冷水猪肚”“逗春牛”“舞狮”等非物质文化遗产的制作者或传承人，并适时组织开展非物质文化遗产项目展演活动，丰富群众文化生活，助推民族民间艺术绝技和特色美食代代相传。数据显示，今年上半年，全区吸收新建文化文艺团队10支，举行广场活动、“文化三下乡”活动11场，极大丰富了广大群众的精神文化生活。

四是着力打造名人文化品牌。张九龄、余靖是武江区的历史文化名人，每年都有众多九龄、余靖后人、游客前来祭拜和参观。该区以申报国家历史文化名城为契机，大力宣传九龄、余靖文化。

完善基础设施　打造文明环境

启动新华街、惠民街两个便民服务中心建设。街道便民服务中心建设是2015年武江区政府为民办六件实事之一的惠民工程，大厅内规划设置了民政残联、社会事务、信访维稳、党政综合、计生办证五个服务窗口，建成后所有相关科室的工作人员将全部进驻大厅，实行开放式办公。预计该工程将于年底竣工并投入使用。

加快推进社区科普文化中心建设。切实加强社区科普基础设施建设，完善科普服务阵地。正在建设中的新华南科普文化活动中心目前已初具雏形，计划结合今年年初申报成功的新华南科普体验馆，使之具备图书阅读、电子阅览、投影播放、科普体验、舞蹈排练和谈心交流等综合服务功能，为社区居民提供全面综合的科普文化服务。

深入推进宜居社区建设。今年以来，武江区进一步深入推进宜居社区建设，完善社区基础设施，优化社区居民生活居住环境，抓好社区居民的素质教育，取得了喜人的成绩，芙蓉北社区、沙洲社区、工业西社区、花城社区等被广东省住建厅评为“广东省宜居社区”。

深化志愿服务　推动文明风尚

成立青年志愿者联合促进会。为切实加强志愿者的引导、管理工作，团区委正在积极筹备成立“武江区青年志愿者联合促进会”，从而形成一个统一引导、管理青年志愿者

▲文艺表演吸引众多村民驻足观看（李佳摄）

的社会组织体系，加大联系服务广大团员青年的力度，强化青年志愿者服务区委区政府中心大局的作用，该促进会预计8月底可正式成立。

实施“青网计划”行动。截至目前，团区委共发动广大团员青年注册“网络文明志愿者”1300余人。实施“青网计划”，做实做深做新网络文明志愿服务，有利于为青少年健康成长营造清朗的网络环境；有利于增强青少年健康文明上网意识；有利于营造积极、向上、和谐的网络文化环境。

各项志愿服务呈星火燎原之势。今年以来，武江区组织开展了多项志愿服务活动，取得了良好的社会效果。初步统计，全区共组建助残青年志愿者团队7个，残疾青少年结对率达50%。

记者手记

让道德讲堂成为提升文明素质的好课堂

道德讲堂在武江区创文和申名中发挥了不可或缺的作用，俨然已成为培育和提升广大市民文明道德素质的主要阵地。

记者了解到，武江区道德讲堂总堂——“崇德堂”自2013年8月正式挂牌成立至今，两年多来，累计举办活动50期，参与活动人数共计5000余人次。尤其令人称道的是，“崇德堂”坚持以“身边人讲身边事、身边人讲自己事、身边事教身边人”的形式，由区直、驻区单位和各级文明单位轮流承办，每月开展活动两次，成为了武江区传播社会新风、群众自我教育的平台。

武江区的道德讲堂还以“总堂带动分堂”的形式，实现了全面开花结果。目前武江区共建设了企业、学校、社区、村镇、外来务工人员等类型的道德讲堂分堂22个。各讲堂结合实际，通过各种活动，宣传身边好事、学做身边好人。截至目前，各讲堂累计开展活动306场次，活动参与人数累计达10000余人次。

我们希望，武江区通过不断改进道德讲堂运作模式，让全区现有的各类道德讲堂将更具灵活性、多样性，并使其实效性更突出，受众参与面更宽广。一要拓展“道德讲堂”的阵地，灵活变换活动举办场所，扩大讲堂的社会影响力；二要建立自主点单活动方式，使改进后的“道德讲堂”更能发挥承办单位的自主能动性，确保在形式上更加灵活多样、生动活泼；三要加强道德讲堂的管理，坚持弘扬主旋律，传播正能量，为我市创文、申名添力助威。

（根据《韶关日报》文章整理）

武江区义务教育均衡发展纪实

▲市五中男子足球队获省第十四届运动会比赛第八名

（区教育局供稿）

▲农村办学条件改善，农村学生有了自己的艺术室

（区教育局供稿）

努力推动义务教育均衡发展重在行动财政保障作支撑

发展教育不是口号，重在行动。

在重视教育问题上，武江区是“说到做到”。区委书记王德雄曾掷地有声地说：“教育创强工作只有逗号，没有句号。”在成功创建省教育强区后，该区积极推进创建全国义务教育发展基本均衡区的工作，继续加大投入，使城乡教育办学条件硬件上基本实现了一体化、信息化，推动全区教育均衡优质发展。

在区财政并不宽裕的情况下，武江区确保了义务教育“三个增长”：2012—2014年，义务教育公共财政教育支出增长分别为9.01%、27.26%、22.20%；生均公共财政预算教育事业费支出逐年增长。

同时，该区按省有关文件要求，每年安排198万元税费转移资金用于义务教育。另外，2015年区财政继续追加了2300万元，全部投入义务教育。

统筹规划 打造教育新格局

武江区结合实际，采取以下措施强力推进义务教育均衡发展：

开展“校际扶助联合体”工作，辐射带动师资均衡发展。以城区学校带动郊区学校，通过加强联合、统一计划和工作安排表，落实“管理、教师、教育”三个共享，互派教师，跨校兼课，带动被扶持学校在办学理念、管理水平、教师素质和教育质量等方面的提升。2010—2014年，武江区有13名校长、13名副校长进行了轮岗交流，安排了203名教师进行支教轮岗交流。同时，建立了5个校际扶助联合体，促进城乡学校共同发展和师资力量提升。

均衡教育资源配置，提升办学档次。成功创建省教育强区后，该区筹措资金约1.185亿元用于改（扩）建学校、改造农村边远学校和城区非优质学校、标准化学校建设和教育新装备工程建设，进一步促进了区域内教育均衡。

积极推进教育信息化建设，对学校教育信息化的建设工作统一部署。

优化师资 提高办学水平

加强教师队伍师德建设，提高教师思想道德素养。组织广大教师开展廉洁修身主题教育活动，帮助广大教师树立“为人师表、教书育人、崇尚立德”的价值观和人生观，提高教师职业素养。

加强教师能力提升培训，打造高素质教师队伍。近三年来，区教育局组织了各级各类培训5000多人次，大大提高了教师的综合素质及教学能力。

加强学校干部队伍建设，培养高素质的学校教育管理者。近年来，区教育局以“培养年轻干部、提升办学水平”为宗旨，通过传、帮、带和送出去跟岗学习等方式，对年轻有为的、有志于教育管理的优秀教师进行培养，把优秀的管理经验、先进的管理理念辐射到农村薄弱学校。

通过评先评优等活动，激励教师积极投身教育事业。目前，武江区拥有广东省南粤优秀教师13名，广东省山村优秀教师1名，韶关市优秀教师38名。武江区名校长、名教师、名班主任、学科带头人共计218人次。

突出亮点 着力打造德育品牌

作为韶关市中小学德育特色创新与发展的实验区，武江区努力打造德育品牌，构筑全员共建的校园文化体系，突出亮点，以陶冶学生的情操，构筑健康的人格，全面提高学生素质。

通过抓好两支队伍的建设，为德育工作的开展提供有力的保障。一是抓好德育工作管理队伍。区教育局成立了中小学德育工作领导小组，负责领导协调、统筹规划全区中小学德育工作。在学校内部形成了以德育处（政教处）为龙头，团委（少先队）、学生会、班主任，思想品德教师为主力的学校德育工作网络，促进了德育工作层层落实。二是抓好班主任队伍建设。每年邀请国内著名德育专家做讲座两次以上，送优秀年轻班主任外出学习、参加培训等加大德育领导、班主任、辅导员等德育主力军的轮训。

德育创新工作注重抓主题，以活动载体促德育创新。以生命教育、感恩教育、责任教育、诚信教育等“四项教育”为切入口，开展形式多样的培育和践行社会主义核心价值观主题教育。利用传统节日、重大历史事件纪念日和革命领袖、民族英雄、杰出名人等人物的诞辰和逝世纪念日，以及学生入学、入队、入团、成人宣誓等具有特殊意义的日子，开展教育活动。积极组织开展童谣创造、经典诵读、绘画、书法、手抄报、小发明、小制作等创作与比赛活动，培养青少年学生的创新能力，全面提升学生的综合素质。

德育创新工作还注重抓特色，强化品味提升。各校立足校情，大胆创新，突出特色，营造出良好的校园文化氛围。目前全区有6所德育创新实验学校、1所省级德育示范校、5所市级德育示范校。2014年，该区提出了“人人有体育特长，校校有体育特色”的发展目标，努力构建“一校一品牌、一校一特色”的学校文化，为国家和社会培养了一大批德才兼备人才。

教育成果展示

1.成为全市首个广东省教育强区。

2012年3月，武江区顺利通过省教育强区的督导验收，成为韶关市第一个广东省教育强区，同年9月成为首个100%通过省教育强镇（街）验收的县（市、区），在全市发挥了积极的示范带动作用。

2.基本实现城乡学校办学条件硬件一体化。

目前，武江区已完成校舍改造维修工程149项；为22所学校（教学点）铺建塑胶跑道；完成新建学校1所，新增教育用地3.6万平方米，新增建筑面积近2万平方米；在建学校1所，计划占地2万平方米，计划建筑1.13万平方米。

目前，全区学校教育教学设施设备配置齐全，基本上实现了城乡学校办学条件硬件一体化。

3.多媒体教育成为常态化。“班班通”项目由教育局和学校共同承担经费和建设任务，分三期共计采购555套多媒体电教平台，实现“班班通”100%覆盖；2015年5月采购150台教师用计算机，分配到乡镇学校及部分城区薄弱学校，实现了全区教师“师机比”1∶1；2015年由区教育局投入100万元分别在至和汤邓淑芳纪念学校和九中建设了两间高清录播教室，深化教育信息化与学科的融合，此项目即将于2015年10月完成建设。

目前，全区所有学校及教学点运用多媒体教学实现常态化，为教育现代化奠定了坚实的信息技术基础。

4.教育科研走在全市前列。多年来，武江区以打造教研文化为核心，以教研促发展，以教研树品牌，教研文化成为一道独特亮丽的风景线。区教研部门、教育学会精心组织了研讨课、说课、课例观摩、同课异构、名师示范课、优质课展示、经验交流会、教师基本功比赛等形式多样、丰富多彩的教研活动，为广大教师搭建了专业成长的平台，展现教学风采的舞台。今年，该区有9个课题成功通过广东省教育研究院教育研究课题立项，占全市的省课题立项总数的比例超过30%，教育科研走在了全市的前列。

5.教学质量名列前茅。

2002年，武江区被确立为广东省首批课程改革实验区。

2008年至今，武江区四度被评为韶关市教学工作先进单位。高考成绩捷报频传，本科以上和专科以上入线人数均实现四年连续增长。

近3年，武江区省市重点高中入线人数、中考总分优秀率、总分合格率、高分层人数比例、各学科成绩始终保持全市领先。

相关链接

●目前，武江区有中小学校29所，其中普通高级中学1所，初级中学6所，九年一贯制学校2所，完全小学20所，教学点9个；在校学生30476人，教职员工1697人，幼儿园53所，在园幼儿8993人，教职工1192人。

●2015年6月，武江区顺利通过全国义务教育发展基本均衡区市级复核及省级督导评估，并做好了在年底前迎接国家评估认定的准备。同时，该区将于2016年启动创建教育现代化先进区工作，计划用2到3年的时间，完成教育现代先进区的创建工作。

记者手记

坚持不懈抓好义务教育

再苦不能苦了孩子，再穷不能穷了教育。中国改革开放

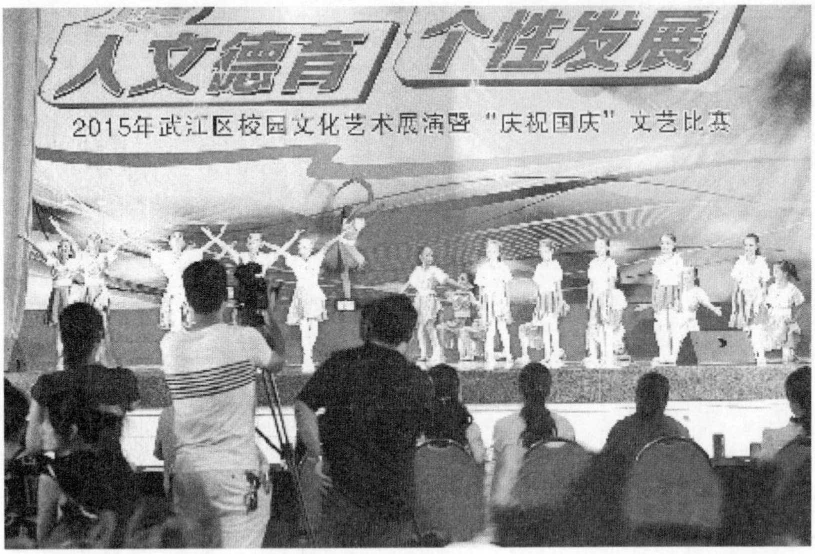

▲迎国庆校园文化艺术展演　　（黄伟坚摄）

总设计师邓小平同志的谆谆教导，武江区做到了！这毋庸置疑值得称颂，值得点赞。

教育的重要性可谓家喻户晓，妇孺皆知。而教育尤其是义务教育的“公平性”也同样为社会所关注，世人所期盼。李克强总理曾反复强调：教育是民生改善的来源，传承文明的载体。同时，教育公平具有起点公平的含义，这也是社会公平的重要基础。他还指出：要缩小城乡和区域这两个最大的差距，就必须首先要缩小教育差距、促进教育公平，这样才能使发展更均衡，社会更和谐。因此，真正重视教育，就必须要努力实现义务教育的均衡化，不折不扣体现义务教育的公正性。唯有如此，教育才是人民的教育，也才能办出让人民满意的教育。就此而言，武江区长期坚持义务教育均衡发展的指导思想是完全正确的，其思路举措经实践证明也完全是行之有效的，正是因为这样，武江区近几年的义务教育均衡发展才能取得日新月异的进步，教学质量也才能如芝麻开花——节节高，在全市义务教育中成绩名列前茅，成为全市首个教育强区。

纵观武江区义务教育均衡发展的历程，其成功的“法宝”之一就是一个“实”字。实实在在地办教育，不搞任何形式主义，不搞一点点花架子，用真金白银来改善教育教学条件，用具有可操作性的举措来激发教师的教学积极性，用一系列行之有效的方法来打造特色教育。正是因为这一系列的“实”，才使得全区办学条件不断得到改善，教师的教学积极性不断提升，学校的特色教育越来越鲜明，教学质量也不断提高，“实业兴邦、空谈误国”——这正是武江区义务教育大发展的印证。

雄关漫道真如铁，而今迈步从头越。武江区的义务教育均衡发展已取得了不俗的成绩，送其鲜花与掌声无可厚非，也是实至名归，但并非就说当前武江区的义务教育已到达了胜利的顶峰。读书无止境，教育亦无止境。教育事业永远都只会有逗号，不可能有句号。因此，在成绩面前，武江区上下务必保持清醒的头脑，戒骄戒躁，一如既往以“实干”精神推进教育事业发展。“没有最好，只有更好”，以此来激励武江区的教育事业蒸蒸日上！

（根据《韶关日报》文章整理）

武江区依法治区工作纪实

▲武江区组织领导干部参加反腐倡廉警示教育活动，强化领导干部廉洁从政、依法行政意识　　（区委宣传部供稿）

▲武江区打造人民调解工作大格局，新华街调解员组织双方当事人开展诉前联调　　（区委宣传部供稿）

核心提示：近年来，武江区在依法治区工作中，认真贯彻落实党中央依法治国方略和《全面推进依法行政实施纲要》，创新工作思路，进行有效探索，实现了法治政府建设与经济社会发展的良性互动，全区依法治区、依法行政工作取得阶段性成果，受到社会各界的广泛认可。

抓机制　推进依法行政

在武江区，无论是区政府、各镇（街），还是区直各单位，均建立了依法行政工作机构，并明确主要负责人为第一责任人。该区定期或不定期召开区政府常务会议、政府工作会议，按制度听取依法行政工作汇报、专题研究依法行政工作已经成为常态，依法行政工作真正做到了科学统筹。

记者注意到，每年年初，该区均要召开专题工作会议，研究部署依法行政年度计划和任务，将其列入全区年度重点工作，并明确责任领导、牵头单位、协办单位及统筹责任人。为进一步抓好落实，区委、区政府不定期组织督办专员对各项工作进行督办，并将督办情况在全区通报；到年中，则组织依法行政工作回顾、对表找差，实现任务过半；年底，则进行全面总结考核验收。全区依法行政工作形成了主管主抓、分管细抓、一级抓一级、逐级抓落实的工作机制。

在深入推进基层依法行政工作方面，该区还确定“树一批、带一批、帮一批”的对象进行帮带指导。目前，全区社区、农村已全面实现“网中有格、按格负责、人在格中、事在网中”的网格化管理。同时，该区积极深化“红袖章”活动，全区建立起一支千人“红袖章”巡逻队伍，做到“巡逻有队、队中有人”，实现了群防群治。

▲武江警方加强巡逻，切实维护社会和谐稳定　（区委宣传部供稿）

抓治理　建设平安武江

记者注意到，为切实提高全区综治维稳工作水平，提升辖区群众安全感和对政法工作满意度，武江区充分发挥公、检、法的职能作用，为社会稳定提供了坚强有力的保障。

武江公安分局通过“五个强势推进”，在辖区范围全面展开“3+2”专项行动（“打击整治涉毒、涉黑恶、涉盗抢、涉赌、涉非法集资”五类突出违法犯罪活动），全局刑事案件破案数迅速提升，尤其是在破大案方面成绩突出。特别值得大书一笔的是，不久前分局刑侦大队经过前期大量侦查，成功打掉一特大抢劫犯罪团伙，刑拘19人，破案10余宗，有力地维护了辖区社会面治安秩序稳定，为“3+2”专项行动再添重大战果。

区检察院则充分发挥检察职能，以创建全省“青少年维权岗”为契机，在探索建立未成年人刑事检察工作新模式，切实维护涉罪未成年人的合法权益方面成效明显，获得了各方肯定。特别是该院创建的“四位一体”拓宽预防平台，充分发挥了检察机关、学校、家庭、社会的作用，使检校连线得以加强，实现了纵深预防，大大减少了未成年人违法犯罪，推进了平安校园建设。

区人民法院则围绕“努力让人民群众在每一个司法案件中都感受到公平正义”目标，牢固树立司法为民理念，扎实开展“审判三进”活动，在龙归镇16个村委设置“法律服务室”，与西联镇下属8个村委开展“一村一法官”活动，组建巡回法庭，努力以群众能够感受到的方式实现司法公正，收到广泛好评。

抓创新　强化社会管理

近年来，随着辖区经济社会的快速发展，武江区也同样面临矛盾纠纷呈现复杂、预防处置难度加大的新形势，特别是拆迁补偿、山林纠纷、物业纠纷等民生领域矛盾纠纷多发。对此，武江区积极创新社会管理，切实发挥镇街、村（社区）、村民小组及有关部门的齐抓共管作用，在全区打造了人民调解工作大格局。

首先，密织网络消除调解盲区。近年来，武江区司法行政部门高度重视大调解工作体系建设，逐步形成了以党委、政府统一领导，司法行政部门牵头抓总，有关部门各司其职，社会广泛参与的社会矛盾化解工作新格局。按照“强基层、抓规范、保稳定、促发展”的工作目标和“六统一”的建设标准，形成了镇（街）人民调解委员会、村（社区）人民调解委员会、村民（小区）调解小组的三级调解组织，在全区镇（街）、村（社区）、部分企业共建了105个调解委员会，村民调解小组415个，构建了“全方位覆盖、立体式开展”的矛盾纠纷排查调防体系，为人民调解更有效地服务社会和谐稳定打下了坚实基础。

其次是整合资源加大调解力度。该区各级司法部门主动介入社会难点、热点纠纷的调解，整合资源、畅通调解渠道，积极与镇（街）党委、政府相关部门配合、形成联动，优势互补。目前武江区共有人民调解员887名，绝大多数调解员为村（社区）干部、老党员、老干部及当地德高望重的人，有的甚至还是村（居）民自发组织如“和事佬”协会等协助村“两委”干部收集村情民意，排解村民群众的难题，化解各种社会矛盾，确保人民调解员能够第一时间知情，第一时间介入，第一时间调查，第一时间调解，便捷、高效地化解矛盾纠纷，提高了矛盾纠纷调解效率。数据显示，一年来，全区人民调解组织共受理民间纠纷872件，调解成功864件，成功率为99.1%。

此外，落实激励机制增强工作动力，也是武江区推行社会化管理的一道亮色。为切实调动广大人民调解员工作积极性、主动性，结合党的群众路线教育实践活动，武江区2014年落实了基层司法助理员岗位津贴。2015年1月制定并实施《武江区人民调解员“以奖代补、以案定补”工作实施方案》，为促进全区基层人民调解工作快速发展起到积极的推进作用。

抓普法　增强法制观念

“六五”普法工作启动至今，武江区切实做好宣传、指导、协调、督促、检查，人们的法制观念普遍增强。

一是落实“五个保障”，形成了党委领导、人大主导、“一府两院”实施、政协民主监督、社会广泛参与的普法工作新格局。

二是突出“四个加强”，全面提升法治化管理水平。加强制度规范，保依法行政；加强队伍建设，保执法效能；加强公开审判，保司法公正；加强监督管理，保公平正义。

三是强化“四个抓手”，提高全民法律意识。首先是抓好龙头，推动领导干部及机关工作人员学法。在武江区，各级领导干部学法已经形成制度化，而且形式不拘一格，有党委中心组集体学法制度，有政府办公会前学法制度和领导干部法制讲座制度，等等。此外，该区还全面推行一镇（街）一法律顾问、一村（社区）一法律顾问，每一个乡镇（街道）、村（社区）都聘请1名以上律师为常年法律顾问，为政府依法决策、法律文书签订等政务活动及群众提供法律咨询和法律服务。

其次是抓牢基础，推动青少年学法。主要是抓师资队伍法制教育培训以及教育形式创新和内外联动。全区中小学校都聘请了法制副校长和法制辅导员，五年来，共上法制课500多场次，全区学校无违法犯罪事件发生，在校学生的犯罪率为零。

此外，该区还善于抓住难点，推动企业经管人员和外来务工人员自觉学法、用法、守法。该区抓住重点，实时开展法律服务进机关、进企业、进单位、进社区、进农村、进校园“六进”活动，推动全民法制素质的提高；注重与平安建设相结合，变“群众上访”为“干部下访”，切实转变干部工作作风。

典型播报

化纠纷 促和谐

——新华街金洲社区物业纠纷调解小记

物业纠纷一直是困扰小区的一道难题。然而近年来，武江区新华街金洲社区处理纠纷却得心应手。

其中的奥妙在哪里?

金洲社区辖区常住居民13803人，共有14个物业小区，是一个人口集中、物业纠纷频繁发生的社区。该社区居委有5名社区干部，尽管人手少，但因他们建立了由街道综治维稳和律师等各类专业人士以及社区、物管企业和业主委员会组成的三级一体的物业纠纷调解委员会，形成了上下联动纠纷指导和调解组织体系，社区的各种纠纷难题在他们手中迎刃而解。

沙洲尾某小区业主反映小区物业管理松懈，入室盗窃案件频发，环境卫生差等问题。居委会和“调委会”通过深入走访了解具体情况后向物业公司提出“加强监管”等三点要求。随后，新华街道调委会又召集综治办、金洲社区居委会和小区业委会成员召开会议，共同研究解决方案，决定另选新的物业公司进驻管理。同时，调委会从遵循法律法规角度建议，在新的物业公司进入管理之前，业委会要协助好原物业公司做好小区的管理工作，维护小区清洁卫生，提高治安防范意识，正面宣传，配合物业公司收费等等。

经过近一个月的筹备，在调委会的指导和协助下，小区业主委员会经过多次会议讨论，公开招聘物业公司，公示物业管理方案，收集业主意见，召开业主大会评选，最后选定由韶关市一物业服务公司进驻管理。新公司顺利进驻后，首先完善小区内的卫生和治安管理，然后投入30多万元对小区地下自来水管道进行全面改造，解决了漏水问题，规划小区车辆停放，进一步完善小区的监控设备，治安状况明显好转。

如今，提起小区来之不易的和谐稳定局面，广大业主们纷纷表示：“金洲社区居委会功不可没”。

……

“民生无小事。居民的事，再小也是大事，要把事关居民的好事做好、实事办实”，这是金洲社区居委会、调委会全体工作人员对社区工作达成的共识。正是坚持这种理念开展每一项服务工作，社区干部与居民的距离才越来越近。

记者手记

推行“一村一法律顾问”好

武江区认真落实上级“关于开展一村（社区）一法律顾问工作”的意见，为全区83个村（社区）配备了数十名律师作为法律顾问，为群众提供专业法律服务，化解基层纠纷，为进一步推动法治武江建设，维护基层和谐稳定作出了重要贡献。此举深得群众好评。

据记者所知，武江区全面开展一村（社区）一法律顾问工作起于今年1月，至今为止，社区法律顾问律师都能够按照协议的服务内容和工作规定要求，认真履行职责，与基层干部群众沟通交流，积极开展法律服务工作。其中仅向群众提供法律援助就多达20件，接访各类咨询477次，配合基层人民调解组织依法合理解决矛盾纠纷22件，开展其他法律服务51次。

一村（社区）一法律顾问的推行，不仅促进了司法工作作风的转变，推进了司法工作重心下移，更重要的是，它拉近了律师与群众的距离，使农村（社区）人民群众足不出户便能享受到较高质量的法律服务，从而大大减少了农村（社区）的矛盾纠纷，广大基层人民群众对此自然是点赞有加、拍手叫好。

我们希望，武江区不断创新举措，把一村（社区）一法律顾问工作进一步推向深入，在多渠道服务基层、化解矛盾纠纷、提供法律援助等方面作出更多努力，为法治武江建设作出更大贡献。

（根据《韶关日报》文章整理）

武江区新一轮扶贫开发“双到”工作综述

▲武江区委书记王德雄（前右三）在调研中要求加快贫困村水利设施建设　（段锋刚摄）

▲重阳村花农正在兰花基地工作　（区扶贫办供稿）

新一轮扶贫开发“双到”工作启动以来，武江区按照省、市要求，围绕增加农民收入、缩小城乡区域发展差距的目标，创新体制机制，加大工作力度，做到领导到位、认识到位、措施到位，推动新一轮扶贫开发“双到”工作“精准到位”，实现“输血造血”新突破，做到“10个100%”，扶贫取得显著成效，呈现了不少亮点。

亮点一：注重“两提高”贫困户收入显著增加

贫困户人均纯收入有了明显提高。4个贫困村的贫困户年人均纯收入从2012年的2911.45元提高到2015年的11617.95元，增长幅度高达3倍。

贫困村集体经济收入大幅提高。4个贫困村集体经济平均收入从2012年的1.06万元提高到2015年的11.5万元，增长了9.85倍。

亮点二：力促“四改善”贫困村面貌大变样

贫困村主导产业得到进一步改善。4个贫困村培育了有自己特色的产业，相继成立了7个农民专业合作社，有劳动能力的贫困户211户都加入其中。以“合作社+基地+农户”的模式，在贫困村大力发展冬菇、木耳、蔬菜、莲藕、慈姑、优质水稻等农业特色产业，4个贫困村初步建立了可持续发展的长效机制。

村容村貌建设得到较大改善。4个贫困村共有自然村36个，其中有31个自然村进行了村庄整治，占总数的86.11%。贫困村村容村貌、基础设施、办公条件得到彻底改变；教育、文化等设施进一步完善。

党务、村务和财务管理制度得到健全改善。贫困村在党务、村务和财务的管理制度上也做了大量工作，建立健全了各项规章制度和集体经济管理机构，确保各项工作有法可依、有章可循、有人管事，使民主理财走上制度化、法制化轨道。

农田水利基础设施得到加强改善。4个贫困村从2013年起都相继启动了高标准农田整治建设项目，共投入资金700多万元，灌溉农田受益面积约387公顷，完成“三面光”水渠建设约20200米。

▲江湾镇胡屋村田心村示范村新貌　（区扶贫办供稿）

▲龙归镇坳头村今年莲藕生产喜获丰收　（区扶贫办供稿）

亮点三：做到10个100%扶贫“双到”创佳绩

10个100%：一是211户有劳动能力的贫困户人均纯收入脱贫率为100%。211户有劳动能力的贫困户年人均纯收入达到9891.14元，100%脱贫。二是262户低收入住房困难户住房改建完成率为100%，4个村共计262户的低收入住房困难户住房改建任务100%完成。三是60岁以上贫困人口新农保参保率为100%。4个村149名贫困人口100%参加了新型农村社会养老保险。四是226户贫困户新农合参合率为100%。4个村226户794名贫困人口100%参加了新型农村合作医疗。五是贫困户子女“普九”毛入学率为100%。贫困村内90名7—15岁的贫困户子女100%接受义务教育。六是贫困村低保人口纳保率为100%。4个贫困村内无劳动能力户及生活困难的62户贫困户173名贫困人口100%纳入最低生活保障，做到了“应保尽保”。七是贫困村农户安全饮水率为100%。4个贫困村100%完成了安全饮水工程建设，村民都解决了安全饮水问题。八是贫困户劳动力技能培训率为100%。九是贫困村300人以上自然村村道硬底化率为100%。十是贫困村公共服务设施拥有率为100%。

领导重视
着力强化责任落实

区委、区政府高度重视扶贫开发“双到”工作。三年来，区党政主要领导先后多次带领相关人员深入到镇和贫困村、贫困户家中开展调研，贴近实际，靠前指挥。区委书记王德雄多次到重阳村指导协调村民服务站、河堤、道路修缮等工作。区长黄建华多次到胡屋村视察水毁工程、食用菌生产基地，协调解决资金的筹集问题。其他四套班子领导落实各自职责，到挂点镇、村及贫困户家走访慰问，为扶贫工作集思广益，做到协调问题及时推进，发现问题及时纠正，总结经验及时推广，形成打好扶贫攻坚战的良好氛围。

各帮扶单位均成立了以“一把手”为组长的领导小组，单位领导主动帮扶到户，把帮扶贫困户的责任落实到人，各级干部分工挂钩联系贫困户，做到班子重视、领导带头、干部跟踪落实。与此同时，该区还认真做好与上级部门的沟通联络工作，切实做好相关信息报道工作。

规划先行
着力推进项目落实

该区一方面把3个镇4个贫困村的扶贫开发作为硬任务，制定了专门的规划措施，明确帮扶责任单位。另一方面，把面上分散的贫困户也纳入帮扶范围，明确挂扶单位，提出具体措施要求。各级、各帮扶单位依照实施扶贫开发“双到”工作的要求，认真开展摸底调查、贫困户公示、扶贫政策宣传、扶贫开发“三公开”工作，结合当地实际和贫困户意愿认真制定帮扶措施。各帮扶单位在深入开展调研的基础上，根据当地的实际和帮扶对象的具体情况，制定年度帮扶村、户的计划和措施。驻村干部和结对帮扶干部真抓实干，扎实做好每年的帮扶工作。

三年来，全区扶贫开发“双到”帮扶工作进展顺利，并取得显著实效。全区共落实帮扶资金2369.87万元，平均每个村592.47万元。新增村帮扶项目如莲藕、慈姑、冬菇、木耳、蔬

▲村民在坳头村便民服务中心办事　　（杨纯摄）

菜、水果等89个，其中生产经营类项目15个，基础设施类项目67个，民生类项目7个。

注重创新 着力健全长效机制

该区千方百计整合帮扶资金，最大限度培育帮扶对象的发展能力。三年来，区政府拨出扶贫开发专项资金177.96万元，动员社会力量捐赠扶贫款474.14万元，各级干部自发捐献的直接到贫困户手上的慰问金约10万元。同时，全区上下达成共识，将上级政府出台的多项强农惠农政策向贫困村倾斜，逐步解决贫困村“一保五难”问题，合力打造贫困村的发展基础，优化贫困村的发展环境。

与此同时，该区着力监管资金用途。用好省、市、区的财政资金，确保资金100%用于贫困户脱贫和改变贫困村落后面貌的发展项目上。整合部门专项资金，将部门的项目资金向贫困村倾斜。实行扶贫资金专户管理，确保了资金专款专用，做到程序规范、手续完备、档案齐全。

该区千方百计培育脱贫项目，着力打造帮扶对象的发展平台。在增加贫困户家庭收入方面，按照村有主导产业、户有增收项目的要求，在4个贫困村相继成立了7个农民专业合作社，分别明确了一个主导产业，有劳动能力的贫困户211户都加入其中。

统筹兼顾 着力强化党建工作

该区坚持统筹发展，一手抓扶贫开发，一手抓基层党建。一是积极指导协助村做好村“两委”换届选举工作，顺利完成2014年村“两委”班子换届选举。二是指导和督促村开展群众路线教育实践活动。三是加强党员的培养、教育和发展，注重从大学生村干部、致富能手、退伍军人中发展党员，不断增强支部的活力。3年来，在4个贫困村共发展新党员10名。四是完善各项规章制度。五是协助做好奇石村软弱涣散整治工作，实现了薄弱村“赶超”目标。

贫困村扫描

重阳镇重阳村

三年来，武江区人社局筹集604.8万元资金帮扶重阳镇重阳村，实施了重阳村委便民服务站工程、麻地埂巷道、路灯建设工程、杉木冲村道建设工程、高标准农田建设项目、重阳村公共基础设施建设项目和村容村貌建设、林屋山塘整治、村文化休闲广场建设等多个工程项目，筹集40万元投入到武江区重阳永业石场，并以每年保本分红的方式增加村集体收入。

经过3年帮扶后，到今年年底农民年人均纯收入达到11849.4元，贫困户年人均纯收入达到9133.05元以上，村集体收入达到85000元，各项扶贫目标均可顺利达成。

江湾镇胡屋村

武江区财政局作为牵头帮扶责任单位对口帮扶江湾镇胡屋村。三年来，该局通过多种渠道筹措扶贫资金667.59万元用于胡屋村委的扶贫工作。该局通过开展技能培训，引导和帮助有条件的贫困户外出务工；采取帮扶干部资助和政府补贴的方式给55户农户解决生产启动资金；通过引导村委注册成立江湾镇富农食用菌合作社，建立食用菌种植示范基地。截至2015年10月底，共投入40万元产业扶持项目资金。并通过多方努力筹措资金对胡屋村生产生活设施进行建设修缮，大大改善了村民的生产生活条件，美化了村容环境，加强了基层组织建设。

龙归镇坳头村

韶关市人大常委会机关、中石油韶关分公司挂钩帮扶武江区龙归镇坳头村。3年来，两单位用心谱写扶贫开发的“真”篇章，发展特色产业，多方充实村民“钱袋子”；坚持安居乐业，努力盖好村民新房子；落实惠民政策，力助村民过上好日子。该村扶贫工作连续2年获省考核优秀等次。

三年来，帮扶单位在该村共投入资金607.98万元。在壮大村集体经济方面，通过筹资入股龙归高寨水电站、入股农业龙头企业，加上村门店出租、石场协调费等，今年村集体经济收入可达12.7万元。在该村建设便民服务中心和文体广场。重点培育发展莲藕、慈姑、粉葛三大特色产业。经过两单位的共同努力，今年年底全村农户人均纯收入可达11164.94元，贫困户人均纯收入达9772.43元。

龙归镇奇石村

以武江区城管局为牵头单位，有区检察院、龙归镇政府、区政法委、区卫计局、区食药监局参加的多家单位对口帮扶龙归镇奇石村扶贫开发工作。

2013年，奇石村被认定为省级问题突出村、市级薄弱村。帮扶单位认真协助区委组织部、龙归镇做好奇石村整治工作，以村“两委”班子换届为契机，选好配强“两委”干部，为该村“强筋健骨”。3年来，帮扶单位投入帮扶资金489.5万元，使奇石村扶贫开发工作取得良好成效，村容村貌明显改善，村级组织战斗力明显增强。2015年村集体收入预计可达14.7万元，较帮扶前增长近40倍。

（根据《韶关日报》文章整理）

▲村民与小朋友在奇石村新建的健身广场玩耍　　（杨纯摄）

武江区推进公务用车制度改革

根据中央、省和市的统一部署，我区的公务用车制度改革工作严格按照上级车改政策要求，分级分类有序推进，在2015年9月底前完成了区直机关车改工作，并于2015年12月底前完成了所辖七个镇（街）的车改，确保在省市规定的时间节点前完成了全区公务用车制度改革。现将我区公务用车制度改革实施情况报告如下：

一、车改基本情况

我区参加公务用车制度改革的行政单位及参公事业单位共71个，其中区直机关行政单位及参公事业单位64个，镇（街）7个。涉改在编在岗公务员及参公事业人员767人。改革前全区涉改车辆共计193辆（其中：一般公务用车132辆，执法执勤用车54辆，特种专业技术用车7辆）。改革后全区（含区直及镇街）保留车辆118辆（其中：定向化保障用车9辆，机要通信、应急用车58辆，执法执勤用车37辆，特种专业技术用车7辆，政务接待、调研用车6辆，老干部服务用车1辆）。取消车辆75辆，保留比例61.13%。改革前司机67人，改革后保留司机34人，安置33人。区直机关节支率为13.09%，全区整体节支率为12.42%。

二、主要做法

（一）严格按照上级政策，制定全区车改方案。

一是及时成立了区委副书记、区长任组长，政府办、发改、财政、监察、审计、政法委、编办、人社、机关事务管理局等单位为成员单位的区公务用车制度改革工作领导小组，全面统筹指导全区车改工作。领导小组办公室设在区发改局。二是多方征求意见，先后经过区车改领导小组会议、政府常务会议和常委会议讨论通过车改方案，并报市车改领导小组批复同意后，制定印发了《武江区全面推进公务用车制度改革总体方案》和《武江区区直机关公务用车制度改革实施方案》。三是及时做好摸底工作，合理确定公务交通补贴标准和保留车辆数量，测算出全区整体节支率和区直机关节支率均达到省市要求。

（二）严格按照总体方案，核定车改保留车辆。

一是严格按照省市方案要求，我区核定车改保留车辆均是按照只减不增原则，具体根据各单位工作性质及人员编制情况和经区公务用车制度改革领导小组审批后确定。二是严格按照在原核定执法执勤车辆编制数并扣除特种专业技术车辆编制数的基础上，区保留比例不超过70%的比例数，来核定保留的执法执勤用车及特种专业技术车辆，全区执法执勤车辆保留比例为68.5%。三是鼓励区、镇（街）党政主要负责人参加改革，我区有区、镇（街）党政主要负责人16人，有7人是选择参加车改，有9人选择实物保障。定向化实物保障配备使用的公务用车均是按规定和标准配备的，车改后没有新购置公务用车用于定向化实物保障，没有变相占用两部以上公务用车，没有公车私用。

（三）严格按照车补标准，发放公务交通补贴。

一是明确领取公务交通补贴的人员必须是参加公务用

车制度改革的行政机关或参公事业单位的在编在岗人员。二是明确公务交通补贴标准按岗位职务级别确定。参改人员补贴标准按现任职务对应的岗位职务级别确定（以三定方案及组织部、人社局文件为准），不与参改人员的工资待遇相对应，不与公务员职务与职级并行的职级相对应。三是实行公示和审核制度。各参改单位必须将本单位参改人员的岗位职务级别和补贴标准金额在单位内部公示无异议后，经单位主要负责同志签字并加盖单位公章，报区编办、区人社局、区车改办按照各自职责进行审核，审核无误后由区财政局按程序发放。经过检查，暂未出现擅自提高公务交通补贴标准或扩大范围的现象。

（四）按时封存车辆，公开规范拍卖和报废程序。

一是按时封存停驶车辆。区直机关均在2015年9月25日下午5：30时前封存了拟取消的车辆。在封存时间节点前各区直单位全部拟取消车辆均已统一移交给区机关事务管理局，统一按要求封存在区政府大院停车场，并由区机关事务管理局向区车改办报送了《车辆封存停驶承诺函》。镇（街）取消的车辆全部于2015年12月30日下午5：30时前在各镇、街政府大院封存停驶，各镇、街也均向区车改办报送了《车辆封存停驶承诺函》。二是公开招投标评估和拍卖机构。2015年12月17日，经韶关市武江区公共资源交易中心公开招投标，由韶关市公信资产评估事务所中标，取得我区资产评估业务服务资格。2015年11月16日，经韶关市武江区公共资源交易中心公开招投标，由韶关市华逸拍卖有限公司中标，取得我区拍卖业务服务资格。三是规范做好拟拍卖车辆的评估。我区拟拍卖的车辆共41台，均经韶关市公信资产评估事务所评估人员进行了现场勘查评估，并根据资料递交情况，分3次出具了符合法律效力的评估报告。四是公开拍卖车辆情况。取消的75台车辆中，有部分车辆根据工作需要和车辆实际情况，经区车改办批准，分别做了置换和报废的调整处理。截止统计至2016年3月15日，取消的75台车辆中，拟拍卖的车辆41台，拟报废的车辆23台，其他情况11台。我区拟拍卖的车辆共41台，均以评估价作为拍卖底价，经区财政局现场监督，韶关市华逸拍卖有限公司在韶关市武江区公共资源交易中心办理入场备案后，在韶关日报、韶关市武江区人民政府公众信息网刊登公告，于2016年3月5日成功拍出公务用车15台，相关手续尚在办理中。其余26台车辆已具备拍卖条件，并办理了资产处置手续，将于3月20日进行拍卖。五是报废车辆的处置情况。我区根据车辆登记时间和车辆实际情况，对高污染排放车辆一律予以淘汰，对达到报废条件的车辆按有关规定通知相关单位办理资产处置申请，需报废车辆共23台，已办理报废审批手续正在进行旧车回收等手续的22台，1台正在进行报废手续审批。目前我区正在抓紧联系拍卖行办理入库手续，做到拍卖收入扣除有关税费后全部上缴财政。对未能公开拍卖处置的车辆，将根据实际情况出具处置建议，使国有资产的使用发挥最大效应。

（五）平稳过渡，妥善安置司勤人员。

我区涉改司勤人员原则上以内部消化为主，根据改革后的实际需要，合理设置司勤人员岗位，采取公开、平等、竞争、择优的方式确定留用人员；未聘人员原则上以内部消化为主，通过内部转岗、开辟新的就业岗位、提前离岗等措施妥善安置。并依法做好未留用人员聘用合同和劳动合同的终止、解除工作，并给予相应的补偿，维护其合法权益，相关必要支出按原供给渠道解决。区人社局负责制定司勤人员安置实施指导意见，并指导参改单位做好安置工作。我区改革前司机67人，改革后保留司机34人，安置33人，司勤人员安置工作实现平稳过渡。

（六）坚持厉行节约，节支率达到省市要求。

我区合理确定公务交通补贴标准和保留车辆数量，科学制定总体改革方案和相关配套政策，确保区、镇（街）各级改革后公务交通支出低于改革前支出总额，全区整体节支率和区直机关节支率均达到省市要求。按照中央、省、市车改领导小组办公室的相关要求，根据我区车改前期工作实际，确定我区改革前基期为2014年，测算所涉及的改革前数据均为2014年数据，分别为财政提供的2014年决算数和各参改单位上报的相关数据，改革后所涉及的数据为2016年我区通过审核各参改单位上报数后实际下达公务交通补贴指标数及省要求的计算方式所得。测算数据真实、准确。

（七）建立公务用车制度，规范车辆使用。

一是规范区跨部门公务用车服务平台车辆使用细则。按照我区的《总体方案》及《区直实施方案》，我区各部门按规定保留的公务用车，除必须配备到部门的车辆外（国家核定的执法执勤部门和城管、安监局），其他区直单位保留车辆均纳入区跨部门公务用车服务平台，由区机关事务管理局统一集中管理。为了规范保留车辆的管理，区机关事务管理局于2015年9月24日印发了《公务用车使用管理细则》，明确了区直各单位如何按规定使用保留的车辆；于12月底制定并印发《武江区区直机关公务用车管理制度》和《车场日的管理制度》，对保留车辆的日常管理、调度使用、维护保养、车辆费用管理、驾驶员管理等日常管理进行规范和完善。二是其他保留车辆在单位的区直单位和各镇街均参照区机关事务管理局制定的细则，规范保留车辆的使用，建立健全了公务用车使用管理制度，按规定使用车辆。三是因为我区是市辖区，目前我区的差旅费保障是按照市现行有关出差管理规定执行。

（八）明确车改纪律，强化公车管理。

一是明确车改纪律，纠查并举，强化公车管理。我区在方案中明确了区纪委监察机关要加强对公务用车制度改革工作纪律的监督。区纪委监察局在2016年1月组织区、镇（街）围绕党政主要负责同志车改后配备使用定向化保障用车情况开展了自查自纠。并在元旦春节期间，派出检查组围绕公车私用问题开展明察暗访工作。经查，暂未发现公车私用的违纪违规问题。二是发挥部门联动，落实专项治理。由区发改局牵头，会同区党廉办、区财政局及区车改办其他成员单位组成检查组，对镇街党政主要负责人执行车改规定和遵守车改纪律情况进行了检查。也暂未发现有违反“六个不得”要求的现象。

（区发改局供稿）

武江区开展“三严三实”专题教育取得阶段性成果

2015年5月27日开始，按照中央和省、市的统一部署，武江区在全区开展“三严三实”专题教育活动。在2015年下半年的几个月时间里，中共武江区委加强领导，各级党组织严密组织，各级领导干部率先垂范，广大党员干部积极参与，推动全区“三严三实”专题教育活动取得阶段性的成果。

一、工作进展情况

（一）深化学习教育，筑严筑实思想根基。一是书记带头讲党课。由区委书记王德雄同志带头在“三严三实”专题教育工作会议上作题为《领导干部要带头践行“三严三实”》专题党课。紧随其后，区四套班子及法检两长也按要求到分管部门讲专题党课。一个月内，武江区处级领导干部均已按照要求全部讲完“三严三实”专题党课，累计听课人数达800多人次。二是结合正反典型开展专题学习研讨。我区严格按照专题学习实施方案，完成了三个专题学习，组织区四套班子及法检两长围绕“严以修身”“严于律己”“严以用权”三大主题，结合正反典型，深入学习习近平总书记系列重要讲话精神，累计学习人数209人次。三是多种形式开展体察学习。结合机关在职党员进社区报到活动、“七一”走访慰问活动和反腐倡廉警示教育活动，组织区四套班子成员及法检两长深入基层开展“四个体察”学习，察看基层发展之困，群众生产生活之苦，园区企业发展之难，乡镇机关作风之疾，截至目前，累计开展体察学习126次。四是以普通党员身份参加组织生活会。根据省、市要求，我区认真组织区四套班子、法检两长参加其所在党支部的组织生活会，贯彻落实习总书记重要讲话精神，深入查找和解决自身在工作作风中存在的根本性、突出性问题，全区累计210名支部党员参加了此次“三严三实”专题组织生活会的学习。

（二）广泛听取意见，找准“不严不实”问题。区四套班子及法检两长按照市委要求，突出问题导向，把自己摆进去、把责任摆进去、把实际摆进去，围绕修身、用权、律己、谋事、创业、做人等六个方面，深入具体地查找自身存在的不严不实问题，建立了班子和个人问题清单，截至目前，班子和个人问题已按照整改计划全部整改完毕。

（三）结合专题教育，扎实解决不作为乱作为等损害群众利益问题。我区结合“三严三实”专题教育，按照“四个排查”要求，通过单位自查、逐镇（街）逐村（社区）摸查、从来信来访、网络问政平台中调查等方式，认真查找五镇两街、区直机关单位存在的基层干部不作为、乱作为等损害群众利益的问题。截至目前，共清理农村基层党员干部违纪违法线索88条，其中重大线索6条。现已初核88条，了结28条，立案33宗（其中已结案32宗），给予党纪政纪处分32人；查实农村土地“三乱”问题底数131宗，现已全部完成整治；开展农村“三资”清产核资和建档管理工作，确保农民权益不受侵害。

二、主要做法及成效

（一）“九个带头”推进专题教育深入开展。区委主要领导始终以身作则发挥核心作用，以带头提高认识、带头锤炼党性、带头规范言行、带头执行制度、带头勇于担当、带头务实进取、带头合作共事、带头为民服务、带头积极肯干“九个带头”开展专题教育，把活动紧紧抓在手上，发挥示范推动作用。同时，区委书记王德雄同志对与省、市“三严三实”有关的文件通知和工作要求，均做到逐一审阅，并提出办理意见。此外，王书记还先后3次召开区委常委会、4次专题听取区“三严三实”办在重要节点的工作汇报，并多次对我区专题教育关键环节作出批示意见，研究部署全区专题教育工作，把践行“三严三实”扎实推进、引向深入。

（二）创新特色做法，丰富活动成效。在专题学习方面，除了三个专题规定动作外，我区结合实际，积极丰富学习形式。一是邀请专家领学，举办宣传报告会，以发挥好先进典型的引领作用；二是结合反面警示案例，编排廉政小品《家庭饭局》以及播放《蜕变的人生》《“红包”之祸》《作风建设永远在路上》等专题片，以通俗易懂的形式提高反面典型案例的震慑作用。三是在体察学习方面，我区认真研究“四个体察学习”要求，细化落实学习制度，专门制定了《武江区开展“三严三实”专题教育体察学习记录表》，对每一次体察学习都进行了详细记录，真正让体察式学习落到实处。

（三）坚持学习工作两不误、双促进。克服脱离中心工作，单纯抓学习教育的倾向，防止学习工作“两张皮”。结合贯彻落实市委书记蓝佛安调研讲话精神，提出了“五个紧紧抓住”要求，把严和实的要求落实到经济形势分析和重点项目推进中，用“三严三实”专题教育成效扎实推进武江各项事业全面发展。

三、查找存在的问题，将“三严三实”专题教育引向深入

（一）开展教育活动存在的主要问题。一是专题教育程式化的问题。在开展专题教育时，能够按照上级要求，认真抓好各项规定动作，但方法和步骤缺乏一定的创新性，按部就班的情况比较多。二是在新兴媒体上的宣传报道力度不足问题。虽然在《韶关日报》、韶关电视台和韶关电台等传统媒体上多次宣传报道了我区专题教育的工作部署、进展成效，但在互联网、微博、微信等新兴网络媒体上，缺乏一定的宣传力度，没有形成立体多维的宣传网络。

（二）下一步推进专题教育活动的工作重点。武江区将认真督促各级党委（党组）领导班子及成员对照“三严三实”要求，采取多种方式，找准找实班子及个人“不严不实”问题，同时结合正反典型，联系个人思想、工作、生活和作风实际，联系个人成长进步经历，联系教育实践活动中个人整改措施落实情况，深入进行党性分析，认真撰写对照检查材料和发言提纲，为开好专题民主生活会和组织生活会奠定基础。

（根据中共武江区委办公室材料整理）

大 事 记

2015年武江区大事记

1月

1月5日 区委副书记、区长黄建华带队开展岁末年初安全生产大检查活动。共12个单位参与，重点检查辖区内5个大型企业。

1月8日 武江区国税局成功上线运行金税三期优化版。

1月14日 武江区检察院9名检察官被武江区教育局聘任为“武江区法制副校长”，副区长王敏雯为检察官颁发聘书，“检察官进校园活动”全面铺开。

1月16日 惠民街道办在西河桥头儿童公园广场举办科普宣传进社区活动。

1月21日 区八届人大常委会第二十三次会议召开，听取和审议区政府“2014年预算执行情况和2015年预算草案”的报告、区政府“2014年国民经济和社会发展计划执行情况与2015年计划草案”的报告、区政府“调整区2014年国民经济和社会发展计划主要指标的报告”的议案、区政府“关于调整2014年度公共财政预算收入的请示”的议案；审议通过召开区八届人大第五次会议有关事宜。

1月26日 上午9时，在区政府七楼会议室，召开区委八届四次全体（扩大）会议。会议主题：深入学习贯彻落实中共十八大、十八届三中和四中全会及省委十一届四次全会、市委工作会议精神，总结2014年工作，部署2015年的任务。区委书记、区人大常委会主任王德雄代表区委常委会向大会作《适应新常态、寻求新突破、全力开创武江发展新局面》的报告。

1月26日 下午，市领导肖怀跃、张平率慰问组到武江区开展慰问活动，慰问组一行先后慰问重点优抚对象叶永东、困难党员陈绍来、低保户邓兆荣等，给困难群众送上一份浓浓的关怀。区领导王德雄、曾文辉、周小明及市直相关部门参加慰问活动。

1月27日 韶关市“创平办”第一督导组到武江区人民法院开展综治和平安创建督导检查，武江区委常委、政法委书记曾文辉等的陪同。

1月27—28日 武江区妇联到该区龙归镇、重阳镇和惠民街，对曹春丘等12名单亲困难母亲、残疾家庭进行慰问。

1月27—29日 政协八届五次会议于27日下午报到，28日上午在区七楼会议厅隆重举行。出席本次大会的有区四套班子领导、区直各部、委办的主要领导，本次会议应到委员164人，实到153人，因事请假委员11人。大会听取和审议了八届五次常务委员会报告和提案工作报告，29日上午举行大会闭幕式，应到委员164人，实到委员135人，请假委员29人。

1月28—30日 区八届人大五次会议在区政府七楼会议厅举行。会议听取并审议批准《政府工作报告》等六个报告。会议补选林卫国、欧阳建国、曾文英为区八届人大常委会委员。

1月 花城社区被韶关市妇女联合会、韶关市社会管理综合治理委员会办公室授予“韶关市平安家庭创建活动先进示范社区”称号。

是月 韶关市第五中学学生宿舍楼正式施工，宿舍楼共建七层，建筑面积289平方米，占地面积384平方米。2016年1月，该楼正式启用。

2月

2月4日 市侨联主席廖凤英、副主席曾园走访慰问武江区困难归侨侨眷，区侨联有关同志陪同。

2月5日 区委常委、区委办主任孙理鸣到区委办、区政府办扶贫挂钩点江湾镇开展春节前慰问活动。

2月6日 区委、区政府向市政府联发《关于将韶关市武江区认定为广东省革命老区县的请示》〔韶武请1号文〕。并致省老促会陈开枝会长，省扶贫办，省委党史研究室，申请认定武江区为广东省革命老区县。

2月8日 市委宣传部、市文明办、市文联与龙归镇联合在龙归镇全民健身广场举办宣传社会主义核心价值观“新春楹联进万家”活动。

2月9日 全区开展春节前安全生产、消防、食品药品安全大检查活动，参加领导有：王德雄、黄建华、曾清兰、王敏雯。检查单位有：益华百货、颐东大酒店、楼上楼建筑工地、旭日玩具厂。

2月26日 武江区区委副书记、区长黄建华，区委常委、常务副区长曾清兰等一行到武江区局慰问国税干部职工。

是日 区委书记、区人大常委会主任王德雄带领区四套班子主要领导到区芙蓉新城征地办指导工作。

2月28日 龙归镇环城路建成通车，该项目投资200多万元，于2014年8月动工兴建，总长近1公里，路宽8.5米，从续源路连接至省道253线，解决镇区噪音、粉尘污染和节假日、墟日街道拥堵等问题。

3月

3月5日 在区体育馆举办庆“三八”趣味游戏比赛活动。各镇（街）妇联、区直机关以及驻区妇委会成员单位组成19支参赛队伍，近300人参加。

3月6日 在区政府7楼会议大厅召开2015年纪检监察工作会议，总结2014年全区纪检监察工作，并对2015年工作进行部署，与会领导干部签订党员干部廉洁自律承诺书。区领导区四套班子成员，副处级以上干部，法、检两长，区人武部主要负责人，区纪委委员，各镇（街）党政主要领导、纪（工）委书记，区直各单位主要负责同志，区公安分局政委、分局纪委书记，区国税局正职领导、纪检组长，区特邀监察员，区纪委监察局全体干部等参加会议。

3月10日 武江区直机关工委印发《关于调整韶关市武江区农业局党支部设置的批复》，将武江区水务局党支部和武江区畜牧水产局党支部并入武江区农业局党支部。

3月11日 区四套班子成员，区直各单位主要负责人，西联镇书记、镇长，两街书记、主任等在武江甘棠工业园区7号路，开展义务植树活动。

3月12日 召开武江区宣传文化体育工作会议，总结2014年全区宣传、文化、体育工作，部署2015年工作。参会人员有各镇（街）、区直各单位及驻区有关单位分管领导、宣传文化体育全体干部。

3月13日 省检察院党组成员、纪检组组长到武江区检察院督导“规范司法行为专项整治工作”，市检察院曾依山检察长陪同。

3月17日 省审计厅副厅长范辉一行到武江区调研。

3月19日 区八届人大常委会第二十四次会议，听取和审议区政府“关于2015年武江区政府工作要点的报告”，审议通过区政府“关于支持西河镇黄塱村、红星村基础设施及村庄整治需列支财政预算资金的议案”的议案，听取和审议通过区八届人大常委会2015年工作要点，议事和视察检查工作安排。

3月20日 韶关市工商局牵头举行“韶关市各县（市、区）工商局体制调整人财物移交协议签字仪式”，武江区人民政府与市工商局签署交接文书，韶关市武江区工商行政管理局归属武江区人民政府直接领导和管理。

3月23日 市人大常委会副秘书长朱光华带领部分市人大代表一行10多人到龙归镇视察健身广场的落成和使用情况，区人大常委会副主任李学源，副区长王敏雯等陪同。

是日 广东省地方税务局副局长杨朝峰到武江区地方税务局开展实地调研，并就武江区地方税务局的基础设施建设、办税服务、金三运行情况进行考察。

3月24日 市政协副主席王乙末率队到武江区考评2014年度创平暨综治工作情况，区领导王德雄、张雯、曾文辉，各镇街及综治创平工作成员单位相关负责人参加考评会。

3月25日 九三学社武江一支部、二支部、三支部联合召开2015年基层组织建设座谈会。九三学社市委主委兰茵出席会议，区政协副主席、区委统战部部长李松发及分管党派副部长也应邀到会。

3月26日 召开武江区区委中心组学习扩大会，深入学习习近平总书记依法治国思想，参加人员有区四套班子成员，区直各单位及驻区有关单位正副职，各镇（街）党政领导，宣传委员，综治办专职副主任。

3月27日 区人大常委会常务副主任王敏率区人大常委会组织人大常委会组成人员和部分区人大代表视察广东雪印商贸实业有限公司等“两新”组织。

3月30日 韶关市地方税务局领导班子到武江区地方税务局武江南办税服务厅调研，实地查看新办税服务厅功能布局、窗口设置、办公场所等标准化建设情况。

是日 武江区地方税务局顺利实现办公楼整体搬迁，落实联系服务纳税人“最后一公里”问题。

3月31日 由武江区工商业联合会、武江区国家税务局、武江区地方税务局三方协作促成的武江区纳税人权益保护中心在区国税局挂牌成立，并召开第一次工作会议。

3月 新设立武江区太阳城东岗小学。该校为正股级公益一类事业单位，设3个内设机构，核定事业编制30人，在区教育局教师总编制内调配；设校长1名，副校长2名，核定内设机构负责人6人。

4月

4月1日 广东省水利厅厅长林旭钿、市政府副秘书长梁祖超一行，到武江区惠民街检查“三防”工作。

4月2—3日 区人大常委会组织人大常委会组成人员和部分人大代表对区人民法院和区职能部门区教育局、区发改局的依法行政情况和重点项目推进情况进行视察监督，促进和提高政府职能部门的工作效能。

4月3日 2015年3月武江区人民政府荣获广东省2014年度人口与计划生育工作先进单位（粤府办〔2015〕18号）。

是日 韶关市区首个24小时自助办税服务厅正式启用。解决以往办税服务受时间、空间限制的问题，为纳税人提供除窗口服务、网上办税以外，又新增一个自助办税的渠道，既方便纳税人办税，又提高办税效率。

4月8日 省林业厅厅长张育文到武江区龙归镇马渡村实地查看交通主干道森林景观改造工程、生态景观林带建设和碳汇造林等林业重点工程进展情况。

4月11日 区妇联联合花城社区海邻社工站举办儿童反拐骗自护教育活动，有60多名家长及儿童参加活动。活动重点让居民家长和孩子了解当前安全形势的复杂性，正确掌握儿童防拐和自我保护的方法技巧，把社区“平安家庭”创建工作推向纵深。

4月13日 接市委组织部韶组干〔2015〕68号文，李刚任中共韶关市武江区委委员、常委；免去顾健的中共韶关市武江区委委员、常委职务。

4月15日 韶关军分区司令员盖长利一行对武江区西河镇民兵组织整组工作情况进行检察，区人武部部长李刚、政委谢刚、副部长吕玉华陪同视察。

是日 省妇联副巡视员谢小榭率领中山大学调研团队来到武江区调研基层妇女工作。

是日 武江区组织基层党员通过现代远程教育平台视频直播收看全省第三场专题讲座。作为韶关市唯一指定站点，惠民街沙湖社区党支部与省直播现场进行视频互动交流。

4月16日 武江区西河镇被评为“韶关市2014年度人口与计划生育先进单位”。

4月20日 市人大常委会副主任徐紫玲率调研组调研武江区食品安全工作，市食药监局局长胡德宁，武江区副区长王敏雯，区食药监局局长王鸽陪同。

4月29日 上午，由市工商、公安、文化、教育等部门工作人员组成的督查组到武江区检查督导打击传销和校园及周边治安环境治理工作，区领导曾文辉、王敏雯以及相关部门负责人参与督查。

4月30日 武江区在花城社区韶乐广场开展文化惠民演出和志愿服务活动，以活动践行社会主义核心价值观，营造浓厚的社区文化氛围，促进社区和谐健康发展。

4月 新华街道办事处被韶关市爱国卫生运动委员会授予“韶关市2013—2014年度卫生标兵单位”称号。

是月 花城、金洲、沙洲、惠民东、惠民西、武江南、工业中、新华南、芙蓉东社区被韶关市爱国卫生运动委员会授予“韶关市2013—2014年度卫生标兵单位”称号。

是月 区启动全国1%人口抽样调查工作，区统计局开展调查前期准备工作，成立区和各镇街1%人口抽样调查工作协调小组，检查调试普查设备PDA，收集镇街、村居人口资料，整理1%人口抽样调查抽样框，划分调查区域，绘制小区图，开展试点调查和正式登记等，调查工作有序推进。

5月

5月4日 区政府印发《关于调整城乡低保最低月标准及农村五保供养最低年标准的通知》，于2015年1月重新调整城乡低保月标准及农村五保供养年标准，城市低保标准为412元/人月、人均补差水平最低为374元；农村低保标准为260元/人月，人均补差水平最低为172元；五保供养最低年标准为7704元。

5月8日 区八届人大常委会第二十五次会议，听取和审议区政府“2014年度城市综合管理工作述职报告”，并对区城市综合管理局在贯彻执行法律法规、履行职能职责等八项工作内容进行评议；听取和审议区政府“2014年度安全生产工作述职报告”，并对区安全生产监督管理局在贯彻执行法律法规、履行职能职责等八项工作内容进行评议；听取和审议通过区政府“关于提请审议区政府原向东韶公司借款转为货款的议案”“关于提请审议缴纳武江科技工业园新增建设用地有偿使用费的议案”。

5月20日 龙归镇龙安沙场3条采砂船被洪水冲脱，2条冲至省道253线龙归桥底下卡住，1条冲至龙归大桥卡住。镇政府协调市海事局、公路局抢险，于21日将采沙船打捞上岸，因措施及时，此事件未对桥梁造成大的损伤。

是日 区委领导向省委第三巡视组作题为《武江区落实党风廉政建设和作风建设情况汇报》的汇报，区纪委、监察局班子成员参加汇报会。

5月26—27日 区人大常委会组织人大常委会组成人员和部分人大代表对区人民检察院“规范司法行为专项整治工作”开展情况和区职能部门区农业局、区统计局、区文化新闻出版局的依法行政情况和重点项目推进情况进行视察监督，促进和提高政府职能部门的工作效能。

5月27日 武江区召开“三严三实”专题教育工作会议，区委书记、区人大常委会主任王德雄讲“三严三实”专题党课，会议对全区开展“三严三实”专题教育工作进行部署。

5月29日 区人大常委会常务副主任王敏率区人大常委会组织班子领导到江湾镇调研经济发展情况。先后到湖洋村实地察看石斛基地产业发展情况和江湾金融网点设置的基本情况。

是日 韶关市委副书记、副市长、代理市长骆蔚峰前往莞韶产业园武江区甘棠片区调研。

5月 芙蓉东社区被广东省妇女联合会授予广东省“妇女之家”示范点的称号。

是月 阳山小学少先队员唐雨豪同学代表市少先队员参加中国少年先锋队第七次全国代表大会，受到中共中央总书记、国家主席、中央军委主席习近平等党和国家领导人的亲切接见。

6月

6月4日 武江区举办为期3天的2015年村（社区）党组织书记集中培训。区委书记、区人大常委会主任王德雄同志作培训动员讲话并授课。全区83个村（社区）党组织书记参加培训。

6月10日 市委书记蓝佛安到武江区调研，调研组先后前往旭日国际有限公司、韶瑞重工、韶能集团、新华街道办花城社区、韶关烟草机械配件厂、芙蓉山国家矿山公园、北江中学、蝶峦酒店项目现场、西河镇红星村委会等地考察调研，并召开座谈会听取武江区经济社会发展情况汇报。市委常委、秘书长孔云龙，武江区和市直有关部门负责人参加调研和座谈会。

6月11日 武江区举办为期3天的2015年党员发展对象培训班，来自各行业、各系统的近120名党员发展对象参加此次培训。

6月13日 2015年韶关“体彩杯”龙舟比赛上，武江区重阳镇水口队勇夺冠军。

6月17日 省督学、广东第二师范学院副院长曾小龙率领省级督导评估组对武江区申报“全国义务教育发展基本均衡区”工作进行督导评估。

6月18日 区委书记、区人大常委会主任王德雄率队到龙归镇、重阳镇调研农业农村工作，调研组一行先后到龙归镇后坪村百瑞生态农业园、家庭农场、重阳镇生态农业合作社等调研现代农业发展情况，到洞头源村、杉木冲村、水口村和黄土坛村调研农村道路建设情况、桥梁修建和农村生活垃圾收集处理等，并到重阳村调研便民服务站建设及扶贫工作情况。区领导孙理鸣、刘拥军及区农业、公路站等相关部门负责人参加调研。

6月18日 经广东省高级人民法院决定，根据《最高人民法院〈关于颁发荣誉天平奖章的办法〉的通知》（法发〔2012〕29号文的规定，苏敏、岳正广在法院工作满三十年特颁发天平荣誉奖章。

6月23—24日 省妇联组织课题组在武江区范围内开展“妇联基层组织建设创新研究”课题调研。围绕“妇联基层组织建设创新的探索和经验”“对妇代会改建妇联的意见看法”等问题，与镇街、村居妇联干部和两委干部进行深入的交流探讨，全面了解基层妇联组织的建设总体现状和运作特点以及存在困惑和建议。

6月24日 区八届人大常委会第二十七次会议，听取和审议区政府“2014年审计工作情况报告”“关于2014年度区本级预算执行和其他财政收支的审计工作报告”，并对区审计局在贯彻执行法律法规、履行职能职责等八项工作内容进行评议；听取和审议区政府“2013年以来司法工作情况报告”并对区司法局在贯彻执行法律法规、履行职能职责等八项工作内容进行评议；听取“武江区开展‘六五’普法工作报告”。

6月25日 区检察院到西河健身广场举行一年一度“举报宣传周”活动，此次活动主题为“查办和预防涉农领域职务犯罪专项活动”“破坏环境资源与危害食品药品安全犯罪专项立案监督活动”。

是日 接市委组织部韶组干〔2015〕171号文，免去张雯同志的中共韶关市武江区委副书记、区委常委、委员职务。

6月26日 韶关市先锋志愿服务协会第一次会员大会在新华街道办事处召开。

6月26日 市领导肖怀跃率市有关部门组成的反馈组到武江区反馈2014年全市科学发展观考核情况，并准确把握武江经济社会发展优劣所在，强调要认清形势，继续保持干净干事的良好作风，奋力争先，全力谋发展。

6月29日 区委书记、区人大常委会主任王德雄一行到西河镇村头村慰问南粤“七一”纪念奖章获得者刘国辉。

6月29日 副市长王青西到西联镇开展“七一”慰问党员活动，给下辖芙蓉新城建设所在村委的老党员、生活困难党员送上慰问金和纪念品，并送去市委、市政府的关怀和温暖。区领导彭波和镇领导聂平南、丘苑丽等参加慰问活动。

6月29日 市委常委、军分区政委郭伟建结合“七一”慰问活动，到武江区开展“三严三实”体察学习活动，深入贫困党员、老党员家中访贫问苦，给他们送上党和政府的关怀和问候。

6月29日 副市长许志新率队到区慰问老党员、困难党员，先后来到武江区江湾镇胡屋村委白石村小组老党员江韶石和困难党员江细生的家中，给他们送上节日的祝福和带去亲切的问候。

6月30日 召开区委中心组“三严三实”专题教育第一专题学习研讨会，专题学习研讨主题是：严以修身，加强党性修养，坚定理想信念，把牢思想和行动的“总开关”。

6月 金洲社区党支部书记叶灿生被广东省委组织部授予“全省优秀社区党组织书记”称号。

是月 开展武江区“广东扶贫济困日”活动，主题是“扶贫济困，共同参与”，广泛发动和组织社会各界开展形式多样的捐款扶贫活动，帮扶武江区城乡贫困人口、弱势群体和困难群众改善生产生活条件。

7月

7月3日 市重点项目第四督查组一行到武江区，通过听取汇报、查看资料、实地查看等形式，围绕武江区入选市重点项目建设的推进落实情况开展专项督查。区领导曾清兰、孙理鸣、郑伟平等及相关单位负责人陪同督查。

7月6日 启动全区公务用车制度改革工作，成立武江区公务用车制度改革工作领导小组，领导小组办公室设在区发改局，牵头组织开展全区车改工作。

7月16日 武江区地方税务局与武江区国家税务局召开第一次联席工作会议。

7月22日 最高人民检察院民事行政厅领导到武江区检察院开展民事公益诉讼工作调研。

8月

8月4日 潘歧亮任中共韶关市武江区农业局党组书记。秦留柱任中共韶关市武江区委农村工作办公室主任，免去秦留柱的中共韶关市武江区农业局党组书记职务。

8月5日 广东省地方税务局吴紫骊书记一行到武江区地方税务局进行调研。

是日 根据区编委《关于区农业局内设机构整合及职能调整的通知》（韶武机编〔2015〕7号）规定，撤销区农业局农产品质量安全监督管理办公室（水政监察股），设立农业综合行政执法股，为区农业局正股级内设机构。

8月6日 市委常委、市宣传部部长柳琛子一行到区国税局调研督导“创文”工作，武江区委副书记、区长黄建华等陪同。

是日 在区政府7楼会议大厅召开2015年全区纪律教育学习月活动动员大会暨举办领导干部党纪政纪法纪教育培训班。区委书记、区人大常委会主任王德雄作党纪政纪法纪专题辅导，区委常委、区纪委书记曹镅作纪律教育学习月活动动员讲话，区委副书记区长黄建华主持会议。

是日 市委常委、市宣传部长柳琛子到新华街道视察。

是日 市社工委专职副主任吴文丽一行到金洲社区、花城社区视察。

8月8日 武江区举办庆祝全民健身日暨武江区文化艺术体育协会成立一周年表演大会。

8月12日 市委常委、常务副市长陈波到挂钩联系点重阳镇重阳村调研指导软弱涣散村党组织整顿转化工作。陈波一行首先到重阳村便民服务站，了解服务站建设进度，查看各功能场所设置情况，并详细询问服务站所服务的范围等。随后，陈波前往重阳村村民谢进财、陈达义家，同村民们拉家常，详细了解家庭的基本情况、存在困难等，并就重阳村的发展与村民进行探讨。区领导王德雄、刘拥军及组织、人社、重阳镇等相关负责人参加检查。

8月14日 接市委组织部韶组干〔2015〕281号文，曾清兰任中共韶关市武江区委副书记。

8月15日 区开始执行《广东省定价目录（2015版）》，民办幼儿园收费、住宅小区停车场收费等一批涉及民生的价格收费项目由市场自主调节。

8月18—19日 区人大常委会组织部分区人大常委会组成人员和人大代表在区人大常委会常务副主任王敏率领下，对区政府2015年为民承诺6件实事进展情况进行专题视察。先后实地察看龙归卫生院综合大楼建设、龙归镇中心幼儿园建设、农村文化体育活动中心建设、重修重阳桥、新华惠民街道便民服务中心建设、市五中校园周边环境及道路综合整治等6个项目。

8月19日 武江区在卫计局启动“新家庭人口文化示范基地”创建工作和省新家庭“零距离”新常态双服务试点工程。省人口文化促进会副会长杨道本，区委副书记、区长黄建华，副区长刘拥军参加启动仪式并发表讲话。

8月26日 召开区委中心组“三严三实”专题教育第二专题学习研讨会（扩大）会，专题学习研讨主题是：严以律己，严守党的政治纪律和政治规矩，自觉做政治上的“明白人”。参会人员有，区委中心组成员；各镇（街）党工委书记，区直各单位主要负责同志；纪委、区委办、组织部、宣传部、人大办、政府办、政协办，法院、检察院办公室主任。

8月28日 韶关市武江区第八届人民代表大会常务委员会第二十八次会议于2015年8月28日通过：决定任命黄向阳为韶关市武江区人民政府副区长职务。决定免去：曾清兰、游加慧、黄真等人的韶关市武江区人民政府副区长职务（韶武人常〔2015〕15号）。

是日 副市长王伟阳率市文广新局、武江区政府、区安监局、区消防大队等相关职能部门到韶关科艺创意工业有限公司、武江区红蚂蚁电脑服务中心、武江区五月花网络休闲会所等文化企业开展安全生产大检查。

是日 区八届人大常委会第二十八次会议，听取和审议“武江区人民政府上半年工作情况报告”“武江区人民政府上半年财政预算执行情况报告和下半年工作计划”“武江区人民法院上半年工作情况报告”“武江区人民检察院上半年工作情况报告”。

8月29日 区人大视察了武江区民族宗教工作，视察组一行听取全区民族宗教工作情况的汇报，实地视察芙蓉山寺。区人大常委会副主任戴兴辉、李学源，区人大内务司法工作委员会曾碧繁，区人大教科文卫工作委员会主任许忠财，区人大办公室副主任黄平以及部分区人大代表参加视察。区政府副区长王敏雯和区民族宗教事务局负责人陪同视察。

9月

9月1日 市委常委、常务副市长陈波到武江区调研芙蓉新城土地征收和房屋拆迁工作，他要求要明确职责，建立健全工作机制，加强工作谋划，全力加快芙蓉新城建设。市芙蓉新区管委会主任胡书臣，区领导黄建华、曾清兰、彭波、李松发、谭浩托，各驻村攻坚组组长、挂点责任领导等参加会议。

9月1日 根据广东省政府部署，9月1日起在全省全面推开“三证合一”登记制度改革，实施“一照一码”登记模式。区工商局核发了武江区第一份“三证合一”营业执照。

9月初 由区委副书记曾清兰，区委常委、组织部部长周小明亲自带队，对区抗战时期及以前参加革命工作的甘元等6名老同志进行走访慰问，并送上慰问金和由中共中央、国务院、中央军委颁发的“中国人民抗日战争胜利70周年”纪念章。

9月8日 区委书记、区人大常委会主任王德雄，区委副书记、区长黄建华分别率队开展教师节慰问活动，向全区教师致以节日问候和祝福。王德雄、黄建华同志分别率队深入西河学校、重阳学校和龙归中心小学、江湾中心小学等农村偏远学校开展慰问活动。

9月9日 经济专委会由陈坤明主席带队，前往芙蓉新城安置工作情况进行调研视察。

9月9日 区委书记、区人大常委会主任王德雄到芙蓉新城检查安置新村建设情况。王德雄一行先后到车头新村、芙蓉新村、西联新村等安置新村和棚户区改造项目，深入工地现场查看施工进度，同镇、村、施工方等相关负责人交谈，详细了解施工计划、存在困难等。

9月10日 武江区组织区四套班子成员及正科级领导干部近百人到市党风廉政建设、干部任前法纪教育暨预防职务犯罪教育基地开展“三严三实”体察学习之体察腐败问题之害活动，进一步强化领导干部廉洁自律意识。

9月16日 代市长骆蔚峰到武江区开展调研活动。骆蔚峰一行先后到蝶峦酒店项目、群康路改造工程、丽珠集团利民制药厂、韶瑞重工公司、新华街道花城社区等处，了解项目建设、企业经营和社会管理等情况。下午，骆蔚峰主持召开调研座谈会，听取武江区经济社会发展情况汇报。市政府办、发改局、规划局、城管局等市直相关部门负责人以及区委书记王德雄、区长黄建华等参加调研活动。

9月18日 经区委常委会研究，同意黄向阳兼任中共韶关市武江区政府党组成员、区委政法委副书记、区社会工作委员会副主任、韶关市公安局武江分局党委书记；邹有胜、谢刚、朱旭东、成振铭、刘武等兼任中共韶关市武江区政府党组成员。免去游加慧的中共韶关市武江区政府党组成员、区委政法委副书记、韶关市公安局武江分局党委书记职务（韶武组干〔2015〕33号）。

是日 武江区小型农田水利重点县项目开工建设。项目涉及辖区龙归、西河、重阳、江湾等4个镇，农田面积5.3万亩，直接受益人口5.45万人。

9月21—22日 省督学、清远市人民政府教育督导室主任王振华率省教育强街督导验收组一行7人，对新华街道申报广东省教育强街复评进行督导验收，并于22日在新华街道召开验收反馈会，副区长王敏雯、区教育局长曹华龙、新华街党工委书记钟真出席会议。

9月22日 区财政局通过公开招标，确定五家评审协作机构，五家中标供应商分别是：华春建设工程项目管理有限责任公司、韶关市建韶工程造价咨询有限公司、广州市新誉工程咨询有限公司、广州金盛建工程项目管理咨询有限公司、广州建成工程咨询股份有限公司。为区合法合规开展基建项目评审工作奠定基础。

9月23日 韶关市副市长王伟阳在市政府副秘书长邓彩虹，市卫计局副局长李高龙，武江区副区长刘拥军等人的陪同下，深入武江区惠民街道办、沙湖社区对武江区计划生育工作进行专题调研。

9月24日 以市纪委常委、市监察局副局长黄光明为组长的检查组对武江区开展“三严三实”专题教育情况进行督导检查。检查中，区委常委、区委组织部部长周小明汇报相关情况，随后检查组查阅资料台账并作反馈。检查组对武江区开展的各项规定动作表示满意，充分肯定该区在“三严三实”专题教育上取得的成效，并指出该区专题教育工作有自己的亮点。

9月26日 区启动车改工作，各区直部门的车辆统一上交给区直机关事务局管理，各乡镇的车辆由各单位自行管理，执法执勤车辆由各单位自行管理。

9月 花城、沙洲、芙蓉北、工业西社区被省住房和城乡建设厅授予“广东省宜居社区”称号。

是月 武江区首次参加广东省集中时间组织开展事业单位招聘，并由区人社局组织了面试、体检、考察工作，共聘用85名事业单位工作人员。

是月 武江区东岗太阳城小学落成并投入使用。学校总投资8696万元，学校占地面积3.6万平方米，建筑面积2.15万平方米。

是月 超职数配备领导干部整改工作全面完成，共整改消化区管干部共49人，其中，正科领导职务3人，副科领导职务2人；正科非领导职务18人，副科非领导职务26人。

10月

10月9日 区委常委、区政法委书记曾文辉到龙归镇督查调研驻点普遍直接联系群众情况以及信访维稳工作情况。龙归镇镇长洪维陶，镇党委副书记罗北京，副镇长钟爱民等参加督查调研活动。

是日 香港励贤会30余名爱心人士来到武江区开展捐书助学活动，将价值5.3万多元的1725册图书和 530件体育用品送达西联镇沐溪小学。副区长王敏雯及市政法委、妇联等有关单位领导参加活动。

10月12日 省侨办副主任蔡伟生一行5人到韶开展“新常态下广东侨务工作”调研，上午在武江区举行韶关市侨务工作座谈会，下午到武江区实地考察了韶关市飞翔自动变速箱有限公司和韶关光华塑胶五金制品有限公司，了解该区侨资企业和港资企业的发展状况。

10月14日 在区政府大楼310会议室召开区委办党支部组织生活会，区委书记王德雄以普通党员身份参加党支部组织生活会。

10月16日 省人民政府教育督导室调研员何志强率领省级督查小组一行3人，深入武江区六所学校，对区迎接“全国义务教育发展基本均衡区”国检工作进行专项督查。副区长王敏雯、区教育局局长曹华龙、副局长黄建忠等陪同督查。

10月21日 武江区委宣传部、武江区总工会联合举办“武江区九九重阳节”文艺会演活动。

10月26日 韶关市武江区龙归水（江湾镇段）治理工程和韶关市武江区重阳水（重阳镇段）治理工程开工建设。其中韶关市武江区龙归水（江湾镇段）治理工程治理河长14.82千米，报建总造价2575万元。韶关市武江区重阳水（重阳镇段）治理工程治理河长11.66公里，报建总造价2881万元。

10月28日 举行武江区重阳水（重阳镇段）治理工程开工典礼。武江区副区长刘拥军，农业局局长潘歧亮，重阳镇镇长龚映韶，建设、施工、监理各单位代表以及五个村委干部共60人出席开工典礼。该治理工程的治理河道长14.82千米，其中河道清淤疏浚11.32千米，新建护岸工程10.24千米，新建穿堤涵洞23座，总投资

2900多万。

是日 武江区组织开展“两新”组织党组织书记培训班，来自全区各行各业的“两新”组织和有关单位共计90余人参加培训。

是日 区八届人大常委会第二十九次会议，听取和审议“区政府食品药品安全监督工作的情况报告”，并对区食品药品监督管理局在贯彻执行法律法规、履行职能职责等八项工作内容进行评议；听取区城市综合管理局、区安全生产监督管理局的整改情况报告。

10月29日 省人大常委会委员梁万里一行新华街道对开展《广东省信访条例》执法检查暨深化解释工作座谈会。

10月30日 区人大组织部分驻区市人大代表和区人大常委会组成人员专题视察市妇幼保健工作。人大代表视察市妇幼保健院的医疗工作运营情况，以及待建的市妇幼保健院新址。

11月

11月4日 国家督学、湖北省教育厅副厅长、研究员徐金山率领国家督导组一行4人，对武江区申报“全国义务教育发展基本均衡区”工作进行评估验收，督导组先后通过提问答辩、座谈会、问卷调查、查阅资料、实地查看等方式检查评估武江区“全国义务教育发展基本均衡区”创建工作，区委副书记、区长黄建华主持陈述答辩会。

11月5日 武江区人民政府联合韶关市安监局在龙归镇石背山石场举办非煤矿山生产安全事故应急救援演练。

11月17日 市委副书记、代市长骆蔚峰在副市长王伟阳，市卫计局局长刘文程，区委副书记、区长黄建华等人的陪同下对武江区基层医疗卫生工作进行调研。

11月17日 市委常委、常务副市长陈波率队到武江区督导经济发展目标落实情况。督导组一行先后到摩尔城项目、芙蓉北路改扩建项目等实地查看项目进展情况，了解项目施工中存在的困难及下一步施工计划等。区领导王德雄、曾清兰、彭波、郑伟平等及区发改、经信、住建、财政等相关部门负责人参加督导活动。

11月24日 市委基层治理工作交叉检查组胡建明一行4人到重阳镇重阳村检查软弱涣散整治、驻点普遍直接联系群众、基层治理以及实行便民服务站“345”机制等工作。区委常委、区委组织部部长周小明等陪同检查。

11月25日 武江区人大常委会常务副主任王敏率武江区人大班子成员、经信局、工贸局等领导到武江区开展经济发展及武江区地方税务局组织收入专题调研。

11月26日 韶关市武江区第八届人大代表大会常务委员会第三十次会议于2015年11月26日通过，决定任命：张毅为韶关市武江区人民政府副区长。

11月 花城社区被广东省地震局授予“广东省地震安全示范社区”称号。

11月 区投资评审中心正式运作，区直单位部门的项目评审工作全部由区财政投资评审中心审核，或委派中标的五家评审机构审核。

10—11月 武江区全国1%人口抽样调查工作进入摸底、正式登记阶段。调查首次采用调查员手持电子终端设备（PDA）入户登记或由住户通过互联网自主填报的方式进行。调查内容包括住户的基本情况和个人的性别、年龄、民族、受教育程度、迁移流动、就业、社会保障、婚姻、生育、死亡、住房情况等指标。武江区1%全国人口抽样调查工作在11月15日完成，登记户数5976户（除空户），19366人。

11月 省教育厅、市教育局对区西联小学、五中、九中进行艺术教育调研。

是月 韶关市武江区龙安淮山生产专业合作社生产的“龙淮”牌淮山被评为“广东省名牌产品”称号。

12月

12月1日 区人大组织机关全体人员在人大常委会常务副主任王敏的带领下到重阳镇重阳村慰问帮扶贫困户。在重阳村里，区人大机关领导干部分别向结对帮扶贫困户送上生产米面等一批生活用品和生产启动金500元。

12月3日 根据区编委《关于调整行政执法专项编制的通知》（韶武机编〔2015〕16号）规定，增加区农业局行政执法专项编制4名，收回行政编制4名。调整后行政编制数6名，行政执法专项编制数7名。

12月4日 澳门妇女联合总会会长贺定一率领学习交流团到花城学习交流，市妇联主席邢丽，区委副书记曾清兰等领导参加交流活动。

12月7日 区委书记、区人大常委会主任王德雄率队到基层检查党建等工作。王德雄要求，要进一步加强基层党的建设工作，不断提升社区服务水平。

12月10日 韶关市武江区东埔水库除险加固工程和韶关市武江区洞子水库除险加固工程开工建设，这2宗工程属小（2）型水库除险加固建设，总投资为390万元。

是日 开展“银龄安康行动”中出资为全区60周岁以上城乡低保对象、城市“三无”人员、农村五保对象，享受高龄津贴80岁以上高龄老人，四个贫困村（重阳镇重阳村，龙归镇奇石村、坳头村，江湾镇胡屋村）60周岁以上老人购买“老年人意外伤害综合保险”。

12月11日 澳门妇女联合总会会长贺定一率领学习交流团一行约20人到武江区，就妇女事务工作开展参观交流活动。学习交流团一行参观了新华街道花城社区，实地查看了社区服务中心、妇女之家、多功能活动室等社区妇女儿童服务阵地，并就妇女事务相关工作进行座谈交流。市妇联主席邢丽、区委副书记曾清兰等领导，区妇联及新华街道等有关单位负责人参加活动。

12月14日 市委常委、组织部长华旭初到武江区调研基层党建工作。 市领导华旭初一行首先到软弱涣散村重阳镇重阳村调研，认真查看软弱涣散整顿工作公开栏、镇（街）领导干部驻点普遍直接联系群众公开栏，同镇、村干部详细交谈，了解日常工作、党员发展及服务群众等相关情况。同时前往韶瑞重工有限公司、新华街道花城社区等实地检查企业党建和社区党建工作，了解“两新”党组织运作情况、社区党员活动开展情况及社区服务群众工作等。区领导王德雄、周小明等参加调研。

12月14日 召开区委中心组“三严三实”专题教育第三专题学习研讨（扩大）会，专题学习研讨主题是：严以用权，树立正确的权力观。参加人员有区委中心组成员，各镇、街道党政主要负责人，区直各单位主要负责人。

是日 市委常委、组织部部长华旭初一行到重阳镇重阳村调研。区委书记、区人大常委会主任王德雄，区委常委、组织部长周小明以及镇党委书记谭木初、镇长龚映韶以及重阳村两委干部参加调研。

12月22日 区八届人大常委会第三十一次会议，听取区政府“关于调整2015年国民经济和社会发展计划部分指标增长目标的报告”“关于武江区政府‘十三五’规划纲要编制情况的报告”“关于办理区八届人大五次会议人大代表建议工作的报告”“2015年民生实事办理情况报告”；审议通过召开区八届人大六次会议有关事宜；审议通过调整武江区第八届人民代表大会代表资格审查委员会。

12月25日 武江区召开基层党（工）委书记抓基层党建工作述职评议会。区委书记、区人大常委会主任王德雄，区委副书记、区长黄建华等区领导，区委党的建设工作领导小组和基层治理领导小组成员，部分“两代表一委员”、基层党员干部、群众代表等参加会议。

12月28日 武江区地方税

务局西联税务分局成功创建韶关市级“青年文明号”。

12月29日 武江区区委领导班子召开“三严三实”专题民主生活会，市委常委、常务副市长陈波及市委组织部相关领导等参加会议。

12月31日 在区政府七楼会议室，召开区委八届五次全体（扩大）会议。会议主题：深入学习贯彻中共十八届五中全会、省委十一届五次全会和市委十一届八次全会精神，回顾总结武江区“十二五”期间的经济社会发展工作，研究谋划未来五年及2016年我区经济社会发展各项工作，审议通过《中共韶关市武江区委关于制定国民经济和社会发展第十三个五年规划的建议》。区委书记王德雄同志代表区委常委会向大会作《主动融入珠三角、开创发展新局面、为全面建成小康社会努力奋斗》的报告。参加会议人员：八届区委委员47名、实到区委委员46名。列席人员：不是区委委员、候补委员的区人大、区政府、区政协领导成员；副处以上领导干部；区纪委常委；各镇街党政一把手、党（工）委副书记；区直各部门正副职领导干部；驻区有关单位主要负责人。

12月 芙蓉东社区被韶关市妇女联合会授予“韶关市儿童友好社区”称号。

2015年底 全区47户农村低收入困难住房改造竣工验收。武江区2015年最急需改户任务为47户，其中龙归镇26户、江湾镇13户、重阳镇6户、西河镇2户。

2015年 年末全区户籍总人口268505人，其中：非农业人口186914人；女性133313人。全区常住人口30.93万人，其中：城镇人口25.34万人。全区常住出生人口3088人，出生率11.07‰，死亡人口1315人，死亡率4.71‰，人口自然增长率6.36‰。

2015年 全区共完成植树造林1266.67公顷，森林覆盖率达到72.23%，林地绿化率94%，森林蓄积量达到415.88万立方米，森林火灾受害率控制在0.5‰以下。

2015年 武江区住建局积极协助新华街道、惠民街道、西联镇、重阳镇做好宜居社区建设和宜居村庄建设工作，新华街道的新华南社区、惠民街道的东岗岭社区建成并成功申报“广东省宜居社区”，西联镇阳山村委、重阳镇水口村委建成并成功申报“广东省宜居村庄”。

2015年 全年共调整交流干部111人次，其中：正科36人次，副科75人次。提拔了36名科级领导干部，无破格提拔。

2015年 区林业局完成碳汇造林515公顷，建设20—50米景观林带10公里和一公里可视范围内景观林带46.67公顷，新建2个镇级森林公园：龙归镇童子山森林公园和江湾镇太阳山森林公园，新建乡村绿化美化示范点8个，完成森林抚育面积4万亩，完成交通主干线森林景观改造约370公顷，全民义务植树达42万余株，较好地完成生态武江的建设任务。

概　况

建置沿革

【简述】 武江境内于汉武帝元鼎六年（前111）设曲江县，隶属桂阳郡。西汉末年改称南平郡，东汉初复称桂阳郡。三国吴甘露元年（265），设始兴郡，属荆州。西晋太康元年（280）三月，武帝平吴，始兴郡移属广州。曲江县治从莲花山迁往安聂邑（今西河），西河成为曲江县政治、经济、文化中心。东晋末（419），县治迁往官滩。南北朝梁元帝承圣年间（552—555），于始兴郡置东衡州，州治在曲江，州、县治所迁西河。隋开皇九年（589），改东衡州为韶州，州、县治所迁莲花山。开皇十一年，曲江县并属广州。唐武德初年（618），曲江县治再迁西河。武德四年广州之曲江置番州，不久更名东衡州。唐贞观前期（627—633），改东衡州为韶州。五代时期，后梁乾化元年（911），州、县治迁往中洲（今市区小岛）。此后至民国期间，先后隶属岭南东道韶州、广南东路韶州、海北广东道韶州路、江西行省广东道韶州路、广东布政司韶州府、北江行政区、第二行政区和第三行政区。

1949年10月7日，武江全境解放，武江为曲江县的一部分。初期先后属曲江县、韶关镇。1951年6月，恢复韶关市建置，隶属韶关市管辖。1952年设立西河街道，1956年并入和平街道。1959—1971年13年间，武江境内为韶关市郊区（中途曾撤销）和韶关市区划分东河、西河等6个区的一部分，其中1961—1971年武江境内设立（含合并和分设）有西河街道，环市、芙蓉（又称西联）公社。1966—1971年“文化大革命”期间，各街道和公社均成立过革命领导小组或革命委员会。1975年成立武江区。1976年3月，撤销武江区，恢复韶关市郊区，辖环市、芙蓉、北郊等公社（区），管理农村农业工作。1984年9月28日，撤销韶关市郊区和武江区，组建市辖县级武江区，辖西河、芙蓉、新华3个街道和河西、马停脚、黄田坝、白芒、下坑、田心、沐溪、阳山、甘棠、西联、芙蓉、黄望、车头13个乡、两个场（塘湾良种场、山燕农场）。武江区因珠江水系北江上游武江流经境内而得名，另因地域处于武江（河）以西，故又俗称“西河”。

自然地理

【位置 范围 面积】 武江区位于广东省北部，韶关市境内的武江、北江河以西。坐标北纬24°42′00″—24°48′00″，东经113°06′00″—113°34′00″。东与浈江区隔河相望，南与曲江区白土镇接壤，西与乳源瑶族自治县大布、东坪、乳城、一六镇毗邻，北与乳源桂头镇相连。辖区总面积682平方千米。

【地质 地貌】 武江区域内的地质地层属于沉积岩地层为主。受粤北“山”字形地质构造的影响，区内褶皱和断裂极其发育，褶皱主要由古生代地层形成紧密式之背斜核部，以北北东向构造为主，次级构造亦较为发育。褶皱构造有北部的大岗头向斜，中部的天子岭背斜和南部的芙蓉山向斜。均为断褶带内曲江复向斜的次褶皱带。地貌以丘陵地带和冲积小平原及高山奇峰为主。区境地势北高南低，西高东低，海拔多在55~200米，坡度约30度左右。江湾镇境内的大东山主峰海拔1390米，是武江区最高山峰；依次有江湾镇枫岭头海拔1100米，龙归镇凤田黄茂堂海拔941米，西河镇境内的圆子背肩山海拔1125.5米、大岗山海拔406米、天子岭海拔357米、芙蓉山海拔282米。最低武江河河床处海拔55米。

【地形面积】 武江区地处南岭山脉南麓的盆地之中，其地形犹如一只卧狮，东西长、南北窄成不规则多边形。区境东起市区武江河中心，西至江湾镇武洞、白石村，长56.75千米，南至曲江交界的圆子背肩山，北至重阳镇大夫前村，宽17.8千米。

【河流】 武江区主要河流有武江、北江、南水河、重阳河、锅溪河、韶西水、沐溪水、芙蓉水、沙山水。其中武江历史上曾称虎溪、武溪，发源于湖南省临武县三峰岭，途经坪石、乐昌、桂头，由浈江区犁市镇上朗流入本区重阳镇水口村，至北江桥下与浈江河汇合成北江河。武江河全长260千米，河床坡降0.906‰，在本区河段约16千米，河面宽150~200米，为Ⅶ级航道，境内河段通航能力为300吨级船舶。含武江在内的韶关市区最高洪水位57.21米，最大洪流量9460立方米/秒，发生于1994年6月18日。最低水位0.7~1米，枯水流量12.3立方米/秒，发生于1966年9月24日。北江河古称“溱水”“肆水”“始兴大江”，发源于江西省信丰县石碣大茅山和湖南省临武县三峰岭，上游分别称“浈江”“武江”。北江流至佛山市三水区思贤滘与西江汇合，全长468千米，河床坡降0.398‰，多年平均流量1080立方米/秒。北江流经本区西河、西联境内约12千米。河面宽150~350米，可通航为Ⅶ级航道，通航能力为300吨级船舶。西联镇下胡村、赤水村有煤运码头常年水运，可直抵珠江三角洲及连接西江水道。

【气候与灾害】 武江区地处北回归线以北，属亚热带气候为主的湿润性季风气候，日照充足，雨量充沛，冬季多干冷的偏北风，夏季多偏南的暖湿气候。年平均气温20.3℃（其中年平均最高气温25.4℃、最低气温16.8℃），年平均湿度为52%，年平均日照时数1858小时，年太阳总辐射111.5千卡/平方厘米，年平均雨量为1537.4毫米。入汛期为每年4月中旬至7月下旬。春季冷暖季风交替频繁，多为低温阴雨天气，日照最少；夏季火热酷暑，雨量多且集中；秋季秋高气爽，昼夜温差较大，降水量少；冬季雨量减少，天气寒冷，年无霜冻期305天。2005年秋旱严重；2006年7月15日，遭百年一遇的洪灾；2008年1月，遭遇80年一遇的雨雪冰灾；2013年5月16日、8月15日，武江大部地区遭遇重大洪涝灾害。

【矿产资源】 武江辖区内已知矿产有煤矿、铁矿、铅锌矿、锡矿、钨矿、金矿、银矿、石灰石、高岭土、萤石矿等20多种，矿床点58处。其中金属矿产8种，矿床点20处：铁矿点2处，锑矿点3处，铅锌矿点2处，锡矿、钨矿点2处，金矿点8处，银矿点3处。非金属矿产14种，主要有煤矿7处，石灰石10处，高岭土2处，萤石矿2处，河沙3处共计38处。

【动植物资源】 武江区内野生动物种类繁多，主要分布于山区和丘陵地带，体型较大的野兽多栖息在西北山区，一般兽类出没于平川、丘陵。主要野生动物有：哺乳类、鸟类、鱼类、甲壳类、两栖、爬行类、昆虫类等。主要野生植物有：维管束植物2349种，分隶207科877属。水果类38种、野生药用植物135种。内陆水域中常见的浮游生物共14门120多属。

【旅游资源】 武江区是粤北古邑，韶关博物馆珍藏有武江境内出土的汉代、三国、西晋、东晋文物。人文景观主要有唐朝宰相张九龄家族墓、宋朝尚书余靖墓和蓉山古刹。有南昌起义军朱德部队旧址、八路军驻韶关办事处旧址、抗战时期中共广东省委遗址、青水塘和李子园炮楼等24处革命遗址。自然景观有广东韶关芙蓉山国家矿山公园、芙蓉山公园、芙蓉仙洞、沐溪水库、石背窝水库和江湾温泉等。辖区内有不可移动文物167处。有市属韶州宾馆和流花宾馆、湖心宾馆、倚山宾馆等一批民营涉外旅游宾馆。沐溪水库湖水碧绿，蔚为壮观，泛舟遨游，闲来垂钓，别有一番诗情画意，是市民郊游的好去处。此处集会所、饮食、住宿、观光、游乐于一体的多项旅游设施，成为郊游的新亮点。

人口　民族　语言

【总人口】　2015年全区年末户籍总人口268505人，其中：非农业人口186914人；女性133313人。全区常住人口30.93万人，其中：城镇人口25.34万人，城镇化率81.93%。全区常住出生人口3088人，出生率11.07‰；死亡人口1315人，死亡率4.71‰；人口自然增长率6.36‰。

【民族】　武江区居民以汉族为主，少数民族22个，超过100人的少数民族有4个，其中，瑶族人口最多，主要集中在江湾镇瑶族村（有瑶族人口109户、715人）。

【语言】　武江区方言复杂，有粤语、客家话、虱婆声、连滩话、船民话、瑶族勉语等方言。还有潮汕、清远、河源、梅州、湖南、四川、河南等地方言。粤语区域面积、人口均占全区的绝大部分，城乡流行。客家方言主要分布在龙归等5个镇的大部分地区。虱婆声主要分布在重阳、西联镇大部分农村、龙归镇后坪村和西河镇向阳、村头、大村等。连滩话主要分布在西河镇什石园下坝村、黄塱中坝村。江湾镇瑶族村村民讲瑶族勉语。

环境质量

【大气环境】　2015年，含武江在内的韶关市区城市空气中二氧化硫、二氧化氮、可吸入颗粒物年均浓度分别为0.019毫克/立方米、0.025毫克/立方米、0.050毫克/立方米，均优于国家二级标准，全年空气污染指数优、良天数为342天，优良率94.2%。市区降尘年均浓度为2.03吨/平方公里·月，与上年相比下降28.5%。全年降水pH年平均值为5.00，酸雨频率为42.0%，与上年相比上升4.5个百分点，降水质量整体比上年有所下降。

【水环境】　2015年，武江、南水、北江河水质状况保持良好，饮用水源地水质达标率为100%，与上年持平，其中十里亭断面水质为Ⅱ类，达标水量7432.8万立方米。

【声环境】　2015年，武江城区与整个韶关市区道路交通噪声一样，年均值为66.7分贝，其声环境质量处于好等级；市区区域环境噪声年均值为55.9分贝，其声环境质量处于一般等级；各功能区域噪声基本符合标准要求。

行政区域

2015年度武江区行政区划简表

表1

镇、街道	行政村、社区
西河镇	红星、向阳、前进、朝阳、塘湾、大村、什石园、糖寮、马屋、下坑、黄塱、田心、村头、山蕉
西联镇	西联、芙蓉、下胡、甘棠、赤水、车头、阳山、沐溪、碧桂园·太阳城
龙归镇	凤田、续源、社主、龙归、奇石、冲下、山前、方田、坳头、马渡、寺前、盘村、留村、龙安、后坪、龙归街

续上表

镇、街道	行政村、社区
重阳镇	大夫前、九联、青暖、重阳、水口、黄岸、万侯、妙联、重阳街
江湾镇	梁屋、瑶族、锅溪、湖洋、胡屋、围坪、江湾街
新华街道	乳韶、工业西、工业中、芙蓉北、沙洲、金洲、芙蓉东、惠民东、惠民西、五祖路、工业东、武江南、新华南、红尾坑、花城、利民
惠民街道	沙湖、冷水坑、群康、新华北、群立、武江北、黄田坝、侨新、惠民北、东岗岭、新村、沐阳东、幸福

2015年，武江区辖新华、惠民2个街道和西河、西联、龙归、重阳、江湾5个镇。

新华街道辖16个社区。

惠民街道辖13个社区。

西河镇辖14个行政村。

西联镇辖1个社区、8个行政村。

龙归镇辖1个社区、15个行政村。

重阳镇辖1个社区、8个行政村。

江湾镇辖1个社区、6个行政村。

（撰稿人：年鉴编辑部）

经济社会发展

【经济保持平稳运行】 2015年，全区生产总值217.45亿元，比上年增长6.7%。其中，第一产业增加值6.19亿元，增长4.1%；第二产业增加值103.93亿元，增长2.3%；工业增加值91.46亿元，增长1.9%；第三产业增加值107.33亿元，增长11.6%。人均地区生产总值70671元，增长5.7%。规模以上工业总产值179.94亿元，下降7.0%。农林牧渔业总产值10.08亿元，增长4.1%。固定资产投资101.72亿元，增长16.2%。社会消费品零售总额100.95亿元，增长10.8%。外贸出口额1555万美元，增长0.6%；实际利用外资88万美元，下降96.8%。地方财政一般预算收入4.22亿元，增长3.1%。城镇居民人均可支配收入28015元，增长8.5%；农村居民人均纯收入14058元，增长9.6%。

【重点项目建设成效显著】 截至2015年10月底，全区55个重点项目已开工37个。其中，由区挂点牵头的市级重点项目10个，计划年度投资27.05亿元，占全区固定资产投资工作任务的23.76%。据统计，1—9月，区重点建设项目共完成投资43.5亿元，带动1—9月区固定资产投资完成60.53亿元，增长24.6%，增速连续三个季度全市排名第一。

【农业经济平稳发展】 2015年，全区粮食种植面积0.50万公顷，总产量2.72万吨；生猪饲养量和出栏量，分别持平和下降1.7%；家禽饲养量和出栏量，增长3.9%和5.7%。全年农业增加值增长4.1%左右。农村居民人均可支配收入1.41万元，年人均纯收入增长9.6%以上。是年全区农民专业合作社增至61个，龙头企业发展到6家。完成农村土地承包经营权确权登记颁证试点工作。植树造林约7333公顷，灵芝、食用菌等林下经济发展取得新成效。全面完成第二轮扶贫开发“双到”任务，筹集各类资金2369.9万元，开展扶贫项目89个，4个贫困村贫困户人均可支配收入9800多元，贫困村集体经济收入均超过10万元。

【市政设施建设和“三旧”改造取得进展】 2015年，芙蓉北路（西出口）改扩建工程基本完成主管渠建设；工业西路内涝整治完成主体工程建设；移山路进入道路主体施工阶段；群康路、上饶路正在加紧推进。“三旧”改造项目47个，其中：芙蓉丽景、恒熙华城等2个项目已基本建成，即将预售；蝶恋酒店（原福苑酒店）、万通城城市综合体、万紫千红、壹号公寓（原齿轮厂）、繁荣锦苑（原农业局）、华蓉苑（原电石厂）、楼上楼（富康广场）等7个项目正在加紧建设，万象新城（原织布厂）、核工业二九0研究所、原明华纺织厂等14个项目已完成规划编制。

【重点项目交地顺利】 2015年，全区累计完成重点项目交地约53.33公顷，协议拆迁面积约8500平方米，迁移坟墓约600座，处理征地历史遗留问题10余宗。保利、碧桂园、恒大三大房地产项目已按照建设需求完成交地；盆景山公园用地已交付施工建设；保利综合体项目及华师附中项目勘探工作顺利进行；文化“三馆”项目大部分坟墓迁移完毕；南华路、百旺路、滨江路、芙蓉大道北等主干道顺利施工；原西联示范农场连片交地。奥园项目签约交地37.33公顷。

【征地拆迁安置工作稳步推进】 赤水新村90%以上村民已搬迁入住，芙蓉新村500套、西联新村676套房屋主体工程全部完工，车头新村已完成50%的工程量，下胡新村正在开展“五个确认”工作。

【园区开发建设扎实推进】 2015年，甘棠园区已签约企业41家，总投资约50亿元，预计投产后每年产值可达100亿元，每年可增加7亿多元的税收。已有26家企业挂牌成交，其中22家已进入建设阶段；飞翔、以纯等2家已完成一期厂房建设并试生产，至2015年底还有莱雅、新科农等8家企业完成厂房建设。莞韶城已完成一期征地370多公顷，二期330余公顷征收工作已全面铺开。一期项目黄沙坪电子商务园已初具规模，首期50多栋电子商务楼建设已完工，电商企业正在陆续进驻，作为莞韶帮扶指挥部引进的一个新兴服务业项目，将为武江乃至韶关发展现代服务业增添新的活力。

【三农和城乡生态文明工作稳步推进】 2015年，2个名村5个示范村的建设工作进展顺利。重阳镇万侯村和龙归镇社主村已搞好土地承包经营权确权登记颁证试点工作。全区完成义务植树42万余株，建设乡村美化绿化示范村8个。水利工程建设顺利推进，全面完成重阳示范镇建设项目任务，龙归河治理工程全面完成，小型农田水利重点县建设项目已进场开工建设。山区五市中小河流整治项目和东埔、洞子两宗小型水库除险加固工程抓紧开工建设。全面完成38个养殖场减排工程建设任务。大力开展打击“两违”工作，截至2015年10月底共拆除大小违法建筑47宗，合计面积约17600平方米，控制违建27宗，面积共8370平方米。

【社会事业全面发展】 2015年，武江区扎实开展扶贫“双到”工作，截至10月底，全区共落实帮扶资金2365.35万元，平均每个村591.33万元。是年1—9月共发放低保资金684.46万元，支出五保供养金58.5万元。狠抓社保扩面征缴，截至10月底，全区城乡居民基本医疗保险参保任务完成率105%、缴费率100%，城乡居民社会养老保险参保任务完成率102.03%、缴费率58.84%。城镇登记失业率均保持在3%以内。加大“四术”落实力度，继续稳定低生育水平，兑现各项计生关怀政策。居民健康档案完成97%，实施国家基本药物制度减轻患者负担，加快龙归中心卫生院、新华街道社区卫生服务中心业务大楼建设，不断完善卫生基础设施。区申报全国义务教育发展基本均衡工作已通过省级督导评估，新华街道顺利通过省教育强街复评检查验收。大力推进“平安武江”建设，全面做好安全生产、食品药品安全监督管理、防火防汛以及登革热等重大疫情的防控，切实维护武江和谐稳定的发展大局。

【政府自身建设不断加强】 2015年，武江区政府主动邀请人大、政协监督政府工作，主动接受司法、舆论和群众监督。认真办复区人大代表建议和政协委员提案。认真开展“三严三实”专题教育活动，巩固和扩大“四风”整治成果。贯彻落实《中共中央关于全面推进依法治国若干重大问题的决定》，积极推进依法治区进程，实施政府法律顾问制度。继续深化行政审批制度改革，清理非行政许可审批事项28项。进一步加大政府信息公开力度。深入开展党的群众路线教育实践活动和“三严三实”专题教育，认真落实中央八项规定，坚决整治“四风”，“三公”经费大幅下降。完成公务用车改革。开展政府部门权责清单编制工作，机关效能建设不断深化，行政监察、审计监察、廉政建设、纠风治乱工作进一步加强。

（撰稿人：年鉴编辑部）

精神文明建设

【简述】 “十二五”期间，武江区精神文明建设工作以创建全国文明城市为抓手，在区委、区政府的领导和市创文办的具体指导下，以强化工作落实，着力沟通协调、促进部门联动、形成合力为重点，以落实责任、检查督导、绩效考核为手段，扎实推进“创文”（韶关创建全国文明城市）工作有序开展，推动创建工作常态化。

【培育和践行社会主义核心价值观】 2015年，全区广泛开展社会主义核心价值观学习教育。深化落实区培育和践行社会主义核心价值观的实施方案，积极开展省级示范点花城社区、市级示范点胡屋村建设；组织开展“春联写价值观”“家训说价值观”“灯笼亮价值观”“年俗传价值观”等活动，将价值观有机融入百姓日常生活中；加大宣传覆盖面，各单位利用宣传栏、电子显示屏、广告牌等广泛传播核心价值观。全年，各单位结合“创文”“中国梦”“核心价值观”等主题悬挂张贴标语横幅260多条。

【推进创文申名工作】 2015年，武江区落实市创建全国文明城市暨申报国家历史文化名城工作动员大会的工作部署，组织召开区创文指挥部重点成员单位会议，明确工作重点，在全区掀起新一轮创建工作热潮。制定并下发《武江区创建全国文明城市工作规划（2015—2017年）》《武江区申报国家历史文化名城工作实施方案》《武江区创建全国文明城市2015年重点工作实施方案》等相关工作方案，明确工作重点，加大责任落实，重点对加强农贸市场专项整治、完善基础设施建设、深化社会主义核心价值观培育践行工作、加强公民道德教育等方面进行部署。保留完善区创文组织架构，继续深化区、镇（街）、区直成员单位及社区（村）三级创文机构和网络作用。联合相关职能部门加大市容环境卫生管理力度，提升市容环境卫生水平；加强城市“六乱”（乱搭建、乱堆放、乱设摊点、乱拉挂、乱张贴划写、乱扔垃圾）等问题整治，强化农贸市场管理和加强食品安全监督，开展“文明餐桌”行动。更换、更新遍布城区的57块区属宣传栏。印制并派发创文宣传手册15000份，宣传单张20000多份。同时，在各类公共场所利用展板、电子荧屏、宣传栏、横幅等媒介广泛开展创文公益宣传。以主题活动为宣传载体，提升市民参与度。深入开展主题活动，结合传统节日和各类纪念日活动开展创文宣传，如“5·10”花城社区母亲节公益宣传活动、“6·20”儿童公园端午节文艺演出活动等；结合纪念中国人民抗日战争胜利暨世界反法西斯战争胜利70周年，举办多场系列主题活动。完善社区专业志愿服务站建设，开展专业志愿服务活动，如医疗专业志愿者义诊服务、扶贫助困一元捐等志愿服务活动。2015年以来，共开展各类志愿活动53次，志愿者参与人数达千余人次。开展创文入户宣传，做好入户问卷的统计和报送工作。

【强化公民道德教育引导】 武江区深化“道德讲堂”活动。2013年以来，区道德讲堂总堂坚持每月组织区直及驻区单位开展活动两场。截至2015年底已开展活动44场，参与活动5000余人次。以总堂带动分堂的形式，有效增强全区“道德讲堂”活动的规范性、操作性和普适性。通过两年多的持续建设，道德讲堂已成为区精神文明建设的特色品牌之一。与此同时，扎实开展道德模范推荐评选、道德模范事迹宣传，广泛发动各领域、各部门、各行业先进人物推荐评选，宣扬凡人善举。2011年以来，全区共推选8人获得市级以上道德模范荣誉。

【深化志愿服务活动】 2014年，根据市“创文”工作部署和要求，区委办出台推进志愿服务制度化工作方案，制定下发学雷锋、“三关爱”等志愿服务活动方案（韶武委办发电〔2014〕44号），发动全区干部群众广泛参与、开展志愿服务，并结合创文工作要求开展文明引导、“清洁家园”等志愿服务活动。至2015年，全区举办各类志愿服务活动600余次，参加志愿服务达5000余人次。建立完善志愿者招募注册制度，应用推广广东志愿者信息管理服务平台，实现对志愿者身份资料、服务时数、培训教育、星级认定等核心业务流程电子化管理。在活动中，着力推进社区专业志愿服务站点建设，在新华街惠民西社区、惠民街沙湖社区建立示范点，完善软硬件建设，组建科普、防震减灾、文艺等专业志愿服务队，做到活动常态化。

【打造农村精神文明建设品牌】 2015年，按照市创建工作要求，结合区的实际，区文明委制定下发《武江区开展乡村文明行动实施方案》《关于加快“创建文明村镇，建设美丽乡村”的意见》（韶武文明委〔2015〕4号），把“美丽乡村”建设作为区创文工作和精神文明建设工作在基层推动的重要抓手和落脚点。其中，着力抓好市级核心价值观示范点、区级美丽乡村示范点江湾镇胡屋村建设，通过加强宣传教育、软硬件建设、问题专项治理、文化惠民工程，打造具有武江特色的精神文明建设品牌。

【开展未成年人思想道德建设工作】 2015年6月，武江区以（韶武创字〔2015〕4号）文制定下发未成年人思想道德建设工作方案，突出立德树人，突出抓好友善、孝敬、诚信等中华传统美德教育和爱学习、爱劳动、爱祖国“三爱”活动。结合不同时间节点开展“中国梦”教育宣传、“做一个有道德的人”、“网上祭英烈”等道德实践活动。加快推进社区未成年人活动场所、乡村学校少年宫、未成年人心理咨询室设施建设。协调文化、公安、工商等部门净化校园周边环境，全区未成年人成长环境实现新的优化。

（撰稿人：禤宇萍）

中共韶关市武江区委员会

综　述

中共韶关市武江区委员会机构设置纪律检查委员会（区监察局与其合署办公）、区委办公室、组织部（归口管理老干部局、直属机关工作委员会）、区机构编制委员会、宣传部（挂区精神文明建设委员会办公室，与区文化新闻出版局合署办公）、统战部（挂区委台湾工作办公室牌子，区工商联挂靠区委统战部，民族宗教事务局与其合署办公）、政法委员会、社会工作委员会8个工作部门。

区委下属10个基层党（工）委：惠民街、新华街、西河镇、西联镇、龙归镇、重阳镇、江湾镇、区直属机关、公安分局、教育局。

在市委的正确领导下，武江区委领导班子团结带领广大党员和干部群众，牢固树立发展是硬道理的强烈意识，努力克服经济下行压力大、保稳定保增长困难多的不利形势，以全面深化改革释放发展活力，以加快新型工业化和城镇化突破发展瓶颈，以开展“三严三实”专题教育活动凝聚发展合力，紧紧围绕城镇化、工业化“双轮驱动”战略和省委确定的“三大抓手”，全面推进武江加快实现跨越发展的步伐，全区呈现经济稳步发展、各项事业全面进步、社会大局和谐稳定的良好局面。

区委各次常委会议

【第39次常委会议】 1月21日召开区委八届第39次常委会议，研究和讨论区委常委会工作报告（征求意见稿）及区委八届四次全会议程安排；听取2014年政府工作报告、2014年国民经济和社会发展计划执行情况及2015年计划草案、区政府2015年承诺为民办的6件民生实事；听取区政协八届五次会议筹备情况及调整区政协委员有关事项；听取区八届人大五次会议筹备情况及增补人大常委会委员有关事项；听取2014年干部选拔任用“一报告两评议”事项和2014年区党政领导班子、领导干部落实科学发展考核民主测评有关事项；听取递补区委委员有关事项。

【第40次常委会议】 3月30日召开区委八届第40次常委会议，听取中央、省、市保密工作会议精神；听取扶贫开发工作的开展情况；听取2014年党风廉政建设责任制考核情况和“三述”对象综合评价情况；听取2015年党风廉政建设和仮腐败工作任务；听取2014年全区禁毒工作的开展情况；听取乡镇（街道）领导干部驻点普遍直接联系群众工作开展情况；听取续聘大学生村干部的有关事项；听取社会工作人才队伍建设的工作意见和选派年轻干部挂职的有关事项；听取建立公务员职务与职级并行制度的有关事项。

【第41次常委会议】 5月4日召开区委八届第41次常委会议，听取各镇、街道2014年度信访工作的考核情况；全区2014年度综治创平维稳工作的考核情况；听取2015年事业单位公开招聘的有关情况；听取2015年第一季度经济工作情况；听取高标准农田建设和卫片执法监督检查工作；听取科技工业园缴交新增建设用地有偿使用费的相关事宜；听取全区计划生育工作的开展情况；听取科技工作的开展情况；听取集中开展查办预防涉农领域职务犯罪专项情况。

【第42次常委会议】 5月13日召开区委八届第42次常委会议，听取武江区第一季度经济工作情况；芙蓉新城工作情况；甘棠园区工作情况；听取乡镇（街道）领导干部驻点普遍联系群众工作及机关在职党员到社区报到为群众服务活动的开展情况；组织学习《中华人民共和国食品安全法》。

【第43次常委会议】 5月21日召开区委八届第43次常委会议，会议听取武江区开展“三严三实”专题教育实施方案；讨论研究向省委第三巡视组汇报工作的相关事宜。

【第44次常委会议】 6月15日召开区委八届第44次常委会议，市委组织部领导宣读张彤飚任职通知；传达韶关市创建全国文明城市暨申报国家历史文化名城工作动员大会精神；传达市委书记蓝佛安同志在武江调研时的重要讲话精神，并就学习贯彻落实工作进行研究部署；听取乡镇（街道）、农村（社区）和“两新”组织优秀党组织书记的推荐情况。

【第45次常委会议】 6月19日召开区委八届第45次常委会议，听取机关事业单位工资改革相关事宜。

【第46次常委会议】 7月17日召开区委八届第46次常委会议，听取纪律教育学习月活动安排；听取表彰奖励武江区2014年专利工作先进单位和个人事宜；传达省、市第三季度安全生产工作会议精神；听取武江区中小河流治理项目相关事宜；听取清远地块处置手续完善事宜；听取2014年镇、街道、区直各单位绩效考评情况；研究部署经济工作相关事宜。

【第47次常委会议】 8月4日召开区委八届第47次常委会议，听取反邪教工作开展情况、分析研判当前形势及对下一步工作进行具体部署；听取机关公务员职务与职级并行工作开展情况；听取机关事业单位人员2014年度考核情况。

【第48次常委会议】 9月18日召开区委八届第48次常委会议，讨论研究省委第三巡视组反馈意见的整改工作；听取武江区公务用车制度改革工作情况。

【第49次常委会议】 9月29日召开区委八届第49次常委会议，传达学习《中国共产党统一战线工作条例（试行）》；听取武江区一村（社区）一法律顾问工作开展情况；听取“三严三实”专题教育工作开展情况；听取乡镇（街道）领导干部驻点普遍直接联系群众工作开展情况；听取省委第三巡视组反馈意见整改方案。

【第50次常委会议】 10月12日召开区委八届第50次常委会议，听取区政府前三季度有关工作的开展情况；听取省委第三巡视组反馈意见整改工作情况；听取第三轮精准扶贫工作贫困村申报情况。

【第51次常委会议】 11月5日召开区委八届第51次常委（扩大）会议，传达学习中共十八届五中全会精神并部署武江区的贯彻意见；传达学习全市招商引资工作大会精神及部署武江区的观测意见。

【第52次常委会议】 11月13日召开区委八届第52次常委会议，讨论研究区委《关于落实省委第三巡视组反馈意见的整改情况报告》并提出具体修改意见。

【第53次常委会议】 11月25日召开区委八届第53次常委会议，听取区政府关于调整机关事业单位工作人员工资标准和增加机关事业单位离退休人员离退休费的有关情况；听取区政府关于调整年初一般公共预算收入目标的有关情况；听取芙蓉新城近期发展情况汇报和“三年基本成城”行动方案；听取2015年住房保障工作进展情况汇报；听取武江区党委（党组）中心组理论学习制度的完善情况，原则通过《关于进一步完善我区党委（党组）中心组理论学习制度的实施意见》；听取区政府关于莞韶工业园武江片区管委会向区财政几款的有关情况汇报；听取武江区“十三五”规划编制情况汇报；听取各责任领导汇报省委第三巡视组反馈意见整改工作制度建设情况；听取有关省委第三巡视组反馈有关案件线索的核查情况汇报；讨论区委全委会、区“两会”时间安排。

【第54次常委会议】 12月25日召开区委八届第54次常委会议，听取《区委工作报告》的有关情况汇报；听取《区政府工作报告》的有关情况汇报；听取区委关于制定国民经济和社会发展第十三个五年规划建议的有关情况汇报；听取武江区“十三五”规划纲要汇报；听取武江区2015年国民经济和社会发展计划执行情况与2016年计划草案汇报；听取武江区2015年经济指标的调整事宜汇报；听取武江区2015年预算执行情况和2016年预算草案汇报；讨论研究区委班子“三严三实”专题民主生活会和全会民主测评有关事宜。

【第55次常委会议】 12月31日召开区委八届第55次常委会议，听取区委八届五次全会分组会议讨论情况，审定拟提请全会表决的《中共韶关市武江区委关于制定国民经济和社会发展第十三个五年规划的建议（修改稿）》。

其他重要会议

【落实市创建第十届全国全省双拥模范城工作动员会】 1月14日召开落实市创建第十届全国全省双拥模范城工作动员会，总结2011年以来武江区开展双拥工作情况，部署落实市创建第十届全国、全省双拥模范城工作。各镇街、区直相关单位负责人参加会议。

【区委八届四次全体（扩大）会议】 1月26日，中共韶关市武江区委召开八届四次全体（扩大）会议，贯彻落实中央、省、市会议精神，总结2014年工作，部署2015年任务。区委书记、区人大常委会主任王德雄主持会议并讲话，区委副书记、区长黄建华总结部署经济工作。八届区委委员、候补委员，不是区委委员、候补委员的区人大、区政府、区政协领导班子成员，副处以上领导干部，区纪委常委，镇（街）党政主要领导、党（工）委副书记，区直各单位正副职领导干部，驻区各单位主要领导等参加会议。

【安全生产和消防安全工作会议】 2月5日下午，区召开2015年度安全生产和消防安全工作暨第一季度防范重特大生产安全事故工作会议。会议通报2014年武江区消防安全工作及安全生产工作情况，并对2015年安全生产工作进行部署，对2015年一季度防范生产安全事故工作提出具体要求。区领导曾清兰、游加慧代表区政府分别与区属单位签订2015年度安全生产责任书、消防工作责任书。

【离退休老干部迎新春座谈会】 2月27日，武江区举行离退休老干部迎新春座谈会。区委书记、区人大常委会主任王德雄，区委副书记、区长黄建华等与近30名离休老干部代表欢聚一堂迎接新春，共谋武江发展大计。

【纪检监察工作会议】 3月6日，武江区召开全区纪检监察工作会议，总结2014年全区纪检监察工作，并对2015年工作进行部署，与会领导干部签订党员干部廉洁自律承诺书。区领导区四套班子成员，副处级以上干部，法、检两长，区人武部主要负责人，区纪委委员，各镇（街）党政主要领导、纪（工）委书记，区直各单位主要负责同志，区公安分局政委、分局纪委书记，区国税局正职领导、纪检组长，区特邀监察员，区纪委监察局全体干部等参加会议。

【宣传文化体育工作会议】 根据市委、市政府2015年芙蓉新城建设工作部署和计划任务，3月13日，区委书记、区人大常委会主任王德雄同志主持召开会议，专题部署加快推动芙蓉新城2015年征拆安置工作会议。会议要求：要继续把服务新区建设作为2015年全区工作的首要任务，举全区之力、集全区之智，全面加快芙蓉新区建设。

【禁毒工作会议】 3月19日，武江区召开全区禁毒工作会议，区领导张雯、曾文辉、游加慧等，各镇（街）、区直及驻区等有关单位领导参加会议。会上与会人员现场观看影视短片《广东禁毒报告》，会议同时传达全市的禁毒工作会议精神，总结2014年武江区的禁毒工作，并就2015年全区禁毒工作进行全面部署。

【区委中心组学习扩大会】 3月26日上午，武江区召开区委中心组学习扩大会，邀请法律专家开展法治讲座，区四套班子成员，区直各单位及驻区有关单位正副职，各镇街党政一把手等200余人参加学习。会上，市律师协会会长王少敬律师为与会党员干部作《做一名具有法治思维的领导干部》的主题讲座。

【农村农业工作会议】 4月16日上午，武江区召开农村农业工作会议，区领导王德雄、张雯、王韶林、刘拥军、吴广英及其他相关负责人等参加会议。会议总结2014年武江区农业农村工作，研究部署2015年农业农村改革发展思路、目标和举措。

【保密暨档案史志工作会议】 4月23日，武江区召开保密暨档案史志工作会议，传达贯彻省、市保密和档案史志工作会议精神，总结部署2015年工作。区领导张雯、孙理鸣、王敏雯，区委保密委、区保密局、区档案局及其他有关单位负责同志等参加会议。

【计划生育工作会议】 4月23日，武江区召开计划生育工作会议，贯彻落实省、市计生工作电视电话会议精神，总结2014年区计生工作情况并部署2015年工作任务。区四套班子成员，法检两院院长，区直各单位“一把手”，各镇、街党政一把手及其他相关负责人等参加会议。

【第二季度安全生产及消防安全工作会议】 4月22日，武江区召开第二季度安全生产及消防安全工作会议，会议传达2015年全市安全生产工作的会议精神，通报今年全区第一季度安全生产形势，并对第二季度的安全工作进行全面部署。区领导曾清兰、游加慧等，各镇（街）、区安全生产委员会及消防安全委员会各成员单位负责人等参加会议。

【第一季度经济形势分析会】 5月7日，武江区召开2015年第一季度经济形势分析会，分析一季度经济运行情况，研究部署下一步稳增长谋发展工作措施。区委书记、区人大常委会主任王德雄，参与区政府分工的区委常委，区政府班子成员以及各镇街、区政府直属单位主要领导等参加会议。

【农村土地确权登记颁证试点工作专题部署会】 5月19日，武江区召开专题会议，全面部署农村土地承包经营权确权登记颁证试点工作。区领导刘拥军，区农业局、国土局、档案局及龙归镇、重阳镇等相关单位负责人参加会议。会议传达省、市有关土地确权的相关会议精神及工作要求，宣读“关于印发《武江区农村土地承包经营权确权登记颁证实施方案》的通知”，并对全区开展农村土地承包经营权确权登记颁证试点工作进行详细的安排部署。

【“三严三实”专题教育工作会议】 5月27日，武江区召开“三严三实”专题教育工作会议，区委书记、区人大常委会主任王德雄讲“三严三实”专题党课，会议对全区开展“三严三实”专题教育工作进行部署。区委、区人大、区政府、区政协领导班子成员及副处以上领导干部，区法院、区检察院领导班子成员，各镇（街）党（工）委书记，区直及驻区有关单位主要负责同志，区委办、区纪委、区委组织部、区委宣传部有关同志等参加会议。

【夏季消防安全检查工作会议】 6月8日，武江区召开夏季消防安全检查工作会议，认真分析当前的消防安全形势，全面部署和启动区夏季消防安全检查工作。区领导游加慧及各镇（街）、区消防安全委员会各成员单位相关负责人参加会议。

【区委中心组专题学习会】 6月5日，武江区召开区委中心组专题学习会，邀请省人大常委会立法咨询专家麦方作新《中华人民共和国预算法》的专题讲课。区委书记、区人大常委会主任王德雄等区四套班子领导及各相关单位负责人、法人代表、财政人员等150人参加学习会。

【新《中华人民共和国安全生产法》学习会】 6月12日，武江区召开专题学习会，邀请市安监部门有关专家讲授新《中华人民共和国安全生产法》，区56个安委员成员单位相关负责人参加培训会议。

【“三严三实”第一专题学习研讨会】 6月30日，武江区召开区委中心组“三严三实”第一专题学习研讨会，区委书记、区人大常委会主任王德雄主持会议并作总结发言。区委中心组成员及相关单位等参加会议。

【武装暨征兵工作会议】 7月14日，武江区召开2015年度武装暨征兵工作会议，区领导王德雄、黄建华、李刚、游加慧，区国防动员委员会成员以及各镇街、部分企事业单位等相关负责人参加会议。会上传达上级关于2015年征兵工作的会议精神，总结上半年武装工作和2014年征兵工作，部署下半年武装及2015年征兵工作，表彰2014年度武装工作、征兵工作先进单位和先进个人。

【安全生产和消防安全工作暨第三季度防范重特大生产安全事故工作会议】 7月24日，武江区区召开全区安全生产和消防安全工作暨区政府第三季度防范重特大生产安全事故工作会议，通报第二季度安全生产和消防安全工作情况，部署第三季度安全生产和消防安全工作。区领导曾清兰、游加慧，区安全生产委员会、消防安全委员会成员单位、各镇街等相关负责人参加会议。

【学习贯彻习近平总书记系列重要讲话精神宣传报告会】 7月24日，武江区召开学习贯彻习近平总书记系列重要讲话精神宣传报告会，邀请韶关学院党委宣传部部长宋贵林以《“三严三实”——作风建设再起航》为题，围绕“三严三实”的科学内涵和精神实质、“三严三实”提出的背景及缘由、践行“三严三实”推进作风建设三个方面进行宣讲，推动广大党员干部群众自觉把思想和行动统一到系列重要讲话精神上来。

【半年经济形势分析暨重点项目推进会】 7月27日上午，在区政府七楼会议厅召开上半年经济形势分析暨重点项目推进会，全面分析2015年上半年全区经济运行情况，并就实现全年经济增长8%和做好下半年重点项目建设工作进行部署。区四套班子领导，区直及驻区单位领导，各镇街党政一把手等参加会议，区委常委、常务副区长曾清兰主持会议，并就科学发展观考核进行部署。

【纪律教育学习月活动（三纪班）动员大会暨区委中心组“三严三实”专题学习会】 8月6日，武江区召开纪律教育学习月活动（三纪班）动员大会暨区委中心组“三严三实”专题学习会，对纪律教育学习月活动进行动员和部署，举行领导干部党纪政纪法纪教育培训班。

【创文工作推进会】 8月14日，武江区召开创文工作推进会，会议通报2015年创文工作的薄弱环节、存在问题及近期整改情况，传达市创文工作的有关要求，并对2015年的重点工作进行详细部署。区领导黄建华、郑伟平及相关单位负责人等参加会议。

【2015年全国1%人口抽样调查综合试点工作培训会议】 8月11日，武江区召开专项工作培训会议，动员部署试点工作，要求切实为做好全市2015年全国1%人口抽样调查工作探索积累有效经验。

【全区安全生产工作专题部署会】 8月17日下午召开专题会议部署全区安全生产工作，会议传达8月15日全国安全生产电视电话会议精神，并结合市工作要求对全区安全生产工作进行详细部署，并迅速组织在全区开展安全生产大检查活动，确保辖区安全生产形势持续稳定好转。区领导黄建华、曾清兰、彭波、游加慧、邹有胜、刘拥军、王敏雯以及各镇街、区直单位相关负责人等出席会议。

【“三严三实”专题教育第二专题学习研讨会】 8月26日下午召开区委中心组“三严三实”专题教育第二专题学习研讨（扩大）会，王德雄、黄建华、陈坤明、王敏等区委中心组成员，各镇（街）党工委书记、区直各单位主要负责人等参加会议。

【扶贫开发双到工作推进会议】 8月31日上午，武江区召开扶贫开发“双到”工作会议，会议传达全市扶贫开发“双到”工作会议精神，总结工作经验，认真分析全区扶贫工作存在问题，并就如何做好迎接考核验收工作作详细安排。区领导王德雄、曾清兰、刘拥军以及贫困村挂点帮扶单位负责人等出席会议。

【党风廉政建设学习会】 9月11日，武江区召开全区党风廉政建设学习会，组织区四套班子成员及正科级领导干部近百人，通过共同观看《蜕变的人生》《“红包”之祸》《作风建设永远在路上》等警示教育专题片的方式，引导广大党员干部筑牢拒腐防变的思想道德防线。

【省委第三巡视组向武江区反馈巡视情况会议】 9月15日，武江区召开会议，省委第三巡视组副组长朱汉锋向武江区反馈巡视情况，武江区委书记王德雄代表区委、区政府作表态发言。省委第三巡视组全体成员，韶关市武江区四套班子成员，法院院长，检察院检察长；各镇（街）主要领导；区直及驻区各单位主要负责人参加会议。

【全区基层工作会议】 9月17日，武江区召开全区基层工作会议，会议贯彻落实中央和省、市大抓基层的决策部署，进一步分析形势，部署全区基层治理工作任务。区领导王德雄、黄建华等，区直及驻区各有关单位、区委基层治理领导小组成员、各镇街等参加会议。

【迎接全国创建文明城市工作部署会议】 10月20日，武江区召开迎接全国创建文明城市工作部署会议，会议传达市创文迎检工作会议精神，详细解释新的创文测评体系，认真分析当前该区开展创文工作的存在问题，并就如何进一步推进全区创文工作作重要部署。区领导曾清兰、郑伟平及创文指挥部成员单位相关负责人等参加会议。

【第三季度经济形势分析会】 10月28日，武江区组织召开全区第三季度经济形势分析会，全面分析当前经济工作形势，研究部署下一阶段经济工作措施，努力完成年度经济目标任务。区领导黄建华、曾清兰等区领导以及各镇（街）镇长（主任）、区府直属单位和驻区单位主要负责人等参加会议。

【区委中心组“三严三实”学习（扩大）会】 11月5日，武江区召开区委中心组“三严三实”专题教育第三专题学习（扩大）会，邀请市委党校副校长杨斌教授就“严以用权，提高落实运用法治思维和法治方式的能力”作专题讲座。区委中心组成员，各镇街、区直及驻区单位等领导干部参加学习。

【区委中心组专题学习会】 11月5日下午，召开区委中心组专题学习会，传达学习十八届五中全会及市招商引资工作会议精神，研究部署贯彻落实意见。区四套班子成员参加会议。

【创文工作推进会】 11月20日，武江区召开创文工作推进会，会议通报2015年来各创文成员单位落实市督导通报整改情况，分析全区创文工作存在的难题，研究部署下一阶段创文工作。区领导黄建华、郑伟平参加会议。

【区委工作会议】 12月4日，武江区召开区委工作会议，传达贯彻全市招商引资、民营经济和旅游工作会议精神，要求全区上下认真学习贯彻十八届五中全会精神，真抓实干、务求实效，用实实在在的行动贯彻落实市委市政府的工作部署。王德雄、黄建华、陈坤明、曾清兰、王敏等区四套班子领导，各镇街党政主要负责人，区直各单位副科实职以上干部等参加会议。

【创文巩卫工作推进会】 12月10日，武江区召开巩卫动员暨创文测评工作推进会，全面动员巩卫复审和深入部署创文测评工作。区四套班子成员、各镇（街）党政一把手、区创文巩卫指挥部成员单位主要负责人等参加会议。

【区委中心组学习（扩大）会】 12月10日，武江区召开区委中心组学习（扩大）会，学习贯彻中共十八届五中全会精神，会上专家以“深刻领会十八届五中全会精神，打赢全面建成小康社会决战”为主题，从深刻认识全面建成小康社会决胜阶段的形势，“十三五”时期经济社会发展的指导思想、主要目标和基本理念，打赢实现全面建成小康社会决战的战略举措三个方面深入浅出进行讲解。

【“三严三实”第三专题学习研讨会】 12月15日，武江区召开区委中心组“三严三实”专题教育第三区专题学习研讨扩大会，与会人员围绕“严以用权，树立正确的权力观”主题踊跃发言。区委书记、区人大常委会主任王德雄，区委副书记、区长黄建华等区委中心组成员及各单位主要负责人等参加会议。

【基层党（工）委书记述职评议】 12月25日，武江区召开会议，听取各基层党（工）委书记抓基层党建工作述职并进行评议。区委书记、区人大常委会主任王德雄，区委副书记、区长黄建华等区领导，区委党的建设工作领导小组和基层治理领导小组成员，部分“两代表一委员”、基层党员干部、群众代表等参加会议。

【“三严三实”专题民主生活会】 12月29日，武江区区委领导班子召开“三严三实”专题民主生活会，会上通报2014年民主生活会整改落实情况、2015年征求意见情况及班子对照检查材料，班子成员紧紧围绕“三严三实”主题，逐一做个人对照检查，针对自己存在的问题和不足，开展批评和自我批评。市委常委、常务副市长陈波及市委组织部相关领导等参加会议。

重要活动

【重点项目现场观摩活动】 1月26日，区委八届四次全体（扩大）会议举行重点项目现场观摩活动，区四套领导等200余名参会人员现场观摩了解芙蓉新城、莞韶城、甘棠园区、奥园等地重点项目建设情况，全面了解各重点项目进展情况，真切感受各重点项目建设你追我赶的浓厚氛围和全区蓬勃发展的生机与活力。

【节前安全大检查活动】 2月9日，区委书记、区人大常委会主任王德雄，区委副书记、区长黄建华等率安监、消防、食药监、住建等部门开展春节前安全生产、消防及食品药品安全大检查，检查组一行先后对益华百货、颐东大酒店、楼上楼建筑工地、旭日玩具厂等人员密集场所及安全重点企业等进行现场检查，消除各类安全隐患，为群众营造安全舒适的节日环境。

【区委书记王德雄率队开展春节慰问活动】 2月12日，区委书记、区人大常委会主任王德雄率区民政、团委及区青创会部分热心企业家到重阳镇开展春节慰问活动，慰问组一行先后慰问特困计生户、低保户和老党员代表等，给他们送上新春浓浓的祝福及米、油、春联、慰问金等。

【离退休老干部迎新春座谈会】 2月17日，武江区举行离退休老干部迎新春座谈会。区委书记、区人大常委会主任王德雄，区委副书记、区长黄建华等与近30名离休老干部代表欢聚一堂迎接新春，共谋武江发展大计。

【区领导率队检查镇街领导干部驻点普遍直接联系群众工作】 3月3日，区委书记、区人大常委会主任王德雄率队检查镇街领导干部驻点普遍直接联系群众工作，先后到西河镇红星村、朝阳村等地检查，查阅相关资料台账，详细了解工作开展情况，并与驻点团队、村委会干部座谈，询问落实情况、存在的问题及意见建议等，进一步推动工作深入开展。

【开展人感染H7N9禽流感防控和医疗救治培训活动】 为加强指导辖区医务人员做好人感染H7N9禽流感医院预防与医疗救治工作，降低疫情感染的风险，3月4日上午，区卫计局开展人感染H7N9禽流感防控和医疗救治培训，邀请粤北第二人民医院肺科专家进行授课，全区约150名医疗卫生人员参加培训。

【义务植树活动】 3月11日，区委书记、区人大常委会主任王德雄等区四套班子领导带领广大干部职工，冒雨到甘棠工业园区开展义务植树活动，以实际行动美化绿化园区环境，为生态武江增添新绿。

【“五一”节前食品药品安全大检查活动】 4月28日，区领导王敏雯率区食药监、工商、城管等部门开展“五一”节前食品药品安全大检查。检查组一行先后检查芙蓉市场猪肉档、工业中路农贸市场、新南康百货超市、育婴故事奶粉店、山水华府酒店、大参林药店、爱心大药房等单位，查看各类食品、药品的包装标识、索证索票、进销台账等情况，检查食品生产加工、原料贮存、餐饮具清洗、场所环境卫生等内容。

【每月一督查全力加快芙蓉新区建设】 6月2日，区委书记、区人大常委会主任王德雄率队到芙蓉新区开展“每月一督查”活动，全面掌握新区建设动态。督查组一行先后前往芙蓉新车西联安置新村、市“三馆”、芙蓉安置新村和碧桂园太阳城等地检查工作进度。区领导彭波、孙理鸣、邹有胜、谭浩托等参加检查。

【2015年村（社区）党组织书记培训活动】 自6月4日起，武江区举办为期三天的2015年村（社区）党组织书记集中培训。区委书记、区人大常委会主任王德雄同志作培训动员并授课，全区83个村（社区）党组织书记参加培训。

【体察学习活动】 “七一”前夕，结合“七一”走访慰问活动，武江区组织党员领导干部开展“三严三实”体察学习，区四套班子领导深入优秀党员、老党员、困难党员等家中开展“七一”慰问活动，并开展“三严三实”体察学习，访贫问苦，扎实推进“三严三实”专题教育活动。

【区领导研义务教育均衡发展工作】 6月30日，区委书记、区人大常委会主任王德雄，副区长王敏雯率队到学校调研义务教育均衡发展工作，并到五中了解学校建设和高考情况。调研组一行先后到东岗岭小学、市第九中学、镇泰小学等调研，了解校园硬件建设、师资力量及校园管理等，详细询问各校义务教育均衡发展相关工作和存在问题等。

【区领导到啤酒节现场指导工作】 7月17日晚，“激情欢聚干杯韶关”第四届青岛啤酒节在西河健身广场拉开帷幕。副区长王敏雯带领区食品药品监督管理局执法人员到啤酒节现场指导工作。

【“八一”慰问活动】 “八一”前夕，武江区组织开展“八一”慰问活动，慰问驻韶、驻区部队和军烈属等，给他们送上节日的问候和祝福。区委书记、区人大常委会主任王德雄，区委副书记、区长黄建华分别率慰问组到市军分区、驻韶某部队、市消防支队、区人武部等开展慰问。

【征兵宣传报名咨询活动】 8月1日上午，武江区在西河全民健身广场举行2015年大型征兵宣传报名咨询活动，众多适龄青年前来咨询。市委常委、军分区政委郭伟建，区委副书记、区长黄建华等参加活动。活动通过设立征兵咨询台、发放征兵宣传资料、设立征兵政策法规展牌等形式，向广大群众宣传2015年征兵政策的相关规定。

【检查基层治理工作活动】 8月11日，区领导王德雄、孙理鸣、刘拥军等率区委组织部、农业局、财政局等相关单位负责人到农村检查基层治理工作。王德雄一行先后到龙归镇寺前村、马渡村、留村和冲下村等地检查，同镇、村干部召开座谈会，全面了解各村的基本情况，仔细询问“三资”管理工作、一村一律师和镇（街）领导干部驻点普遍直接联系群众工作落实情况。

【纪念抗日战争暨世界反法西斯战争胜利70周年活动】 8月18日，武江区举行离退休干部纪念抗日战争暨世界反法西斯战争胜利70周年文艺会演，大力弘扬爱国主义和民族精神，表达维护和平、热爱和平的决心和信念。区委书记、区人大常委会主任王德雄，区委常委、组织部长周小明及区离退休干部、群众等共同观看。

【创建省新家庭人口文化示范基地活动】 8月19日上午，武江区在卫计局启动“新家庭人口文化示范基地”创建工作和省新家庭“零距离”新常态双服务试点工程。省人口文化促进会副会长杨道本，人口文化专家朱嘉铭教授，区领导黄建华、刘拥军以及各镇街相关人员等参加启动仪式。

【区领导深入工业企业开展调研活动】 8月21日，区委书记、区人大常委会主任王德雄率区经信、统计等相关部门负责人深入工业企业，先后走访丽珠集团利民制药厂、韶瑞重工有限公司、丹霞生物制药有限公司、天恒液压机械有限公司和韶关烟草机械配件厂有限公司等企业，通过召开座谈会、进入车间查看等方式，全面掌握了解企业目前的生产形势和下半年的生产计划，现场协调解决企业发展经营中遇到的困难和问题，并就企业如何进一步加快发展、进一步开拓市场等与企业负责人深入交流。

【反腐倡廉警示教育活动】 9月10日上午，武江区组织区四套班子成员及正科级领导干部近百人到市党风廉政建设、干部任前法纪教育暨预防职务犯罪教育基地参加警示教育活动，进一步强化领导干部廉洁自律意识。

【区领导率队到芙蓉新城检查重点项目建设】 9月25日，区委书记王德雄、区长黄建华率队到芙蓉新城检查重点项目建设。王德雄、黄建华一行先后到盆景山公园、市民文化活动中心、滨江路、保利综合体、芙蓉隧道和碧桂园太阳城等项目检查，同各项目负责人交谈，详细了解各项目建设进度、计划和存在困难等。

【开展关爱老人文化志愿服务活动】 为弘扬尊老爱幼的中华传统美德，9月13日、19日，区委宣传部、联合区创文办、区民政局等单位组织50名文化志愿者到辖区各乡镇敬老院开展关爱老人文化志愿服务活动，为孤寡老人献爱心、送温暖。

【“南粤幸福活动周”启动仪式】 9月29日上午，武江区在韶乐广场举行以“和谐、文化、健康、幸福”为主题的2015年“南粤幸福活动周”启动仪式并组织开展文体和惠民服务活动，吸引社区众多文体爱好者和群众参与。区领导曾清兰、曾文辉、孙理鸣、郑伟平、黄向阳以及相关项目承办单位负责人出席启动仪式并参与各项服务活动。

【烈士公祭活动】 9月30日，武江区组织干部群众参加市“9·30”烈士公祭活动暨向烈士纪念碑敬献花篮仪式。活动中，区领导王德雄、黄建华、陈坤明、曾清兰、王敏等四套班子成员和干部群众代表前往市烈士陵园瞻仰革命烈士纪念碑，向烈士纪念碑敬献鲜花，缅怀烈士不朽功绩，向长眠于地下的革命先烈表示深切的哀悼和崇高的敬意。

【区领导到区人民检察院开展调研指导工作】 11月20日，区委书记王德雄到区检察院调研指导工作。座谈会上，区人民检察院党组书记、检察长李亚军传达全省检察机关规范司法行为专项整治工作整改落实推进会和全省检察机关派驻基层检察室建设推进会的会议精神，汇报区人民检察院结合会议精神制定的工作要点。

【区领导检查中小河流治理工作】 11月24日，区领导王德雄、孙理鸣、刘拥军率队到重阳镇、江湾镇检查中小河流治理工作。王德雄一行先后到重阳河（重阳镇段）、龙归河（江湾镇段）等地检查，详细了解施工进度、存在困难及施工计划等。王德雄要求，要保进度、保质量、保安全、保和谐，精心组织、周密安排，全力加快中小河流治理工作

【区领导调研园区建设情况】 11月23日，区委书记、区人大常委会主任王德雄率队到甘棠园区进行园区建设情况调研，先后到莱雅新化工、飞翔、新科农、鸿骏、东盈（以纯）服装等十余家企业查看，深入工地查看建设进度，同园区、企业负责人详细交谈，了解企业目前的建设进展、存在困难和下一步施工计划。区领导孙理鸣、邹有胜及园区相关负责人陪同调研。

【区领导率队到芙蓉新城检查新城开发建设工作】 12月1日，区委书记、区人大常委会主任王德雄，区委副书记、区长黄建华率队到芙蓉新城检查新城开发建设工作。王德雄、黄建华一行先后到车头新

村、棚户区改造项目、盆景山公园、汽车客运枢纽站、西联新村、芙蓉新村等多个项目检查，实地查看项目建设进展，了解项目困难及施工计划等，并在新城办召开座谈会。

【区领导率队到基层检查党建等工作】 12月7日，区委书记、区人大常委会主任王德雄率队到基层检查党建等工作。王德雄一行先后到新华南社区、乳韶社区、工业西社区、武江北社区、群康社区、侨新社区等社区检查，同社区工作人员详细交谈，了解各社区管理范围、日常工作、基层党建及存在的困难等，认真倾听社区干部的意见和建议，并鼓励他们安心工作。

【区领导调研旅游重点项目建设】 12月16日，区委书记、区人大常委会主任王德雄率队调研旅游重点项目建设。王德雄一行先后到蝶峦酒店、新天地广场、奥园项目调研，同项目负责人详细交谈，全面了解各项目建设进展、施工计划及存在困难等。王德雄要求，要全力加快项目建设进展，既促进旧城区提质，又助推市“大旅游”战略。

【元旦、春节节前餐饮行业食品安全专项检查】 2016年元旦、春节将至，节日期间是群众餐饮消费的高峰期，为有效预防节日期间食品安全事故的发生，让广大市民过一个祥和、愉快、安全的节日，区食药监部门从12月中旬开始，结合创文巩卫工作，在辖区范围内开展元旦、春节期间重大活动餐饮服务食品安全专项监督检查行动。

【区委领导班子成员名单】

中共韶关市武江区委员会

区委书记：王德雄

副 书 记：黄建华

张　雯（女，—2015.6）

曾清兰（2015.8—）

区委常委：曹　镅（女）

曾清兰　彭　波

曾文辉　周小明

孙理鸣　郑伟平

顾　健　李　刚（2015.4—）

张彤飚（挂职，2015.6—）

区委办工作

【概况】 中共韶关市武江区委办公室是协助区委领导处理区委日常工作的部门，根据《中共韶关市武江区委、韶关市武江区人民政府关于印发〈武江区人民政府机构改革方案〉的通知》（韶武联〔2010〕5号）、关于人员编制调整的通知（韶武机编〔2013〕30号）和《关于成立区委督查室的批复》（韶武机编〔2014〕2号）文件精神，中共韶关市武江区委办公室现有行政编制9名，设主任1名（由区委常委兼任），副主任3名，挂区保密委员会办公室、区信访局、中共韶关市武江区委全面深化改革领导小组办公室牌子，内设区委督查室、文秘股和综合信息股，管理韶关市武江区国家保密局、韶关市武江区委机要局（挂密码管理局牌子）。

2015年，区委办深入学习中共的十八大、十八届三中、四中、五中全会和习近平总书记系列重要讲话以及三严三实专题教育活动各项会议精神，紧紧围绕区委各项中心工作，以“五个坚持”为统领，以争做党性坚强的党办人为目标，积极适应新常态，扎实推进党风廉政建设和反腐败工作，全面提升“三服务”水平，圆满完成各项任务。

【文稿起草精益求精】 把高质量起草区委、区委领导的各类文稿作为实现以文辅政的重要载体，强化精品意识，倡导优良文风，起草、修改好每一份文稿。优质高效地完成区委八届五次全会、深入开展“三严三实”专题教育实践活动、经济工作分析会和党风廉政会议、“十三五”规划建议等重要会议材料和重要文稿的撰写、审核工作，同时认真起草领导讲话及大型综合材料和工作汇报材料等重要文稿材料。同时，重点围绕保障改善民生、做好群众工作、芙蓉新城建设、园区建设、扶贫“双到”、社会矛盾化解年和“三严三实”专题教育实践活动等方面，组织文秘人员多次到基层一线面对面与群众和企业交流，了解全区民生和经济发展最新情况，坚持围绕全区重点工作开展调研，找准工作推进中存在的突出问题和薄弱环节，并且提出相对应的解决措施，为区委科学决策提供依据。

【信息报送及时有效】 在信息工作上，坚持“求快、求真、求全、求精”，下发《关于进一步加强信息报送工作的通知》，明确全区区直部门和乡镇、街道的信息报送人员，以完善的信息网络及时收集基层信息、第一手信息，全年结合芙蓉新城建设、“三严三实”专题教育活动、机关在职党员到社区报到为群众服务活动、民生、信访、“三农”工作、巩卫创文、创平、打击“两违”等重点热点问题，组织常规工作的阶段性情况、重点工作的开展情况、新的工作思路和政策建议等信息做好上报工作，共上报市委信息科信息91篇。在紧急信息报送工作方面通过完善报送工作责任制、跟踪落实制度，对重大突发性事件、紧急灾情疫情、重大交通事故、重要社会动态等重大紧急信息，力求做到反应敏捷、采编迅速、报送及时，上报紧急信息37篇，确保紧急事件的处理高效有序，信息报送准确无误。同时，2015年参加市委办信息科在全市党委办公室系统组织开展的“深入践行‘五个坚持’做党性坚强的党办人”为主题的征文活动中获得二等奖和三等奖各一名。

【公文办理严谨规范】 在文稿的校核、签发上，按照程序规范核发、登记、印刷、分发环节，开展控制各类文件简报和内部刊物专项行动，充分发挥办公OA系统平台的作用，减少纸质版文件的印发，严把行文关、格式关、语言文字关、收发关，以科学、严谨的态度制发每一份文件。在11月26日召开全区办公室主任会议，组织与会人员认真学习文件印制格式标准，要求全区各级办公室从2015年1月起必须参考文件格式标准印制文件，进一步提高发文质量。今年区委、区委办公室共发文52件，通过OA明电发文88件，没有出现歧义和差错，确保区委各项工作及时、准确地安排部署。

【督促检查及时有力】 在督查工作上，围绕市委交办的事项、区委主要领导指示和全区中心工作和群众反映热点、难点问题，保质保量地完成督查任务。针对重点时期信访维稳工作、计划生育工作、芙蓉新城重点项目建设、山区五市中小河流治理、农村生活垃圾整治等工作的开展督查，实现以督查倒逼落实的效果。在督查方式上，根据工作需要和武江实际，以区委督查室牵头的方式，充分发挥人大、政协、纪检、组织等部门的作用，采取听汇报、现场督查、跟踪督查、专项督查等多种灵活方式，有力地促进工作落实，及时将督查结果形成报告反馈领导，确保领导批示件和批转件件件有着落、事事有结果。在网络问政方面不断规范网络问政工作制度，逐步完善以网辅政的工作机制，指定专人负责网络问政工作，确保及时、高效受理网民问政，同时要求回复内容由分管领导签发，确保回复内容正确可行。全年共受理网络问政481宗，受理12345热线314宗，办结率达100%，为群众解决一大批实际问题，得到群众的认可。

【保障工作安全可靠】 全面加强机要、保密工作，认真履行机要和保密工作职责，选送专人参加市委举办的机要培训班，认真组织全部保密员参加市里举办的保密知识培训班，通过培训切实提高机要和涉密人员的安全意识和综合素质。建立健全机要、保密工作的各项规章制度，确保各级来文来电的接收、传递、转达、办理“零差错”，严格履行查阅、登记、签收制度，做到无一差错，为确保核心政令及时畅通发挥积极作用，实现全区机要、保密工作“优质、高效、保密、无事故”的目的。进一步畅通群众信访渠道，要求办公室每一名同志，在日常工作中都要正确对待信访工作，不推不躲，主动引导，及时就地解决信访问题，协助抓好敏感时段和重点节假日期间信访维稳工作，为群众解决困难和问题。

【认真开展职党员到社区为群众服务活动】 根据武江区机关在职党员到社区为群众服务活动安排，结合办公室工作实际，持续开展服务群众工作，先后多次组织党员干部深入负责挂点联系的新华街道惠民西社区开展活动，如结合创文巩卫等工作开展卫生保洁工作，确保办公室在职党员每年到社区开展活动不少于4次，达到居民群众有需要、在职党员有服务、社区建设有帮助的一定效果，得到居民群众和社区居委会的好评。

发展和改革办工作

【概况】 2015年，武江区委紧紧围绕韶关市改革工作要点和市委工作会议要求，先后多次召开会议，制定工作方案，建立改革台账，扎实推进各项重点改革工作落到实处。

【深化经济体制改革促进经济健康发展】 一是进一步转变政府职能。积极推行权责清单制度，全区职能部门权责清单编制工作基本完成；落实中央设定地方实施的非行政许可审批事项清理工作，共清理非行政许可审批事项28项；进一步完善网上办事渠道，办事大厅武江分厅正式投入使用，同时建成基层办事站2个、办事点5个，达到省、市要求；全面完成事业单位分类改革，共撤销单位14个，整合14个，精简21个，压减率达14%。二是深化商事登记制度改革。积极推进“三证合一”登记制度改革，全面启用“网上登记，双向快递”服务，进一步简化市场准入手续。三是支持非公有制经济健康发展。认真落实《国务院关于鼓励和引导民间投资健康发展若干意见》，除国家明令禁止外，凡允许国有和外资企业进入的投资领域，一律对个体私营经济开放；认真落实《广东省人民政府关于进一步促进创业带动就业的意见》精神，降低初创企业登记门槛，解决小微企业融资难题；暂停征收企业注册登记费及个体工商户注册登记费，切实减轻企业负担。四是推进社会信用体系和市场监管体系建设。下发《关于转发市信用办做好公共信用信息记录工作的通知》和《关于转发市信用办加强信用信息公开和应用促进守信激励与失信惩戒机制建设的意见的通知》，督促做好公共信用信息记录、公开和守信激励、失信惩戒机制建设，同时加大抽查监管工作力度，加快企业诚信建设。五是深化农村综合改革。按照省、市的统一部署，顺利完成重阳镇万侯村和龙归镇社主村的农村土地承包经营权确权登记颁证试点工作。

【深化宣传文化体制改革，健全公共文化服务体系】 一是加强文化设施体系建设。结合区政府承诺为民办事工作，多方筹措资金，建设一批农村文化体育活动中心。二是推进社区专业志愿服务。着力推进社区专业志愿服务站点建设，在城区8个主要路口设立公共文明引导服务站，同时借助“海邻社工”资源和花城社区先进运作经验，推开“社工+志愿者”活动模式，推动武江区志愿者服务制度化、专业化、常态化发展。

【深化政治体制改革，推进依法治区工作】 一是健全基层法治体系。借鉴南雄经验，制定《武江区在法律框架下化解基层矛盾工作实施方案》，同时按照市的要求，落实一村（社区）一法律顾问工作，进一步夯实基层法治基础。二是完善人大代表和政协委员联络制度。在全区7个镇（街）建立人大代表联络站，在3个村（居）建立3个政协委员联系群众工作站，并在花城社区设立政协委员之家，充分发挥人大代表、政协委员参政议政的作用。三是按照上级要求扎实推进司法体制改革，推进各类平台建设，推动司法工作公平、公正、公开。

【深化社会体制改革，落实各项民生保障】 一是推动社会治理方式创新。积极探索创新社会组织、民间组织力量参与基层管理的模式，2015年在江湾镇成立“夕阳红”理事协会，在重阳镇向阳村成立“和事佬”调解协会，在新华街成立先锋志愿服务协会。二是不断完善救助体系。建立社会救助“一门受理、协同办理”综合服务窗口，为困难群众提供统一的社会救助申请平台，提升救助水平。三是改革教育资源配置方式。切实推进全国义务教育发展基本均衡区的创建工作，4月通过市级复核，10月通过省级督导评估组评估。四是推进食品药品监管网络改革。龙归、江湾、重阳3个食品药品监督管理所按照规范化建设标准配齐办公场所、监管人员和办公设备，并切实履行辖区内食品药品监管职能。五是深化医药卫生体制改革。投入850万元实施新华街道社区卫生服务中心综合大楼项目，加快区属医疗机构建设。

【深化生态文明体制改革，切实保护生态环境】 一是严格执行木材采伐限额制度，坚持做到“四不批”，即生态公益林不批、公路两旁的不批、权属有争议的不批、未落实还林措施的不批。二是严格控制木材加工企业数量，坚决取缔非法木材加工企业，不断规范木材加工管理，有效堵塞木材经营加工企业的管理漏洞。三是实行最严格水资源管理制度，依法做好水资源费征收工作。

【深化党的纪律检查体制改革，进一步加强党风廉政建设】 结合省委第三巡视组反馈意见，加强制度建设。一是加强反腐败体制机制创新。起草《韶关市武江区领导干部党风廉政情况巡查制度》《武江区征地拆迁、重点项目建设廉政监督意见》2项制度。二是加强对重点领域的监管。起草和完善《武江区农村集体土地征收补偿资金使用拨付管理办法》《武江区农村集体土地征收工作经费管理暂行办法》《韶关市武江区国有土地保障房屋征收补偿资金管理暂行办法》《韶关市武江区国有土地保障房屋征收工作经费管理暂行办法》等4项制度。三是健全改进作风常态化制度。起草《武江区公务接待制度》，全面落实公车改革工作；下发《关于转发〈韶关市党政机关和事业单位会议费管理办法〉的通知》（韶武财〔2015〕24号）、《关于转发〈韶关市党政机关和事业单位差旅费管理办法〉的通知》（韶武财〔2015〕25号）文件，加强“三公”经费管理。

【深化党建制度改革，不断提升党的组织领导水平】 一是以西河镇、龙归镇为试点，扎实推进党代表例会制度。二是乡镇（街道）领导干部驻点普遍直接联系群众工作实现村（居）全覆盖，机关在职党员到社区报到为群众服务活动在武江继续试点，受到市督导组的好评。三是继续开展书记项目工作，重阳镇“万家灯火”项目被《韶关日报》报道。四是健全干部选拔任用机制，起草《区管干部选拔任用工作规程》。五是县以下机关公务员职务与职级并行制度全面建立并实施。

附：区委办领导名录

主　任：孙理鸣

副主任：叶文辉　刘宗华

曹吾林（2015.1—）

（撰稿人：林雪丽）

保密工作

【概况】 2015年，武江区保密局在区委、区政府和市保密局的领导下，认真贯彻落实上级有关保密规定和保密工作精神，围绕区中心工作作好保密工作。全年全区无发生一起泄密事件，有效维护全区稳定、团结和安全，为全区各项重要工作的顺利开展保驾护航。

【保密会议】 3月30日，区委保密局局长叶文辉在区委常委会传达中央、省、市保密工作会议精神，会议要求各班子成员和全区各单位要认真贯彻落实上级保密工作会议精神，切实增强保密意识，严守保密规定，落实保密措施，区保密部门要加强经常性的检查和督导，确保不发生涉密事故。4月23日，组织召开全区保密工作会议，会议传达学习省、市保密工作会议精神和有关文件精神，总结全区2014年保密工作，提出2015年保密工作意见，区委保密委成员、区直单位和镇（街道）分管领导、保密员参加会议。

【保密管理】 对以区委、区政府名义下发的文件开展保密审核工作。要求各单位建立或调整保密工作领导小组，发文明确单位分管保密工作的领导、定密责任人、保密管理员、保密要害部门部位、涉密岗位、涉密人员等，并将相关数据信息报市保密局备案，建立全区保密工作基础数据库。抓定密源头，规范定密工作相关制度，各单位建立定密责任人制度，明确定密责任人的基本条件和工作职责，规范定密工作程序。对全区重点涉密单位要害部位的联网计算机保密进行监管，对相关单位发放计算机设备及网络建设使用情况调查统计表，对涉及保密的计算机逐台检查，统计每台计算机的IP地址，给重点部门的计算机安装隔离卡，确保底子明、情况清。以不定期检查的方式对其重要科室的计算机、打（复）印机、传真机等进行检查，以杜绝出现联网机处理涉密信息的违规操作。做好区属教师招聘等考试的试卷保密室和考点试卷临时存放点的保密管理情况的监督检查工作。

【保密宣传教育】 组织全区各单位征订《保密工作》杂志20多份。将保密法纪宣传教育内容纳入全区纪律教育学习月活动工作方案，区委保密委与区纪委联合部署纪律教育学习月保密法纪宣传活动。加强全区专兼职保密干部的业务能力建设，进一步完善保密工作规则制度，严格做好新任保密员资格审查工作，同时组织全区保密人员参加市里举办的保密培训班，提高各级保密员的工作能力水平。

附：区保密局领导名录

局　长：叶文辉

（撰稿人：林雪丽）

组织工作

【概况】 区委组织部（含归口管理及挂靠单位：区委老干部局、直属机关工委、区党校、区非公有制经济组织和社会组织工作委员会）。核定行政编制12名，设部长1名，副部长2名；老干部局长1名，副局长1名；直属机关工委书记1名，副书记1名；区非公有制经济组织和社会组织工作委员会书记1名，专职副书记1名。内设机构3个：办公室、干部股、组织股。

截至2015年底，全区有10个基层党（工）委，359个党（总）支部，10855名党员，其中女党员3677名，占33.9%；35岁及以下党员2107名，占19.4%；36—50岁党员2657名，占24.5%；51—65岁党员3128名，占28.8%；65岁以上党员2963名，占27.3%；高中及以上文化党员7063名，占65.1%。

【“三严三实”专题教育】 按照中央和省、市的部署要求，抓住主要问题和重点对象，及早谋划制定切合实际的“三严三实”

专题教育方案，精心组织，扎实推进，确保专题教育从严从实开展。区委书记带头讲“三严三实”专题党课，区四套班子及法检两长紧随其后，紧扣“三严三实”要求为基层党员讲党课，累计听课人数达800多人次。围绕“严以修身”“严于律己”“严以用权”三大主题，结合正反典型，深入开展专题学习研讨，累计学习讨论人数209人次。结合机关在职党员进社区报到活动、“七·一”走访慰问活动和反腐倡廉警示教育活动，深入基层开展“四个体察”学习，重点察看基层发展之困，察看群众生产生活之苦，察看园区企业发展之难，察看乡镇机关作风之疾。突出问题导向，坚持边学边查边改，围绕修身、用权、律己、谋事、创业、做人等六个方面，深入具体地查找领导干部自身存在的不严不实问题，建立个人不严不实问题清单，落实整改责任，明确整改时限。选树一批践行“三严三实”先进典型，充分发挥典型示范引领作用。利用反面典型开展警示教育，做到警钟长鸣、警惕长存。通过专题教育，使领导干部深刻认识“三严三实”的重大意义和丰富内涵，按照“三严三实”要求加强党性修养、改进工作作风。

【基层治理工作】 编制印发《2015年全区基层工作任务清单》，实行综合施治，统筹国土、人社、财政、农业、信访、政法委等各方力量，有序推进解决实际问题、深入化解社会矛盾、加强农村基层组织和干部队伍建设、从严从实落实抓农村基层工作的责任等4大类21项基层治理工作任务，重点整治土地、集体资产、公共服务、社会保障等方面的突出问题。持续整顿软弱涣散基层党组织，排查确定8个软弱涣散村（社区）党组织，明确牵头单位、工作任务和时间安排，从镇（街）选派8名党性意识强、工作能力强、熟悉党务工作的同志作为专职党建工作指导员，一对一联系指导党组织建立完善各项工作制度，定期召开工作分析会、工作例会、两个联席会议制度等，确保按时完成整顿工作。实施“强镇带村”战略，发挥乡镇在基层治理中的龙头作用，组建83支驻点团队和辅助团队继续做好乡镇（街道）领导干部驻点普遍直接联系群众工作，对72039户村（居）民进行“面对面”服务，收集群众意见建议4657条，妥善解决4833条，其中现场回答解决2202条，村居自行解决2105条，镇（街）协调解决512条，区级协调解决14条。

【基层组织建设】 发挥好“书记项目”抓手作用，把述职评议中查找的以及会后新排查的基层党建难点问题、薄弱工作列入“书记项目”，制定切实可行的实施方案，建立项目管理台账，将项目细化分解，明确推进时间、具体承办单位和工作责任人。重阳镇党委“万家灯火”、教育工委“双培养”活动、区直机关工委国税党总支“便民办税春风行动”等3个区库项目被评为示范性强、成效明显的项目。继续做好机关在职党员到社区报到为群众服务工作。以西河镇、龙归镇为试点，做好党代表例会制工作。实施“五强书记建设工程”，抓好党务干部队伍的选配，紧密结合如何提高自身素质、做好农村工作、抓好村（居）党建等问题，对村（社区）党组织书记实行全员培训，对其他基层党组织书记实行普遍轮训，区、镇两级共培训基层党组织书记400余人次。推进“基层组织人才工程”，实施村（社区）后备干部培养计划，重点加大对“问题突出、经济落后、书记年纪较大、书记未兼任主任”等四类村（社区）党组织书记后备干部的培养力度，开展村（社区）书记学历教育。落实好困难老党员生活补贴、党员互助金、农村基层组织经费保障补助资金及离任村干部补贴，及时做好申报核发工作。

【党员队伍建设】 深入贯彻落实《中国共产党发展党员工

作细则》，制作发展党员工作流程动漫视频，生动形象的介绍发展党员的基本步骤，进一步提高全区各级党务干部对细则基本精神的认识和理解。严格发展党员程序、提高发展党员质量，及早部署发展党员工作，下发《关于做好2015年发展党员工作和规范党员档案管理工作的通知》，制定本年度发展党员计划，举办发展对象培训班，确保发展党员工作有领导、有计划、有纪律地进行。做好党员电化教育工作，探索发挥远程教育网络平台的方式方法，提高党员教育管理现代手段。加强党员统计工作，全面掌握党员队伍状况。

【配齐配强班子】 坚决贯彻落实区委干部人事安排意图。严格执行《党的领导干部选拔任用工作条例》，按照"党管干部、通盘考虑、全面推进"的原则，积极推进区管干部的提拔交流调整工作。

根据各部门缺职和机构改革等情况及人岗相适的原则，提拔调整一批干部，力求建立结构合理、团结坚强的领导集体。经过考核选拔，让一批能干事、肯干事、干成事、口碑好的优秀干部走上领导岗位。截至9月份，共提拔干部34人，其中：区属科级中学换届提拔4人。经过调整，各单位领导年龄班子年龄、文化结构得到优化，全区中层领导班子配备更加科学合理，呈现出勃勃生机。此外，积极配合市委组织部开展区级领导班子调整。

【开展廉政教育】 坚持教育在先、警示在先，严肃组织人事纪律，对新提拔和交流调整的干部任前进行廉政谈话，正职领导干部由区委主要领导亲自谈话，其他领导干部由区委有关领导或纪委、组织部门进行谈话。同时，坚持对新提拔的领导干部进行任前廉洁从政测试，2015年提拔的34名科级干部，纪委、组织部门均专门组织人员进行党风廉政知识考试，考试合格才进行任命。通过廉政教育，把干部任用与教育管理有机地结合起来，可以增强领导干部防违规、防违纪、防违法的自觉性，使廉政知识更加入心、入脑，有利于廉政教育工作的长效运行。

【开展超职数配备领导干部整改工作】 根据粤组通〔2014〕43号文件精神，经核查，我区需整改消化的区管干部共49人，其中，正科领导职务3人，副科领导职务2人；正科非领导职务18人，副科非领导职务26人。2014年我区已整改11人，2015年整改38人，其中：副科领导职务2人，正科级非领导职务15人，副科非领导职务21人。截至9月，按时完成整改任务。

【落实县以下机关公务员职务与职级并行制度】 研究指导职级晋升审批权限和管理程序，民主测评具体办法和管理监督，以及其他工作。加强指导，听取工作情况和意见建议，并对套改兑现与入轨运行具体政策进行完善。截至9月，按照干部管理权限晋升正处职级3人，晋升副处职级10人，晋升正科职级19人。

【加大年轻干部培养力度】 采取挂职方式有计划有重点地安排有培养潜质的优秀后备干部到艰苦岗位、复杂环境、基层一线去经受锻炼和考验。2015年共选派7名有发展潜力、有培养前途的年轻干部到镇、街挂职，切实加强年轻干部的实践锻炼，加大年轻干部培养力度。

【规范出入境管理工作】 一是完善登记备案人员信息。根据中组部要求登记备案人员范围，组织全区需登记备案人员信息登记造册，并提供给市公安机关出入境管理部门做好登记备案工作。二是督促做好因私出国（境）证件的集中保管，对全区副科以上党政领导干部出国（境）证照进行统一收缴、存放保管，做到应交尽交。三是对区管干部出国（境）审批严格把关。严格执行出国（境）申请报批制度，对在职干部、离退休干部出国（境）一律采取层层审批程序，经本单位领导、分管区领导、纪检部门及组织部门审批同意后方批复其出国（境）申请，截至9月，共批复干部出国（境）申请26人次；同时配合做好市管干部出国（境）申请的报送审批和信息备案工作。

【开展“两核查”，强化干部选拔任用监督】 对拟提拔人选、后备干部人选、转任重要岗位人选必须核查干部档案，对拟提拔干部考察对象、拟转任重要岗位市管干部必须核查个人有关事项报告。同时，建立健全干部选拔任用工作全程纪实办法。

【干部信访监督工作】 截至9月，共收到市委组织部转办件5件，其中：4件已及时开展调查并答复，1件正在调查中。

【人才工作】 高度重视人才工作，把人才工作摆上重要议事日程。一是落实人才工作目标责任制，完善并落实人才工作考核办法。在完成2014年度人才考核工作的基础上，对照2015年度人才考核工作要点，积极开展查漏补缺工作，申报人才专项资金，进一步完善人才库建设。二是做好高层次人才引进统计工作。配合市委组织部对开展2012至2014年引进的高层次人才统计和人才数据库补录工作。三是认真做好“千人计划”申报宣传发动工作。积极发挥工作主动性，深入基层，充分发掘潜在的申报人才。截至2015年底，全区人才总量呈现量质齐增的良好势头，各类型人才存量稳步增长。

【开展干部人事档案专项审核工作】 一是严格标准，做好干部人事档案专项审核工作。严格按照《干部人事档案专项审核工作手册》，尤其侧重对“三龄二历一身份”、奖惩情况、家庭主要成员及重要社会关系等内容进行重点审核，共审核公务员（含参公）干部人事档案660人次。二是健全制度，确保干部人事档案工作规范化。认真履行干部人事档案管理部门职责，在原有制度的基础上进一步完善和健全查（借）阅制度、收集制度、鉴别归档制度、转递制度、检查核对制度等若干项制度建设，并严格执行有关制度，坚持按制度办事，使档案审核工作有章可循、有据可依，实现专项审核制度化、规范化。

【信息调研工作】 积极谋划调研工作。抓好信息员队伍建设，并对各单位进行目标任务分解，把信息调研工作纳入镇（街）年度绩效考核，充分调动、利用方方面面的力量和优势开展调研工作，力争多出成果。截止目前，《广东组工通讯》用稿1篇、《领导科学》用稿2篇，《韶关组工通讯》用稿6篇。

【开展“落实总书记要求，建设模范部门”教育实践活动】 在“严”和“实”上狠下功夫，不折不扣地抓好教育实践活动的各项任务的落实，具体做到“六个从严从实”。一是从严从实抓好全区组工干部的学习教育；二是从严从实抓好各级组织人事部门的党建工作；三是从严从实抓好全区组织人事系统的风险摸排工作；四是从严从实抓好全区组工干部的专题生活会；五是从严从实抓好选人用人工作纪律；六是从严从实抓好活动的整改落实。

【老干工作】 认真贯彻落实中央、省、市老干部工作会议精神，在全区离退休干部中深入开展“为党的事业增添正能量”系列活动，组织老干部研读《习近平谈治国理政》相关章节内容，围绕主要节日、重大庆典，突出纪念建军88周年和抗日战争胜利70周年的主题，精心组织开展内容丰富，形式多样的活动。积极开展走访慰问活动，切实落实离退休干部“两个待遇”。据统计，今年区委、区政府向老干部通报工作情况2场次；部门走访慰问老干部200多人次；接待老干部来访40多人次，召开老干部工作会议12次。2015年，共支付老干部住院费28.6万元，门诊费4.4万元。在坚持走访慰问的基础上，全年共计发放慰问金、慰问品6.8万余元，另外对生活相对困难、体弱多病的老干部发放困难补助费，每人给予200元困难补助。同时，坚持对老干部做到“五个必访”及时探望和慰问住院的离退休干部，帮助有困难的老干部解决实际问题。

区委组织部领导名录

部　长：周小明

副部长：邓先顺（—2015.8）

林　健（女）

黄维民

李力克（兼，—2015. 9）

（撰稿人：朱　江）

直属机关工委工作

【党员教育管理工作】 按照“控制总量、优化结构、提高质量、发挥作用”的总要求，2015年共讨论党员发展2次，吸收预备党员8人，预备党员转正10人。

【开展为群众服务活动】 截至2015年底，累计开展宣传咨询、扶贫济困、卫生保洁、医疗保健、关爱陪护、文化娱乐等各类志愿服务400多项，累计服务近2000小时，为社区和居民解决困难300多件。

【机关党支部建设】 及时做好支部调整和支委改选等工作。全年因机构改革单位撤并、部分机关单位负责人进行调整等情况，为了基层组织工作不受影响，及时按照组织有关程序，支部合并1个、调整2个，6个支部进行补改选委员，进一步增强基层党组织班子队伍的活力。

【政风行风建设】 结合市“民生热线”工作实施方案要求，我区对民生热线工作作整体部署，要求全区各单位、部门进一步重视民生热线工作，实实在在地解决群众反映的问题，进一步改进工作作风。2015年，武江区共收到民生热线65宗，成功办结65宗，办结率100%。12月中旬，开展民主评议政风行风工作。

区直属工委领导名录

书　记：邓先顺（兼）（—2015.8）

林　健（女）（兼，2015.9—）

副书记：陈志坚

（撰稿人：朱　江）

“两新”组织党建工作

【主要工作】 2015年，区“两新”组织党工委认真贯彻落实全国和省、市组织部长会议精神以及上级“两新”组织党工委有关精神，推动“两新”组织党建工作稳步发展，不断提高党在“两新”组织领域中的影响力、渗透力。继续开展“扩面提质”行动，进一步优化“两新”组织党组织设置和服务功能，截止12月底，全区共有“两新”组织党组织81个，单独组建率达到68%，党的工作覆盖率实现100%。同时，以点带面抓好7个软弱涣散党组织整顿和11个党建示范点建设。围绕学习贯彻习近平总书记系列讲话精神，贯彻“三严三实”的要求，举办“两新”组织党组织书记主题培训班。配合开展百名优秀非公有制企业党组织书记和百名社会组织党组织书记“双百”评选表彰活动，培育武江区中英文幼儿园党支部书记钟桂凤成为省级优秀“两新”组织党组织书记。年初开展省级财政补贴经费使用管理专项检查，进一步规范专项经费管理。

【机构设置】 根据《关于成立区委非公有制经济组织和社会组织党工委的批复》（韶武委〔2012〕8号）精神，设立中共韶关市武江区非公有制经济组织和社会组织工作委员会（以下简称“两新”组织党工委），隶属区委管理的正科级行政单位，挂靠在区委组织部，设书记1名（由区委组织部分管副部长兼任）、专职副书记1名。

区“两新”党工委领导名录

书　记：黄维民（兼，
2015.1—）

副书记：朱小燕（女）

（撰稿人：朱　江）

老干部工作

【落实老干部政治待遇】　一是按照市委老干部局的通知要求，通过召开座谈会、学习会等形式组织离退休干部深入学习习近平总书记系列讲话精神、贯彻落实中共十八届五中全会精神，抓好离退休干部政治理论学习。落实副处级以上离退休干部1年2次情况通报会制度，区委、区政府分别于2月和9月，召开向副处级以上离退休干部通报工作情况座谈会。二是除春节、中秋、重阳等重大节日固定的走访慰问外，4月，由区委常委、组织部部长周小明带队，慰问异地安置的8名离退休老干部。9月，举办武江区纪念中国人民抗日战争暨世界反法西斯战争胜利70周年文艺会演，邀请全体副处级以上离退休老干部观看，并由区委副书记曾清兰带队，对武江区抗战时期及以前参加革命工作的甘元等6名老同志进行走访慰问。

【落实老干部生活待遇】　确保老干部每月工资的正常发放，此项支出一年达350万元；确保生病老干部得到及时医治，保障“老有所医”，2015年共支付老干部住院费28.6万元，门诊费4.4万元；在坚持走访慰问的基础上，全年共计发放慰问金、慰问品6.8万余元；另对生活相对困难、体弱多病的老干部发放困难补助费，每人给予200元困难补助。

【不断加强老干部工作部门自身建设】　老干部工作政治性、政策性、责任性都很强，事关大局，牵动中心。不断加强局干部职工政治理论学习和业务培训，要求每个工作人员既熟悉和掌握党中央、国务院有关离退休干部工作的方针、政策和具体规定，又有较强的为老同志服务的工作意识与业务技能。对老同志反映的问题，凡符合规定的，及时给予解决，没有政策规定的在做好解疑释惑工作的同时，研究提出解决办法，处处体现对老干部的关心、关爱、关怀，以此践约“讲党性、重品行、作表率，树组工干部新形象”的工作准则。

【机构设置】　武江区老干部局为正科级单位，隶属中共韶关市武江区委组织部归口管理，设局长1名，副局长1名，办公室主任1名。老干局下设武江区老干部活动中心，为正股级公益一类事业单位，编制2名，设主任1名。2015年，区老干局直管的离休干部共有7人，其中机关6人，处级（含享受处级）5人，科级1人；事业单位1人，年龄最大的已91岁高龄。退休干部共有44人，设有离休干部支部和退休干部支部各1个。

区委老干部局领导名录

局　长：林　健（兼）
（女，—2015.9）

副局长：巫韶艳（女，
—2015.8）

副局长：刘　丽（女，
2015.9—）

（撰稿人：冯　洁）

党校工作

【主要工作】　2015年，区委党校紧密围绕从严治党这个中心，以中共十八大及三中、四中、五中全会精神为指导，切实抓好干部教育各项培训工作。以省委党校和市委党校为主阵地，组织各级领导干部参加党校主体班次13期，累计培训各级领导干部39人次。其中培训在职处级干部7人，科级干部8人，村（社区）党组织书记及后备干部24人。围绕党员干部政治素质、能力素质和业务素质建设，先后举办各类培训和讲座44场，培训总人数3446人次，其中各类调训1041人次，大规模培训干部班次13次。抓好干部网络培训工作，组织全区干部职工参加网络培训，并切实做好学员们的咨询服务工作，2015年全区网络培训完成率达到97.75%。抓好党员干部现代远程教育工作，依托远程教育平台，积极开展党员教育，全年累计上传工作简报85期，信息285篇，其他资料18份。结合“三严三实”专题教育组织各级党委（党组）开展各类警示学习会11次，发放《广东省“三严三实”先进典型选篇》《领导干部违纪违法典型案例忏悔录》等书目150多册。

【机构设置】 根据《韶关市武江区事业单位分类改革实施方案》（韶武府〔2014〕5号）文件精神，设立中共韶关市武江区委党校，为区委直属正科级公益一类事业单位。区委党校设1个内设机构：综合股。核定事业编制1名，设校长1名（由区委副书记兼任），常务副校长1名（由区委组织部副部长兼任），股长1名。

区委党校领导名录

校　长：张　雯（兼）
（女，—2015.7）
曾清兰（兼）
（2015.9—）
副校长：黄维民（兼）

（撰稿人：朱　江）

宣传工作

【概况】 2015年，区委宣传部在区委、区政府的正确领导下，在市委宣传部的大力指导下，认真学习贯彻上级精神，紧紧围绕中央、省、市的重大决策和区委、区政府的中心工作，全力推进理论学习、舆论宣传、精神文明创建和创文申名等各项工作。

【区委中心组理论学习】 继续完善和落实党委（党组）中心组学习制度，制定《武江区2015年区委中心组理论学习意见》，下发《习近平谈治国理政》《之江新语》《习近平关于党风廉政建设和反腐败斗争论述摘编》等重要读本。加强对各级党委（党组）中心组理论学习的检查指导。组织开展《新预算法》、《做一名具有法治思维的领导干部》、《学习贯彻习近平总书记系列重要讲话精神》、党风廉政建设等多场区委中心组（扩大会）专题学习会。制定实施《武江区委中心组“三严三实”学习方案》。区委书记亲自上党课。

【加强正面宣传和导向管理】 在市级三家媒体共刊发各类新闻稿件600余篇，其中电视台约300条，报纸及电台均近200条，为全区各项事业发展营造浓厚的社会氛围。精心策划《韶关日报》专版宣传活动，充分发挥《浈武聚焦》新闻栏目品牌效应。把全面加快新区开发建设、着力优化经济发展质量、统筹城乡协调发展、切实增进民生福祉等重点工作以及党员进社区活动和“三严三实”专题教育活动等作为宣传报道主线，加强同各单位的联系沟通。抓好重大主题宣传教育，把中共十八届三中、四中全会精神宣传和“三严三实”专题教育实践活动持续引向深入。围绕全面建成小康社会、全面深化改革、全面推进依法治区、全面从严治党和建设文化名城、加强民生保障等工作，做好“十二五”收官的成就宣传和总结，全面反映全区经济、社会、文化、生态各领域的显著成就。做好热点问题的舆论引导，健全舆情处置预案，做好重大舆情上报和处置工作。加强网络评论员队伍建设，强化网络正面宣传引导力度，充分发挥新华党政客户端、政务微博等新媒体的作用。

【深化社会主义核心价值观教育实践】 积极开展省级示范点花城社区、市级示范点胡屋村建设；组织开展“春联写价值观”“家训说价值观”“灯笼亮价值观”“年俗传价值观”等活动；组织各单位利用宣传栏、电子显示屏、广告牌等广泛传播核心价值观，全年悬挂张贴标语主题横幅260多条。研究制定《关于加快“创建文明村镇，建设美丽乡村”的意见》，创新把“美丽乡村”建设作为我区创文工作和精神文明建设工作在基层推动的重要抓手和落脚点。着力抓好市级核心价值观示范点江湾镇胡屋村建设，打造具有武江特色的精神文明建设品牌。着力推进社区专业志愿服务站点建设，2015年10月，组建公共文明引导志愿服务队伍，在城区主要交通路口设立公共文明引导服务站，每天定时定点开展文明引导活动。在新华南社区建立示范点，组建科普、防震减灾、文艺等专业志愿服务队，常态化开展活动；借助“海邻社工”资源和花城社区先进运作经验，推开“社工+志愿者”活动模式。深化“道德讲堂”活动，武江区推选的先进典型郭光玉获得第五届“感动韶关十佳道德模范”提名奖。深化未成年人思想道德建设工作，结合不同时间节点开展中国梦教育宣传、“做一个有道德的人”、“网上祭英烈”等道德实践活动，协调文化、公安、工商、食药监等部门加强学校及周边治安秩序综合整治，结合市未成年人思想道德建设工作测评检查情况，举一反三落实整改。

【扎实推进创文申名工作】 全面落实市创建全国文明城市暨申报国家历史文化名城工作动员大会的工作部署，组织召开区创文指挥部重点成员单位会议，在全区掀起新一轮创建工作热潮。研究制定出工作方案，建立完善组织架构，及时制定并下发《武江区创建全国文明城市工作规划（2015—2017年）》《武江区申报国家历史文化名城工作实施方案》《武江区创建全国文明城市2015年重点工作实施方案》等相关工作方案。深入推进创文宣传“百千万”工程，以培育践行核心价值观、创建全国文明城市、申报历史文化名城等为内容，更换、更新遍布城区的57块区属宣传栏，印制并派发创文宣传手册15000份，宣传单张20000多份。在各类公共场所利用展板、电子荧屏、宣传栏、横幅等媒介广泛开展创文公益宣传。深入开展主题活动，结合传统节日和各类纪念日活动开展创文宣传，如“5·10”花城社区母亲节公益宣传活动、“6·20”儿童公园端午节文艺演出活动等，提高居民群众对“创文”的知晓率和支持度，提升市民文明素质；结合纪念中国人民抗日战争胜利暨世界反法西斯战争胜利70周年举办多场系列主题活动。

【机构设置】 根据韶关市武江区机构编制委员会关于印发《韶关市武江区区级党政机构改革方案实施意见》（韶武机编〔2002〕1号文），设置区委宣传部，加挂区社会主义精神文明建设委员会办公室牌子，为区委主管全区意识形态方面工作的综合职能部门。内设机构：宣传股、理论股、网络舆情监控股、办公室。归口管理单位：区精神文明委员会办公室。下属单位：区讲师团。武江区委宣传部讲师团是参照公务员法管理的事业单位，副科级，隶属武江区委宣传部管理。内设机构：办公室、理论学习室。宣传部行政编制9名，其中部长1名，副部长2名，股长3名，室主任1名。讲师团核定事业编制3名，其中团长1名，副团长1名。

（撰稿人：禤宇萍）

统战工作

【民主党派】 2015年，辖区内有民革、民盟、民建、民进、农工党、九三学社等6个民主党派的基层组织，其中：民革设7个支部、党员117人；民盟设7个支部、盟员115人；民建设1个基层委员会、5个支部、会员210人；民进设4个支部、会员89人；农工党设1个基层委员会、10个支部，党员178人；九三学社设2个基层委员会、11个支社、社员127人。

一是支持民主党派加强思想、组织、制度建设，认真开展各民主党派基层组织换届年工作。二是进一步加大沟通联系力度。走访各民主党派武江支部，了解党派工作的开展情况，参加九三学社基层组织建设调研座谈会，并参加民建基层委员会等基层组织的换届会议。三是帮助爱尔眼科医院的民革成员医生联系到东岗岭社区为居民免费检查眼科和做白内障手术。四是支持民主党派和无党派人士充分履行职能，组织各民主党派、无党派人士代表参加区委组织的“十三五”规划征求意见座谈会。五是积极争取落实民主党派基层组织建设经费。六是选派党外干部参加学习培训。

【推荐选派学习】 根据中共韶关市委组织部、统战部《关于举办党外中青年干部培训班的通知》精神，区委统战部推荐选派黄艺顺、周建雄等2名优秀党外中青年干部到韶关市社会主义学院进行为期1个月的培训，学习中共十八届五中全会精神、统战理论、民主党派史、领导科学、法律知识等内容。

【对台工作】 继续做好台企和“三台人员”服务工作。积极做好“三台”人士走访交流工作、做好台企调查摸底工作、“三台”人士的信访维稳工作。

【联系港澳各界人士】 做好港澳联谊工作。采取“走出去”和“请进来”的方法，4次与香港乡亲面谈，加强联谊联络，巩固老朋友，结识新朋友，发展壮大爱国爱港力量。部领导应邀参加香港韶关同乡总会成立典礼。注重做好宣传引导工作，认真开展上级交办的专项工作。

【机构设置】 区委统战部挂区委台湾工作办公室牌子，区工商联挂靠区委统战部，民族宗教事务局与区委统战部合署办公，区委统战部内设办公室。

区委统战部领导名录

部　长：李松发

副部长：邱洲才

　　　　姜蕴芝（女）

（撰稿人：麦燕玲）

社会工作

【概况】 2015年，区社工委坚持以邓小平理论和“三个代表”重要思想为指导，深入贯彻落实科学发展观和中共十八届三、四、五中全会精神，紧紧围绕上级和区委、区政府关于加强和创新社会管理工作的部署和要求，以推进社会管理体制创新为重点，全面加大对社会建设和社会管理工作的统筹、协调、督导力度，为下一步的工作奠定坚实的基础。

【抓好“韶关市先锋志愿服务协会”试点创新项目】 认真区社工委结合基层社会管理实际，通过着力培育和发展社会组织，稳步推进社会体制改革，在市社工委的大力支持下，经向市民政部门申报注册在新华街道成立“韶关市先锋志愿者服务协会”，推行社区多元共治试点工作。从年初开始，我委积极指导新华街党工委认真组织做好“韶关先锋志愿者协会”成立的各项筹划工作，并多次组织召开协调联席工作会议，组织协调有关职能部门研究商量各项筹备工作。于5月中旬召开第一届协会会员代表大会，选举产生第一届理事会成员。同时，我委组织新华街和区属各相关职能部门积极做好宣传发动工作，广泛社会动员，广泛吸纳律师、医生、教师、机械维修师等社会上各种专业人士和热心公益事业的企业老板参与到该协会，至5月初，协会共招募200多名社会各类专业人士为协会会员，并根据会员自身具备的技能和特长，按照不同的服务职能安排到各服务队，以确保协会能从专业性层面组织开展社会服务活动，同时落实办公场所。该项目被市社工委确定为全市的试点项目，同时也被列为2015—2016年社会治理市县共建项目。

【推行“乡贤理事会”民间组织】 结合武江区农村社会矛盾日益高发多发实际，在西河镇向阳村推行的“退协会”和重阳镇推行的“和事佬”协会等各种预防和调处社会矛盾的民间组织，并取得实践经验的基础上，社工委采取切实有效的工作措施，对其进行重点培育打造，不断扩大项目的辐射带动能力。社工委多次到向阳村“退协会”实地调研，听取该协会的经验做法并进行总结提炼，指导协会完善好台账资料，形成一套行之有效并可推而广之的措施。借鉴西河镇向阳村“退协会”和重阳镇“和事佬”的成功经验，上半年，社工委会同江湾镇党委在江湾镇推行“夕阳红”理事会。通过以西河镇向阳村“退协会”、重阳镇“退协会”和江湾镇“夕阳红理事会”为基础，在全区推行“乡贤理事会”等民间组织，有针对性地加强农村基层排解社会矛盾纠纷基层组织建设。该项目被市社工委被列为2015—2016年社会治理市县共建项目。

【加强社会工作人才储备和培养】 贯彻落实《中共韶关市委韶关市人民政府关于加强社会建设的实施意见》、韶关市委办公室韶关市政府办公室《关于加强社会工作人才队伍建设的实施办法》精神，为加快推进我区社会工作人才队伍建设，上半年，区社工委积极与区委组织部、区民政局联合开展2015年度全国社会工作者职业水平考试组织动员工作，鼓励支持区属各单位、部门符合条件的干部职工报名参加考试，并组织安排专家老师对参考人员进行考前培训。据统计，武江区共有140人参加2015年的职业水平考试，为全区开展社会工作培育储备专业人才。

【加强社会建设信息报送工作】 认真做好全区加强社会建设和社会管理信息收集、报送和经验总结工作，结合当前开展的创建平安工作，及时准确地掌握全区社会建设工作动态，并经常深入到西河镇向阳村、龙归镇、新华街等基层一线，收集挖掘和提炼基层单位在加强社会治理的好经验好做法，同时积极组织区属各镇（街）和区直机关部门收集汇总和宣传在社会治理工作中具有教育意义的典型案例、经验做法和涌现出来的先进典型等各类素材达370多项，组织区创平办配合市创平办在电视台等各宣传媒体开播《平安创建》栏目和《平安杂志》的各种创平宣传专题工作，更好地为区委、区政府科学决策提供信息服务，并向《创建平安武江工作简报》、《韶关市社工委工作简报》、韶关市社会工作委员会网站及省级相关部门报送，大力推广武江区社会建设的典型经验，确保武江区社会建设下情上传和上情下达，有效推动全区社会建设工作的深入开展。社工委撰稿的《新农村背景下化解社会矛盾的新组织——武江区向阳村“退协会”建设与实践做法》被广东社会工作内参采稿，向全省各级党委推广。

【健全各项工作制度】 为了进一步加强全体干部队伍建设，规范干部管理，在2014年制定的各项规章制度基础上，2015年初，根据上级颁布的有关规定精神，社工委对单位的各项规章制度进行修订完善，建立健全《公务接待管理制度》《重要情况通报和个人重大事项报告制度》《机关干部学习制度》《领导干部廉洁自律制度》等21项系列制度，通过以制度管人，从而确保单位的运作制度化、规范化。

【组织做好2015年“南粤幸福活动周”活动】 根据省社工委的要求和市社工委《韶关市2015年“南粤幸福活动周”工作方案》的通知要求，区社工委在全区范围内开展内容丰富、形式多样的2015年“南粤幸福活动周”工作。区“南粤幸福活动周”活动以提升群众的幸福感为目的，以贴近群众需求的各类活动为舞台，围绕“幸福我来秀”等五大板块组织开展，在国庆期间共组织20个项目活动，涵盖文艺体育、惠民政策、公益慈善、休闲会展、读书健身、幸福讨论等领域。无论是启动仪式的民间艺术表演，还是各单位的惠民服务和各镇街的各种群众文化活动，都充分体现群众自我展示、自我娱乐、自我服务、自我实现的特点，吸引社会各界群众广泛参与，有效地推动社区文化、村镇文化、家庭文化建设，丰富群众业余文体生活，提高社会文化品位，培养健康文明的生活方式。

区社工委领导名录

主　任：张　雯（兼）（女）（—2015.7）
　　　　曾清兰（兼）（2015.9—）
副主任：曾文辉（兼）（2015.9—）
　　　　黄向阳（兼）（2015.9—）
正科级专职副主任：张祈俊
副科级专职副主任：杨培华（—2015.1）
　　　　龚存进（2015.1—）

（撰稿人：李　琪）

机构编制

【概况】 2015年，区编办在区委、区政府的正确领导下，深入贯彻中共十八大精神，紧紧围绕区委、区政府的中心工作，加强机构编制和事业单位登记管理，继续深化行政审批制度改革，推进政府部门权责清单工作。在市编办的具体指导下，按照年初确定的工作目标和武江区实际，积极谋划，扎实推进，各项工作有序开展。

【行政管理体制改革】 根据《广东省人民政府办公厅关于印发〈广东省工商行政管理体制调整实施方案〉和〈广东省质监行政管理体制调整实施方案〉的通知》（粤府办〔2014〕72号）及《关于印发〈韶关市各县（市、区）工商局体制调整人财物移交工作方案〉的通知》（韶工商〔2015〕11号）等文件精神，2015年12月，区政府办印发《印发韶关市武江区工商行政管理局主要职责内设机构和人员编制规定的通知》（韶武府办〔2015〕42号），区编办按职责分工办理相关交接手续。

【深化行政审批制度改革】 2015年，区编办开展《广东省行政许可监督管理条例》专项督查工作。通过区政府办下发《关于贯彻实施〈广东省行政许可监督管理条例〉的通知》（韶武府办明电〔2015〕6号），要求有关单位将2014年行政许可实施和监督管理情况予以报告，并公示到网站和宣传栏等，接受社会监督。涉及有行政审批事项的20个单位全部都按时提交情况报告，并及时进行公示。

【推行权责清单制度】 区编办根据市的试点经验，在市编办的指导下先行一步，对全区26个政府工作部门的职能进行全面摸底。8月，区成立《韶关市武江区推进职能转变协调小组》，由区委副书记曾清兰担任组长，下设行政审批改革组、投资审批改革组、职业资格改革组、收费清理改革组、商事制度改革组、教科文卫体改革组6个专题组和综合组、督查组、法制组、专家组4个功能组。主要职责是在各镇（街道）、各部门推进简政放权、放管结合、职能转变的基础上，统筹研究重要领域和关键环节的重大改革措施，研究拟提请区政府常务会议审议的有关重要事项，协调推动解决改革中遇到的困难和重点难点问题，指导各镇（街道）相关工作，督促各部门落实改革措施。10月底，区印发《中共武江区委办公室 武江区人民政府办公室关于推行政府工作部门权责清单制度工作的通知》，并召开全区推行权责清单制度工作动员暨培训会议，全面铺开权责清单填报工作。12月9日召开区推行权责清单制度工作会议，认真分析审核、审查过程中发现的问题，进一步强化领导职责，并对下一步工作提出建议与意见。会后，推进职能转变协调小组办公室及时下发《关于要求优化权责清单的通知》，按照会议精神，提出修改意见，强调部门职责，要求各权责清单填报部门要严格按照上级的要求，认真查漏补缺，补充完善，全力以赴在12月底前做好区权责清单的编制工作。

【机构编制管理和监督】 根据中央、省编制部门的要求，市编办自2015年起将会同有关部门对各县区2015年至2017年控编减编方案的执行情况组织开展专项督查。2015年，区编办严格按照《韶关市武江区控编减编工作方案》（韶武机编〔2014〕4号）开展机构编制管理工作，认真贯彻落实上级的政策要求，确保区行政编制、政法专项编制、行政执法编制、事业编制总量等不突破2012年底的编制基数。7月底，市编办主任刘晓佳同志带领市控编减编督查组到武江区开展督查工作。督查组对区2013年至2015年各类编制变动等情况进行检查，翻阅有关资料，现场对武江区的实名制系统数据进行检查和核实，及时反馈检查中发现的问题和不足，提出意见和建议。根据督查组的反馈意见区编办立即进行整改，完善不足，并制定出台了《韶关市武江区机构编制管理制度》（韶武机编〔2015〕8号），更进一步健全编制工作管理制度。

【机构编制实名制系统转换】 根据省、市编办的要求，从5月1日起，市统一转用省的机构编制实名制系统，原有的市系统将不再使用。为做好实名制系统与省系统的顺利对接，区编办一方面加强与市编办的沟通，指派专人学习使用省系统，对全区行政、事业单位的机构编制信息及人员信息进行核对、修改、完善，做好实名制数据的维护、更新。另一方面，专门组织举办了实名制系统培训班。4月28日，在至和小学举办了武江区省机构编制实名制系统培训班，对全区90余名机关、事业单位的机构编制实名制系统管理员进行培训。区编办还根据武江区实际印发了自编的培训教材。5月初，区顺利实现了转用省系统工作。

【事业单位法人年度报告的报送】 报送事业单位法人年度报告是国家为加强对事业单位法人登记的管理，确保社会对事业单位法人开展业务活动情况的知情权和监督权，促进事业单位进一步提高公益服务水平的重要措施。根据《事业单位法人年度报告公示办法（试行）》的要求，事业单位应于每年3月30日前在网上向登记管理机关报送事业单位法人年度报告。为防止出现逾期报送或逾期不报现象，区编办采取多项措施督促事业单位按时填报法人年度报告。一是提前向各事业单位发出报送通知，二是每日汇总一次报告报送情况，三是直接向有逾期报送倾向的事业单位的法人和主管部门电话告知其逾期报送法人年度报告的后果。在区事登局的督促下，2015年武江区应报送年度报告的事业单位共有79个，均全部在3月30日前报送完毕，按时报送率达100%。

【稳步推进网上名称管理】 网上名称管理工作是为适应新时期加强网站安全管理、保障网民知情权和推进政务公开的需要、由中央编办和中央网信办联合开展的一项重点工作，包括党政机关网站开办审核、资格复核和网站标识管理等内容。2015年区编办不断推进中文域名注册工作，一方面，积极利用各类培训、讲座，宣传普及有关知识，结合机构编制日常管理、机构编制核查等工作督促各单位注册中文域名。10月，区编办还下发《关于加快2015年机关事业单位网站开办审核、资格复核和网站标识管理工作的通知》，并逐个打电话到单位跟踪了解落实情况，督促各单位进行中文域名注册、缴费、续费、网站开办审核、复核和网站标识管理工作。截至2015年12月，全区有效域名共135个。另一方面积极争取区财政资金支持。按照上级的要求，机关事业单位网上名称管理工作作为机构编制部门的新增业务，应列入每年的常规工作，并按期缴纳中文域名使用费，党政机关300元/年，事业单位200元/年。由于目前域名注册实行各单位分散缴费的方式，处理流程耗时较长，且每年需要单位重复进行汇款、查收发票、系统续费操作，难以适应党政机关网站的运作要求。

为此，区编办积极申请财政资金，务求2016年中文域名费列入区级财政的统一支付预算中。

【机构设置】 韶关市武江区机构编制委员会办公室是区机构编制委员会常设办事机构，主要负责全区行政管理体制改革、事业单位管理体制改革和机构编制日常管理工作。根据《关于印发〈武江区人民政府机构改革方案〉的通知》（韶武联〔2010〕5号）文件精神，2010年9月，韶关市武江区机构编制委员会办公室单独设置，正科级，既是区委的工作部门，又是区政府的工作部门，列区委机构序列。2015年，区机构编制委员会办公室设4个内设机构：综合股、行政机构编制股、事业机构编制股、行政审批制度改革办公室。直属行政单位1个：区事业单位登记管理局，副科级。核定机关行政编制8名，其中：主任1名、副主任2名，股长（主任）4名。事业单位登记管理局行政编制2名，其中：局长1名、副局长1名。

区机构编制委员会领导名录

主　任：黄建华
副主任：张　雯（—2015.7）
　　　　曾清兰
　　　　周小明
　　　　孙理鸣
　　　　黄　真（—2015.8）
委　员：朱旭东
　　　　林小夏
　　　　成振铭
　　　　陈雪延
　　　　李力克

区机构编制委员会办公室领导名录

主　任：林小夏
副主任：莫远媚
副主任：陈秉丞（2015.1—）

（撰稿人：刘　琼）

信访工作

【健全工作机制】 一是建立健全矛盾纠纷排查调处制度；二是建立健全信访工作例会制度；三是建立健全信访事项三级终结制度；四是建立健全领导包案调处重大信访问题制度；五是建立健全领导干部信访工作接待日制度；六是建立健全初信初访和首问责任制度；七是建立健全信访维稳督导工作制度；八是落实信访工作责任追究制度。

【群众来信来访】 2015年全区共接待各类来信来访及上级转办来信来访案件169件（批）396人次，其中：国信5件，进京访5批5次；省信32件，到省访11批25人次；市信8件，市访21批104人次，区访83批262人次。归纳起来主要涉及征地补偿、拆迁安置问题，山林（土地）权属纠纷问题，企业改制问题，涉军人员待遇问题，煤矿关闭历史遗留问题，涉法涉诉信访问题，村干部作风问题和物业管理纠纷问题等八大类。

【化解矛盾、维护社会稳定】 2015年，根据省、市有关文件精神，开展矛盾纠纷排查化解、领导接访、领导包案、积案化解活动，全区矛盾纠纷得到有效化解。特别是在2015年大力开展社会矛盾化解工作，共化解32宗重复上访、久拖不结的信访积案，有效化解一批社会矛盾，维护全区社会的和谐稳定。

区信访局领导名录

局　长：韩伟强
副局长：谭克志

（撰稿人：王　莉）

武江区人大常委会

综 述

根据韶关市武江区机构编制委员会（韶武机编〔2005〕57号），韶关市武江区人大常委会是本级人民代表大会的常设机关，正处级。区人大常委会领导班子成员7人，主任1人，副主任6人；区人大常委会机关内设机构为“一室四委”，行政编制8名，领导职数5正2副。其中，人大办公室主任1人，副主任2人，科员1人；各工委设主任1人；依法治区办（由人大常委会管理）行政编制2名，领导职数1正。副主任1人，科员1人。

2015年，在区委正确领导下，区人大常委会坚持以马克思列宁主义、毛泽东思想、邓小平理论、“三个代表”重要思想、科学发展观为指导，深入贯彻落实中共十八大和十八届三中、四中、五中全会精神，紧紧围绕区委重大决策和全区工作大局，切实做好监督、决定、任免和代表等工作，大力推进“有为人大、活力人大、和谐人大”建设，较好地发挥地方国家权力机关的作用。全年常委会共作出决议决定14项，听取和审议专项工作报告8个，组织视察调研38次，全面视察“一府两院”21个部门以及驻区的国税局、地税局，调研了解他们2015年工作任务完成及督办重点项目情况；对5个乡镇和2个街道的人大主席团工作和人大代表联络室工作进行视察。依法任免政府组成人员和其他国家机关工作人员18人次；办理代表建议意见24件；报送人大规范性文件备案15项；备案政府规范性文件10项。

重要会议及决议

【第二十三次常委会会议】 1月21日，区八届人大常委会第二十三次会议，听取和审议区政府“2014年预算执行情况和2015年预算草案”的报告、区政府“2014年国民经济和社会发展计划执行情况与2015年计划草案”的报告、区政府“调整区2014年国民经济和社会发展计划主要指标的报告”的议案、区政府“关于调整2014年度公共财政预算收入的请示”的议案；审议通过召开区八届人大第五次会议有关事宜。

【八届人大五次会议】 1月28—30日，区八届人大五次会议在区政府七楼会议厅举行。会议听取和审议区人民政府代区长黄建华所作的《政府工作报告》等六个报告，会议形成决议并决定批准上述报告。会议选举林卫国、欧阳建国、曾文英为区八届人大常委会委员。会议期间，大会组织参会人大代表先后到芙蓉新城视察园区建设、路网征拆、新村安置等重点建设项目推进情况。

【第二十四次常委会会议】 3月19日，区八届人大常委会第二十四次会议，听取和审议区政府“关于2015年武江区政府工作要点的报告”，审议通过区政府“关于支持西河镇黄塱村、红星村基础设施及村庄整治需列支财政预算资金的议案”的议案，听取和审议通过区八届人大常委会2015年工作要点，议事和视察检查工作安排。

【第二十五次常委会会议】 5月8日，区八届人大常委会第二十五次会议，听取和审议区政府“2014年度城市综合管理工作述职报告”，并对区城市综合管理局在贯彻执行法律法规、履行职能职责等八项工作内容进行评议；听取和审议区政府“2014年度安全生产工作述职报告”，并对区安全生产监督管理局在贯彻执行法律法规、履行职能职责等八项工作内容进行评议；听取和审议通过区政府“关于提请审议区政府原向东韶公司借款转为货款的议案”“关于提请审议缴纳武江科技工业园新增建设用地有偿使用费的议案”。

【第二十六次常委会会议】 5月19日，区八届人大常委会第二十六次会议，接受邓永保辞去韶关市武江区第八届人民代表大会代表、第八届人大常委会委员职务的请求。

【第二十七次常委会会议】 6月24日，区八届人大常委会第二十七次会议，听取和审议区政府“2014年审计工作情况报告”“关于2014年度区本级预算执行和其他财政收支的审计工作报告”，并对区审计局在贯彻执行法律法规、履行职能职责等八项工作内容进行评议；听取和审议区政府“2013年以来司法工作情况报告”并对区司法局在贯彻执行法律法规、履行职能职责等八项工作内容进行评议；听取“武江区开展‘六五’普法工作报告”。

是日，区八届人大常委会第二十七次会议，接受陈明生辞去武江区第八届人民代表大会代表职务及常务委员会委员职务的请求、接受谢荣辞去韶关市武江区第八届人民代表大会代表职务的请求。

【第二十八次常委会会议】 8月28日，区八届人大常委会第二十八次会议，听取和审议“武江区人民政府上半年工作情况报告”“武江区人民政府上半年财政预算执行情况报告和下半年工作计划”“武江区人民法院上半年工作情况报告”“武江区人民检察院上半年工作情况报告”。

是日，区八届人大常委会第二十八次会议，决定任命黄向阳为韶关市武江区人民政府副区长，免去曾清兰、游加慧、黄真的韶关市武江区人民政府副区长职务。

【第二十九次常委会会议】 10月28日，区八届人大常委会第二十九次会议，听取和审议“区政府食品药品安全监督工作的情况报告”，并对区食品药品监督管理局在贯彻执行法律法规、履行职能职责等八项工作内容进行评议；听取区城市综合管理局、区安全生产监督管理局的整改情况报告。

【第三十次常委会会议】 11月26日，区八届人大常委会第三十次会议，决定任命黄毅为韶关市武江区人民政府副区长。

是日，区八届人大常委会第三十次会议，补选郭健生为韶关市第十三届人民代表大会代表。

【第三十一次常委会会议】 12月22日，区八届人大常委会第三十一次会议，听取区政府“关于调整2015年国民经济和社会发展计划部分指标增长目标的报告”“关于武江区政府‘三五’规划纲要编制情况的报告”“关于办理区八届人大五次会议人大代表建议工作的报告”“2015年民生实事办理情况报告”；审议通过召开区八届人大六次会议有关事宜；审议通过调整武江区第八届人民代表大会代表资格审查委员会。

重要活动

【组织慰问社区老党员】 2月11日，区人大机关党支部组织党员领导干部到社区慰问困难老党员。分别慰问住惠民南社区光明巷困难老党员，询问他们的生活现状和困难情况，送上面、米、油等慰问品和慰问金，并祝愿他们新春快乐，家庭幸福。

【召开信息宣传工作会议】 3月11日，区人大召开信息宣传工作会议。会议全面回顾总结

2014年人大信息宣传工作的成效，提出2015年的工作意见，并在会上表彰先进个人。区各镇（街）和“两院”分管领导和人大信息员参加会议。区人大常委会副主任王韶林出席会议并作重要讲话。一年来区人大信息宣传工作：一是能够紧紧围绕人大工作，创新宣传形式，丰富宣传内容，深化宣传主题，营造宣传氛围，形成各自不同的宣传亮点，有力地推进区人大宣传工作的开展；二是在认真做好对人大经常性工作宣传报道的同时，更加突出对人大重大活动的宣传报道，聚焦宣传热点，扩大宣传声势，形成宣传高潮，切实增强宣传的实效性。会上，区人大常委会副主任王韶林指出，人大信息宣传工作一要深化思想认识，不断提高做好人大信息宣传工作的自觉性；二要把握正确导向，始终坚持做好人大信息宣传工作的原则性；三要突出宣传重点，进一步增强人大信息宣传工作的实效性；四要畅通信息渠道，确保做好人大信息宣传工作的时效性；五要加强组织领导，努力开创人大信息宣传工作新局面。

【组织视察两新组织】 3月27日，区人大常委会组织人大常委会组成人员和部分区人大代表视察武江两新组织。视察人员在人大常委会常务副主任王敏的带领下，乘车前往广东雪印商贸实业有限公司进行视察。视察人员听取企业负责人介绍企业的规模和企业生产经营情况，详细询问企业的生产特点，经营方式和企业效益。在座谈中，视察人员提出企业要发展，就要勇于创新，突出抓好企业管理制度创新，生产技术创新，发展方式创新。同时要紧抓机遇，积极拓宽市场，扩大生产，壮大企业经营规模，为韶关经济社会发展作出积极贡献。

【组织视察“两院”和区政府职能部门】 4月2—3日、5月26—27日、7月29和31日、11月24日，区人大常委会组织人大常委会组成人员和部分区人大代表分别视察区人民法院和区政府职能部门区教育局、区发展和改革局；视察区人民检察院和区政府职能部门区农业局、区统计局、区文化新闻出版局；视察区民政局、区民族宗教事务局、区工商行政管理局、区经济和信息化局的依法行政情况和重点项目推进情况进行视察监督；视察区人力资源和社会保障局、区卫生和计划生育局、区住房和城乡建设局的依法行政情况和重点项目推进情况进行视察监督。区人大常委会组织对区“法检”两院、区政府组成部门的全面监督视察活动，是人大代表对职能部门工作评议后的延伸，是“回头看”的一个过程，也是为了使人大代表更加全面地了解政府各职能部门的工作情况，从感性上有一个认知。同时，也是为了落实中共十八届三中、四中全会精神，加强对政府职能部门的工作监督，充分发挥人大作用的一项举措。在视察中，人大代表围绕2014年政府职能部门的工作落实情况和2015年工作的计划要求，通过座谈、听取汇报和实地察看，了解各职能部门的工作重点和完成情况。通过视察活动，人大代表对政府职能部门的工作评议就更加准确和具有针对性，同时也促进和提高区“法检”两院、区政府组成部门的工作效能。

【组织视察基层人大工作】 10月22日、10月23日、11月23日、11月25日、11月27日、12月1日，区人大常委会组织人大常委会组成人员和部分区人大代表分别视察龙归镇、江湾镇基层人大工作情况；视察区新华街道办事处基层人大工作情况；视察区惠民街道办事处基层人大工作情况；视察区西联镇基层人大工作情况；视察区西河镇基层人大工作情况；视察区重阳镇基层人大工作情况。在视察中，听取基层人大代表团2015年工作情况汇报，并指导乡镇人大主席团工作，通过视察促进和提高乡镇街道人大的工作水平。

【调研乡镇经济发展】 5月29日，区人大常委会王敏常务副主任率领常委会班子领导到江湾镇调研经济发展情况。先后到湖洋村实地察看石斛基地产业发展情况和江湾街的发展情况。指出，在乡镇的经济社会发展中，人大代表要有大的作为，一是要在监督政府履职上发挥更大的作用，特别是在重大事项的审议监督方面，要多提宝贵意见，督促落实；二是要积极走访群众，听民声、聚民智，把人民群众反映最强烈、最迫切的问题梳理出来，形成有质量的议案；三是要定期或不定期开展一些视察活动，在视察活动中发现问题和解决问题，让群众真正满意。

【组织学习新《中华人民共和国预算法》】 6月5日，区人大常委会组织区人大常委会组成人员和区乡镇（街道）人大干部及部分区人大代表专题参加培训学习新《中华人民共和国预算法》。邀请广东省财政学校、广东省财政干部教育培训基地学术委员会副主任，财税副教授，广东省人大常委会立法咨询专家麦方主持辅导。通过辅导学习，为准确把握新《中华人民共和国预算法》的精神实质，深入推进全口径预决算审查监督，增强财政监督实效，具有很好的启发和指导作用。

【召开“三严三实”专题教育动员部署会暨专题党课】 6月11日，区人大召开“三严三实”专题教育动员部署会暨专题党课。区人大常委会常务副主任王敏作动员讲话并上党课，并就下一步开展“三严三实”专题教育进行动员部署。会上，王敏深刻阐述“三严三实”的重大意义和丰富内涵，并深入剖析当前人大干部中存在的“不严不实”现象，解决“不严不实”的突出问题，是开展“三严三实”专题教育的出发点和落脚点，也是衡量专题教育活动成效的重要标志。要做到“三严三实”，就要突出问题导向，着力查摆和解决“不严不实”的问题。

【召开纪律教育学习月动员会】 8月11日，区人大常委会召开纪律教育学习月动员大会，传达贯彻落实区委、区纪委有关会议精神，对纪律教育学习月活动进行全面部署和动员。会议由区人大常委会常务副主任王敏主持，区人大机关全体领导干部参加动员会议。今年区纪律教育学习月活动的主题是“守纪律、讲规矩、作表率”，会上还开展以案说纪教育，区人大常委会纪检委员为参会人员上一堂模范人物专题课，观看《“红包”之祸》反面典型电教片，充分发挥典型案件的警示教育作用。

【视察区政府惠民6件实事落实情况】 8月18—19日，区人大常委会组织部分人大常委会组成人员和人大代表对区政府2015年惠民6件实事进展情况进行专题视察。先后实地察看龙归卫生院综合大楼建设、龙归镇中心幼儿园建设、农村文化体育活动中心建设、重修重阳桥、新华惠民街道便民服务中心建设、市五中校园周边环境及道路综合整治等6个项目。参加视察的人大代表边走边看，认真察看每一个视察点，听取各项目责任单位关于项目建设情况的汇报，详细了解项目建设进展情况，对区政府所做的工作给予充分的肯定，同时对工作中存在的一些问题提出意见和建议。

【专题视察市妇幼保健工作】 10月30日，区人大组织部分驻区市人大代表和区人大常委会组成人员专题视察市妇幼保健工作。人大代表视察市妇幼保健院整个的医疗工作运营情况，察看待建的市妇幼保健院新址。代表们对市妇幼保健院围绕妇女儿童健康，履行公共卫生职责的工作表示认可，对加大力度推进新院建设充满期待，并积极建言献策，提出富有建设性的建议。

【调研区经济发展工作】 11月3日，区人大常委会副主任陈雪、王韶林带领区人大代表到区有关企业就2015年以来全区经济运行情况进行调研。先后到镇泰（广东）工业有限公司、韶关市莱雅新化工科技有限公司、丽珠集团利民制药厂等企业视察经济运行情况。听取企业2015年以来运行走势、主要经济指标的完成情况，并就年度目标任务完成情况，以及经济运行中存在的问题进行深入讨论。对个别企业在经营中的下滑势头等现状，提出调整优化经济结构，加快经济转型，促进企业发展的建议和意见。

【视察武江地税局工作】 11月24日，区人大常委会常务副主任王敏率区人大班子成员和部分区人大代表视察区地税局工作开展情况。实地参观地税服务大厅，查看该局的工作环境和工作流程，对该局的工作开展情况进行详细了解。认为区地税局深入改进工作作风，围绕提高征管质效、加强队伍管理、优化纳税服务，为增加税收收入做了大量工作。就下一步工作，要求区地税局创优工作举措，提升服务水平，全力以赴抓好收入，尽力完成征收任务，为服务武江经济社会发展作出贡献。

【慰问“双到”帮扶贫困户】 12月1日，区人大机关全体人员在人大常委会常务副主任王敏的带领下到重阳镇重阳村慰问帮扶贫困户。在重阳村，区人大机关领导干部分别向结对帮扶贫困户送上生产米面等一批生活用品，送上生产启动金500元。通过大家3年的连续努力，帮扶取得成效，被帮扶户现已基本脱贫，在规定的时间内完成好扶贫开发“双到”工作的目标。

主要工作

【保障和改善民生】 区人大常委会围绕政府6件民生实事，组织人大代表逐项进行视察，年中和年末听取和督促政府落实6件实事的工作报告，力推民生实事项目的进程。围绕群众普遍反映食品药品安全等方面的突出问题，专题听取和审议区食品药品监督管理局工作情况报告，督促区政府切实采取强有力措施，推进食品药品安全的综合治理。围绕全区经济运行情况，加强对计划、预决算、审计的监督，听取和审议计划和财政预算执行情况、财政决算情况报告，审查批准2015年区国民经济和社会发展计划调整方案，促进区政府科学决策。听取和审议区审计局“关于2014年度区本级预算执行和其他财政收支的审计工作报告”，发挥审计在财政监督中的作用，促进区政府依法理财。

【促进权力规范运行】 区人大常委会组织人大代表视察区司法工作情况，召开镇、街道办事处分管司法工作领导、司法所长座谈会，听取和审议区司法局开展司法工作情况的报告，推动司法协作机制创新完善。组织人大代表对区人民法院和区人民检察院法律监督工作进行调研，听取和审议区“两院”工作情况报告，提出做好查办和预防职务犯罪，推进反腐倡廉建设；加大对诉讼活动的监督，规范司法行为，维护司法公平公正。

【积极探索监督方式】 区人大常委会根据《武江区人大常委会关于开展评议工作的暂行办法》，全面开展专项工作评议及满意度测评，组织人大代表在人大例会和常委会对区“一府两院”职能部门的工作情况进行工作评议及满意度测评，提出整改意见，明确整改任务，限时提交整改报告和落实整改。同时，为增强监督的实效性和针对性，常委会还组织人大代表对“一府两院”职能部门和五镇两街进行视察和检查，听取工作汇报，提出建议和措施，推动各项工作的开展。

【强化建议督办】 区人大认真督办代表建议意见。及时召开代表建议意见交办会议，落实职责，将区八届人大五次会议期间提出的24件建议和意见转交区职能部门办理。常委会注重把办理代表建议意见同推动工作、改进工作结合起来，两次组织人大代表视察和听取政府办理情况，对恢复江湾镇金融点的建设、江湾镇河堤建设、龙归镇盘村洞子水库引水管改造为梯级管道等重点建议进行跟踪督办。至10月底，人大代表的建议意见，全部在规定期限内办结并答复代表，经代表反馈，满意率为100%。

【促进依法行政】 区人大按照监督法的要求和规范性文件备案审查工作规定，认真细致按照程序做好规范性文件备案审查工作，2015年区人大共报送人大规范性文件备案15项；备案政府规范性文件10项。

【加强学习】 区人大坚持和完善中心组学习、主任会议学习、专题辅导、常委会组成人员学习等制度，深入学习中共十八大和十八届三中、四中、五中全会精神及习近平总书记系列重要讲话特别是视察广东重要讲话精神，及时研究常委会工作中的重大问题，保证区委重大决策在人大工作中的贯彻落实。举办常委会组成人员工作专题学习会，提高依法履职能力，增强推进人民代表大会制度理论和实践创新的责任感和使命感。

【贯彻从严治党要求，落实常委会党组主体责任】 区人大坚持民主集中制原则，制定完善各项制度和决策程序。结合“三严三实”专题教育活动，按照“有为人大、活力人大、和谐人大”的要求加强常委会机关建设。强调围绕中心、服务大局，强调守纪律、讲规矩，强调有担当、抓落实。优化干部队伍结构，激发干部队伍活力。切实转变机关作风，形成团结和谐、风清气正的政治环境。

内务司法工作委员会

【召开人大代表建议交办会议】 4月10日，区人大组织召开人大代表建议、意见交办会议。区政府办和人大代表建议办理有关的区职能部门负责人参加会议。在今年召开的区八届人大五次会议共收到代表提出的建议、意见24件，区人大将这些建议和意见收集整理、造表登记，及时送达区政府，并协助区政府办召开交办会议，向承办单位提出办理要求。

【专题调研区司法工作】 6月18日，武江区人大组织区人大代表对区政府司法工作进行调研。调研组在区人大常委会副主任戴兴辉的率领下，听取区司法局的工作汇报，走访康正公证处、街道司法所和社区矫正中心，查阅相关资料，召开镇、街道办事处分管司法工作领导、司法所长座谈会。

【召开人大代表建议办理情况通报会】 7月23日，区人大常委会召开会议，专题听取区政府关于2015年代表建议案办理情况的报告。区八届五次会议以来，代表提出建议意见共24件，截至6月底，区人民政府都已基本办结，会上，区政府各办理单位分别报告办理情况，区人大常委会督办领导逐件点评建议案的办理情况，对办理工作总体表示满意。

【视察调研区民族宗教工作】 7月29日，区人大常委会副主任戴兴辉率部分区人大常委会组成人员和部分区人大代表视察区民族宗教工作。听取区民族宗教事务局近年来的工作情况。视察芙蓉禅寺，听取宗教活动场所相关负责人的基本情况介绍，查看寺院设施情况。座谈会上，区人大常委会副主任戴兴辉对区民族宗教工作取得的成绩给予肯定。强调区民族宗教事务局在保持原有成绩的同时认真学习党的宗教政策：一要进一步提升思想认识，加强大局观，根据区情，依法加强宗教事务的管理；二要加强队伍建设，提高民宗干部的政策水平和业务水平，为做好民族宗教工作提供保障。

教育科学文化卫生工作委员会

【开展工作调研】 组织人大代表经常深入企业、小作坊、学校、农贸市场，加工食品企业等单位开展调查，走访视察，倾听意见要求；深入区食品药品监督管理局采取听、看、汇报的形式，进行工作调研。

【开展“三送下乡”活动】 参与区教育局、区文化新闻出版局、区科技局的“三送下乡”活动及区卫生与计划生育局的下乡活动，同时走访相关单位、代表、群众，分别征求其工作意见和建议，共同推动社会各项事业发展发挥作用。

经济工作委员会

【开展工作调研】 2015年4月，区人大组织部分区人大代表对区政府组成部分单位和“法检两院”2014年工作测评中满意率最低的本位倒数两名，区城市综合管理局和区安全生产监督管理局就2014年度及2015年初工作情况进行调研，并写出《关于区城市综合管理局2014年工作情况的调研报告》及《关于区安全生产监督管理局2014年工作情况的调研报告》。

【开展专题工作调研】 2015年6月19日，区人大组织部分区人大代表调研区审计局2014年度区本级预算执行和其他财政收支的审计工作，并写出调研报告。

选举联络人事任免工作委员会

【发挥人大代表作用】 组织区人大代表围绕区委决策部署和人民群众关心的热点难点问题开展专题调研和集中视察，形成15份专题调研报告交区政府研究处理。组织市、区人大代表就司法保障、食品药品安全、妇幼保健、乡镇农村健身广场建设、中小私营企业发展、芙蓉新区农民安置房建设、芙蓉山公园整治等专题开展调研。2015年，共组织市、区两级人大代表28批次325人次开展各项调研、视察活动。

【提高代表履职能力】 加强代表培训学习，组织52名区代表参加区人大常委会举办的新预算法培训班。通过省在线交流平台，组织63名区代表参加省人大常委会举办的代表专题学习班，学习《信息技术与产业革命》《加快推进我省司法体制改革》《代表应如何提高提出议案建议的质量》等专题课程，让人大代表对国家当前经济社会的发展有更深刻的认识。

【依法行使任免权】 坚持党管干部原则和依法任免相统一，依法做好人事任免工作，按照“德才兼备、注重实绩、群众公认”的选人用人标准，严格程序要求，把好任用关，确保人事任免工作依法顺利进行。全年共任免政府组成人员和其他国家机关工作人员18人次，其中任职5人次，免职13人次，另接受3人辞去代表职务，保证地方国家机关有序运转。坚持对拟任人员的任前了解、任前法律知识考试、拟任职发言等制度，强化被任命人员的法治意识、公仆意识和自觉接受人大监督的意识。

依法治区工作

武江区依法治区办深入贯彻中共十八大和十八届三中、四中、五中全会以及习近平总书记系列重要讲话精神，全面实施《法治广东建设五年规划（2011—2015年）》《五年规划》和《武江区2015年依法治区工作要点》。立足运用法治思维和法治方式深化改革、促进发展、化解矛盾、维护稳定；以依法执政为核心，以依法行政、公正司法为重点，积极推进学法、用法、严格执法、公正司法、全民守法进程，加快建设法治社会，法治武江建设取得新成效。

【贯彻依法治市工作会议精神】 认真贯彻省、市工作会议精神，以及组织召开依法治区工作专题会议。6月24日由人大常委会副主任杨乐华在区人大常委会第二十七次会议上传达省、市工作会议精神，并及时部署区2015年依法治区工作。会议强调各成员单位要做好迎接《法治广东建设五年规划》检查验收工作，并及时做好法治城市、法治区创建工作申报准备工作。

【开展法律法规宣传学习】 开展领导干部参加法治学习和考试，学习宪法、立法法、行政复议法、会计法、预算法、审计法等10多种法律。总结今年以来法治武江宣传教育工作，进一步深入推进“谁执法谁普法”责任制落实，以“弘扬宪法精神，建设法治武江”为主题，统筹安排第十个“12·4”全国法制宣传日，第二个“国家宪法日”和第七个“法治武江宣传教育周”系列活动，推动全社会形成崇尚法治的良好氛围。

【推进法制公平正义】 区政法工作紧紧围绕“努力让人民群众在每一个司法案件中都感受到公平正义”目标，坚持依法履职，服务保障大局。按照“稳中求进、改革创新”的总要求，为武江全面深化改革提供司法保障。适应经济发展新常态，对改革过程中存在的矛盾纠纷及早调查研究、制定预案，稳妥化解，切实履行好维护社会大局稳定、促进社会公平正义、保障人民安居乐业的职责使命。

区人大领导班子领导名录：

主　任：王德雄
副主任：王　敏（女）
　　　　戴兴辉
　　　　杨乐华
　　　　李学源
　　　　陈　雪（女）
　　　　王韶林

区人大常委会办公室

主　任：刘　敏（女）
副主任：张峰莹（女）
　　　　黄　平（—2015.10）

区人大内务司法工作委员会

主　任：曾碧繁

区人大教科文卫工作委员会

主　任：许忠财

区人大经济工作委员会

主　任：黄伟和

区人大选举联络人事任免工作委员会

主　任：曾文英（女）

区依法治区办公室

主　任：杨乐华（兼）
副主任：王锡良

（撰稿人：黄　平）

韶关市武江区人民政府

综　述

区人民政府组成部门18个：区政府办公室、区发展和改革局、区经济和信息化局、区教育局、区民族宗教事务局、区监察局、区民政局、区司法局、区财政局、区人力资源和社会保障局、区住房和城乡建设局、区农业局、区林业局、区文化新闻出版局、区卫生和计划生育局、区审计局、区工商行政管理局、区安全生产监督管理局、区食品药品监督管理局、区统计局、区城市综合管理局。其中：区政府办公室挂区外事侨务局、区法制局、区人民防空办公室牌子；区经济和信息化局挂区科学技术局、区知识产权局牌子；区农业局挂区委农村工作办公室、区水务局牌子；区食品药品监督管理局挂区食品安全委员会办公室牌子；区监察局与区纪律检查委员会机关合署办公；区民族宗教事务局与区委统一战线工作部合署办公；区文化新闻出版局与区委宣传部合署办公，挂区版权局、区旅游局牌子，均列入区政府工作部门序列，不计入区政府机构个数。

重要会议及活动

【区政府常务会议】 2015年，区政府共召开政府常务会议10次。

1月19日上午，区长黄建华同志在区政府310会议室主持召开区政府常务会议。会议研究建设龙归镇中心幼儿园、武江区村级动物防疫员工作补助和区政府2015年承诺为民办实事等有关事宜；会议原则同意《2015年武江区政府工作报告（征求意见稿）》和《武江区2014年国民经济和社会发展计划执行情况与2015年计划草案的报告（征求意见稿）》；会议传达学习省委十一届四次全会精神并部署近期有关工作。

3月27日上午，受区长黄建华同志委托，常务副区长曾清兰同志在区政府310会议室主持召开区政府常务会议。会议研究了芙蓉新城征拆攻坚组工作人员抽调和车辆保障、清理规范武江区税收优惠政策、武江区广东省美丽乡村建设试点和武江区中小河流治理工作等有关事宜；会议原则同意《韶关市武江区社区居委会新进工作人员工资标准实施办法》《武江区农村土地承包经营权确权登记颁证实施方案》《武江区防汛防旱防风防冻应急预案》；会议审议《韶关市武江区关于县以下机关建立公务员职务与职级并行制度的实施方案（讨论稿）》；会议传达全市消防工作会议精神，并部署2015年武江区消防安全工作；会议听取西河健身广场地下商业综合体（兼顾人防）项目社会风险评估工作开展情况报告并部署近期有关工作。

4月28日下午，受区长黄建华同志的委托，常务副区长曾清兰同志在区政府310会议室主持召开区政府常务会议。会议听取武江区2014年、2015年农村危房改造工作情况汇报、武江区高标准基本农田建设、武江区2014年度卫片执法监督检查以及迎接国家土地督察局广州局例行督察等相关情况的汇报；会议研究甘棠工业园区主干道两侧安装首期视频监控系统、甘棠工业园区主干道路灯安装、西联镇甘棠村委会第一期第二批经济发展用地返拨、武江科技工业园缴交新增建设用地有偿使用费、原武江区煤炭工业公司资产补偿处置、提高环卫工作人员工资待遇、武江区2015年事业单位公开招聘、武江区政策性水稻种植保险农户承担的保费、确定武江区农村土地承包经营权确权登记颁证试点项目施工单位和龙归镇中心小学成人教育大楼建设用地划拨给龙归镇中心卫生院作医疗用地等有关事宜并部署近期有关工作。

6月16日上午，受区长黄建华同志的委托，常务副区长曾清兰同志在区政府310会议室主持召开区政府常务会议。会议听取甘棠园区管委会关于三石王安置地扩征（钓鱼台酒家停车场）项目征拆补偿方案、甘棠园区管委会关于甘棠鱼塘—甘棠水库项目征拆补偿方案、甘棠园区管委会关于甘棠园区控规调整等情况报告；会议研究区机关事业单位工作人员工资改革、规范和加快区属政府工程预结算审核、因调整环卫合同工岗位津贴及节假加日班费追加环卫经费、落实2015年度山区中小河流治理工程区级自筹配套资金、表彰奖励武江区2014年专利工作先进单位和个人、异地新建江湾镇中心幼儿园和《区政府党组开展“三严三实”专题教育实施方案》等有关事宜；会议原则同意《武江区2015年广东扶贫济困日活动工作方案》和《武江区第二期学前教育三年行动计划（2014—2016年）》；会议通报26次常务会议通过的关于支付南华纪念园公司股东股权转让款、29次常务会议通过的关于机关事业人员招聘事宜并部署近期有关工作。

8月7日上午，区长黄建华在区政府310会议室主持召开区政府常务会议。会议研究市房地产交易中心武江办事处办公场地租用、设立武江区民办教育专项资金、实施城乡居民殡葬改革基本服务免费、西河西联龙归重阳江湾镇周边地块划定永久基本农田举证上报和220千伏芙蓉站至武江站Ⅱ回输电线路武江科技工业园段用地等有关问题；会议原则同意《武江区贯彻落实〈广东省人民政府办公厅关于进一步加强中小学和幼儿园安全防范工作的通知〉的实施方案》、区2011—2015年名村示范村整治规划、区2011—2012年市级村庄整治规划和《武江区法律服务方案》。

9月17日下午，区长黄建华在区政府310会议室主持召开区政府常务会议。会议原则同意《武江区全面推进公务用车制度改革总体方案》《武江区加快推进农村集体“三资”管理体系建设工作实施方案》《武江区区直机关公务用车制度改革实施方案》及6个配套方案；会议研究区建立乡镇（街道）和工业园区专职安全生产监督检查员队伍、盘活政府财政资金、2015年第一批地方政府置换债券转贷资金等有关问题；会议听取区小农水重点县（2014—2016年）项目进展情况的通报。

2015年10月19日下午，区长黄建华在区政府310会议室主持召开区政府常务会议。会议听取南华纪念园股权转让款收、付情况汇报；会议研究调整城管系统和文化馆使用场地、区农村土地承包经营权确权登记颁证工作项目实施等相关问题；会议审议区龙归镇中心卫生院业务综合楼项目申请重新立项、金福园小学、华泰小学和镇泰小学各新建一栋教学综合楼相关事宜和《武江区专利申请费用补助实施细则（暂行）》修改稿；会议学习《关于加强党员领导干部“八小时以外”活动监督管理的意见》文件并部署近期有关工作。

11月23日上午，区长黄建华在区政府310会议室主持召开区政府常务会议。会议研究调整年初一般公共预算收入目标和区档案数字化项目经费纳入区财政预算等有关事宜；会议听取2015年区住房保障工作进展情况和涉重金属行业环境综合整治工作情况汇报并部署近期有关工作。

12月15日上午，区长黄建华在区政府310会议室主持召开区政府常务会议。会议研究区政府2016年承诺为民办实事、调整区2015年地区生产总值（GDP）增长目标、建立区政府投资项目建设监管和预算联席会议制度、成立龙归镇专职消防队、《武江区建立镇（办）和产业园区专职安全生产监督检查员队伍实施方案》、生猪规模化养殖场（小区）无害化处理补助经费及相关工作经费和2015年武江区中小学教师职务聘任等有关事宜；会议审议《武江区2016年部门预算编制草案》；会议学习2014年4月新修订的《中华人民共和国环境保护法》并强调当前要抓好的几项工作。

12月24日下午，区长黄建华在区政府310会议室主持召开区政府常务会议。会议审议区人大八届六次会议《政府工作报告（征求意见稿）》和《武江区国民经济和社会发展第十三个五年规划纲要（草案）》；会议原则同意《武江区2015年国民经济和社会发展计划执行情况与2016年计划草案的报告（征求意见稿）》和《韶关市武江区2015年预算执行情况和2016年预算草案报告》；会议传达学习市委十一届八次全会精神以及全市抓落实提高执行力工作大会精神。

【区政府工作会议】 2015年，区政府共召开政府工作会议18次。

1月20日下午，区委常委、区委办主任孙理鸣在区政府302会议室主持召开棕榈湾项目征拆领导小组成员会议，讨论征地拆迁相关问题。

2月11日下午，区委常委、区政法委书记曾文辉在区政府310会议室主持召开工作会议，专题研究武江区区域性敬老院筹建前期工作。

2月13日下午，副区长王敏雯在区政府310会议室主持召开芙蓉山寺安全防范工作专项会议，会议通报芙蓉山寺安全工作情况并对2015年春节期间芙蓉山寺安全防范工作做全面部署。

3月16日下午，副区长邹有胜在区政府310会议室主持召开武江区工程机械与装备制造专业镇对口合作工作会议。会议通报区西联镇申报工程机械与装备制造专业镇前期工作情况并对下步申报工作进行研究部署。

3月26日，区委常委、常务副区长曾清兰在武江企业丹霞制药公司会议室召开2015年第一季度协税护税工作联席会议。会议听取2015年第一季度经济运行和税收征收基本情况，就完成第一季度经济目标及做好协税护税工作进行安排部署。

4月16日下午，区委常委、区芙蓉新城征地办主任彭波在区芙蓉新城征地拆迁指挥部会议室主持召开碧桂园太阳城项目征拆工作协调会，会议听取碧桂园太阳城项目用地扩征以及征拆工作进展情况报告，传达市委书记蓝佛安到芙蓉新城调研时的讲话精神并对下一步碧桂园太阳城项目用地扩征以及征拆工作进行研究部署。

4月24日上午，副区长刘拥军受常务副区长曾清兰委托，在区政府310会议室主持召开武江区小型农田水利重点县（2014—2016年）项目建设工作协调会，会议通报招投标相关工作程序及组织实施情况并对投标人所投诉事宜进行专题研究。

4月29日下午，区委常委、区政法委书记曾文辉在区政府610会议室主持召开2015年区社会救助工作第一次联席会议会议传达《韶关市民政局 韶关市财政局关于印发2015年韶关市城乡低保最低月标准及农村五保供养最低年标准的通知》，并对《2015年韶关市武江区城乡低保最月标准及农村五保供养最年标准（送审稿）》作说明。会议讨论并原则同意《2015年韶关市武江区城乡低保最月标准及农村五保供养最年标准（送审稿）》。

5月14日下午，区委常委、常务副区长曾清兰在武江区地税局二楼会议室召开2015年第二季度协税护税工作联席会议。会议听取2015年第一季度联席会议工作落实情况报告，对2014年区50户工商贸企业转出的原因进行分析讨论并就近期协税护税工作进行研究部署。

5月15日下午，根据区委书记、区人大常委会主任王德雄的指示，区委常委、常务副区长曾清兰在区政府310会议室主持召开工作会议，专题研究解决市政府2015年重点出让项目推进工作等有关问题。

5月27日下午，受区委书记、区人大常委会主任王德雄委托，区委常委、常务副区长曾清兰在区政府310会议室主持召开工作会议，会议通报2015年上半年经济工作形势，明确上半年经济工作目标任务，结合全年工作任务，就经济稳增长研究具体对策措施。

10月10日上午，区委常委彭波在302会议室组织召开武江区棚户区改造协调推进会。新华街、惠民街和西联镇有关负责人就有关棚户区改造工作进展情况进行汇报，就如何推进棚户区改造有关工作作明确。

10月13日上午，区委常委彭波在芙蓉北路万通城城市综合体项目会议室主持召开项目工作协调会，专题研究协调解决万通城城市棚户区改造项目推进中遇到的相关问题。

10月21日上午，区委常委彭波在区政府302会议室主持召开芙蓉新城征拆安置工作会议，会议学习有关征地拆迁安置工作法律法规和政策文件，讨论研究新城部分重点项目交地工作问题。

10月22日上午，副区长王敏雯在区政府610会议室主持召开武江区义务教育发展基本均衡区推进工作联席会议，对武江区义务教育发展基本均衡区国家认定工作进行再动员、再部署、再落实。

10月23日下午，区委常委彭波在区政府310会议室主持召开武江区棚户区改造协调推进会，研究协调解决武江区棚户区改造工作推进过程中遇到的困难和问题。

11月11日下午，副区长刘拥军在区政府302会议室主持召开工作会议。专题研究屠宰检疫实行属地管理和病死畜禽无害化处理补助有关问题。

12月17日上午，区委常委郑伟平在区政府302会议室主持召开协调管理教育路全民健身广场工作会议。听取区教育局关于教育路全民健身广场的情况报告并决定由区体育局管理教育路全民健身广场。

【区长办公会议】 2015年，区政府共召开区长办公会议2次。

8月17日下午，区长黄建华在区政府310会议室主持召开区长办公会，专题研究广东中星科技股份有限公司项目地块（甘棠园区30–1号）收回事宜。

11月11日上午，区长黄建华主持召开区长办公会，专题研究东莞（韶关）产业转移工业园武江片区管理委员会向区财政短期借款事宜。

【经济建设】 2015年，全区GDP增长6.7%；固定资产投资完成101.72亿元，增长16.2%；区级一般公共预算收入累计完成约4.22亿元，增长3.1%（可比口径）。

【芙蓉新城建设】 新城建设呈新面貌。三纵三横主干路网基本贯通，城市框架基本形成。18个市、区行政单位进驻新城办公，一批城市配套服务设施项目正加紧推进，碧桂园、恒大、保利三大地产落户新城，新城常住人口达2.5万人。新城累计完成征地约1333.33公顷，签订房屋拆迁补偿协议951户，协议拆迁面积17.5万平方米。5个安置新村，1个建成入住、3个主体封顶，1个完成前期工作。苗圃项目累计清点丈量土地约174公顷，签订协议130.67公顷，交地51.67公顷。旧城改造全面提质，促成芙蓉北路、国道323线朝阳段、奥园、工业西内涝整治等城市项目建设。完成芙蓉丽景、恒熙华城等“三旧”项目改造，蝶峦酒店、齿轮厂等项目稳步推进。

【园区建设】 甘棠工业园累计签约企业40家，预计总投资约50亿元，建成后年产值可达100亿元；22家企业破土动工，莱雅、新科农等10家企业基本完成主体厂房建设，其中飞翔、以纯等2家企业已试投产，初步形成以化工涂料、装备制造、生物科技、服装等为主导产业的特色工业园。武江科技园企业转型升级力度加大，破碎机世界龙头芬兰美卓公司与韶瑞重工、国药集团与中茜药业成功并购，徐工集团与铁友机械签约合作，企业竞争力显著提升。莞韶城土地征收高效推进，完成一期征地5600余亩，黄沙坪创新园初具规模，已建成71幢电子商务楼，吸引22家企业进驻；三期征收工作已全面铺开，清点丈量土地2013亩。

【交通基础设施建设】 全面完成广乐高速武江段土地房屋征收工作，区位交通优势更加明显。实施市区至江湾，市区至重阳县道改造工程，镇域交通状况明显改善。完成300人以上自然村村村通公路任务，奠定农村交通网络“微循环”基础。

【重点项目建设】 2015年度全区重点项目共55个，其中由区挂点牵头的市级重点项目10个，全年全区固定资产投资101.72亿元，同比增长16.2%，一是市政设施建设和“三旧”改造取得新进展。市政设施建设方面：芙蓉北路（西出口）改扩建工程基本完成主管渠工程建设，工业西内涝整治工程完成主体工程建设，移山路进入道路主体施工阶段，群康路、上饶路正在加紧推进。“三旧”改造方面：累计上报“三旧”改造项目47个，其中：芙蓉丽景、恒熙华城等2个项目已基本建成并正在或即将预售，蝶恋酒店（原福苑酒店）、万通城城市综合体、万紫千红、壹号公寓（原齿轮厂）、繁荣锦苑（原农业局）、华蓉苑（原电石厂）、富康广场（楼上楼）等7个项目正在加紧建设，万象新城（织布厂）、核工业二九〇研究所、原明华纺织厂等14个项目已完成规划编制。二是重点项目交地顺利。累计完成重点项目交地约800亩，协议拆迁面积约8500平方米，迁移坟墓约600座，处理征地历史遗留问题10余宗。保利、碧桂园、恒大三大房地产项目已按照建设需求完成交地；盆景山公园用地已交付施工建设；保利综合体项目及华师附中项目勘探工作顺利进行；文化“三馆”项目大部分坟墓迁移完毕；南华路、百旺路、滨江路、芙蓉大道北等主干道顺利施工；原西联示范农场连片交地。奥园项目签约交地37.33公顷。三是新城安置工作稳步推进。赤水新村90%以上村民已搬迁入住，芙蓉新村500套、西联新村676套房屋主体工程全部完工，车头新村已完成50%的工程量，下胡新村正在开展“五个确认”工作。四是重点房地产项目稳步实施。建立领导和机关单位挂钩联系房地产项目制度，强化项目跟踪服务，保利地产、碧桂园太阳城、恒大城等重点房地产项目建设齐头并进。

【城乡统筹和生态建设】 完成2个名村5个示范村的建设工作。完成重阳镇万侯村和龙归镇社主村2个试点村的农村土地承包经营权确权登记颁证试点工作。全区完成义务植树42万余株，建设乡村美化绿化示范村8个。水利工程建设顺利推进，全面完成重阳示范镇建设项目任务，龙归河治理工程全面完成，小型农田水利重点县建设项目现已进场开工建设，2015年已完成投资4000万元。山区五市中小河流整治项目已完成施工招投标工作，2015年已完成投资5310万元。东埔、洞子两宗小型水库除险加固工程年底已开工建设。全面完成38个养殖场减排工程建设任务。大力开展打击“两违”工作，共拆除大小违法建筑61宗，合计面积约20183平方米，控制违建27宗，面积共8370平方米。

【社会各项事业】 认真开展扶贫“双到”工作，全年全区共落实帮扶资金2365.36万元，平均每个村591.33万元。2015年共发放低保资金903.1万元，支出五保供养金70.88万元。狠抓社保扩面征缴，全区城乡居民基本医疗保险参保任务完成率100.69%、缴费率100%，城乡居民社会养老保险参保任务完成率103.42%、缴费率88.05%。城镇登记失业率均保持在3%以内。加大四术落实力度，继续稳定低生育水平，兑现各项计生关怀政策。居民健康档案完成97%，实施国家基本药物制度减轻患者负担，加快龙归中心卫生院、新华街道社区卫生服务中心业务大楼建设，不断完善卫生基础设施。区申报全国义务教育发展基本均衡工作已通过省级督导评估，新华街道顺利通过省教育强街复评检查验收。大力推进“平安武江”建设，全面做好安全生产、食品药品安全监督管理、防火防汛以及登革热等重大疫情的防控，切实维护武江和谐稳定的发展大局。

【社会管理】 办理区人大代表建议、意见24件，办理区政协委员提案24件，办理市人大代表建议7件，办理市政协委员提案2 件。贯彻中央“八项规定”，狠抓机关作风、能力、实效建设。落实党风廉政建设责任制，积极推进惩防体系建设。加强行政监察和审计监督，扎实开展纠风专项治理。区电子政务系统和网上办事分厅建成并运行，政府行政效率明显提升。完善区、镇（街）、村（居）三级便民服务体系，实现政务服务全覆盖。大力推进行风政风建设，政府依法行政及社会服务能力不断提高。大力开展创文巩卫工作，经济秩序和社会环境不断优化。区、镇（街）、村（居）三级综治信访维稳平台建设继续完善。落实领导干部“一岗双责”，辖区安全生产形势稳定。

区人民政府领导名录

区　长：黄建华

常务副区长：曾清兰（—2015.8）

副区长：游加慧（—2015.8）

黄向阳（2015.8—）

黄　真（—2015.8）

张　毅（挂职，2015.11—）

邹有胜

刘拥军

王敏雯（女）

政府党组成员：彭　波

谢　刚（2015.9—）

朱旭东（2015.9—）

成振铭（2015.9—）

刘　武（2015.9—）

彭桂珍（2015.9—）

（撰稿人：杨良潭　徐　玲）

区政府办工作

【概况】 2015年，区政府办在区委、区政府的坚强领导下，围绕全区中心工作，充分发挥参谋助手、综合协调和督促检查等职能，团结一致，扎实工作，保证区政府各项工作高效运行，取得较好成绩。

【统筹协调】 全年签收上级（含市直部门）来文3473件，以区政府、区政府办名义发文334件，及时、准确完成上情下达、办事办文558件，文书归档立卷1422件。有力协助芙蓉新城征拆、甘棠园区建设、莞韶城开发、市政项目改造、政府职能转变和机构改革等重点工作的开展。

【干部学习】 加强廉政教育，落实党风廉政责任制。结合工作实际，明确廉政考核、民主评议、工作督查等内容，进一步完善办公室工作制度，加强廉政建设教育，及时传达区纪委、监察局下发的文件，组织全体干部职工深入学习认真讨论，加强监督检查，使党风廉政责任制得到落实。发挥党支部的战斗堡垒作用，抓好干部队伍建设。

【信息督办】 认真履行参谋助手职责，为政府决策提供服务。完成信息报送52篇，为领导全面解情况提供重要的信息渠道。同时，通过调研和收集各方面工作情况，为领导起草政府工作报告、各种会议讲话、汇报材料、会议纪要等200多篇文稿。充分发挥办公室综合协调作用，保证政府日常工作正常运转。全年召开区政府全体会议1次、区长办公会议2次、经济形势分析会2次、政府工作会议18次、常务会议10次，印发常务会议纪要10期。

【督查检查】 切实发挥督促检查职能，推动政府决策的贯彻落实。坚持“把握中心，服务大局，狠抓落实”工作原则，围绕政府中心工作，及时跟踪落实各项重点工作进展，重点做好《2015年武江区政府工作要点》《2015年武江区政府承诺为民办实事项目责任分工方案》《2015年武江区经济增长指标及任务分解》以及区政府常务会议等各项工作部署的督查工作，为完成全年工作任务提供强大的助推力。

【积极推进网上办事大厅建设】 网上办事大厅武江分厅已正式投入使用。同时，已将基础网络布线延伸到五个镇、两个街道办事处，并连接党教网线路延伸至86个村（居）。区、镇、村三级服务平台建设稳步推进，结合区各镇、街人口基数、地域特点等基本条件，完成新华街和惠民街两个办事站，惠民街沙湖社区居委、惠民街惠民北社区居委会、新华街花城社区居委会、新华街惠民西社区居委会、新华街工业中社区居委会五个办事点的建设工作。达到省、市要求15%以上镇（街）开通网上办事站，5%以上村（居）开通网上办事点。

【外事侨务及港澳事务】 根据韶武府办〔2014〕86号文，区政府办挂外事侨务局牌子，内设机构外事侨务办具体负责相关工作。2015年，区办理因公赴港澳通行证4批，8人次，没有安排考察性出访。2015年外事侨务办共接待来电、来访16宗。区外事侨务局本着专款专用、好事办实的精神和公开、公平、公正的原则，经严格审核、对符合条件的10名贫困归侨发放扶持专项资金。2015年，共走访慰问困难归侨侨眷30人次，为困难侨眷送去慰问款物约2.35万元。2015年，区外事侨务办向广东侨网、市侨网等投稿3篇。

【人民防空】 根据区领导的批示，区人防办于1月30日承接市政府重点项目“西河全民健身广场地下商业综合体（兼顾人防）项目社会稳定风险评估”后，7月底完成相关前期筹备工作。结合新一轮人民防空方案修改的时机，着眼于信息化条件下防空袭斗争和应对突发事件的需要，对人民防空现阶段的任务、职能、组织指挥机构等进行着初步调整和完善。完善人防应急知识宣传进驻新辉花园社区试点工作站的场所建设，增加电脑设备和安全设施。结合新辉花园社区举办抗战胜利70周年社区活动，利用试点工作站发放人防应急宣传资料。与区教育局、相关学校沟通联系，认真完成区域内五所中学初中二年级开展人民防空知识教育工作，普及率100%。配合参与市的“9·18”试鸣防空警报活动；配合市人防办在芙蓉新区新装3台警报器，改变芙蓉新区无警报器音响覆盖的状况。

区政府办公室领导名录：

主　任：朱旭东

副主任：黄雅琪（女）

　　　　邱　江

　　　　刁海燕（女）

（撰稿人：杨良潭、侯芊彤、郭志东）

区应急办工作

【预案体系建设】 截至2015年底，共制定印发区级总体应急预案1个，专项预案19个，形成较为完整的应急预案体系，切实提高应对突发事件的处置能力。

【组织体系建设】 对突发公共事件应急委员会成员进行调整，健全应急管理组织体系，加强应急管理力量，由区应急办统筹协调全区应急管理工作，督促指导各级各部门完善应急管理机构。

【保障体系建设】 全区已建成专业应急救援队伍12支，非专业救援队伍6支，避难场所20个。配合区消防大队建立应急专家库和应急物资数据库，为应对突发火险、危险品泄漏等特殊事故提供人才及物资保证。

【应急宣传】 利用互联网、宣传栏、简报等形式，开展宣教活动。举办“百人百场”应急知识校园宣讲；举办危险化学品、消防等2场区级大型应急演练。

【机构设置】 区政府办内设机构。

区应急管理办公室领导名录

主　任：朱　唯（2015.2—）

曹吾林（—2015.2）

（撰稿人：朱　唯）

信息化建设

【网上办事大厅建设】 2015年，进一步推动网上办事大厅延伸到镇、街和村、居。至2015年底，网上办事大厅系统开通全区村居办事点，共进驻计划生育服务证、一孩生育登记、独生子女父母光荣证、流动人口婚育证明、再生育一胎子女审批五个事项。

【办公OA系统日常维护工作】 加强办公OA系统基础网络维护，定期检查各级链路，确保和市一级部门公文交换互连互通，各用户信息点能正确访问相关内容。升级更新电子印章客户端软件，加强电子印章规范使用。加强沟通协调办公OA系统进驻部门，做好操作人员的培训工作，及时反馈修复OA使用中存在的问题。紧跟市级办公OA系统版本，及时更新区办公OA系统。

【完成韶关市武江区人民政府公众信息网维护工作】 2015年，继续完善区政府门户网站的安全性和可用性，从网站硬环境和安全保障到信息发布系统代码，全程跟踪，严格把关，已成功防护1252次远程攻击，实时分析出64个网站安全漏洞，并提供保护或提出解决方案。按上级要求做好2015年全国政府网站普查工作。

【规范政府信息公开工作】 继续协助市信息中心做好政府信息公开、重点领域信息公开和依申请公开系统维护、数据录入、组织培训，推进该项工作稳步有序开展，根据市信息中心统一安排，信息中心主要完成数据整理，操作人员培训工作。

区政府信息中心领导名录

主　任：汪荣国

（撰稿人：李　毅）

政协韶关市武江区委员会

综　述

【概况】　2015年，区政协在中共武江区委领导下，认真贯彻落实中共十八大和十八届四中、五中全会及省委、市委、区委重要会议精神，践行“三严三实”，全面履行好政协各项职能，不断提高政治协商、民主监督、参政议政的科学性、有效性和实效性，为全区经济和社会发展作出积极努力。

2015年，区政协设立提案、经济、教科文卫体、社会和法制、农业、台港澳侨6个工作委员会。政协机关设立办公室、组织联络科、宣传教育科（挂提案工作科），一室三科。人员编制9人，现有12人。

区政协办公地点在武江区政府办公楼四楼，办公面积约500平方米。

【人事任免】　1月29日，韶武组干〔2015〕7号《关于黄维民等同志职务任免的通知》：叶贤治任政协韶关市武江区宣传教育科科长。

9月18日，韶武组干〔2015〕55号《关于曾清兰等同志职务任免的通知》：罗石坚任韶关市武江区政协机关主任科员，免去：罗石坚的政协韶关市武江区委员会办公室副主任职务。

12月28日，韶武协委〔2015〕5号，关于免去吕玉华、撤销黄灿委员资格的决定。

重要会议

【八届五次会议】　1月27—29日，区政协在七楼会议室召开八届五次全体会议。本次会议应到委员164人，实到委员153人，因事请假11人。会议听取和审议八届五次常务委员会报告和提案工作报告。29日上午举行大会闭幕式，应到委员164人，实到委员135人，请假委员29人。

【常委会议】　3月26日上午，在区510会议室召开政协常委会议。会议主要研究并审查通过八届五次会议委员提案，学习中共中央《关于加强社会主义协商民主建设的意见》等有关精神。

6月12日下午，在区510会议室召开政协常委会，主要内容：总结今年上半年工作并布置下半年工作；传达中央、省、市、区关于开展“三严三实”专题教育工作会议精神及上党课等内容。

【主席会议】　1月20日，召开主席会议。同意林卫国辞去政协委员资格；因朱细牛、李平发涉嫌犯罪，同意撤销其政协委员资格；同意增补陈作昌、张铭新、蓝明安为政协委员。会议还讨论政协八届五次会议议程日程及工作报告事宜。

3月26日，召开主席会议。会议讨论2015年政协工作要点和视察计划。同时，还讨论了八届五次会议委员提案审查及立案交办工作。

6月12日，召开主席会议。会议总结上半年政协工作；讨论广东扶贫济困日捐款活动事宜。会议就开展“三严三实”专题教育学习和党风廉政建设等事项进行部署。

8月24日，召开主席会议。讨论关于罗石坚拟任主任科员的事项。经8月13日机关干部会议推荐，并报区委同意，决定罗石坚同志为主任科员考察对象。

9月18日，召开主席会议。会议一起收看电视专题片《红包之祸》。政协主席陈坤明给大家作“三严三实”专题辅导党课；各分管领导在会上发言；各专委会主任汇报工作。会议还学习习近平总书记系列讲话精神。

12月22日，召开主席会议。会议讨论八届六次全会有关事宜，审议会议时间、日程、议程及工作报告等内容。会议讨论政协民主生活会的有关事项。

专委工作

【农业专委工作】 5月14日上午，农业专委由政协副主席吴广英带队对士龙发种猪有限公司、区顺康种养场等养殖场等农业项目养殖业的排污情况进行专题视察活动。

11月26日，农业专委由吴广英副主席带队，前往西河镇山焦村、重阳镇重阳村进行实地视察水利建设工作情况，就加强农田水利基本设施和污染减排治理工作提出意见建议。

【提案专委工作】 5月28日上午，提案专委会由政协副主席谭浩托带队，视察重阳镇重阳大桥、水口大桥的重建工作，建议在两桥建好前，在桥址侧修建简易桥方便群众通行。

12月5日，提案委员会由谭浩托副主席带队前往西河镇镇田心村、什石园村调研乡村卫生清洁工作，就提高村民做好卫生清洁的自觉性提出意见建议。

【经济专委工作】 9月9日，经济专委由陈坤明主席带队，前往芙蓉新城安置工作情况进行调研视察。针对安置过程中需要解决好有祖屋的外出人员、户口在本村的“外嫁女”等村民关注的问题，通过市和区政协委员分别向市和区政府有关部门提出意见建议。

【文教卫体专委工作】 5月13日下午，文教卫体专委会由政协副主席刘素云带队前往西河茗苑教学点对运动场土地纠纷进行调研。

【社会法制专委工作】 5月28日下午，社会法制专委由政协副主席何岚带队，前往武江区地税局就营改增工作情况进行调研活动，就完善协税护税机制建设、积极探索构建稳健的地税体系等方面提出意见建议。

【港澳台专委工作】 5月15日下午，港澳台专委由政协副主席李松发带队，前往区韶关市韶瑞重工机械有限公司、丹霞制药等企业视察。

提案工作

【委员提案】 2015年共收到委员提案24件，立案11件。其中，城市建设与管理方面的11件；经济建设方面的有1件；文体卫教方面的有9件；其他方面的有3件。涉及的办理单位有区政府办公室、区教育局、区城市管理局、区经信局、区文新局、区卫计局等11个单位。24件委员建议中，已解决或基本解决的（A类）3件，占13%；正在解决或列入计划解决的（B类）9件，占37%；因目前条件限制或其他原因未能解决的（C类）12件，占50%。从委员反馈的意见看，今年办理工作的满意和基本满意率达100%。

区政协领导名录

主　席：陈坤明
副主席：李松发　何　岚
　　　　刘素云（女）
　　　　罗元月　谭浩托
　　　　吴广英（女）
党组成员：潘来养　刘存友
秘 书 长：刘存友

区政协机关科室领导名录

区政协办公室：
主　　任：刘存友
主任科员：李　强
　　　　　罗石坚（2015.9—）
副 主 任：罗石坚（—2015.9）
副主任科员：郑秀兰
组织联络科：
科　　长：赖　德
副 科 长：陈汉荣
宣传教育科（提案工作科）：
科　　长：叶贤治（2015.1—）

（撰稿人：李　强）

纪检·监察

综　述

区纪委机关、区监察局设办公室、宣传教育室、党风政风监督室、信访室、案件监督管理室、第一纪检监察室、第二纪检监察室、案件审理室等8个内设机构；第一中心纪检监察组、第二中心纪检监察组、第三中心纪检监察组等3个派出机构。区纪委机关、区监察局有行政编制16名。其中：区纪委常委7名，区监察局局长1名（由纪委副书记兼任），副局长2名（1名由纪委常委兼任、1名为党外副局长），主任8名。2015年，在市纪委和区委、区政府的坚强领导下，区纪委监察局认真履行职责，聚焦中心任务，全面开展监督执纪问责，党风廉政建设和反腐败工作取得了新进展、新成效。

主要工作

【正风肃纪】　强化纪律惩戒，深入贯彻落实中央“八项规定”精神。重点查处中共十八大后、中央“八项规定”出台后、党的群众路线教育实践活动开展后的顶风违纪行为。坚持暗访、查处、追责、曝光“四管齐下”，抓住重要节点，紧盯“四风”（形式主义、官僚主义、享乐主义和奢靡之风）新形势新动向，以查处促监督。开展对违规公款购赠年货和贺年卡，违规公款吃喝、公款旅游和铺张浪费，违规收送“红包”礼金、礼品等突出问题的专项整治。推进机关作风建设，深化“会所腐败”整治工作成效，严格公车使用管理，大力整治“庸懒散奢浮软”等不良风气。2015年，开展明察暗访8次，对14个单位41名干部职工违反工作纪律情况进行通报批评。坚持严管与厚爱相结合，加大谈话、函询、诫勉力度，既释放越往后执纪越严的信号，又体现党的宽严相济政策。继续开展党风廉政建设责任制考核，强化“两个责任”落实。严格执行“一案双查”制度，以问责倒逼责任落实。

【纪律审查】　区纪检监察机关围绕遏制腐败蔓延势头的目标任务，加大执纪审查力度。2015年，共受理群众信访举报129件（次），同比上升19%；初核线索90件，同比上升73%；立案70件，同比上升11.1%，涉及副科以上干部13人。开展农村基层党员、干部违纪违法线索集中排查，共排查线索108条，立案50件，对违纪违法人员进行了党纪政纪处分或组织处理。

依纪依规推进执纪审查工作。畅通信访举报渠道，加强对举报线索的研判分析，检举控告类信访举报核查率达到100%。高度重视案件审理工作，严格把好案件事实证据关、程序关、定性量纪关、执行送达关，不断提高审理质量和效率。加大反腐败组织协调力度，坚持案件线索移送、案件查办、情况通报等制度，确保部门之间信息共享和协调联动。积极配合省委巡视组开展工作，调查核实巡视组转办的信访举报共38件，督促巡视反馈意见的整改落实。进一步规范谈话点管理，建立管理制度，完善各项软硬件设施配备。坚持少用、慎用“两规”措施，执纪审查实现“零事故”。

【教育监督】　结合党员干部队伍的思想实际，抓好党风廉政法规制度教育和警示教育。扎实开展纪律教育学习月活动，举办领导干部党纪政纪法纪教育培训班，200多名副科以上领导干部参加学习。坚持领导干部任前廉洁从政党纪法规考试制度，36名拟提拔科级领导干部通过考试。强化警示教育，组织全区正科以上干部102人和各基层党（工）委党员发展对象120人到市廉政教育基地接受警示教育。大力推进廉政文化建设，开展“廉洁广东行”主题宣传活动和“廉洁读书月”活动；编导廉政小品“家庭饭局”，在纪律教育学习月期间公开演出。广泛深入开展新修订的《中国共产党廉洁自律准则》和《中国共产党纪律处分条例》学习活动，邀请市委党校教授为全区副科以上干部作专题辅导。

强化权力运行监督制约。创新开展廉政巡查工作，对西河镇、住建局等3个单位进行重点巡查，对区统计局、残联等2个单位抽检巡查，对其他单位进行例行巡查。坚持开展述责述廉述德活动，西河镇、民政局等5个单位主要领导向区纪委委员进行“三述”。抓好廉政提醒，修订完善《武江区领导干部廉洁自律“口袋书”》，发放到全区领导干部手中；元旦、春节等重要“节点”向全区在职党员干部发送廉政短信5000多条。组织全区机关、镇街、基层站所、村居党员干部3000多人签订廉洁自律承诺书。

【体制机制改革】 深化转职能、转方式、转作风，积极完善反腐败体制机制，不断优化整合资源，突出主责主业。推进内设机构改革，整合成立党风政风监督室，增设一个纪检监察室和案件监督管理室，执纪监督力量达到人员编制的70%以上。制定《韶关市武江区监察局权责清单》，梳理出行政监察职权事项74项。严格执行线索处置和案件查办“两报告”制度，并将报告范围延伸到镇街纪委。严格落实干部提名考察意见，会同组织部门提名、考察、任用1名街道纪工委书记和2名镇纪委副书记。继续推进镇街规范化建设，进一步完善升级各项软硬件设施配备，谈话点建设更加规范。

【内部监督】 加强内部监督管理，注重解决自身存在的突出问题，不断改进工作作风。扎实开展“三严三实”专题教育，召开专题民主生活会和组织生活会，深入查摆纠正不严不实问题并认真落实整改。加大学习培训力度，选派7人（次）参加中纪委和省、市纪委举办的业务培训，区纪检监察机关组织集中学习12次。严格内部监督制约，完善区纪检监察机关内部管理制度，成立“武江区纪检监察机关内务监督委员会”。加强基层纪检监察干部管理，完善镇街纪委考核管理办法，更加客观科学地考核评价镇街纪检监察干部。坚持正人先正己，对纪检监察干部违纪违法行为“零容忍”，用铁的纪律打造忠诚、干净、担当的纪检监察干部队伍。

区纪委领导名录

书　记：曹　镅（女）
副书记：林卫国
　　　　朱冬生
常　委：黄碧贞（女）
　　　　陈国承
　　　　张耀雄
　　　　黄韶娟（女）

区监察局领导名录

局　长：朱冬生
副局长：张耀雄
　　　　邱韶东（2015.1—）

（撰稿人：林基乐）

民主党派·工商联

民革武江区基层组织

【概况】 2015年，民革韶关市武江区共有6个支部，分别设一、二、三、四、五支部和粤北人民医院支部，共有党员114人。

【思想建设】 始终坚持把思想建设放在首位。积极组织全区民革党员认真学习贯彻中共十八大，十八届三中、四中、五中全会，民革中央十二届三中全会精神和全国、省、市区“两会”精神以及中央统战工作会议精神，深刻领会习近平总书记系列重要讲话精神，加深对基本内涵的理解，掌握思想精髓。着重领会关于坚持和发展中国特色社会主义、全面依法治国和“十三五”规划等方面的重要论述，进一步统一思想、凝聚共识、形成合力，为全面完成年度各项工作任务奠定坚实的思想基础。

以深入开展坚持和发展中国特色社会主义学习实践活动为主线，把学习领会上级精神同加强自身建设、提高履职能力和巩固社会服务成果联系起来。教育和引导广大党员积极参加理论学习，辖区内的市委会领导班子成员参加全市学习贯彻中央统战工作会议精神传达会，辖区内的机关干部参加市委统战部在党校举办的学习贯彻中央统战工作会议精神和《中国共产党统一战线工作条例（试行）》专题培训，各基层支部纷纷召开民主生活会认真学习，做到有落实、有抓手、有心得，许多民革党员通过网络、媒介等平台进行自学。基层支部还发挥自身优势，与发达地区的民革组织联合开展别具特色的学习实践活动。如武五支部与深圳民革基层支部交流学习基层组织建设经验。

积极做好党派宣传工作。充分运用《团结报》《广东民革》等报刊和上级民革网站做好宣传工作，及时宣传和报送各基层组织最新工作动态、先进事迹和意见建议信息。全年向“广东民革”“韶关日报”“韶关统战”“韶关政协”等网站投稿约计10余篇，扎实有效的宣传工作，进一步提升韶关民革的知名度和影响力。

【组织建设】 严格贯彻民革中央和民革省委精神，以组织建设为基础，以提高“五种能力”和为参政议政工作提供人才为目标，以队伍建设为重点，扎实推进组织建设，抓好内部监督。

邓献良和钟永红2名医卫界同志被增补为民革市委委员。

积极稳妥推进组织发展工作，全年发展新党员7人，大学以上学历占100%，平均年龄36.7岁。

加大干部的培养举荐力度，提升民革干部任职水平。选送3名党员参加市委统战部举办的民主党派骨干培训班；选拔一大批业务能力强、热心党务工作、德才兼备的同志充实到基层组织的领导岗位上，让更多的干部在各项工作中得到锻炼；还有1名优秀民革党员被中共武江区委选拔到武江区新华街道办挂任街道办副主任锻炼培养。通过多种渠道、多种方式的锻炼和培养，使优秀的民革干部增阅历、长才干、上台阶。

基层组织建设取得新进展。加大区基层支部党员交流力度，使各支部的人数、年龄、性别、界别结构等总体平衡，促进新老党员交流思想、沟通想法。丰富基层组织活动内容和形式。除常年坚持在春节、重阳节等传统节日慰问老同志，继承和发扬老一辈优良传统，还开展党务学习、基层调研、到社区服务、送医送药、捐资助学、看望孤寡老人、残疾儿童等丰富多彩的活动，有的还通过请进来、走出去的方式与本市甚至其他市民革组织加强学习交流，丰富组织活动的内容和形式，开阔视野，提升基层支部的活力和凝聚力。

全力做好基层组织换届工作。2015年是全区民革基层组织换届年，换届时间紧，任务重。坚持选用德才兼备、以德为先、代表性强、公认度高的选人用人标准，不仅优化年龄梯次和公职人员与民营企业、个体工商户的比例，更注重党员的个性特点、工作阅历和工作经验的合理搭配和优势互补，年内顺利完成全区6个基层支部的换届工作。新的一届支部班子综合素质、年龄结构、知识结构和代表性等进一步优化，使一批政治素质好、群众基础好、业务能力强、热心党务工作、乐于奉献、德才兼备的同志走上基层组织的领导岗位，基层组织的凝聚力和活力进一步增强，为巩固和发展我区多党合作的政治格局奠定坚实的组织基础。

【参政议政】 认真贯彻落实民革中央关于“举民革全党之力，抓好参政议政工作”的要求，紧紧围绕区委、区政府中心工作，认真做好重要课题调研，反映社情民意，为彰显党派地位，提升社会价值，做出新成绩。

依托“两会平台”，积极建言献策。2015年年初，在韶关市政协十一届四次会议上，民革党员中的省、市政协委员累计提交集体提案和界别提案13件，提出一系列有见解、有价值、有力度的意见建议。向大会提交《关于加强我区登革热疫情防控工作的建议》1件集体提案。界别提案詹三毛《关于改造五里亭片区、小岛片区截污管道工程的建议》和杨泳《关于促进我区非公医疗机构健康发展的建议》被列为今年市政协5件重点提案中的2件，《关于改造五里亭片区、小岛片区截污管道工程的建议》由市长和市政协副主席贝抗胜、何伟青领衔督办，《关于促进我区非公医疗机构健康发展的建议》由王乙未、张文铭两位副主席领衔跟踪督办。界别提案曾攸安《关于加快推进我区妇女儿童医院新院建设的建议》被列入2015年首次由市政协各专委会（教科文卫体委）跟踪督办的8件提案之一。詹三毛的即席发言《关于重新定位韶州宾馆1号楼的建议》，引起与会委员的共鸣，产生极大的社会反响。

发挥优势，圆满完成调研。武江区各基层支部充分发挥民革参政议政委员会成员及人大代表、政协委员的作用，集思广益，承担“发展韶关健康服务产业专题调研”1个市委会2015年度重点调研课题，参加市委会专题调研小组，赴惠州等地开展实地调研，圆满完成调研任务并形成调研报告。其中，《发展韶关健康服务产业专题调研》被选为明年市政协大会发言。

关注民生，扎实推进信息工作。全年，区基层支部报送且被中共广东省委统战部、市委统战部、市政协等采用10篇各类统战及社情民意信息。其中：上报的《刘素云关于关心关怀“临界妇女”精神生活的建议》获得中共广东省委领导批示；《刘素云关于在全国建立“互联网重大疾病治疗中心”的建议》被中共广东省委统战部采用；《关于重点关注各地政策打架问题的建议》等8篇被中共韶关市委统战部采用；本年，统战信息总分为220分。

认真履职，加大政治协商、民主监督力度。辖区内市委会领导班子成员、党员中的各级人大代表、政协委员积极参加各类协商会议、专题视察和座谈活动。民革中的特约五员，作为民主监督的重要力量，在维护社会和谐稳定、增强社会凝聚力方面，也发挥了作用。

【社会服务】 2015年，按照“发挥优势、突出重点、量力而行、务求实效”的方针，充分发挥民革的优势和特点，推进社会服务多元化，为服务“四个全面”战略布局和履行参政党职能积极发挥作用。

开展关爱抗战老兵活动。武五支部在市政协副主席、民革市委主委张文铭带领下赴乐昌城区和长来镇慰问该市现存的两位抗战老兵，与老兵促膝长谈，倾听老兵故事，传承抗战精神，承载老兵的殷切期待，送去慰问金和慰问品，对他们为民族独立、英勇抗战的事迹表达崇敬之意。

利用民革社会法制领域人才聚集优势，通过“法进社区”“送法下乡”等多种活动形式，开展普法教育、法律援助和法律咨询服务。如武四支部的余硕律师受邀为粤北人民医院、市第二技师学院、必背镇政府的女职工作妇女权益保护等普法讲座和法律援助、法律咨询服务。

继续开展“博爱•牵手”活动。通过捐款捐物、慰问困难群众、给乡村小学学生送温暖、关爱孤寡老人和儿童等多种形式，帮助困难群众和党员解决实际问题。一是继续关爱孤寡老人活动。如武三支部赴武江区龙归镇敬老院捐赠轮椅等物资一批。二是继续开展关爱贫困学子活动。如武二支部发挥支部的优势，持续多年捐资助学，帮助贫困家庭学子。三是继续开展扶贫义诊活动。如粤北医院支部组织医务人员到乳源大桥镇开展送医送药活动，义诊群众200多人，捐送药品总价6000元；武五支部组织眼科医疗小组赴武江区龙归镇为86名村民进行眼健康检查、诊治，并赴韶关基督教东堤堂为信徒开展“关爱眼健康”义诊咨询活动；武一支部会同韶关市关心青少年成长爱心协会组团赴市职业病防治医院，看望残疾儿童，并为2名住院治疗的特困家庭脑瘫患儿捐赠1500元。此外，还有杨泳、赵高凌、甘泉发等党员以个人名义进行爱心捐助等。

深入学习中共中央对台工作大政方针和民革中央对台工作部署，牢牢把握两岸关系和平发展的主题，发挥民革联系广泛的优势开展好祖统工作，以祖统促发展。

民革武江区各支部主委名录

一支部主委：卢春娇（2015.5—）

二支部主委：赵高凌（2015.6—）

三支部主委：林叶水（2015.7—）

四支部主委：余　硕（2015.6—）

五支部主委：邓献良

粤北人民医院支部主委：钟永红（2015.7—）

（撰稿人：王龙树）

民盟武江区基层组织

【概况】 中国民主同盟（简称“民盟”）是主要由从事文化教育以及科学技术的高、中级知识分子组成的，具有政治联盟特点的，接受中国共产党领导、同中国共产党通力合作，进步性与广泛性相统一、致力于中国特色社会主义事业的参政党。2015年，民盟在韶关市武江区有6个基层组织，盟员115人，其中北江中学支部25人，田家炳中学支部16人，韶关市中等职业技术学校支部12人，武江区科技教育支部37人，医卫支部16人，粤北医院支部9人。盟员主要来自驻区教育、医卫、科技、文化等界别。2015年，民盟武江区共发展新盟员5人。其中：女盟员1人，占新发展盟员总数的20%；研究生学历1人，大学本科学历2人，大专学历2人；中、高级以上职称5人，占新发展盟员总数的100%。在行业界别方面，教育界3人，经济界2人。

2015年，民盟武江区各级

组织以换届工作为重点，认真履行政治协商、参政议政、民主监督职能，切实抓好各项工作。

【思想建设】 抓政治理论学习，提高盟员政治素质。2015年，民盟武江区各基层组织注重抓好政治理论学习。利用广播电视、网络媒体，采用报告会，座谈会等方式组织学习中共中央十八届五中全会和中央统战工作会议精神，学习讨论《中国共产党统一战线工作条例》。加强对盟史盟章的学习，学习民盟先辈铁肩担道义、关注民生、忧国忧民、敢于担当的优良传统和高尚品格。选派新一届支委和骨干盟员18人参加民盟韶关市委邀请民盟上海市委宣传部王海波部长作的《从民盟历史看中国特色参政党制度》专题报告会，强化盟员始终与中国共产党风雨同舟的信心和决心，切实做到始终坚持正确的政治方向。

【组织建设】 周密部署，完成基层组织换届工作。2015年，民盟武江区各基层组织按照民盟韶关市委的布置和安排，召开支委会议和盟员大会，对换届工作进行研究和布置。在民盟韶关市委和中共武江区委统战部的指导帮助下，6个基层组织的换届工作于10月15日全部完成。此次换届选举产生支委20人，其中新支委8人，占40%；新主委3人，占50%；女支委9人，占45%。把好入口关，做好新盟员发展工作。2015年，北江中学支部发展梁金星、韩亚兴2位同志入盟；武江区科技教育支部发展张晓东、黄立峰2位同志入盟；田家炳中学支部发展李伟清同志入盟。重视后备干部队伍建设。5月，武江科技教育支部推荐陈胜鸿同志参加民盟广东省委盟务骨干培训班；7月，北江中学支部推荐董来星同志参加韶关市第六期党外中青年干部培训班。

【参政议政】 重视“两会”平台，积极履行议政职能。民盟武江区各基层组织鼓励盟员走向社会，深入各部门、社区，调查研究，认真履行参政党职能。北江中学支部盟员、韶关市政协委员林炜东在韶关市政协十一届四次会议上做《加快主城区扩容提质 建设区域中心城市》大会发言。民盟武江区政协委员在区政协会议期间提交《关于加强教育路运动场管理及维修设施的再建议》《关于进一步发挥武江区家长学校作用的建议》等提案。盟员在各自的单位发挥主人翁精神，关心支持单位的发展。北江中学支部盟员在学校征询教学质量奖、民主生活测评等座谈会上，均慷慨直言。田家炳中学支部向学校提交《关于在升旗仪式上师生齐唱校歌的建议》培养学生爱国、爱校的精神。

【社会服务】 立足本职工作，做好社会服务工作。奉献爱心，捐资助学。北江中学支部为乐昌市长来镇春晖助学联合会牵线搭桥，筹集资金八千元用于长来镇奖教助学。田家炳中学支部盟员为该校七年级患白血病学生捐款900元。本职工作，展现风采。各基层组织盟员大多数是单位业务骨干，取得突出成绩。北江中学支部盟员刘道平辅导学生参加2015年全国数学奥林匹克联赛，获全国二等奖2人，全国三等奖2人，省一等奖6人，省二等奖3人，省三等奖4人，被评为韶关市高中数学竞赛优秀指导老师；医卫支部盟员曹春梅同志是韶关市中医院唯一的主任中医师，2015年主持广东省科技局科研立项1项；医卫支部盟员陈四有同志主持韶关市科技局科研立项1项。

民盟武江区基层组织主委名录

北江中学支部主委：左之滨
田家炳中学支部主委：沈　坚
市职中支部主委：梁静元
武江科技教育支部主委：陈胜鸿
医卫支部主委：周　樱（女）
粤北医院支部主委：张国平

（撰稿人：赵桂林）

民建武江区基层组织

【概况】 2015年，民建在武江区设有1个基层委员会，武江基层委员会下设5个基层支部，共有会员107人，其中武江一支部15 人，武江二支部24人，武江三支部 22人，武江四支部22人，武江五支部24人。会员主要由驻区和区政府机关经济界人士组成。

【思想建设】 2015年，民建武江区各基层组织坚持学习制度，结合开展纪念民建成立70周年活动，组织会员学习中共十八届四中、五中全会和中央统战工作会议精神，学习贯彻习近平总书记关于治国理政的一系列重要讲话精神，深刻领会陈昌智主席在民建中央参政议政工作会议和广东省委纪念民建成立70周年大会上的讲话精神，不断增强会员的政治思想素质。同时，组织会员积极参与理论研究，胡湘泉撰写的《关于进一步加强民主党派基层组织建设的几点思考》获得民建省委授予的民建自身建设理论研究优秀成果三等奖和市委统战部授予的全市统战理论政策研究创新优秀成果优秀奖，严志全撰写的《新形势下做好民主党派工作的几点思考》获评全市统战理论政策研究创新优秀成果优秀奖。

【组织建设】 2015年，民建武江区各基层组织以换届工作为契机，切实推进组织建设。在此次基层组织换届过程中，原民建武江总支升格为民建武江区基层委员会，一批年富力强、政治素质高、参政议政能力强、热心会务的骨干会员被充实到基层领导班子中。除坚持开好每月的组织生活会外，各基层组织还开展形式多样的联谊活动，如组织会员到企业参观考察和开展文体户外活动等，进一步增强组织的活力和凝聚力。各基层组织及会员在会务工作和本职工作中，取得新成绩和荣誉。如武江二支部、武江四支部被民建韶关市委授予“韶关民建2015年度先进基层组织”；曹剑晋升为韶关宏大精密锻造有限公司副厂长兼总工程师，朱凌晋升为韶关市质量计量监督检测所总工程师；李华峰荣获“全国水利系统先进工作者”；陈曦、胡湘泉、严志全被民建广东省委评为参政议政工作先进个人， 周威明、黄丽忠等 9人被民建韶关市委评为“优秀会员”，胡海英、谢崇天被民建韶关市委评为“参政议政工作优秀个人”，等等。

【参政议政】 2015年，民建武江区各基层组织认真履行职责，围绕党委和政府的中心工作及群众关心的热点难点问题，深入开展调研，积极建言献策。全年向各级人大、政协提交提案、建议案18 件，提交专题协商会发言材料3件，市政协即席发言1件，“市长与市政协委员座谈会”发言1件，各类信息材料11件，受到有关部门的重视和采纳。例如，在中共韶关市委推进依法治市专题协商会上，陈曦、何勇和谢崇天分别作《用好地方立法权，推进依法治市工作》《坚持依法行政，建设法治政府》《对健全推进法治政府建设长效机制的思考》的发言，积极为市法治建设献计出力；在“市长与市政协委员座谈会”上，胡湘泉作题为《构建“大旅游”发展格局，推动旅游产业转型发展》的会议发言，为促进韶关旅游业发展积极建言献策；胡湘泉在市政协的大会即席发言《关于进一步加强我市公共汽车交通发展的建议》，受到好评；胡海英撰写的《建议扶持村镇级快递中转站建设》被省委办公厅采用，她撰写的《关于建设南岭山地森林生态及生物多样性功能区的建议》被市政协采用，并得到市领导的批示，等等。

【社会服务】 2015年，民建武江区各基层组织引导会员，积极参与各项公益活动，累计捐款捐物70多万元。例如，武江区基层委员会联合慈善团体到乳源县开展缘梦同行助学项目，为贫困学子献上爱心；积极响应武江区委统战部的倡议，向爱心超市踊跃捐款；积极参与民建韶关市委助力阳江行动，发动会员捐赠150多本图书给阳东县东平镇文化站。武江二支部组织会员到五里亭镇慰问贫困户。李军前、吴国营、林友财等会员企业家积极为"广东扶贫济困日"捐款捐物，大力支持市扶贫事业。黄海棠捐款1.2万元继续资助始兴县太平镇城郊中学三名贫困学生，等等。

民建武江区基层组织主委名录

民建武江区基层委员会主委：钟爱明

民建武江一支部主委：曾庆堪

民建武江二支部主委：何　勇

民建武江三支部主委：曹　剑

民建武江四支部主委：钟爱明

民建武江五支部主委：张南生

（撰稿人：于方娟）

▲2015年8月5日，民建武江区基层委员会召开第一次会员代表会　（照片拍摄者：严志全）

民进武江区基层组织

【概况】 2015年，韶关民进武江区基层组织共有支部4个，总计会员91人，其中武江区联合支部27人，武江区小教支部25人，五中支部25人，武江大专支部14人。会员主要来自教育、文化、卫生、民企等界别。

【思想建设】 韶关民进武江区基层组织践行社会主义核心价值观，坚定走中国特色社会主义道路，组织会员重点学习习近平总书记系列重要讲话精神，以及中共十八届五中全会，中共广东省委十一届五次全会，中共韶关市委十一届七次、八次全会和全国、省、市"两会"精神等。韶关民进武江区基层组织持续深入开展坚持和发展中国特色社会主义学习实践活动，围绕中央统战工作会议精神积极开展学习活动，并积极开展和参与中国民主促进会成立七十周年相关纪念活动，基层支部负责人和部分骨干会员还参与市委会组织的赴湖北武汉、湖南岳阳等地进行学习交流活动。

【组织建设】 2015年是"基层组织换届年"，韶关民进武江区基层组织4个基层支部严格按照组织程序，有条不紊地开展换届工作，全部圆满完成换届任务，所有支部的候选人均高票当选，新老班子过渡平稳，交接顺利。在市政协2015年举办的“鑫金汇杯”全市乒乓球比赛中，由武江小教支部欧俊锋、刘国凤等4位会员组成的韶关民进乒乓球队力挫群雄，勇夺冠军。

【参政议政】 会员温荣华、杨秋兰、雷名珠、彭智坚担任武江区政协委员。民进武江区各支部和担任区政协委员的会员，紧紧围绕区委、区政府中心工作，积极参政议政。2015年武江区“两会”期间，全区各支部总计提交提案4件，均得到区有关部门的重视。此外，武江联合支部卢路定等会员参与撰写的统战信息获得省领导批示，武江大专支部副主委曾庆飞被评为“民进广东省委信息工作先进个人”。

【社会服务】 民进武江区各支部凝聚广大会员的爱心和力量，发挥自身优势，创新工作思路，围绕“6·30”广东扶贫济困公益活动、扶贫开发“双到”、“同心筑梦”慈善事业、“书香彩虹”行动等做力所能及的贡献。广大会员还积极主动以各种形式服务社会，民进韶关市委社会服务工委主任温荣华组织民营企业家会员赴韶关市铁路一小开展“献爱心”活动，为该校24名困难学生及其家庭发放助学金和大米、食用油等生活用品一批，总价值12000多元；武江联合支部周旭萍、卢路定为当地群众义诊120余人次。

民进武江区各支部主任名录

武江区联合支部主任：雷名珠
武江区小教支部主任：欧俊锋
韶关市五中支部主任：麦振中
武江区大专支部主任：吕　伟

（撰稿人：朱玉娟）

农工党武江区基层组织

【概况】 2015年，农工党韶关市武江区共有1个总支，9个支部，党员172人。其中，粤北人民医院总支73人（一支部23人，二支部25人，三支部25人），医卫支部23人，粤北第二人民医院支部11人，中医院支部17人，职防院支部16人，韶关学院医学院支部21人，科技支部11人。成员主要分布在驻区医药卫生、教育和科技系统。粤北人民医院总支荣获农工党中央先进基层组织表彰。8名党员获得韶关市科学技术进步奖。

【思想建设】 2015年，农工党武江区各支部将坚持和发展中国特色社会主义学习实践活动贯穿于思想、理论、组织、制度、作风建设和参政议政、社会服务工作的全过程。通过专题学习会、座谈会等多种形式深入学习中共中央统战工作会议和《中国共产党统一战线工作条例（试行）》精神，提高政治把握能力、坚定理想信念、增进政治认同。发动全区党员积极响应农工党中央号召，踊跃缴纳特别党费共计12960元支持农工党第一次全国干部会议会址维修和布展工作，一方面为农工党党史教育基地发展贡献武江农工党员的绵薄之力，另一方面通过此次活动对广大党员上一堂生动的党史课程。认真组织党员开展党章和党史问卷知识答题活动，医卫支部一名党员入选韶关市代表队参加农工党广东省委举办的“学精神·学党章·学党史”知识竞赛并荣获二等奖。粤北人民医院总支等先进基层组织在农工党韶关市委举办的纪念农工党成立85周年大会上进行交流发言，介绍基层组织建设和开展履职活动的经验体会。

【组织建设】 2015年，农工党武江区各支部进一步加强组织发展，切实推进基层组织建设，全年发展新党员10人，其中博士2人，硕士1人，中高级职称9人。顺利完成基层组织换届工作，充实一批政治素质好、年富力强、热心党派工作并有较强组织领导能力、参政议政能力和合作共事能力的同志到基层组织领导班子队伍。

各支部领导班子成员和担任各级人大代表、政协委员的党员参加农工党韶关市委举办的基层组织骨干培训班，粤北人民医院总支主委参加农工党广东省委在西南政法大学举办的全省骨干党员培训班，科技支部主委参加省委组织部、统战部在省社会主义学院举办的2015年党外中青年干部培训班，2名支部副主委参加市委组织部、统战部在市社会主义学院举办的2015年党外中青年干部培训班，7名党员参加市委组织部、统战部在市社会主义学院举办的民主党派新成员培训班。重阳之际，各支部组织对80岁以上老党员进行慰问，为他们送去关爱和祝福。粤北人民医院总支三支部组织党员到韶山开展革命传统教育。

【参政议政】 农工党武江区各支部紧紧围绕区委、区政府的中心工作，切实履行政治协商、民主监督、参政议政职能。2015年，农工党武江区党员向省、市、区人大和政协提交提案和建议9件。在市政协十一届四次会议上，邱韶东撰写的《加快发展我市“医养结合型养老”健康服务产业的建议》被选作农工党韶关市委的大会发言。熊奇斌的《关于加强韶关市中医文化建设的建议》被列为市政协专委会跟踪督办提案。邱韶东在市委依法治市专题协商会上提交《基层政府法治建设中的难点问题及对策》发言材料。在2015年的市长与市政协委员座谈会上，熊奇斌、邱韶东分别提交《中医药文化产业与旅游产业融合发展，助推韶关市旅游产业转型升级》《实施“旅游立市”战略、做大做强旅游经济》书面发言材料，围绕新常态下如何加快市旅游业发展提出意见建议。蔡艺苹的《关于加大惩治，让讹诈者付出法律代价的建议》被省、市统战信息采用，并得到省委领导的重要批示。熊奇斌的《关于加强对我市道地药材培育管理及其知识产权保护的建议》被市政协反映社情民意信息专报采用，并得到代市长骆蔚峰的重要批示。

【社会服务】 粤北人民医院总支、中医院支部牵头策划和举办大型活动“振兴韶关中医药创新创业论坛”，邀请中国科学院华南植物园、中山大学附属第一医院、广东省中医药学会、赣南医学院专家讲座，提出发展韶关中医药产业的理念和策略。科技支部向乐昌市五山镇卫生院和廊田镇卫生院捐赠5台电脑、1台打印机，改善卫生院就医办公条件，提高医生为民就诊看病效率。粤北人民医院总支结合“中国环境与健康宣传周”“国际科学与和平周”等主题，先后组织3批医疗队，分别前往乳源瑶族自治县桂头镇大坝村、仁化县城口镇、翁源县坝仔镇等地送医送药，发放生态环境与健康宣传资料100多份，接受群众义诊咨询500多人次，免费发放药品价值3万多元。粤北第二人民医院支部、中医院支部、韶关学院医学院支部的党员也积极参加所在单位组织的送医送药活动。

农工党武江区基层组织主委名录

粤北人民医院总支主委：熊奇斌

粤北人民医院一支部主委：黄　文

粤北人民医院二支部主委：熊奇斌

粤北人民医院三支部主委：阳纯兵

医卫支部主委：邱韶东

粤北第二人民医院支部主委：江成林

中医院支部主委：付晓民

职防院支部主委：蔡艺苹

韶关学院医学院支部主委：王　萌

科技支部主委：黄得慧

（撰稿人：陈勇胜）

九三学社武江区基层组织

【概况】 2015年，九三学社武江区各基层组织团结带领广大社员，继承和发扬九三学社的优良传统，围绕区委、区政府的工作重点积极履行参政党职能，为促进武江区经济社会发展作出积极贡献。

广大社员立足本职，取得优异的成绩。李少鸿在“2015年（首届）广东当代民办教育优秀办学人”评选活动中，被评为广东当代民办教育举办人突出贡献奖。社员胡淑毅、黄伟、廖卫坚、徐晓南、朱飞奇、谭齐燕喜获2014年度韶关市科学技术进步奖。

【思想建设】 社市委坚持把政治思想建设作为自身建设的首要任务来抓。2015年，各基层组织以深入开展“坚持和发展中国特色社会主义学习实践活动”主题教育活动为思想建设主线，通过举行支社学习活动的形式传达学习中共十八届五中全会精神、全国两会精神、社省委七代会精神及中共韶关市委和市委统战部有关主题内容。

为纪念九三学社创建70周年，社市委组织武江区市委委员、基层组织主委探访抗战胜利受降地芷江和重庆中国民主党派历史陈列馆。8月，武江区社员参加社市委纪念中国人民抗日战争胜利70周年暨九三学社创建70周年活动。10月，主委兰茵等领导参加中共中央统战部召开的“坚持和发展中国特色社会主义学习实践活动经验交流暨中期推动会”电视电话会议。11月，为推动“中国特色社会主义学习实践活动”，兰茵等领导参加中共市委统战部组织的民主党派暑期座谈会外出学习考察活动。社市委领导兰茵、罗元月、成绍强走访武江基层委员会下属6个支社，征集社员对社市委工作的意见和建议。

2015年，武江基层委员会社员向《广东九三》《韶关日报》《韶关政协》等刊物投稿16篇。向社省委、市政协和市委统战部等提交信息12件，被省委统战部采用2件，市委统战部采用3件。刘斯琪的《关于调整广东省产假部分政策的建议》、方先来的《关于强制取消核磁共振、X光照射及CT等影像冲洗的建议》获中共广东省委领导批示。

【组织建设】 社市委高度重视各基层组织建设，不断加大对各基层组织工作的指导力度。今年10月前，在武江区委统战部和基层组织所在中共党组织的指导和帮助下，各基层组织换届工作圆满完成。社市委根据实际需要，先后重组和新成立武江四支社、武江五支社、开发区支社、粤北医院一支社、粤北医院二支社、粤北医院三支社、粤北医院区基层委员会。

至2015年底，九三学社在武江区有基层委员会2个、基层支社11个，有社员107人。其中，粤北医院基层委员会23人、武江一支社11人、武江二支社11人、武江三支社13人、武江四支社 9人、武江五支社11人、开发区支社12 人、供电支社7人、韶关医学院支社10人。

7月，武江区社员周建雄、向敏瑜、谢华美参加由市委组织部、市委统战部联合举办的2015年党外中青年干部培训班。春节前夕，各基层组织开展迎春团拜活动，慰问部分退休社员；妇女节组织女社员前往始兴县参观妇女创业杰出代表吴秀兰的养殖基地；重阳节组织退休社员就“莞韶园的发展对我市经济建设的推动作用”专题进行调研。一年来，武江区各基层组织开展活动共30多次，走访慰问历届社内老领导、患病社员、生活艰苦的社员共7人次。

【参政议政】 各基层组织领导和“一表三员”高度重视政治协商，每一次参与协商，都做到事先有准备，建言有针对。6月，主委兰茵、副主委成绍强、社员袁志强参加中共韶关市委依法治市专题协商会。会上，袁志强作《关于我市行使地方立法权应注意的若干问题》的发言。8月，主委兰茵、副主委成绍强参加2015年市长与市政协委员座谈会。12月，主委兰茵、副主委成绍强参加韶关市“十三五”规划建议（稿）专题协商座谈会。2015年继续落实“市委出题，党派调研”工作，开发区支社承担《关于推动韶关市大众创业的建议》课题。

2015年，罗元月、成绍强、方志明、罗伟、徐晓南、雷东山、梁利球、梁喜阳、邓丽山等先后参加各类参政议政会议和视察活动达29人次。社市委先后召开参政议政专委专题会议6次，组织开展各类调研活动6次，武江基层委员会参与社员40多人次。

2015年，在武江区的社员中有市政协委员6人（常委2人）、区人大代表1人、区政协委员 7人（副主席1人）。在2015年向省、市、区两会上提交议案、提案、意见和建议11件。方志明的《关于规范民营医疗机构运作的建议》提案被评为市政协重点跟踪督办提案。

【社会服务】 2015年，九三学社市委成立“韶关九三志愿服务队”，30多位浈江社员参加。武江区社员多次参加在杜鹃公园、矿山公园和韶州公园的“九三生态林”认种认养活动。在扶贫开发工作中，社市委和市政协一起对口帮扶乳源县桂头镇大坝村，并为该村捐款捐物。6月，社市委认真组织武江区社员在所在单位积极参与“扶贫济困一日捐”活动。

九三学社武江区基层组织主委名录

武江区基层委员会主委：罗元月

武江区一支社主委：雷东山

武江区二支社主委：罗　燕

武江区三支社主委：周招萍

武江区四支社主委：周建雄

武江区五支社主委：李再丰

供电支社主委：邓丽山

开发区支社主委：李少鸿

韶关医学院支社主委：梁利球

粤北医院基层委员会主委：徐晓南

粤北医院一支社主委：徐晓南

粤北医院二支社主委：陈　斌

粤北医院三支社主委：朱飞奇

（撰稿人：成志军）

武江区工商联合会

【概况】 武江区工商联合会是中共武江区委和区政府联系非公有制经济人士的桥梁和纽带，是政府管理非公有制经济的助手，也是对外开放、民间外交的一条重要渠道。区工商联挂靠区委统战况，归口区委统战部管理。

【主题会议】 2015年1月，组织辖区内的40多家会员企业举办了为期半天的《广东省企业集体合同条例》学习班。2015年3月，武江区工商联、武江区国税局、武江区地税局于联合成立武江区纳税人权益保护中心，并召开第一次会议。

【主题活动】 开展“广东扶贫济困日”活动。开展民营企业现状调查工作。组织开展行政许可监督调查和参加市第一期创业讲坛活动。开展“民营企业家与中国梦”主题教育活动，印发理想信念教育学习手册500册，企业集体合同条例学习读本200册。积极引导爱尔眼科医生到东岗岭社区开展“爱心助困•送医进社区”免费义诊活动，还组织5家会员企业向新华、惠民爱心超市捐保暖衣100件、羽绒服80件，总价值36000元。

（撰稿人：麦燕玲）

群众团体·社会组织

武江区总工会

【概况】 区总工会辖区机关、企事业工会763家，会员90325人，其中：国有企业1个，会员321人，机关单位工会50个，会员1130人，其他事业单位工会28个，会员3245人，财政拨款有事业单位工会59个，会员16545人，个体经济组织工会130个，会员13527人，集体企业工会8个，会员236人，股份合作企业工会4个，会员208人，联营企业工会3个，会员26人，其他有限责任公司工会53个，会员2122人，其他股份有限公司工会5个，会员122人，私营企业工会394个，会员21345人，台港澳商投资企业工会9个，会员3530人，外商投资企业工会3个，会员635人。

【工会固本强基工作】 为加大党工共建的力度，充分发挥镇（街）、区直职能相关部门的作用，全年共完成工会组建任务12家，积极做好2015年非公企业法人建会和数据库录入工作和组建率已达到80%以上名列前茅。积极配合市总工会搞好工会经费税务代收工作，做好工会经费的合理使用和管理等，抓好厂务公开民主管理工作，积极创建“职工之家”活动。

【解困送温暖】 2月3日，区人大常委会副主任、工会主席戴兴辉、区工会常务副主席梁嘉金等一行人在春节前慰问区（特）困难职工代表4名，武江区教育局方永春、武江区城管局黄敬球各慰问金1万元，武江区教育局王焱、武江环卫所余金花各慰问金5000元，共计3万元整。

2月12日，区人大常委会副主任、工会主席戴兴辉、常务副主席梁嘉金等一行人对5名困难职工进行慰问并送上慰问金每人500元及棉被1张，共计2500元，棉被5张。

区总工会举办“百万帮扶暖千家”暨金秋助学活动仪式，区人大常委会副主任、工会主席戴兴辉等领导参加活动，当天共发放助学金6.75万元，其中：大学17人、大专5人、高中4人，困难帮扶83人，6.3万元、大病救助9人，2.2万元，合计15.25万元。

【职工文体活动】 10月21日，为进一步弘扬中华民族敬老、爱老、助老的传统美德，让所有老人度过一个欢乐、祥和、健康、文明的老年节。进而更好地发挥老同志社会作用和地位，更好地服务于和谐的精神文化建设，武江区委宣传部、武江区总工会联合举办“武江区九九重阳节”文艺会演活动，从根本上关怀老人、爱护老人、呵护老人为目标，认真和组织开展敬老、爱老、助老活动。

【表彰情况】 韶关市先进职工之家（5家）：韶关市武江区新华街工会委员会、韶关市龙润工业技术有限公司工会委员会、韶关市欧浦置业投资有限公司工会委员会、韶关市武江区龙归镇工会委员会、韶关市振华中等职业学校工会委员会。

韶关市优秀工会工作者（4人）：陈志红（女）、华新凤（女）、丘苑丽（女）、车玉红（女）。

全国模范职工之家（1家）：铁友机械有限公司工会委员会。

韶关市粤北女职工文明岗（3个）：武江区地方税务局西联税务分局、欧浦置业投资有限公司营销客服部、武江区博思特幼儿园小小班。

韶关市粤北建功立业女能手（4人）：宋道玉、苏夏茹、陈秋莲、肖桃红。

区总工会领导名录

主　　席：戴兴辉（兼）

常务副主席：梁嘉金

（撰稿人：李文杰）

共青团武江区委员会

【概况】 团区委未设内设机构，区属基层团委14个，团工委3个，团总支24个，团支部225个，团员3402人，其中专职团干部2人，兼职团干部245人。

【思想道德教育】 2015年，团区委把握社会思想脉搏，弘扬社会主旋律，组织青年通过举办、参与市区活动30余场次，引导青少年正确树立世界观、人生观、价值观。5月，组织召开“团干部如何健康成长”座谈会暨“五四”表彰活动，引导团干部强化政治责任感，加强道德修养，锤炼优良作风，表彰区级五四红旗团组织12个、优秀团干、团员69人。获得市级表彰五四红旗团组织3个、优秀团干、团员5人。推报获得省级表彰五四红旗团支部1个、优秀团员2人。8月初，组织基层团干开展廉政教育活动，参观市廉政教育基地，听取廉政教育专题讲座。开展“墨香流韵·畅写青春”青少年书法大赛活动，评出优秀书法作品130余件，弘扬社会主义核心价值观。以纪念中国抗日战争胜利暨世界反法西斯胜利70周年为契机，组织全区基层团干部到北伐战争纪念馆、省委旧址等开展爱国主义教育活动；在全区青少年中开展网络英烈祭奠等活动；通过微信、QQ等阵地，宣传全市烈士公祭活动等。开展网络文明志愿组织建设，推动“网络文明志愿者”注册1300余人。举办以“青网计划——青少年如何应对网络新形势•健康文明上网”为主题的道德讲堂活动，强化青少年健康文明上网的意识。建立“武江区共青团微信公众号”，坚持做好全区工作和青年资讯的“发声器”。

【团组织建设】 坚持党建带团建，不断适应青年群体分布的新变化，与时俱进，组织建团、活动建团、素质建团。组织开展“百县千乡”分类示范创建活动，以龙归镇为示范镇，结合乡镇大团委建设工作，按照团中央、团省委“十查十看”的要求，就组织建设、团员管理、活动开展等十个方面进行对照自查、整顿和规范工作，进一步夯实农村团建和区域化团建工作基础。不断扩大团组织覆盖面，新成立重阳九九生态家庭农场、云英兰花合作社团支部等5个“两新”组织团组织。7月，团区委联办2015首届“韶关大冲关”比赛活动，全区机关、企事业单位共110余名青年组成27支队伍参加比赛，大大活跃广大青年群众的业余生活。10月，唱响“南粤幸福周”主题，联办“我与青春有个约会”青年玫瑰节主题活动，全区各行业130多名青年男女踊跃报名参与，活动为区广大单身青年们联络感情、沟通交流搭建“鹊桥”。此外，通过以会代训和专题培训的形式，累计对团干部开展政治思想、业务培训9次，受训团干部累计300余人。

【少先队工作】 坚持选典型、树榜样，以榜样示范增强少年队员的光荣感和责任感，进而推动少先队组织建设。2015年，在中国少年先锋队第七次全国代表大会代表推选工作中，武江区推荐阳山小学学生唐雨豪代表韶关市出席中国少年先锋队第七次全国代表大会，受到中共中央总书记、国家主席习近平和中央政治局常委刘云山的亲切接见。此外，推报获得省级优秀少先队员2名，优秀少先队辅导员1名，省少先队红旗大队1个，省少先队先进中队1个。年初，组织少工委相关人员到金福园小学开展为期5天的少先队蹲点调研活动，对当前区少先队组织结构、队伍建设、阵地建设以及少先队活动进行抽样摸底。结合“创平”工作内容和社会治安重点，充分利用“我是向上向善好队员”队日活动，国旗下讲话活动、“第二课堂”活动，在青少年中普及法律宣传，禁毒、女童保护、防灾自救宣传等，累计开展活动30余场次。开展“上一堂少先队礼仪课、“拒绝校园污染”活动、“学先进，有梦想”演讲比赛等活动，少先队员的精神风貌突显生机。

【青年志愿者活动】 助力全区“创建全国文明城市”以及“申报国家历史文化名城”等中心工作，不断加强志愿服务制度化建设，完善志愿服务体系，努力推动武江青年志愿服务“品牌”化。至2015年底，区实名注册网络志愿者有13000多名，广泛联系韶关市立德会、韶关民声网爱心协会、中国人道救援基金会及韶关春晖社工等组织共建武江区青年志愿服务联合会，形成“社工+义工”公益组织模式，组织开展志愿服务培训工作3场次，规范队伍的管理。结合节假日发动组织基层团组织开展各类募捐、法宣、关爱、扶贫助学活动等累计百余起。组织发动各级基层团组织开展以“保护母亲河•美丽中国梦”为主题的植树活动，“6·30”扶贫济困日一元捐活动，街头动员广大市民“微捐赠”；青年“三下乡”志愿服务，为基层百姓送金融、就业、法律等知识和义诊服务；国税、地税、禁毒知识入校等活动，提升青少年法律意识；“爱相伴”青少年暑期守护工程活动，陪伴留守儿童参观城市建设、科技创新等内容，助力他们健康快乐成长；春暖行动、圆梦计划、韶城会亲等活动联系扶持资金10余万元，帮助11名大学生顺利就读大学，关爱其他留守儿童50余人。其次，抓好志愿助残阳光行动、关爱异地务工人员子女朝阳行动等志愿服务活动落实，全区共组建助残青年志愿者团队7个，结对残疾青少年数991人，结对率达63%；现有关爱农民工子弟结对学校7家，农民工子女数1402人，结对率达100%。结合千名律师入校活动，组织律师入校法律宣传；携手韶关市立德会开展“关爱烈日下最可爱的人——环卫工人慰问活动”，向奋战在环卫工作一线的环卫工人送上敬意和关怀，以及价值约3万元的解暑凉茶、饮料等。携手民声网爱心协会开展残疾人关爱、女童保护关爱等活动，营造社会关爱、帮助、奉献的公益事业氛围。

【青年创新创业创优工作】 团区委贯穿青年创业主线，以座谈、培训、入企等方式，累计培训创业青年1200余人次，坚持虚功实做、难事长做。深入开展“展翅计划”行动，暑期，团区委联系党政机关、事业单位、社会组织、民营企业等26个单位，向大学生提供暑期实习、见习岗位119个，切实引导和帮助大学生在社会实践和职场体验中提升就业创业和职业转换能力。以农村青年创业为突破口，服务青年创业工作工作。通过采用“团、农、地、银”（共青团、农业部门、地方政府、银行业金融机构）联合培养的模式，对农村创业青年中的“领头雁”50人进行从资讯上、资金上、管理上、技术上开展涉农创业服务。联合区农业局、市邮政储蓄银行等，在龙归镇举办为期4天的农村创业青年培训班。积极组织农业种植、滑轮协会、动漫协会等一批创业青年参与“创青春”中国青年创新创业大赛、广东青年农村电商创业创富大赛等各类大赛活动，鼓励和帮助一批有创业意愿和创业能力的青年科学创业，形成政府激励创业、社会支持创业、青年勇于创业的良好氛围。

团区委领导名录

书　记：杨　岚（女）
副书记：李旭阳（2015.5—）

（撰稿人：李旭阳）

武江区妇女联合会

【概况】 现设主席1名，副主席1名；区妇女儿童工作委员会办公室设在区妇女联合会。基层妇联有镇、街妇联7个，区直各系统、部门单位妇委13个。行政村妇代会51个，城区社区妇代会31个。武江区妇女联合会是负责妇女儿童工作的群众团体，是党和政府联系妇女群众的桥梁和纽带。2015年，区妇联围绕全区经济社会发展大局和建设“坚强阵地”“温暖之家”的总体要求，参与社会管理和创新，推进妇联枢纽型组织建设，为全区妇女儿童解难题，抓服务，谋发展，全年工作取得显著成绩。

【开展“巾帼建功”创建活动】 积极推进“巾帼文明岗”创建工作，培养各行业女性人才，推进典型，切实提高创建活动的知晓率和参与度。做好检察院、教育局等单位市级“巾帼文明岗”验收工作区，推荐区司法局、博思特幼儿园申报参加省级“巾帼文明岗”创建评比工作。培育巾帼经济组织，促进妇女专业合作社的规模化发展，经营范围逐步向生产、加工、销售等环节渗透，延伸农业产业链。

【创业就业培训服务】 继续依托妇女学校、家政服务培训中心等载体，加强妇女群众技能培训。联合区司法局、人社局（劳动）、农业、卫计、科技等部门，大力开展农业种植、法律常识、家教、卫生、就业等培训工作，提高广大妇女就业创业能力，并开展“春风送岗位”行动，与人社、工会等部门联合为妇女推荐就业。

【妇女维权服务】 加强“12338”热线建设，利用各级“妇女之家”“儿童友好社区”和镇街综治维稳中心，不断完善维权工作机制，全面实施多机构合作反家暴促维权项目，与平安家庭创建、反家暴等工作有机结合，拓展维权工作领域。联合区工会、团委、教育、司法、法院等部门，在全区建立各种妇女维权服务队、巾帼志愿者队伍112支，以宣传男女平等、妇女法、婚姻法、劳动法、“两纲规划”、“平安家庭”创建等法律法规政策知识为主题，组织开展一系列法律进社区、进学校、进企业等“三进”活动，并结合“三八”国际妇女节、“五一”劳动节、“六一”儿童节、“南粤幸福周”活动等开展专题法律咨询活动，为妇女儿童提供法律咨询、法律援助、心理疏导、婚姻家庭咨询等服务。在有条件的村、居建立妇女儿童维权受理点，由村、居妇代会把村（社区）里的各类妇女骨干组织起来，充分发挥维权、文体等巾帼志愿者担当平安宣传员，治安管理员、家庭矛盾协调员、扶贫帮困服务员的职能，使各类矛盾化解在基层、解决在萌芽状态。

【基层妇联组织创建】 加强调研，不断推进妇联基层组织服务水平；加强培训，不断提高基层妇联干部的业务能力和综合素质。6月23—24日，配合省妇联组织课题组到武江区开展“妇联基层组织建设创新研究”课题调研。围绕“妇联基层组织建设创新的探索和经验”“对妇代会改建妇联的意见看法”等问题，有针对性的与镇街、村居妇联干部和两委干部进行深入的交流探讨，全面了解基层妇联组织的建设总体现状和运作特点以及存在困惑和建议，获得省妇联组织课题组充分肯定。

【创建“妇女之家”】 继续加大力度，在各镇、街深入开展省、市、区“妇女之家”“儿童友好社区”创建工作。着重指导抓好新华街芙蓉东、花城社区的省级“妇女之家”，惠民街惠民北社区、西河镇下坑村的市级“妇女之家”“儿童友好社区”建设。省、市、县示范点均做到“四统一”，即统一牌匾，统一宣传展板内容，统一印制工作制度汇编，统一建档资料样式、内容，实现省、市、县示范点“三级联创”，市、县、镇、村（社区）“四级同管”。

【加强妇女培训教育】 选送镇、街妇联主席，信访干部参加全市妇联干部培训班和全区“妇女之家”培训；在各镇、街妇联系统组织开展维权、反家暴专题学习培训；选送重阳镇云英兰花合作社社长张云英、龙归镇后坪丝茅姜合作社社长宋道玉等4名女性合作社负责人分别参加国家和省、市巾帼种养经纪人培训班；组织4名城乡女性参加全市电商创业培训班；推荐花蕾幼儿园、博思特幼儿园园长参加全国、全省幼教培训班，并推荐参加省“书香幼儿园”项目，提升社会力量服务儿童工作水平。

【家庭文化建设】 以弘扬家庭美德为重点，继续广泛开展“最美家庭”创建活动，向市推荐3个“平安家庭”示范村居和10名“平安家庭”示范户、30户“五好文明家庭”，激励广大家庭积极参与，推动创建活动深入广大城乡。与此同时，将“六型”家庭创建活动纳入“平安家庭”创建活动中，引导全区家庭树立“学习兴家、厚德建家、创业富家、平安保家、廉洁守家、环保美家”理念。认真开展“好丈夫、好媳妇“好婆婆”“爱心父母”“好邻居、好街坊”评选活动，以先进典型带动“最美家庭”“五好文明家庭”“平安家庭”“书香家庭”创建工作。

【家庭教育活动】 2015年1月，与市第三机关幼儿园联合举办0至4岁婴幼儿早期教育知识讲座，邀请省家庭教育金牌讲师罗曼红教授为现场家长作《关注儿童敏感期 重视家庭早期教育 促进孩子身心健康成长》的主题报告，200多名家长到场参加活动，现场派发资料近千份；联合花城社区海邻社工站定期举办儿童反拐骗自护教育活动，引导家长儿童正确掌握儿童防拐和自我保护的方法技巧；9月，分别在区博思特幼儿园和花蕾幼儿园组织开展以倡导国学，提升家庭教育能力和安全保护意识为主题的两场“家教大讲堂”专题活动，受教育家长达1000多人。11月，组织花蕾幼儿园、博思特幼儿园500名家长参加两场省市专家讲授的亲子教育课，向广大家长普及现代家庭教育理念和科学的家庭教育方法。

【“两个规划”中期评估】 5月始，区妇儿工委召集各镇街、区直相关职能单位，做好广东省《妇女、儿童发展规划（2011－2020年）》实施情况中期评估督导迎检工作。各单位围绕区妇女儿童发展规划，对照各自目标任务，认真进行统计、分析和总结、归档，撰写武江区政府实施工作报告和自评报告。9月24日，顺利通过省市督查组的相关检查。从检查组反馈的意见来看，区妇女儿童工作得到党委、政府高度重视，工作措施得力、成效明显。

【扶贫帮困】 针对辖区内贫困母亲、困难妇女、留守、孤残、病患儿童最关心、最直接、最现实的问题开展惠民帮扶工作，广泛开展“与爱同行”巾帼志愿服务主题活动，继续实施“爱心父母大联盟”“四援助”“慈善助孤”“春蕾助学”行动和“爱心书屋”捐赠活动，为辖区广大妇女儿童倾力打造“坚强阵地”、“温暖之家”。春节前夕，区妇联分别到龙归镇、重阳镇和惠民街，对曹春丘、刘洁婷等6名单亲困难母亲、残疾家庭进行慰问座谈；上半年，开展助孤活动，为20名孤儿送去助学资金；7月，积极联系、争取区财政局、国税局支持为龙归镇、重阳镇2名单亲特困母亲解决女儿上大学资金问题。同时，积极协调区卫计局为贫困妇女、低保妇女、计生困难户进行免费健康体检工作。

【开展各类主题文化活动】组织区直各单位妇委会及团体会员妇女干部、职工参与庆“三八”趣味游戏比赛活动，各镇（街）、区直机关以及驻区妇委会成员单位共19支队伍，近300人参加；联合教育局、团委等单位深入西联镇甘棠小学等乡镇小学开展“六一”慰问活动，向160多名学生孩子们送上节日的祝福和慰问品；联合区工会、团委等部门在全区举办“韶关首届水上大冲关”比赛，全区各镇街、各条战线一共26支单位100多人参加比赛；联合团区委、教育局组织重阳学校40名留守儿童到市博物馆、规划馆参观并到区政府进行慰问座谈；分别在西河镇、新华街、惠民街组织举办三场“法治中国，巾帼在行动”专题宣传活动，受教群众达2000多人。

区妇联领导名录

主　席：龚耿岚（女）

副主席：麦　娟（女，—2015.9）

钟喜梅（女，2015.9—）

（撰稿人：钟喜梅）

武江区归国华侨联合会

【概况】　武江区归国华侨联合会于1985年12月成立，是武江区归侨、侨眷组成的人民团体，是党和政府联系广大归侨、侨眷和海外侨胞的桥梁和纽带。侨联的最高权力机关是归侨、侨眷代表大会，至今四届。2012年2月，区侨联第四次侨代会选举产生新一届领导班子：主席吴广英，副主席钟爱明、梁远光，秘书长谢文彦；区侨联无定编无编制人员，与区外事侨务局合署办公。

【理论学习】　认真学习贯彻中央《关于加强和改进新形势下侨联工作的意见》，第九次全国侨代会和市侨联第十届十三次常委会议精神，学习《中华人民共和国归侨侨眷权益保护法》和上级侨联有关会议精神及文件。按照区委的统一安排部署，紧密结合区侨联工作的实际，扎实开展“三严三实”学习教育活动，认真开展学习教育，深入查找存在的问题，切实抓好整改落实，促进侨联工作的开展。

【为侨服务】　区侨联通过深入基层，走访、了解困难归侨侨眷的生活现状、子女学习、就业等情况，协助解决困难归侨侨眷及子女学习、就业等困难，积极帮助孤寡老人解决生活中遇到的困难。全年共走访、慰问困难、患病归侨侨眷139人次，为他们送去慰问款物约3.51万元。2015年，共走访慰问困难、患病、去世归侨侨眷151人次，为他们送去慰问款物约5万多元。

【联谊、信访、宣传工作】　区侨联通过多种渠道和方法，开展联谊、联欢活动，密切联系侨胞，凝聚侨心。2015年5月，区侨联常委戴丽姬带领区侨联文艺队员一行16人到市福利院开展慰问演出，并送上一批衣物和慰问品，受到老人和孩子们的欢迎。9月，区侨联主席吴广英率区侨界群众80多人参加市侨联举办的侨界群众“贺中秋迎国庆”暨纪念中国人民抗日战争胜利70周年文艺会演活动，区侨联文艺队队员们分别表演大合唱《歌唱祖国》、特色舞蹈和吹葫芦丝等5个节目。2015年，共接待来电、来访18宗。向省、市侨联网、区政府网等投稿5篇。

区侨联领导名录

主　席：吴广英（女）

副主席：钟爱明　梁远光

秘书长：谢文彦

（撰稿人：侯芊彤）

武江区残疾人联合会

【概况】 2015年，区残联在区委、区政府的领导和市残联的业务指导下，围绕区委、区政府确定的工作思路与市残联下达的目标任务，践行“三严三实”的要求，坚持以服务、代表残疾人为主线，有效提升服务质量，努力缩短服务残疾人的最后一公里问题，全力维护区残疾人事业与经济社会的和谐发展。

办公地址：武江区新民路21号。

办公面积：60平方米。

2015年武江区残疾人统计表

表2

在册残疾人数	视力残疾人数	听力残疾人数	言语残疾人数	肢体残疾人数	智力残疾人数	精神残疾人数	综合残疾人数
3647	331	105	28	1928	401	531	323

【康复工作】 2015年底，为128名贫困精神病患者免费发放药品共计2.5万元；对低保户当中的147名精神病残疾人给予每人每年500元标准服药补助，共计发放服药补助金7.35万元；对15名因精神病发病住院且家庭经济困难的残疾人，给予每人4000元的一次性住院费救助，共计发放精神病住院救助金6万元；对家庭困难的残疾人给予免费发放轮椅、坐便椅、浴凳、拐杖等辅助器共40件；对筛查出的19名（0—7岁）残疾儿童由省医学专家会诊并提供治疗康复建议；指派康复理疗师和社工师定期上门为20户家庭困难且身体功能重度障碍的残疾人提供居家康复服务；将新华街道办康园中心的面积由80平方米、只能为20名残疾人提供服务的场所扩大为面积300平方米，可为60名残疾人提供工疗康复服务。

2015年武江区新华街道办康园中心统计表

表3

名　称	建设时间	位　置	会员人数
武江区新华街道康园中心	2007年8月	武江区乳韶路兴乐苑B座二层	43人

【社会保障】 按照省规定的标准：对全区残疾二级（残疾军人四级）以上的重度残疾人共1280人按每人每年1800元的标准发放护理补贴，共计发放230.4万元；对纳入最低生活保障的668名残疾人按每人每年1200元的标准发放护理补贴，共计发放80.16万元；为79名使用机动轮椅车的残疾人发放燃油补贴，共计发放2.05万元；对68名智力、精神和肢体重度残疾人（一级、二级）按每人每年600元的标准提供居家托养补贴，共发放4.08万元，免费为区1560名城镇重度残疾人和农村全部残疾人按每人每年120元标准（一档）办理城乡基本医疗保险，共投入18.7万元；免费为168名城镇重度残疾人按每人每年120元标准（一档）办理城镇居民养老保险，共计2.1万元，目前享受退休待遇的有4人；投入8万元资金为25户贫困且有需求的残疾人家庭进行家居无障碍改造；对庇护工场的36名智障残疾人提供伙食补贴等共3.5万元。

【就业年审培训】 2015年，征收残疾人就业保障金共计32.3万元；推荐残疾人就业56人；选送85人免费参加残疾人就业技能培训；对全区2330名残疾人就业情况全面调查及录入，供上级决策参考。

【扶残助学帮困】 2015年，为4名家庭贫困的残疾学生提供助学金3000元以及为9名贫困残疾人子女提供助学金7200元；在春节期间，对142名残疾人进行慰问，共发放1.7万元的慰问品。

【信访工作】 2015年，共接来访51人次、处理来信2件。及时与相关部门或人员进行协调，力求妥善、高效解决问题，认真接待本区残疾人来访，倾听残疾群众的诉求，化解各种矛盾，为武江和谐、稳定发展作出积极的努力。

【宣传文体工作】 2015年，利用“全国助残日”“国际助残日”组织残疾人开展各种的活动，有效扩展、增添他们的社会空间、生活色彩和人生阅历。组织残疾人参加各种体育活动，观摩残疾人的各类成果展示，树立他们自立自强的信心，有效提升他们创业的积极性和主动性。

【残疾人证发放】 本辖区户籍申请人申办残疾人证，须经指定县级（含县级）以上医院或专门医疗机构进行残疾类别和残疾等级评定，填写残疾人证申请表，经初审后报送韶关市残联复审。全年共发放残疾人证404本。

【机构设置】 根据韶关市武江区机构编制委员会关于印发《韶关市武江区党政群机构改革方案实施意见》（韶武机编字〔2005〕号），设置武江区残疾人联合会（简称残联），由区政府领导，业务上接受市残联指导。根据残联工作的任务和要求内设办公室、康复股和教就股。核定编制2人，其中正、副理事长各一名。

2015年，区残联编制2人，实有3人；下设残疾人综合服务中心，工作人员5人。辖区5个专门协会，分别是：武江区肢体残疾人协会，主席班建华；武江区盲人协会，主席吴羽庭；武江区聋人协会，主席郭秋莲；武江区智力残疾人及亲友协会，主席温雪梅；武江区精神残疾人及亲友协会，主席李红辉。

区残联领导名录

区残联主席团

主　席：曾文辉

副主席：蔡小英（女）

　　　　班建华

区残联理事会

理 事 长：蔡小英（女）

副理事长：陈献平

（撰稿人：韦凤孝）

人民武装

武江区人民武装部

【概况】 武江区人民武装部（以下简称区人武部）成立于1986年6月，属正团级军队单位，隶属韶关军分区和武江区委、区政府双重领导。2015年，武江区区委书记、人大常委会主任王德雄任区人武部党委第一书记，武江区委副书记、区长黄建华任区人民武装委员会主任。人武部下设军事科、政工科、后勤科三个科室，协作完成好各项工作。按照中央军委主席习近平“三个牢记”的要求，区人武部本着“着力抓根本、扎实抓战备、合力抓稳定、创新求发展”的基本思路，党委班子团结进取，干部职工听党指挥，战备训练聚焦强军目标，坚持稳中求进，积极争创先进，区人武部全面建设稳步提高。

【上级关怀】 2015年，韶关军分区司令员盖长利、政委郭伟健多次到区人武部视察工作。6月中旬，郭伟健带工作组全程参与指导部党委民主生活会，为人武部抓全面建设进一步梳理思路。武江区委书记王德雄以党委第一书记的身份，多次到人武部调研，现场办公，解决人武部干部和干部职工的实际困难。区长黄建华时常到区人武部了解实际情况，指导区人武部搞好各项工作。

【政治建设】 区人武部党委始终紧紧抓住政治工作这条生命线，把加强干部职工、民兵预备役人员思想教育作为一项长期的经常性工作抓实抓细，服务于各项工作。根据上级的统一部署，2015年重点围绕学习贯彻中共十八大精神和全军政治工作会议精神，深入学习习近平总书记一系列重要讲话精神，大力开展“牢记强军目标，献身强军实践”主题教育，强力推进群众路线教育实践活动。开展“中国梦、强军梦、我的梦”系列主题党团活动、“三学”活动及“四观”教育（进步观、责任观、苦乐观、得失观），进行战斗力标准、实现强军目标、群众路线教育和“四风”等热点问题大讨论，强化干部职工“立足本职建功立业，瞄准一流干好工作”的理想信念。践行当代革命军人核心价值观，创先争优意识进一步增强，干部职工思想政治基础夯实。部党委积极为干部职工、群众办实事、解难事，到困难干部群众家中、敬老院、孤儿院进行走访慰问，切实关心他们的生活，并组织捐款捐物。10月，组织全体干部职工进行全面体检，关心同志们的身体健康，制定鼓励干部职工提升学历，部里帮助解决部分学费的激励机制，切实保证干部职工得到帮助和实惠。

【战备工作】 按照“能打仗、打胜仗”的要求，突出抓好战备工作。2015年年初，区人武部高标准修订完善各种战备方案，制定抗击自然灾害、应急处突等非战争军事行动预案，进一步规范日常战备秩序。2015年4月13日，武江区召开年度武装工作会议，传达韶关军分区党委全会精神，总结武江区2014年度武装工作，部署2015年度武装工作，现场表彰2014年度武装工作先进单位和个人，并颁发奖状和证书。区委副书记、区长黄建华，区委常委、区人武部部长李刚等出席会议并对下步的工作作重要指示。5月底，军分区司令部组织对武江区重点单位进行实地勘察。7月，参加军分区组织的集训，按照做好军事斗争准备要求，进一步修订完善各类应急预案。9月下旬，组织坑道管理员参加军分区组织的集训，规范国防坑道维护管理的标准。10月下旬，区人武部政委谢刚带领人武部工作组对辖区内的国防坑道进行普查，并对有渗水的部分坑道进行整理维护，完善武江区国防战备工程管理制度。

【现役干部集训】 11月，区人武部现役干部参加韶关军分区组织的现役干部集训，在军事体能、轻武器射击等基本技能和指挥决策等训练科目中，全体参训人员认真学习，克服各种困难，通过努力拼搏获得较好的成绩。

【民兵军事训练】 坚持按纲施训，突出抓好人武部机关应急防卫作战指挥训练。4月中旬，人武部选拔辖区内民兵参加军分区组织的市民兵应急分队军事科目评比性考核，总评成绩优秀。5月，组织区民兵轻舟队员参加军分区组织的民兵轻舟三大队队员集训，为期15天，区的轻舟队员认真训练，取得良好成绩。6月，组织区民兵重点应急分队训练，集训时间为9天。主要进行军事理论、班队列、单兵战术、警棍盾牌术、防暴队形、步枪练习、动员集结等科目训练。并迎接韶关军分区的考核，合格率为100%，单位总评为优秀。通过各种训练，有效地提高民兵应急和遂行多样化任务的能力。区委书记王德雄和区委副书记、区长黄建华多次到训练场，指导训练工作。

【民兵整组】 上半年，区人武部组织各镇（街）进行民兵整组工作，按照“压缩规模、优化结构、建强队伍”的标准，坚持结构科学、布局合理、便于组训、可靠管用的原则对全区的基干民兵进行编组，民兵组织的实际力量有明显的提升。加强应急专业力量建设，补充配齐装备器材，健全联合行动机制，全区各镇、街道及驻区企事业单位民兵组织健全，成效明显，突出“一专多能，一队多用”的功能。6月，迎接军分区工作组对武江区民兵重点应急连进行点验，抽查西河镇的民兵营“四个基本”建设情况，受到军分区工作组的好评。

【兵役登记】 1—6月，区人武部在辖区内组织开展适龄青年兵役登记工作，将区人武部作为展示人民军队形象的窗口，广泛开展兵役登记宣传工作，提高广大青年崇军尚武的热情，夯实国防动员工作的基础。11月，区人武部组织全区的2015年退出现役的士兵进行服预备役登记工作，全面掌握辖区退役军人数质量情况，为预备役力量骨干队伍建设提供新鲜的力量。

【征兵工作】 2015年区征兵办严格执行《中华人民共和国兵役法》和《广东省征兵工作规定》，做到及早筹划，严密组织，廉洁征兵。按照组织准备、宣传发动、体检政审、审批定兵、新兵交接起运五个重点环节认真抓好征兵各阶段工作。4月初，区人武部以党委会的形式对2015年的征兵工作进行研究部署。上半年，在辖区内广泛开展中专院校和中学在校学生国防和爱国主义教育，及早采取挂横幅、贴标语、发短信、派传单、户外电子屏滚动播放宣传等形式，广泛进行征兵宣传。7月初，武江区征兵办组织召开全区2015年度征兵工作会议，区征兵工作领导小组组长、区长黄建华同志与各镇（街）负责人和相关责任单位签订征兵工作责任书。8月，区征兵办组织全区各镇（街）的适龄青年进行体格检查，抽样复查，对体检合格的青年组织进行政治考核，组织征兵工作相关责任单位对体检、政考“双合格”的青年进行审批定兵，9月初，进行新兵的起运，在大家的共同努力下，区征兵办圆满完成上级下达的征兵任务。

【基础设施建设】 在军分区和区委区政府的关心支持下，进一步完善营院基础设施配套建设，修建泵房、办公楼安装电梯，公寓楼接通水电，干部搬进新公寓楼，为下一步的工作提供良好的保障。在区林业局等单位的关心帮助和大力支持下，对营区的环境进行整治和绿化。对作战值班室和民兵武器装备仓库的值班室的相关设备和视频进行综合整治，加强作战值班能力。

【双拥共建】 区人武部始终牢记人民军队的性质宗旨，全心全意为人民服务，积极加强双拥共建活动。2015年，分别与75234部队，区政协、区国税局、区财政局，新华、惠民街道，西河镇、江湾镇，华南技师学院等单位开展双拥共建活动。通过组织过军事日、走访慰问、参观见学、体育比赛等活动，增进相互了解，加强感情友谊，有力地促进军民团结，呈现出“军爱民、民拥军、军民团结一家亲”的良好局面。扎实开展新一轮扶贫“双到”工作、巩卫创文、植树造林、国防教育等活动。

武江区人武部领导名录

部　长：李　刚
政　委：谢　刚
副部长：朱广昌

武江区人武部党委名录

第一书记：王德雄
书　　记：谢　刚
副 书 记：李　刚
委　　员：朱广昌
　　　　　徐平华
　　　　　梁忠举

（撰稿人：罗　争）

武江区公安消防大队

【概况】 韶关市武江区公安消防大队下辖武江、特勤2个中队。大队共有53米登高平台消防车、60米举高喷射车、18吨大功率泡沫水罐消防车、32米登高平台消防车、防化救援车、抢险救援车、水罐泡沫车、供气车、供液车、照明车、模块集装箱拖头车等战斗消防车20辆；拥有视频生命探测仪、音频生命探测仪、多功能大型破拆工具、QD起重气垫、各类洗消堵漏工具等一大批先进的特勤救援装备，承担着武江区的防火、灭火和各种急、难、险、重的抢险救援任务。

【执勤备战】 2015年，武江区大队共处理警情314起，出动车辆663辆，警力4057人次，抢救被困人员27人，疏散被困人员14人，抢救财产价值97.5000万元。参战人员死亡0人，受伤0人。同比2014年，接警起数上升7.5%，出动次数上升7.5%，辖区全年未发生死亡事故。

【消防宣传】 2015年，组织培训全区社会单位各类人员2300人，张贴消防宣传挂图6000套，悬挂宣传横幅1230条，免费向群众派发各类宣传资料36万份，开放消防站100次，接待群众4.2万人，发展消防志愿者2600余人，增强人民群众的消防安全意识，使各类火灾事故明显减少，营造良好的消防安全氛围。

【防火工作】 坚持“预防为主，防消结合”的工作方针，狠抓消防安全责任制落实，不断改善消防基础设施，切实加大消防监督和执法力度。2015年，全区公检查单位1058家（次），发现火灾隐患和违法行为806处，督促整改火灾隐患或违法行为802处，发出责令改正通知书384份，发出行政处罚决定书15份，发出临时查封决定书17份，责令“三停”10家，罚款365600元，拘留5人。大队消防监督人员严格执法，对存在严重火灾隐患的场所坚决予以关停，全力确保社会火灾形势的高度稳定，为武江区的经济建设平安发展提供坚实的基础。

武江公安消防大队领导名录

大队长：温岸文（2014.4—）
教导员：李顺昌（2014.4—）

（撰稿人：张志明）

法 治

政法委及综治

【概况】 2015年，政法委机关坚持以中共十八大、十八届五中全会和习近平总书记系列重要讲话精神为指导，认真贯彻落实中央、省、市政法工作会议精神，扎实推进政法各项工作，有力维护全区社会政治和谐稳定。

【创建平安武江】 区综治委分别与各镇（街）、各综治及创建平安责任单位签订“社会管理暨建设平安目标责任书”，形成创建平安合力，并将创建平安工作纳入奖惩机制，从组织上为平安创建工作提供强有力的保障。区综治委每月召开的创平和维稳工作例会上，把创平重点工作作为会议的一项“例牌”内容，把全区各级干部的思想和行动都统一到区委的决策部署上来，确保创建平安工作有人抓、有进展、有成效。坚持把工作的重心和着力点放在基层和基础建设上，狠抓“平安细胞”工程建设，深入推进平安村（居）、平安小区等基层平安创建，全面推进平安校园、平安家庭、平安林场、平安文化市场等行业平安创建，推动平安建设全覆盖，激活“平安细胞”活力，不断积“小安”为“大安”，促进社会长治久安。

【社会矛盾化解】 围绕省、市综治委开展“社会矛盾化解年”活动的统一部署，认真贯彻落实省委书记胡春华的讲话精神，以“解决实际问题”为核心，以“维护社会稳定”为目标，多措并举，攻坚克难，通过四大措施化解大量社会矛盾纠纷和信访案件，最大限度地预防和减少不稳定因素的发生。一是突出“三个到位”，即思想认识到位，组织领导到位，督查督办到位，确保“社会矛盾化解年”工作得到有效推进。二是做到“三个靠前”，即领导指挥靠前，干部工作靠前，宣传教育靠前，做到及时化解矛盾纠纷。三是建立“三项机制”，即层级管理机制，包案调处机制及探索引入律师参与接访的工作机制，通过完善排查化解网络，有效地推动矛盾的有效化解，增强整体防控能力。四是立足“三个注重”，即注重初信初访快速处理，注重发挥民间组织和社会组织力量，注重将“上访”转变为“下访”，通过加强源头治理，及早地发现和及时地化解矛盾纠纷。2015年，全区共排查各类突出矛盾纠纷31宗，化解矛盾纠纷30宗，化解率 96.7%。列入全区社会矛盾治理工作的重大矛盾纠纷共有5宗，并均已列入市督办案件，其中涉农矛盾纠纷4宗，涉劳资纠纷1宗。至2015年底，5宗案件已得到全部化解，化解率达100%。

【专项整治】 始终保持高压态势，积极开展“开展校园及周边环境专项治理”“打击传销违法犯罪专项整治”“深入开展‘3+2’专项打击行动”等专项整治工作，效果明显。在开展打击传销违法犯罪专项整治行动方面：发现一起查处一起，强化循线追踪、深挖扩线力度，共清查传销窝点36个，查获传销人员169人，破案11宗。其中，39名涉嫌非法拘禁、抢劫犯罪的人员被刑事拘留，其余传销人员予以遣送回家；在开展校园及周边治安环境专项治理行动方面，区综治办与多部门联合开展校园安全大检查。对辖区19所中小学校、幼儿园进行检查，重点检查中小学幼儿园校园安全管理台账、视频监控设备运行、消防安全设施、校园周边治安巡逻、防护器械配备使用以及校园落实保卫力量等情况。公安分局每天安排特巡警大队10名警力，对校园周边进行治安巡逻，提高见警率和管事率，切实做到有效打击和震慑违法犯罪分子。2015年，公安分局共出动警力近350人次，开展联合检查5次，进校法制教育40余次，新增视频高清监控探头53个，排查校园周边商店、出租屋、住宅区、网吧等场所128间次，收缴管制器具3把，清查销售仿真玩具店11间，收缴仿真枪2支。此外，区食药监局、区文新局、区住建局等部门定期或不定期对校园周边商店、小吃店、流动摊点、图书报刊经营点等进行监督检查。

【社会管理创新】 在创建平安乡镇活动中，武江区坚持以加强和创新社会管理为抓手，在基层群众参与公共事务、预防化解社会矛盾机制、村民自治等方面进行一些有益的探索，分析解决群众最关心的切身利益，有力地把社会基层矛盾纠纷化解在萌芽状态，促进社会和谐。在农村方面，区委推行“乡贤理事会”管理模式的民间调解组织，组建和发展具有各镇（村）乡土特色的维稳、治安防范等农村各类公益性“理事会”，协助村党组织介入到村里事务处理中，预防和调处在农村社会发展中出现的各种纠纷，从而为村“两委”加强调处社会矛盾纠纷和增强自治管理工作增强掌控力。由于一直以来武江区在西河镇向阳村推行“退协理事会”民间调解工作，并取得该村十多年零上访的成效基础上，区先后在重阳镇和江湾镇成立“和事佬”理事会和“夕阳红理事协会”，由老党员、老干部、退休村小组干部以及村积极分子等先进群体中选举产生德高望重、处事公正的老同志配合处理邻里纠纷等方面的矛盾纠纷。2015年以来，“乡贤理事会”共收到群众反映的诉求、需解决及上访的问题35宗，成功解决30宗。同时，重阳镇结合镇（街）干部驻点普遍直接联系群众开展“万家灯火”活动，要求镇党员干部用周一到周五的晚上休息时间或节假日进村入户，有效地把农村基层矛盾纠纷化解在萌芽状态，促进社会和谐。在社区方面，新华街在区社工委的组织协调和指导下，推行党员+社工+志愿者运作模式，搭建社会公共服务平台，2015年成立韶关市先锋志愿服务协会，该协会是由机关党员干部、社区居委会干部、辖区热心人士、各行业专家学者组成的非营利性社会组织，组成信息服务队、健康服务队、平安服务队、爱心服务队和科普服务队五个志愿服务队，以弱势群体为重点服务对象，逐渐扩大服务领域，积极推动社会组织参与社会管理和社会服务，弥补公共服务的不足，形成城市社区多元共治新格局。此外，针对区住宅小区多、物业纠纷多的情况，武江区在新华街金洲社区探索建立“街道—社区—物管企业”三级上下联动的“三层网络”纠纷调处机制，通过街道社区上下联动，逐级调解物业纠纷，定期组织召开居委会主任、物业管理企业经理和业委会主任联席会议，三方一起交流、通报情况，解决小区管理中的重难点问题，为有效地化解当前城市日益紧张的物业纠纷提供很好地参考作用。

【反邪教工作】 2015年以来，区人民政府防范和处理邪教问题办公室以创建“无邪教”镇、村为抓手，不断加大工作力度，积极创新工作方式，狠抓各项工作措施和责任制的落实，反邪教工作取得显著成效：全年完成对邪教人员跟踪帮教***人次，确保所有在册邪教人员无一反复反弹；扎实做好反邪教防控工作，全年共开展反邪教排查、防控打击等专项行动**次，破邪教案件*宗，抓获违法犯罪分子*人，缴获邪教反宣品*批。同时，大力强化社会面的巡逻与布控工作，使2015年的邪教案件发生显著下降，尤其是在重要会议召开期间和重要时期都没有发生任何涉邪教类案件；深入开展反邪教宣传，全年共开展各种形式的反邪教知识宣传活动7次，现场咨询活动8场次，出宣传栏5期，发放宣传资料3万多份，宣传画400多套；狠抓“四个保障”、“四个结合”、宣传教育“六进”等措施的落实，全力推进“无邪教”创建示范工程建设，顺利完成八个示范点的建设工作。

【机构设置】 区委政法委员会（简称区委政法委）为区委序列正科级行政单位，内设办公室（正股级）。与区社会治安综合治理委员会办公室（简称综治办）、区人民政府防范与处理邪教问题办公室合署办公，均为正科级建制。2014年12月，经区编委会研究决定，对区委政法委内设机构进行调整，取消执法监察室，改为在办公室加挂执法监察室牌子。

区委政法委领导名录

书　记：曾文辉

副书记：邓桂生　欧气勇

叶贤治（—2015.1）

罗　平（挂职，2015.9—）

区综治办

主　任：邓桂生

副主任：罗任林

人民政府防范和处理邪教问题办公室

主　任：欧气勇

副主任：梁柏勤（女）

（撰稿人：曾楚钧）

法治政府建设

【文件规范工作】 对武江区颁布的规范性文件共21件进行审查，并按有关规定上报市政府备案。

【行政复议和行政投诉案件】 受理行政复议案件4宗，经过依法审查，对4宗案件依法作出维持原具体行政行为的行政复议决定。

【山林土地权属纠纷案件】 代表区政府对6宗山林土地权属纠纷案件依法作出处理决定，作出处理决定的6宗。作出处理决定的6宗案件经过行政复议机关和法院审理后，均作出维持区政府裁决的行政复议决定和行政判决。

【行政执法监督、检查】 根据《广东省〈行政执法证〉管理办法》有关规定，协助区各行政执法部门开通行政执法证办证平台，共为全区各行政职能部门办理行政执法证43份。

【人大代表建议、政协委员提案办理】 办理区人大代表建议、意见24件，办理区政协委员提案24件，办理市人大代表建议7件，办理市政协委员提案2件。

【机构设置】 区司法局、区信访局与区政府法制局合署办公。

区政府法制局领导名录

局　长：张锦怀

（撰稿人：朱　唯）

公　安

【概况】 2015年以来，武江公安在市局、区委和区政府的正确领导下，以中共十八大、十八届四中和五中全会精神为统领，牢固树立服务发展的大局意识，围绕公安部“四项建设”和省厅“纵深打击”的工作思路，以深化公安改革为契机，全力开展“3+2”专项打击整治行动，不断深化“平安武江”创建工作，进一步促进公安队伍建设和整体业务水平，真抓实干、创新发展，为武江的社会经济发展创造和谐稳定的环境。据统计，2015年全区共接报有效刑事警情5620起，同比下降23%。

【维护社会稳定】 注重情报信息研判。坚持以情报信息为主导，大力拓宽情报信息渠道，完善情报信息网络，全面提高预警能力，为领导决策提供依据。全年分局主动排查各类矛盾纠纷104起，上报《国保情报信息》417条、《公安要情》173条、《每周信息研判》35期。

源头化解社会矛盾。加大对社会各类矛盾纠纷的排查调处力度，深入做好调处化解工作，最大限度地增加社会和谐因素。全年共依法妥善处置维稳事件（苗头）28起，成功处置武江恒大城、碧桂园太阳城实验中学、长者公寓工地民工等讨薪事件，粤北医院、妇幼保健医闹事件。

服务地区经济发展。积极配合区委、区政府及芙蓉新城的中心工作，在拆违、征地等维稳方面发挥重要作用。全年共破获涉企刑事案件9宗、治安15起，有效维护企业的正常生产秩序，为全区经济发展保驾护航。

落实各项安保工作。结合元旦、春节、“两会”、“五一”、“端午”等重要节日及活动维稳工作，认真落实各项安全责任和措施。圆满完成龙舟赛、重阳登高、高考、中考等安全保卫工作30多次，未发生群体性事件和有影响的刑事、治安案件。

夯实信访业务基础。按照公安部“五个一”信访示范窗口工作要求，分局重新设立候访室、接访室和办公室。新增配备录音录像、安保器械，安装LED显示墙和高清视频设备等。严格执行信访信息系统管理，对信访档案、群众来访记录等归类管理，实现信访诉求件件有回音、事事有落实。落实局领导接访工作制度，开展主动约访，积极化解各类矛盾。全年共接待群众来访65批136人次，收到群众来信来访及媒体曝光投诉25起（经查属实7起），已全部核查答复处理，成功化解公安部督办信访积案1宗。

【打击刑事犯罪】 2015年，全局共立刑事案件2442宗，同比下降17%，破案1071宗，同比下降17%，破案率达43.86%。刑事拘留666人，同比上升43%；批准逮捕514人，同比上升63%；起诉573人，同比上升57%。刑侦部门充分发挥主力军的职能作用，始终保持对刑事犯罪活动的高压态势，严厉打击各种刑事犯罪活动，以侦破命案为龙头，侦破一大批有影响的大要案件。年内发生命案4宗，破案4宗，实现命案必破，先后成功破获民营药房系列被盗案、“6·11”团伙绑架案、“7·3”非法拘禁致人死亡案“10·29”故意伤害致死案等严重危害群众生命财产安全的案件。加强“打防小分队”和情报信息中队、网络警察中队的密切配合，因情布警打击现行，以打击“双抢两盗”多发性犯罪为重点，遏制侵财案件的高发。全年破入室盗窃案248宗、盗窃摩托车案86宗，破抢劫案49宗、破抢夺60宗，缴获涉案摩托车及助力车共45辆。

【“3+2”专项打击整治行动】 根据省厅、市局开展“3+2”打击整治行动的统一部署，分局采取强有力工作措施，掀起全面打击整治涉毒、涉黑恶、涉盗抢、涉赌、涉非法集资的工作氛围，取得明显成效。分局年终总成绩排名全市第二名、一类地区第一名，其中打击涉黑恶专项、涉赌博违法犯罪专项分别取得全市第一名。

涉毒专项。破获毒品刑事案件90宗，刑拘毒品犯罪嫌疑人106名，逮捕97人，强制隔离戒毒177人、 社区戒毒129人，缴获各类毒品约3138.8克。成功破获“3·30”专案，公安部“2015854”目标案件、“11·25”千克毒品案件等。

涉黑恶专项。立涉黑恶类案件91宗、破案72宗，刑拘228人，逮捕195人，公诉204人、判决166人。成功打掉龙归镇后坪村曹某胜为首的涉恶团伙，成功打掉武江辖区内以传销为目的10多个非法拘禁故意伤害团伙。

涉盗抢专项。重点对突出的跨区域、地缘性、系列性盗抢犯罪团伙开展类案研判、侦查经营，探索打击盗抢犯罪新机制。共立盗抢案件1643宗，破案789宗，刑事拘留175名，逮捕132人、公诉132人。

涉赌专项。以赌博活动的庄家赌头、团伙骨干成员、获利者及幕后“保护伞”为重点打击对象，打掉赌博犯罪源头，摧毁赌博网络。全年查处涉赌刑事案件22宗，行政案件42宗，抓获涉赌违法嫌疑人433人，其中行政拘留226人，刑事拘留93人，逮捕73人。2015年11月，分局破获一起重大网络赌博案，共抓获涉案嫌疑人120多名，刑事拘留50人，逮捕19人。

涉非法集资专项。加强线索排查经营，强化部门联动协调，积极发动宣传攻势，取得一定成效。全年共立非法集资类案件8宗，破案6宗，刑拘17人，逮捕13人。成功侦破陈某集资诈骗案、冯某涛集资诈骗案，涉案金额达300多万元。

【治安管理】 强化特种行业管理。严格落实对枪支弹药、爆炸物品、管制刀具的安全管理措施，积极指导督促辖区派出所加强对旅馆业的日常管理工作，严厉打击旧货市场的销、窝赃行为。共组织专项检查23次，共出动警力2000多人次，车辆300多台次，清查旅业107间，检查旧货业121间，查处不如实登记旅客信息的旅业25间。联同消防部门开展娱乐服务场所安全大检查，及时消防火灾隐患270处；整改200处，对辖区25间娱乐服务场所进行分级管理，督促场所依法依规经营。组织开展娱乐服务场所等级评定2次，对5间娱乐场所责令限期整改，停业整顿1间。

创新便民惠民举措。以深化公安改革为契机，按照市局统一部署，推出第一批20项惠民举措。包括上门为孤寡老人、残疾人办理户籍业务；对特殊人群办理户口；居民身份证、居住证预约和延时服务；对本省户籍居民实现户口迁移“一站式”服务等。在窗口服务和执法办案中贯穿人性化的工作理念，累计清理应销未销户口868人，纠正户口登记项目差错5个，清理重复（虚假）户口31个。据统计，2015年武江区总人口达268505人，总户数达104552户。其中，非农业人口196013人，农业人口72492人，女性人口133313人。

打击整治涉“三电”案件。专门成立由区供电局、派出所、特巡警大队组成的“三电”设施护线队，采取着装巡逻与便衣伏击相结合的方式，分阶段、分区域的进行防控，每月召开例会，分析、研判发案情况。全年共立全区涉“三电”案件立案116宗，破案29起，抓获涉案人员11人，挽回经济损失近60万元。2015年9月，分局治安部门破获省挂牌督办的2014年“2·12”案件，抓获该案陈某富、卢某华、张某龙3名嫌疑人，带破2014年以来破坏电力设备案件18宗。2015年12月，省厅经考核后，决定对武江区涉“三电”案件解除挂牌整治。

开展缉枪治爆专项行动。制定《2015年武江公安分局缉枪治爆专项行动工作方案》，紧密结合“3+2”专项打击整治行动，采取清查收缴、破案打击、严查走私、网上治理、管控整治、宣传发动等措施，扎实有效、强力推进缉枪治爆专项行动。先后对辖区16个涉爆项目作业点、5个民爆物品储存仓库、2家剧毒物品从业单位进行安全检查，签署具结保证书120份，发出整改通知书8份。全年立案查处涉爆违法犯罪案件2起，处罚单位3家，共追缴各类枪支132支、弩2支、各类子弹424发。

严格落实校园安全管理。扎实做好校园安全工作，2015年以来，分局共出动警力近350人次，开展联合检查5次，进校法制教育40余次，新增视频高清监控探头53个，排查校园周边商店、出租屋、住宅区、网吧等场所128间次，收缴管制器具3把，清查销售仿真玩具店11间，收缴仿真枪2支。

严打涉黄违法犯罪活动。结合社会治安重点地区集中整治工作，严打工农巷、光明巷涉黄问题。专门成立打击整治行动组织机构，结合实际制定具体实施方案，全力推进专项工作深入开展。全年共办理涉黄刑事案件2宗，行政案件18宗，逮捕涉黄违法人员2人，刑事拘留7人，行政拘留28人。

【打击经济犯罪】 充分发挥职能作用，严打经济犯罪活动，全年立各类经济案件14宗（其中涉非法集资案7宗，非法经营案2宗，职务侵占案1宗，串通投标案1宗，信用卡诈骗案1宗，合同诈骗案1宗，隐匿会计凭证案1宗），成功破案11宗（其中涉非法集资类案5宗，职务侵占案3宗，非法经营案2宗，串通投标案1宗），共刑拘犯罪嫌疑人20人，逮捕5人，移送起诉9人，取保候审7人，所破案件涉案金额4100余万元，为企业挽回经济损失11.12万余元。

【四项建设】 加强和改进新形势下的公安工作和队伍建设，全面深化公安改革，大力推进基础信息化、警务实战化、执法规范化、队伍正规化建设，着力提升维护国家安全和社会稳定的能力和水平。

基础信息化。以刑事技术新机制为抓手，启动“一长四必”试点工作，实现现场勘察的信息数据化、录入程序化、操作规范化。通过利用现勘系统、指纹系统、足迹系统、DNA数据库等平台，技术破案、串并案功能得到增强。自实行新机制以来，2015年指纹比对嫌疑人40人，同比上升38%；串并案件50宗，同比上升42%，打击效能显著提高。

警务实战化。积极探索实行每周情报信息研判工作制度，围绕社会治安热点、难点每周定期分析研判，提升侦破打击效能。坚持“实战、实用、实效”原则，年内组织分局民警开展“实战必训”、反暴恐武器警械训练、跨区域拉练集结演练活动等。通过加强各项警务技能训练，进一步规范民警依法、规范、有效使用武器警械，提高应对突发事件的能力和水平。

执法规范化。推行刑事案件法制部门“统一审核、统一出口”工作机制，积极开展案件执法质量考核工作，特别是“3+2”五类案件进行认真归类、分析，严格把好材料的审核关。年内组织开展执法质量考评工作7场，考评案件582宗，查摆纠正问题2568个；开展网上执法考评10次，发出整改意见1994个。积极开展立案、破案突出问题专项治理工作，年内审核案件1237宗，发现问题4类3082个，发出《督察建议书》6份，约谈部门领导2人次，纠正、整改存在问题2136个，依法立案、补立案79起，撤案3起，有力推动依法办案和公正执法。

队伍正规化。加强民警的思想政治教育，增强围绕中心、服务大局的政治责任感和历史使命感，打牢队伍忠诚可靠的思想根基。扎实开展“三严三实”专题教育，坚决治理纠正“四风”及其衍生问题，防止不良作风复发反弹，全力治理队伍“不作为、慢作为、乱作为”等现象。强化文化育警，激发警队活力，举办警体运动会，共设篮球、羽毛球、乒乓球、射击、登山、拔河等6个项目，是分局近年来规模最大、范围最广、参赛人员最多的一届运动会。认真落实各项从优待警政策，真正把党委和政府的关心和关爱传递到每一位公安民警，及时看望慰问因病、工伤住院民警91人次。

【公安队伍管理】 落实党风廉政责任。严格落实党委主体责任，主要领导为第一责任人和班子成员的“一岗双责”，明确和细化各部门领导党风廉政建设责任，把抓党风廉政建设和公安业务工作捆绑，在公安队伍中努力营造风清气正的干事氛围。年内组织全局民警观看《底线失守的代价》（三）、（四）等警示片5场次；由分局主要领导专题讲廉政建设教育课3场次；局党委和各部门每季度召开党员民主生活会等。

践行“三严三实”。分局党委在党员民警中突出信仰信念这个核心深化学习，认真组织开展《习近平论党的群众路线》《习近平关于“三严三实”重要论述摘编》《习近平总书记系列重要讲话读本》等论述的学习。对照“不严不实”具体表现，深入查摆问题，建立问题清单，及时进行整改。以“四重温四增强”系列活动为契机，分局班子成员分别到对口扶贫点西河镇三蕉村委和田心村委，乐昌市廊田镇王屋村委开展体验学习和扶贫帮困活动共计20多人次，帮扶资金达3万多元。

严格遵守各项规定。严格落实中央、省、市、区制定的各项规定，确保执行不偏差、落实不走样。在落实办公用房整改中，一律按要求标准执行，整改清退办公用房150多平方米，精简会议30多场次，取消下发各类公文、文件300多份，减少公务活动，公务接待严格按标准执行，严格规范公务用车，依规封存公务用车33台，分局“三公”经费支出大幅减少。分局对办案部门办案经费实行全额保障，有效预防办案部门和民警以办案经费为名的违规办案和降格处理违法违纪问题的发生。

【表彰情况】 2015年4月，刑警大队民警邓韶荣被广东省公安厅授予个人二等功，2015年12月，治安大队教导员刁丽春被评为全省公安政治工作先进个人。2015年度，分局共有9人被韶关市公安局授予的个人三等功。

韶关市公安局武江分局领导名录

局　长：游加慧（—2015.8）
　　　　黄向阳（2015.9—）
政　委：刘志康（2015.8—）
副局长：张为民　姚昌锋
　　　　谢宁军　唐际家

（撰稿人：王　瑾）

检　察

【概况】 2015年，武江区人民检察院在区委和上级检察机关的正确领导下，在人大监督和政府、政协及社会各界的关心支持下，认真学习贯彻中共十八届四中、五中全会精神和习近平总书记系列重要讲话精神，紧紧围绕中心服务大局，扎实开展“三严三实”专题教育和规范司法行为专项整治工作，忠实履行宪法法律赋予的职责，各项检察工作进展顺利。

【查办和预防职务犯罪】 查办贪污贿赂案件13件13人，渎职侵权案件2件2人，为国家挽回经济损失148万元。经省、市检察院指定管辖，查办乐昌市原副市长邓某华、韶关市水产管理局原副局长李某星等领导干部涉嫌犯罪案件。深入开展查办和预防涉农领域职务犯罪专项工作，在市检察院的带领下查处武江区原副区长黄某、武江区龙归镇原党委书记谢某等人在2007—2008年间武江区西联镇车头村等地征地补偿过程中的职务犯罪窝串案，共立案7件7人。认真开展重点打击行贿犯罪专项行动，以行贿罪立案7件7人，占立案总数的53.8%，涉及政府采购、工程招标、工程建设、征地拆迁、国家专项资金等领域。经省检察院指定管辖，查办行贿多名肇庆市领导的肇庆恒裕集团有限公司董事长张某武涉嫌犯罪案件。借助正在全国开展的职务犯罪国际追逃追赃专项行动，成功抓捕犯罪嫌疑人4人，追回涉案赃款28万余元。

【深化职务犯罪预防】 开展检察官“五进”活动32场次，开展警示教育85人次，提供行贿犯罪档案查询2612次。深入开展个案预防，加强案件剖析，向涉案单位及其主管部门发出防控风险、堵塞漏洞的检察建议7件，督促发案单位及时整改。2015年10月，区检察院与武江区供电局联合签署《关于在查办和预防职务犯罪工作中加强协作配合的协议》，就建立联席会议制度、加强办案协作配合、加强预防职务犯罪教育工作等五个方面达成共识，有力保障和促进企业生产经营健康发展。

【刑事检察】　依法打击各类刑事犯罪。依法履行批捕、起诉等职责，受理移送审查逮捕各类犯罪嫌疑人646人，同比上升49.9%；批准逮捕500人，同比上升57.23%。受理移送审查起诉872人，同比上升87.9%；提起公诉605人，同比上升24%。

最大限度增进社会和谐。坚持宽严相济刑事政策，该严则严，当宽则宽。对涉嫌犯罪但无社会危险性的，决定不批捕48人；对犯罪情节轻微、依法不需要判处刑罚的，决定不起诉17人。认真开展羁押必要性审查，对不需要继续羁押的1名犯罪嫌疑人建议变更强制措施。加强未成年人检察工作，加大帮教力度，创造改过自新的机会。对3名真诚悔罪，积极赔偿损失、赔礼道歉，获得被害人谅解的轻微刑事犯罪嫌疑人，决定不起诉。

积极参与社会治安综合治理。针对辖区全部中小学全覆盖开展“检察官进校园”活动，全面派驻“法制副校长”，着力构建预防未成年人违法犯罪长效机制。加强社区矫正法律监督，防止社区服刑人员脱管漏管。认真开展检察环节司法救助工作，对1名生活确有困难的刑事被害人提供救助。

【法律监督】　坚守严防冤假错案的底线。以事实为依据、以法律为准绳，加大审查把关力度，对侦查机关不应当立案而立案的，督促撤案6件。对不构成犯罪和证据不足的，决定不批捕89人、不起诉9人。

全面履行对诉讼活动的监督职能。强化刑事诉讼监督，督促侦查机关立案18人，追加逮捕17人，追加起诉15人，对确有错误的刑事裁判经抗诉后获得改判2件。强化民事行政诉讼监督，建议市检察院提请省检察院抗诉4件，向怠于行使职责的行政机关发出检察建议6件。对认为裁判正确的8件民事行政申诉案件，认真做好释法说理、服判息诉工作。

【检察队伍建设】　推进严格规范公正文明司法。根据最高人民检察院统一部署，从2014年12月起开展为期一年的规范司法行为专项整治工作。规范司法行为也是检察机关践行“三严三实”专题教育的实践活动。按照上级要求，该院紧紧抓住检察权运行的重点环节，自觉把“三严三实”的要求落实到专项整治工作中，坚持问题导向，认真对照检查，广泛听取意见建议，实事求是地把司法不规范的问题找深透、找准确、找全面，科学制定整改落实方案，以“刮骨疗毒”的勇气，一项一项盯紧盯实，确保整改到位，切实防止和纠正不严格、不规范、不作为、乱作为的问题，确保严格依照法律规定的权限和程序履行职责。

以零容忍态度正风肃纪。认真学习贯彻新修订的《中国共产党廉洁自律准则》和《中国共产党纪律处分条例》，严格落实党风廉政建设主体责任和监督责任，切实执行《领导干部干预司法活动、插手具体案件处理的记录、通报和责任追究规定》以及《司法机关内部人员过问案件的记录和责任追究规定》。加强对干警八小时外行为规范的监督管理，管好干警的“社交圈”“生活圈”，提高干警拒腐防变的能力和自觉性。

【机构设置】　2015年定编48人，实有在职干警37人，设检察长1人，副检察长3人。共有13个内设机构，分别是政工科、办公室、侦查一科、侦查二科、反渎职侵权局、侦查监督科、公诉科、控告申诉检察科、民事行政检察科、监所检察科、法警大队、案件管理中心、派驻龙归镇检察室（兼预防职务犯罪工作）。

区人民检察院领导名录

检 察 长：李亚军（女）

副检察长：简兆平　陈鸿南

刘旭珊（女）

（撰稿人：张益华）

法 院

【收结案情况】 2015年，区法院共受理各类案件4441件，结案4112件，同比分别上升33.9%和25.1%，法定审限内结案率为100%；解决诉讼标的金额10.9亿元，增长1.6倍。

【刑事审判】 受理刑事案件348件696人，审结318件635人，分别上升40.8%和28.7%。配合公安机关开展的“3+2”专项活动，严惩涉毒、涉黑恶、涉盗抢、涉赌以及非法集资等犯罪；全年对制售假药等涉民生案件被告人发出刑事禁止令3条；对16名未成年人犯实行犯罪记录封存，非监禁刑适用率达75%。

【民商事、行政审判】 受理各类民商事案件2965件，审结2736件，分别上升35.2%和25.8%，结案标的金额9.1亿元。作为韶关中院指定受理全市破产企业债权催收案件的单位，区法院依法审理一批重大、敏感案件，在保护合法债权的同时，有效服务全市发展大局。

受理行政诉讼案件63件，下降40.6%，已全部审结。新《中华人民共和国行政诉讼法》实施后，8名行政机关负责人出庭应诉，逐步破解“民告官，不见官”的困境，进一步规范公权力行使，促进行政机关依法行政。审查环保行政处罚等非诉行政执行案件10件，全部裁定准予执行。

【执行工作】 受理执行案件1055件，执结985件（含终结本次执行程序结案），分别上升45.9%和38.5%，执结标的金额1.8亿元。不断强化执行联动威慑机制，对36人予以司法拘留、限制出境；对423名失信被执行人予以信用惩戒，已督促252人自觉履行法律义务。成功执结涉及68名债权人标的金额为2800万的韶关市佳和印染有限公司财产分配案。

【审判管理】 深刻把握“互联网+”时代特征，已建成6个科技法庭，逐步实现庭审同步录音录像、异地作证、远程庭审等；实行诉讼文书电子送达，运用“法院网络执行查控系统”对被执行人在全国范围内的银行存款进行一键式查询和控制，并着手做好网络司法拍卖前期准备工作。同时，运用信息化手段推进审判信息、庭审视频、电子卷宗、典型案例等司法资源的海量存储，通过对数据的深层挖掘和宏观分析，有效“反哺”审判执行工作，进一步服务司法决策、服务社会治理。积极引导有序诉讼，2015年5月1日起实现从立案审查制到立案登记制的改革，对依法应该受理的案件，做到有案必立、有诉必理。针对案件审理中发现的问题，各业务庭对相关单位发出司法建议31份，回复率达100%，其中市社保局采纳区法院提出的职工工伤住院治疗伙食补助费过低建议，依规在全市范围内提高此类人员补助标准；执行局与韶关市住房公积金管理中心建立执行协作联动机制，保证当事人的胜诉权。

【司法公开】 不断强化联络督查，全年邀请人大代表、政协委员、基层群众及廉政监督员等听庭评审、见证执行、参与调解、评查案卷343人次。继续推进审判流程、裁判文书、执行信息三大公开平台建设，全年在“中国裁判文书网”公布生效案件裁判文书2890份；通过门户网站、微博及时传递工作动态、案件信息等，院门户网站点击率达34万人次；健全关联案件查询等功能，确保当事人从公开平台获取案件流程、办案人员等相关信息。

【信访和司法救助工作】 全年处理网络问政8件，接待群众来访146人次，处理来信23件，做到因案施策、因访施治，及时回应社会关切；保持远程视频接访系统正常运转，消除地域空间障碍，提高工作效率。全年依法为经济确有困难的当事人缓、减、免交诉讼费64件38.8万元，为盲聋哑、未成年和经济困难等刑事被告人依法指定辩护人47人（次），对特别困难申请执行人发放救助金 6万元。

【法院队伍建设】 坚持从严管理，以树立法治信仰、提高司法能力为重点，扎实开展“三严三实”专题教育活动以及党的政治纪律和政治规矩集中教育，筑牢司法为民、公正司法的思想根基。层层压实“两个责任”，明确领导干部党风廉政建设主体责任，形成抓党风廉政建设的整体合力；党组开展约谈活动，提醒督促不同层面责任主体切实履责。纪检监察室履行监督责任，对窗口服务、公务用车、立案登记制落实情况等重点，开展审务督察活动24次，督察事项28个，发现并纠正问题5个。加强司法能力建设，按照“由审理者裁判、让裁判者负责”的要求，全年共举办各类培训38期，培训人数640人次，着力提升法官的法律适用、庭审驾驭、诉讼调解、文书说理、判后答疑能力，推动法官从知识型培养向能力型培养转变。

【表彰情况】 民一庭荣记2014年度集体三等功；谢毅飞、李俊俊荣记2014年度个人三等功；李智敏与区政法委、武江公安分局、区检察院等单位干警组成政法队，在武江区信访知识竞赛中荣获一等奖。

【机构设置】 武江区人民法院位于沙洲一路6号，定编69人，在职实有55人，设院长1人，副院长3人。武江区人民法院内设机构：政工科、纪检监察室、研究室、办公室、立案庭、刑事审判庭、民事审判一庭、民事审判二庭、行政庭、审判管理办公室、执行局；直属单位：司法警察大队；派出机构：龙归法庭。

区人民法院领导名录

院　长：韩雪梅（女）

副院长：苏　敏　胡小波

　　　　廖海岷（—2015.8）

（撰稿人：杨　琼）

司法行政

【概况】 2015年，区司法局坚持以邓小平理论和“三个代表”重要思想为指导，贯彻落实科学发展观，服从和服务于区委、区政府中心工作，充分发挥司法行政机关承担的重要职能作用，有效维护社会稳定和促进社会全面进步发展。

【人民调解】 区司法局贯彻落实全国政法会议精神，以推广创新为抓手，把维护稳定作为硬任务，按照组织建设走在工作前，预测工作走在预防前，预防工作走在调解前，调解工作走在激化前的工作要求，全面激活司法行政工作，在维护社会和谐稳定方面取得新突破。司法行政机关和各级人民调解组织坚持“调防结合、以防为主”的工作方针，建立健全人民调解工作机制，充分发挥人民调解预防、排查、调处矛盾纠纷的职能作用，在法律的框架内依法解决各种矛盾纠纷，有效地维护全区社会的和谐稳定。目前，全区共建有人民调解委会102个，其中镇、街7个，村（社区）83个，企事业单位12个，充分发挥各级调解组织维护社会稳定“第一道防线”的作用，做到排查走在调解前，调解走在激化前。2015年，司法所和人民调解组织共调解民间纠纷960件，调解成功947件，调处率100%，调处成功率98.7%。

【普法宣传】 集中时间、集中精力，利用法律颁布日、重大节日，组织开展综治宣传月、人口与计划生育集中服务月、“12·4”法制宣传日、“3·15”消费者权益保护日、“6·26”国际禁毒日、交通安全、安全生产、土地、妇女维权周、“平安武江”、“平安校园”法制宣传月（周）等系列活动，加大宣传力度。开辟普法工作新阵地。采取多种形式扩大法制普法覆盖面，组建法制平安建设信息员队伍，让这些人员不定时、不定点、不间断传递法制知识及治安情况，并多次在人流集中点开展大型法制宣传。区普法办还印发普法宣传简报，扩大法制宣传教育的社会影响。

【法律援助】 大力加强法律援助工作，深化“法律援助便民服务。夯实基层工作，构建便利快捷高效的法律援助服务网络。继续推社会管理创新，依托司法工作站，将法律援助受理及办理延伸至村（社区）。推行网络受理法律援助，方便群众申请法律援助。提升法律援助保障力，扩大法律援助覆盖面，进一步规范法律援助受理、审批、指派等事项。加强法律援助宣传及信息报道工作，推行法律援助宣传日及典型案件例宣传工作。提升法律援助案件质量，实施法律援助案件评查，促进法律援助案件质量提高。共开展“法律进校园”“农民工维权”和一村（社区）一法律顾问等专项法制宣传活动16场次。组织律师、法律工作者开展送法下乡、进企业、进校园和法律赶大集活动，大力宣传“关爱弱势群体、共建和谐社会”法律援助服务品牌。2015年，共办理法律援助案件89件，其中民事案件20件，刑事案件67件，行政案件2件。

【公证服务】 注重内部的制度化、规范化管理，加强公证人员的思想政治理论素质建设，组织公证人员学习国家现行的相关政策和新出台的法律法规。2015年共办理各类公证713件未出现任何错、假证，案卷通过自查合格卷达100%。

【社区矫正】 严格落实报到、思想汇报、请销假、会客等监管制度。296名在册社区矫正对象全部得到管控，无脱管失控现象。重新犯罪率为零。2015年，累计接收社区矫正人员296人，累计解除148人。现在册管理148人。手机安置率达100%。全区共有7个司法所，一个社区矫正中心，一个社区矫正教育培训中心，安置帮教人数达346人。

【机构设置】 根据《印发韶关市武江区司法局主要职责内设机构和人员编制规定的通知》韶武府办〔2010〕51号武江区司法局是主管司法行政工作的人民政府工作部门。现有政法专项编制16个，实有在职公务员16人。设局长1名、副局长2名、政工科科长1名、股长（主任）5名。内设机构包括政工科、办公室、宣传教育股、基层管理股、社区矫正股、公证律师股。下属事业单位2个：法律援助处（挂公职律师事务所）入康正公证处。

区司法局领导名录

局　　长：韩伟强

副 局 长：张羽忠　谭克志

政工科长：胡巧莲（女）

（撰稿人：刘丽华）

经济管理

规划与物价管理

【概况】 2015年，区发改局以中共十八大及十八届三中、四中、五中全会精神为指导，围绕区委区政府的中心工作，开展综合规划、经济分析、重点项目、全社会固定资产投资、价费管理等工作，各项工作取得新的成绩。

【固定资产经济指标】 全区固定资产完成额达到101.72亿元，同比增长16.2%，顺利完成年度目标。

【重点项目】 2015年全区共安排重点项目共55个，其中由区挂点牵头的市级重点项目10个，计划年度投资93.57亿元，占全区固定资产投资工作任务的82.19%。

【规划计划】 2015年，向区人大提交《武江区2014年国民经济和社会发展计划执行情况与2015年计划草案的报告》，并在武江区第八届人民代表大会第五次会议上通过审议。

2015年，在深入调研的基础上，广泛征求有关单位意见，基本形成区“十三五”时期经济社会发展的基本思路和发展定位。2015年9月完成初稿编写，并对初稿征求意见。11月，修订稿顺利完成。经征求意见和会议讨论审核后，八届第36次区政府常务会议原则同意《韶关市武江区国民经济和社会发展第十三个五年规划纲要（草案）》，区委八届第54次常委会议原则同意《韶关市武江区国民经济和社会发展第十三个五年规划纲要（草案）》。

【项目审批】 全年共审批148宗区内投资项目，核准0宗，备案21宗。

【价费服务管理】 2015年，区发改局开展食盐、明码标价价格专项检查等价费管理服务工作。处理价格投诉共54宗。开展年审工作，未发现乱收费行为。加强价格监测、预警和监审。受理刑事案件价格鉴证事项164宗，价格认证标的额119.58万元。

【公务用车制度改革】 区发改局牵头组织开展全区公务用车制度改革工作。7月6日，组织成立武江区公务用车制度改革工作领导小组。11月12日，经区车改领导小组会议讨论修改审定后提交区政府常务会议、区委常委会议讨论通过并报市车改领导小组审核批复同意，区印发《韶关市武江区全面推进公务用车制度改革总体方案》和《韶关市武江区区直机关公务用车制度改革实施方案》。按照省市要求，区直机关及各镇街车改工作已基本完成。

【平价商店绩效评价】 组织实施2015年平价商店绩效评价工作。为确保区蔬菜、肉菜供应稳定，运用价格调节基金推进“三项建设”。组织《广东省农副产品价格调控项目库》的申报工作，2015年全区有三家平价商店申请销售环节项目入库。

【机构设置】 根据武江区政府办印发的《印发韶关市武江区发展和改革局主要职责内设机构和人员编制规定的通知》

（韶武府办〔2014〕87号）及韶武机编〔2015〕11号文件精神，韶关市武江区发展和改革局为正科级行政机关，行政编制10名。设局长1名，副局长2名，股长（主任）7名。

区发改局领导名录

局　长：成振铭

副局长：罗北京（—2015.2）

　　　　黄　倩（2015.5—）

　　　　袁　海（2015.2—）

（撰稿人：陈文利）

统　计

【概况】 2015年，区统计局以中共十八大和十八届三中、四中、五中全会精神为指导，紧紧围绕区委、区政府总体部署，以服务全区经济发展大局为宗旨，以提高统计工作水平和数据质量为目的，务实创新、扎实工作，为区经济社会发展提供优质的统计服务。

【统计服务】 2015年面对复杂的环境和多变的经济形势，区统计局采取积极措施，密切监测全区经济运行情况：一是分解细化全年经济增长目标。二是加强统计监测预警，各专业做好企业生产数据每月监测台账，为区领导及各部门及时跟踪掌握主要经济指标动态、把握经济形势提供参考。三是加强对经济形势的研判，撰写大量分析报告，重点对全区经济运行情况、突出问题进行分析，提供预警信息和措施建议，为领导和有关部门及时准确地把握经济走势、进行科学谋划提供决策依据。四是做好统计资料编发，为全区提供统计信息服务。2015年3月起，区统计局改版编印《武江统计月报》小册子，全年编印统计月报10期，主要内容有武江经济运行简况、主要指标统计图、全区主要经济指标、全市各县市区主要经济指标、统计知识等。2015年3月，发布《武江区2014年国民经济和社会发展统计公报》。

【统计改革】 国家统计局从2011年统计年报和2012年统计定期报表起将全面实施统计“四大工程”建设（基本单位名录库、企业一套表制度、数据采集处理软件系统和联网直报系统建设）。纳入实施范围的有：规模以上工业法人单位、资质建筑业法人单位、限额以上批发业和零售业法人单位、限额以上住宿和餐饮业法人单位、房地产开发经营业法人单位。上述企业将从2012年2月18日起按要求登录统一的联网直报平台报送统计数据。2012年统计年报和2013年统计定期报表起，联网直报新增重点服务业企业（2014年起改为规模以上服务业）。2015年全区新增“四上”企业13家，其中工业企业2家、建筑业0家、房地产开发企业6家、批零住餐企业5家、规模以上服务业企业0家。13家企业的入库，对全区2016年经济发展将起到一定的促进作用。

【统计调查】 2015年，区统计局承担省、市布置的24项专项调查任务，分别是：城乡一体化调查；主要畜禽调查；工业品价格调查；规模以下工业抽样调查；限上批零企业调查；限上住宿餐饮企业、个体户调查；限下批零、住宿餐饮企业、个体户抽样调查；民营批零、住宿餐饮企业调查；重点批零、住宿餐饮企业调查；私营企业及其他单位工资统计调查；企业用工情况调查；规模以下服务业企业抽样调查；文化及相关产业单位情况调查；1%人口抽样调查；农民工监测抽样调查；韶关市基本公共服务均等化公众满意度调查；新设立小微企业和个体经营户跟踪调查；劳动力调查；韶关市群众幸福感测评调查；非公有制企业（单位）人才资源状况抽样调查；机关绩效考核公众评议调查；芙蓉新区统计调查；小康社会监测统计调查、名录库新增企业调查。

【人口抽样调查】 2015年4月，区启动全国1%人口抽样调查工作，区统计局积极开展调查前期准备工作，成立区和各镇街1%人口抽样调查工作协调小组，检查调试普查设备PDA，收集镇街、村居人口资料，整理1%人口抽样调查抽样框，划分调查区域，绘制小区图，开展试点调查和正式登记等，调查工作有序推进。8月，韶关市全国1%人口抽样调查综合试点在武江区开展，本次试点在新华街道惠民西社区选取6个调查小区，常住人口规模为2000人左右，调查对象为小区内全部人口（不包括港澳台居民和外国人）。10—11月，区全国1%人口抽样调查工作进入摸底、正式登记阶段。摸底调查于10月16日开始，11月1日正式登记，调查首次采用调查员手持电子终端设备（PDA）入户登记或由住户通过互联网自主填报的方式进行。调查内容包括住户的基本情况和个人的性别、年龄、民族、受教育程度、迁移流动、就业、社会保障、婚姻、生育、死亡、住房情况等指标。经过努力，区1%全国人口抽样调查工作在11月15日全面按时按要求高质量完成，登记户数5976户（除空户），19366人。

【统计基础建设】 2015年9月，根据省统计局“统计基层基础建设年”工作要求，扎实做好统计基础工作规范化建设活动。区统计局围绕加强统计机构建设、加强统计队伍建设、健全统计工作制度、保证统计工作经费、改善统计办公条件、完成统计业务工作情况、加强统计资料管理、提高统计服务水平等八方面，派人挂点负责指导、督促、检查各镇街建立健全统计制度，完善统计资料、统计台账、原始记录、统计网络建设等统计基础规范化工作。局对五镇两街统计站办公设备配备等情况进行全面摸底，为各镇街统计站购买电脑、打印机和档案柜，确保每个镇街统计站配备专用办公设备。为全区“四上”企业及镇街统计规范化建设投入许多人力、财力，通过一系列扎实的创建工作，全面夯实基层统计基础，武江区成为全市镇街统计站抽检通过率100%的五个县区之一。

【统计法制建设】 2015年8月，区统计局开展统计执法检查工作，共检查70家联网直报企业，检查重点是企业2014年年报和2015年上半年定期报表数据质量，检查内容包括统计报表、会计资料、统计台账、统计人员持证上岗等基础性工作，对检查中发现的问题都向企业提出整改意见。通过执法检查有效加强企业统计基础，提高源头统计数据质量。

【统计教育培训】 2015年8月，区统计局举办2015年统计从业资格培训班，全区参加培训考试人员112人。11月，举办2015年统计从业资格继续教育培训班，全区参加继续教育培训考试人员121人。

【表彰情况】 2015年6月，区统计局在2014年度绩效考评中被区委、区政府评为优秀等次一等奖（政府部门第一名），连续五年获得优秀等次的佳绩。11月，局派出三人参加全市政府统计系统岗位技能竞赛，获得优秀县（市、区）局第一名，其中胡佳捷、黄劼桁获得优秀个人三等奖。

【机构设置】 根据《印发韶关市武江区统计局主要职责内设机构和人员编制规定的通知》（韶武府办〔2010〕54号），区统计局机关行政编制7名，其中：局长1名，副局长2名，股长（主任）4名。区统计局设4个内设机构：办公室和法制股；综合核算股和计算机股；工业、交通、能源、科技股；社会投资、建筑与房地产、劳动工资、农村农业、贸易股。实有公务员7人。2012年11月22日区编委会会议研究决定，同意设立“韶关市武江区统计普查中心”，为区统计局下属正股级事业单位，编制8名，设主任1名，副主任1名。实有职员6人。

区统计局领导名录

局　长：何爱华

副局长：刘学农

　　　　林洁谊（女）

（撰稿人：刘学农）

审　计

【概况】 2015年，区审计局认真贯彻中共十八届四中、五中全会精神，紧紧围绕区委、区府工作中心和社会关切，认真落实党委、政府对审计的新要求，依法履行审计监督职能，全面完成2015年各项审计任务。根据审计署、省、市审计机关和区政府对审计工作的安排，2015年完成审计项目10个，参与市审计局开展的“书记（镇长）经济责任同步审计”项目3个、省审计厅开展的“韶关市2015年保障性安居工程跟踪审计”项目1个，出具审计报告15篇，查出管理不规范金额24192.37万元，对被审计单位提出审计建议27条，采纳审计建议27条。

【财政审计】 2015年区审计局围绕党委、政府和群众关注的重点部门、重点领域、重点资金，对2014年度区级预算执行情况及其他财政收支情况进行审计。在完善财政管理工作，加强预算、决算编制管理，细化支出预算，提高财政资金使用效益等方面，提出可行性审计建议。并于2015年6月向区人大提交审计工作报告，得到区人大的充分肯定。

【经济责任审计】 加大领导干部任中审计力度，推进经济责任审计。根据区委组织部的委托，2015年区审计局共完成经济责任审计项目6个，其中：任中审计4个，离任审计2个。在审计过程中突出对重大经济决策情况、内控管理效果以及领导干部廉洁自律等重点内容的关注，把“中央八项规定”、审计署《审计署关于加强公务支出和公款消费审计的若干意见》等系列要求作为经济责任审计中对领导干部经济责任审计、审计评价的重要内容。做到从大处着眼、从细处着手，善于把握细节，注意抓住疑点，对重要问题追根溯源，力求将问题查深查透。查出管理不规范金额244.49万元，提出审计建议21条，均已被审计单位采纳，并进行整改。

【专项资金审计】 进一步强化专项资金审计。完成对武江区水利专项资金进行专项审计。针对审计发现的问题，在完善水利管理工作，细化工程管理制度，提高财政资金使用效益，推进水利工程规范化和制度化的管理等方面提出建设性审计建议。

完成对武江区人民检察院蕉冲山特大型滑坡群地质灾害治理专项资金进行专项审计。通过对地质灾害治理资金的支出情况、项目建设和实施情况的审计，促进区检察院做好地质灾害治理，使工程发挥最大效益，促进资金分配的合理和优化，避免出现资金监管漏洞。有效保护好区检察院办公场所的安全并使干部职工安心工作，更好地行使工作职能。

【重大审计任务】 2015年区审计局派出3名同志参与市审计局开展的“书记（镇长）经济责任同步审计”2个项目、省审计厅开展的“韶关市2015年保障性安居工程跟踪审计”项目。他们分别担任各审计组的重要岗位，并充分发挥武江审计的优良传统，圆满完成上级交办的任务。

【稳增长跟踪审计】 2015年区审计局为做好稳增长、促改革、调结构、惠民生、防风险政策措施落实情况的跟踪审计工作，结合武江区实际，阶段性选择重点开展跟踪审计项目10个，涉及财政资金5864.35万元，向被审计单位提出审计建议8条，均以被采纳。通过稳增长跟踪审计，从源头遏制不良问题的发生，促进被审单位管理水平，为领导决策提供可靠依据。

【重点项目】 切实抓好挂点重点建设项目项目凯旋华府规划选址、用地预审、环境影响评价、立项批复以及初步设计等工作落实，全力推进项目有序、规范向前发展，保证区审计局挂点项目（凯旋华府）重点项目按市、区要求完成年度建设任务。

【服务企业】 通过“一对一”挂点联系区重点企业，深入韶关市拓海贸易有限公司，加强走访调研，着力解决企业在生产经营中遇到的各种突出问题，确保企业稳定健康发展。

【审计队伍建设】 “四个加强”推进审计干部队伍建设。区审计局结合开展“三严三实”专题教育活动，进一步强化审计干部作风建设，着力提高干部队伍思想、政治、理论和业务素质，努力打造适应科学发展的审计干部队伍。一是加强机关学习培训建设。进一步加强政治理论、法律、经济和科学管理等知识的学习培训，努力提高干部队伍宏观学习能力。二是加强干部队伍作风建设。加强审计干部“三严三实”教育，恪守“严”与“实”的优良作风，全面优化审计环境，锻造审计“铁军”，充分发挥审计监督国家利益捍卫者、经济发展“安全员”。三是加强机关管理制度建设。进一步完善机关管理规章制度，进一步加大政务公开力度，健全重大事项报告制度、干部考评考核制度，严格按照制度办事，逐步实现机关管理制度化、公开化、规范化、科学化。四是加强审计文化建设。突出“责任、忠诚、清廉、依法、独立、奉献”审计文化建设重点，积极开展审计文化进机关、进社区活动；充分利用报刊、网络媒体以及政务公开栏等形式，广泛宣传审计法律法规、工作结果、工作动态，为审计事业健康持续发展创造良好社会氛围。打造一支愿干事业、能干事业、干成事业、清正廉洁的审计干部队伍。

【档案综合管理】 区审计局按文书档案、审计档案、会计档案和审计财经法规书籍进行分类管理，并建立审计业务的电子版档案管理。2015年度审计、会计档案共38卷，其中：审计档案21卷、会计档案12卷，文书档案3卷，其他档案2卷。

【机构设置】 区审计局内设办公室（计算机审计室）、综合股、经济责任审计办公室、财税金融审计股、行政事业审计股。

区审计局领导名录

局　长：胡丽娟（女）

副局长：袁文娟（女）

　　　　华志荣

（撰稿人：王　智）

工商行政管理

【概况】 2015年3月20日，按照省政府、市政府关于工商行政管理体制调整的工作部署，韶关市工商局牵头举行“韶关市各县（市、区）工商局体制调整人财物移交协议签字仪式”，武江区政府与市工商局签署交接文书，韶关市武江区工商行政管理局归属武江区人民政府直接领导和管理。

2015年，区工商局坚持以十八大精神为指导，认真贯彻落实中共十八届三中、四中全会和武江区委八届四次全会精神，进一步深化商事登记制度改革，全面推行“三证合一”“一照一码”。年末，登记在册个体工商户11291户，增长7.24%；私营企业902户，增长29.41%；内资企业78户，增长-2.5%；农民专业合作社62户，增长12.73%。进一步完善工商登记制度改革后续监管措施，深化工商体制调整，大力整顿市场经济秩序，建立健全消费维权体系，努力营造便捷高效的服务环境和诚信公平的市场秩序，促进武江区经济平稳快速发展。全年查处违法违章行为立案64宗，结案60宗，罚没入库23.969万元。

【登记注册管理】 深化工商登记制度改革，按照广东省政府的部署，自2015年9月1日起全面推开“三证合一”登记制度，实施“一照一码”登记模式，进一步简化市场准入手续，降低投资创业成本，促进大众创业、万众创新。全年核发“三证合一”企业营业执照167份，引导12户个体户升级为企业，办理住改商登记293户，办理股权出质登记2宗。

个体工商户登记：2015年年底，区工商局登记在册个体工商户11291户，从业人员24590人，注册资金52321.59万元，与上年相比分别增长7.24%、6.47%和9.22%，全年新增户数1903户，从业人员4239人，注册资金10974.56万元。

企业登记：在商事登记改革利好政策推动下武江区私营企业保持迅速增长态势，截至2015年12月底，区工商局登记在册私营企业902户，从业人员6618人，注册资金100358.08万元，与上年相比分别增长29.41%、26.32%和37.47%，全年新增233户，从业人员1749人，注册资金24675.15万元。

由于国家对经济结构的宏观调整，全民、集体所有制的企业逐渐退出市场竞争领域，同时为配合企业清产核资工作的顺利进行，市对国有及集体资产的再投资采取限制措施，因此武江内资企业基本保持原来的态势。截至2015年12月底，内资企业78户（其中法人企业38户），注册资金66634.1万元，与上年相比增长-2.5%及0.8%，全年新设立内资企业2户，注册资金500万元。

随着农民专业合作社这种按照平等、自愿、互利的原则创办的新型合作经济组织逐渐得到广大农民的认识和接受，武江区农民专业合作社发展明显加快，规模也不断扩大。截至2015年12月底，农民专业合作社62户，成员总数3121人，出资总额9264.23万元，与上年相比分别增长12.73%、7.22%和7.73%，全年新登记农民专业合作社7户，成员总数181人，出资总额624万元。

【企业监督管理】 企业年报：《企业信息公示暂行条例》要求企业每年1月1日至6月30日这段时间内，将当年经营信息录入公示系统在网上公示，从而促进企业诚信自律，强化企业信用约束，扩大社会监督机制。截至2015年6月30日24时，《企业信息公示暂行条例》实施后首次年度报告工作正式结束。经统计，武江区工商局已报送年度报告的市场主体共12333户次，其中企业980户次，个体工商户11291户次，农民专业合作社62户。企业2013、2014年年报率分别为87.44%，89.96%，农民专业合作社2014年年报率为94.5%；有197户次企业公示股权变动、行政许可和行政处罚等即时信息。

为推进武江区企业信用信息公示制度，督促企业及时、真实公示信息，强化企业信用约束，扩大社会监督机制，促进企业诚信自律，区工商局按省、市工商局的有关要求，组织开展企业公示信息抽查试点工作，委托会计师事务所对部分企业的经营状况进行实际审查。期间抽查企业20户、个体户247户、农合社2户，抽查结果显示公示信息正常的企业11家，涉嫌隐瞒真实情况、弄虚作假的企业 9 家，被抽查的个体户和农合社均为正常。

企业监管：结合安全生产监管、食品安全监管等工作，积极开展无照经营整治，全面规范市场主体的经营资格和经营行为。特别是天津“8·12”事件发生后，组织开展以危险化学品和易燃易爆物品为重点的安全大检查行动，进一步加强重点行业及风险行业的无证无照经营户清理整治，加强对家庭作坊、违章既有建筑、高层地下建筑、生产储存经营场所违规住人、老城区和城中村等五类场所隐患的整治，特别是对涉及食品制售、消防安全、非法开采等关系人民身体健康、生命财产安全、存在重大安全隐患、威胁公共利益和安全、破坏环境的无证无照经营主体坚决查处取缔。全年立案查处无照经营案件22宗，涉案案值30.21万元，罚没金额5.65万元。

以学校周边、农村周边和工厂附近等人员活动密集区为重点，开展查处取缔黑网吧专项行动，针对少数“黑网吧”变相经营，易反复的问题，多管齐下整治，全年出动执法人员81人次，未发现违法违规行为，确保辖区无“黑网吧”存在。

【商标广告管理】 商标管理：2015年，武江区的企业申请注册商标214件，其中注册成功商标203件，累计有效商标759件。开展打击侵犯知识产权和制售假冒伪劣商品专项行动，检查各类市场经营主体328户，立案查处经销侵犯注册商标专用权商品案11宗，案值4.5834万元，罚没总额8.13万元。

广告管理：全年办理户外广告登记955个，涉及经营额801.6万元。配合文明城市创建工作，进一步加大对辖区内不良广告的监管和整治力度，重点整治大型户外广告牌和灯杆、路标指示牌、阅报栏、自行车棚的广告，严查药品、医疗、食品等关系人民群众健康安全领域中的虚假违法广告，严查未经核准登记或不按核准登记事项擅自发布的户外广告行为。全年立案查处擅自发布户外广告行为6宗，虚假宣传广告案件1宗，罚款总额2.5万元。

【市场规范整顿】 假冒伪劣商品整治：区工商局以元旦、春节、国庆等节日为重点，组织开展以汽配、箱包、电气设备产品、空气和饮用水净化器、水泥混凝土、机油等为主的打击侵犯知识产权和制售假冒伪劣商品行为专项行动；与烟草专卖局、盐务局等部门联合执法，开展打击卷烟制假售假和走私售假食盐行为；按照食品安全百日整治行动要求，组织开展食品市场“傍名牌”“山寨食品”等侵权仿冒及虚假违法广告行为专项治理。全年查获侵权“壳牌”机油17桶。

武江区打假工作各成员单位共出动执法人员1600人次，查办假冒伪劣案件34宗，涉案货值约587万元，罚款金61.73万元，刑事拘留2人，逮捕7人，判刑4人。

校园周边整治：开展校园及周边治安环境专项治理，加强对学校周边重点行业及其他各类市场主体的监督检查，严禁在校园周边开设歌舞厅、网吧、游戏机室等场所；加强校园周边文化市场的监管，严查非法出版物、淫秽色情出版物、恐怖玩具、仿真枪支等：结合儿童节、学期考试等重点时间段，开展文具、书包、教学用具等重点商品的检查，严查“三无产品”、伪劣产品等。全年出动执法人员141人次，检查校园周边文具、玩具店等经营户112户次，有效地净化校园周边环境，规范市场经济秩序。

农资监管：深入开展“红盾护农”专项行动，严厉打击制假售假和发布虚假农资广告等坑农害农违法行为。共出动执法人员276人次，执法车辆85车次，检查农资经营户211户次。开展秋季农资抽检，抽检化肥样本10个，检验结果一个B类不及格，罚没2.65万元。

消费合同监管：对辖区内的旅游、银行、电信业和房地产领域的合同格式条款开展专项整治，排查、治理利用合同格式条款侵害消费者权益的违法行为，保障广大群众合法权益。全年查处合同案件4宗，罚没0.8万元。

打击走私贩私：组织区打私工作各成员单位，进一步加强反走私专项工作，以成品油、农产品、冻品、电子产品、“洋垃圾”及烟酒等式物品为重点，组织开展打击走私“五大战役”、打击成品油走私“春雷”专项行动、冻品走私专项打击整治行动及打击涉野生动物违法犯罪专项行动，严厉查处经营无合法来源证明进口商品的行为，检查市场16个，油站、油库11个，冻品冻库9个、汽车汽配门店134个，销售摊档、超市、烟草酒类专卖店、批零部等320户（次）。

“扫黄打非”：积极配

▲武江区工商局归属当地政府管理以来首次接受区人大代表的视察，图为区人大常委会副主任陈雪、王韶林率队到区工商局视察检查（马立峰摄）

合开展“扫黄打非”专项治理行动，协同公安、文化、新闻出版等部门严厉打击非法出版物，检查音像制品、出版物和电子出版物经营户、印刷复制门店、文化娱乐场所等各类经营场所63户，各类游走摊贩17档次，有效地维护社会政治和文化市场稳定，确保辖区文化市场健康有序发展。

【打击传销】 2015年，区工商、公安部门联合在武江区清查涉嫌传销窝点65个，传销人员309人，其中自行解散约155人，执法部门刑拘约39人，遣散114人。与社区联合开展“无传销社区”宣传活动，并利用日常巡查、走访企业的时机上门开展宣传，通过曝光典型案例、揭露传销伎俩，提高群众的辨别能力和自我防范意识，其间设置宣传横幅8条，发放宣传单300多份。

【消费维权】 贯彻落实新消法宣传，在龙归墟日举办“3·15”国际消费者权益日现场宣传咨询活动，向广大消费者宣传普及文明的消费方式和消费行为，进一步加强消费者合法权益保护力度。

以新消法为依据，为消费者提供消费信息和咨询服务，认真受理消费者投诉，耐心做好调解工作。处理区委办转来网络问政106宗，其中消费维权类99宗，办结率100%；“12315”中心共受理消费者举报申诉17宗，调解成功12宗，立案查处5宗，为消费者挽回经济损失1.69万元；区消委会共接受消费者电话咨询215人次，受理消费者投诉74宗，为消费者挽回经济损失约11.47万元，增加赔偿0.16万元。

【企业信用体系建设】 开展“守合同重信用”企业公示活动，组织辖区企业积极申请参与开展2014年度广东省“守合同重信用企业”公示活动，受理、核准企业公示申请3份。

【创文巩卫】 积极组织、指导辖区社会办市场进行升级改造，进一步提升市场内硬件设施水平，11个社会办市场升级改造工程（第一期）已基本完工，市场经营环境均有不同程度的提高改善。以嘉晖市场为重点，按照农贸市场整治八项标准，指导和督促市场开办单位全面加强市场内环境卫生和摆卖秩序整治，加强对市场内无照经营、未亮照经营等违法行为的监管。继续强化市场防控禽流感、登革热疫病工作，督促各市场按要求做好环境卫生清洁及“四防”装置的维护，确保活禽经营市场“1110”制度、活禽市场休市制度落实到位。

【表彰情况】 根据《关于表彰2014年广东省“扫黄打非”先进集体和先进个人的决定》（粤扫黄打非组〔2015〕1号），区工商局被评为2014年广东省“扫黄打非”工作先进集体。

根据《关于“六五”普法终期督导检查工作情况的通报》（韶武普办〔2015〕4号），区工商局被区普法办评为“六五”普法工作优秀单位。

10月15日在“全区信访知识竞赛暨工会法宣传活动”，区工商局张辉艳、邓培君、王智、刘红红组成的工商队荣获竞赛二等奖。

【机构设置】 区工商局设立8个内设机构：办公室、人事监察股、法规股、登记注册股、企业监督管理股、经济检查股、商标广告管理股、市场合同管理股，设立1个直属单位：经济检查大队，设立4个派出机构：新华工商所、芙蓉工商所、西郊工商所、龙归工商所。全局共核定编制108个，实有在职人数89人，核定局长职位1个，副局长职位3个，其中1人兼任纪检组长。

区工商局领导名录

局　长：黄海涛

副局长：茹伟杰

（兼任纪检组长）

刘江平

周伟真

（撰稿人：马立峰）

国土矿产资源管理

【概况】 至2015年末，武江区耕地面积6905.39公顷（水田4004.61公顷，旱地2400.65公顷，水浇地500.13公顷），园地649.20公顷，林地48767.05公顷，草地1268.37公顷，城镇村及工矿用地4994.02公顷，交通运输用地939.67公顷，水域及水利设施用地2945.83公顷，其他土地948.28公顷。

辖区矿产资源较为丰富，但储量较少，共生、伴生矿较多。主要有煤矿、铁矿、铅锌矿、锡矿、钨矿、金矿、银矿、石灰石、高岭土、萤石矿等。锑矿小矿床3处，铅锌矿（小型）主要分布在重阳镇；锡矿、钨矿矿点2处；石灰石储量丰富，品质好，主要分布在西联镇、龙归镇、西河镇。萤石矿主要分布在龙归镇续源、江湾镇架锦坑。陶瓷矿（高岭土）主要分布在重阳镇、龙归镇。煤炭矿区有芙蓉山、田心、车角岭煤区（已停采）。

【地籍管理】 土地使用发证。全年办理私人土地使用证共66宗，其中变更办理发证58宗，补办出让8宗。

完善数据库。组织技术部门调整农村集体土地所有权数据，完善数据库建设。

【用地管理】 用地报批。全年完成大东裕、芙蓉新城、旭日二期、奥园二期和莞韶城一期、三期等项目用地报批材料报省、市审核，取回年度及历史批文208.8公顷，其中2015年指标50.27公顷，2014年指标158.53公顷。

永久基本农田划定。划定基本农田实行永久保护，是贯彻国家土地基本国策和土地管理法律法规，落实土地利用总体规划，加强耕地保护的重要措施。结合武江区现行土地利用总体规划、芙蓉新区、产业园区规划、重点建设项目、控制性详细规划、城市总体规划和武江实际情况，推进全区城市周边永久基本农田划定工作，现已完成核实举证工作。永久基本农田一经划定，将实行严格管理、永久保护，任何单位和个人不得擅自占用或改变用途。

耕地保护。落实耕地保护目标责任制，保持耕地总量动态平衡。8月20日，韶关市人民政府与武江区人民政府签订《韶关市2015年度耕地保护目标责任书》。按要求，至2015年末，武江区耕地保有量、基本农田面积分别不少于6406.67公顷、8.08万亩，建设高标准基本农田不少于466.67公顷，“三旧”改造新增实施面积不少于12.37公顷，完成改造面积不少于8.43公顷。

建立、实施基本农田保护经济补偿制度，申请基本农田保护经济补偿补助资金，并下达落实到位。协助做好广乐高速公路项目临时用地“现场踏勘、照相取证、复垦方案评审”工作。开展动态巡查、台账检查，发出整改通知，由各矿山按《方案》要求完成临时用地整治、复垦。

高标准基本农田建设。完成武江区高标准基本农田建设2012年度项目指标任务，由市高标办下发确认函，完成国家、省级信息系统报备工作。加快2013年度项目推进，已完成市级验收，按验收组意见组织整改，做好决算、审计工作。按照规划设计要求，组织人员开展2014年度项目施工，收集、编辑影像资料。完成2015年度项目规划设计、招投标、入场施工工作。

【土地矿产信访】 信访件调查处理。本年度受理各级转办件、电话举报、来信来访、网络问政等信访件共13宗。做到认真调查信访件，及时回复当事人，有效化解社会矛盾。

动态巡查。分局执法监察大队、基层国土资源所开展动态巡查千余人次，发现违法用地行为222宗，均已下达《责令停止国土资源违法行为通知书》，告知政府及相关部门。

▲图为高标准基本农田建设2015年度项目龙归镇盘村水渠建设现场

（区国土分局供稿）

【执法监察】 卫片执法检查。开展2015年第二、三季度卫片执法检查工作，累计下发图斑264个，经核查，其中涉及违法用地图斑46个，立案查处27宗（已结案9宗），拆除违法建筑500平方米，复耕复绿13333平方米，为开展2015年度土地矿产卫片执法监督检查工作奠定基础。

三项治理。开展农村土地突出问题三项治理，采取多种途径逐宗逐块解决武江区征地留用地历史欠账问题，经查未发现拖欠被征地农民征地补偿费问题。共清理农村土地“三乱”问题相关线索131宗，面积73533.3平方米（其中耕地14013.3平方米）现已立案查处131宗，拆除违法用地面积约2000平方米，立案率达到100%。

土地例行督查。例行督查发现2014年度违法违规用地122宗，面积38.58公顷（其中耕地10.93公顷），应立案87宗，已立案87宗，现结案86宗，落实行政处罚款项305万元。

【矿产资源管理】 采矿权登记管理。全年办理矿山采矿权延续手续2宗。辖区范围内持证采矿企业11家、探矿权企业8家（包括正在办理延续和保留矿区范围项目）。矿业权资料表格化，梳理出矿业权和安全生产许可证有效期、矿山地质环境治理恢复保证金、矿产资源补偿费缴交等情况一览表。

矿山年检。完成矿业权年检工作，本级应检采矿权全部年检合格（共9家），应检探矿权全部报检（共7家）。建立矿产资源补偿费征收直报台账，按规定征收矿产资源补偿费24.7万元，完成全年资源补偿费收缴工作。强化矿业权管理，组织矿管、执法力量，先后查处涉及超规模开采、越界开采行为石场共2家。

【地质灾害防治】 编制武江区2015年地质灾害防治方案，

签订《武江区地质灾害防治工作责任书》。为进一步增强群众对地质灾害防范意识及处置能力，12月23日，武江国土分局联合重阳镇政府举行一场地质灾害应急演练行动。演练地点：重阳镇妙联村委会观音山村地质灾害隐患点。演练流程：地质灾害突然“发生”，警报声响起，全体村民迅速撤离至应急安置点，工作人员清点人数，搜救人员搜寻受灾区域，发现、转移、安顿受地质灾害威胁群众，救治“受伤”人员。

【地质灾害处置】 全年通过治理消除地质灾害安全隐患5处。截至年底，辖区新增地质灾害隐患点17处，直接威胁人数约500人，潜在经济损失约1800余万元。新增17处隐患点

▲12月23日，在重阳镇举行地质灾害应急演练，图为转移“受伤”群众演练 （区国土分局供稿）

【专题工作】 “三严三实”专题教育 学习贯彻落实中共十八届三中、四中、五中全会精神，开展“三严三实”专题教育，领导干部做到“严以修身、严以用权、严以律己，谋事要实、创业要实、做人要实”。完成2015年度国土系统“不作为、慢作为、乱作为”问题专项整治。按照上级要求，完成办公用房登记、清理，开展公务用车制度改革、“干部人事档案”专项审核工作。

参加“抓落实”动员大会 2015年12月29日，分局全体干部职工参加市国土资源局举办的国土系统学习贯彻市委十一届八次全会会全市抓落实提高执行力工作会议精神大会。

【机构设置】 市国土资源局武江分局内设办公室、土地管理股、矿管股、综合协调股、执法监察大队。

武江国土分局领导名录

局　长：徐湘宜

副局长：梁　音（—2015.12）

　　　　吴韶华

执法监察大队长：杨长虹

（撰稿人：巫伟东）

食品药品监督管理

【概况】 区食药监局辖区内现有获得食品生产许可证的食品生产企业27家，食品生产加工小作坊50余家；食品流通经营户3000余户；食品餐饮单位2000余家；药品经营户131家；保健食品经营户191家。2015年日常监督检查过程中共出动执法人员4138人次，检查各类食品药品生产经营企业2245家次，其中，检查食品生产加工企业58家次，食品生产加工小作坊88家次，食品流通经营企业456家次，食品餐饮服务单位968家次，检查药品零售企业129家次，医疗机构36家次，保健食品、化妆品经营企业229家次。开展节假日食品安全保障行动7次，食品药品专项行动10次，全年共出动执法人员735次，执法车辆 224车次，检查各类食品药品企业550家次，学校饭堂83家次，市场50家次，责令整改63家次，立案52宗，罚没款197，095.05元。开展食品药品安全宣传活动5次，发放宣传册、宣传资料6000多份。通过切实做好日常监管和专项整治工作，有效保障辖区内广大群众的饮食用药安全，无发

生重大、特大食品药品安全事故。

【食品药品监管队伍建设】2015年2月，区委、区政府对区直机关领导干部队伍做调整补充，配齐配强区食药监局领导班子，区食药监局结合工作实际，明确领导班子成员的责任分工，各项工作指挥有度。同时，公开招录5名公务员，进一步充实壮大食品安全监管队伍，目前，区食药监局实有在编人员28人，到岗率93%。

【市人大常委会领导调研武江区食品安全工作】 2015年4月20日，市人大常委会副主任徐紫玲率调研组调研武江区食品安全工作，市食药监局局长胡德宁、武江区副区长王敏雯、区食药监局局长王鸽参与陪同。调研过程中，调研组一行实地查看武江辖区内集体食堂、食品生产企业、农贸市场的硬件设施以及在落实食品安全管理制度、索证索票制度等方面的情况，并与企业负责人和食药监局监管人员进行亲切交谈，详细了解武江区餐饮环节食品安全状况。

【行政许可审批情况】 截至2015年年底，区食药监局办理行政许可审批事项情况统计如下：食品流通许可证核发726户，变更10户，注销76户；餐饮服务许可证核发176户，延续108户，变更28户，注销74户；药品经营许可证（零售）14户，延续50户，变更10户，注销8户；保健食品经营许可证（零售）38户，延续28户，变更10户，注销10户；第二类医疗器械备案12户。

【食品安全专项行动】 为确保节假日、重大活动期间广大群众的饮食安全，有效预防食物中毒、食源性疾病等安全事故的发生，区食药监局在元旦、春节、“五一”、“六一”、高考、中秋、国庆等节假日和各项重大活动中，扎实开展食品安全保障工作。此外，区食药监局根据上级业务主管部门部署要求开展各类食品专项整治工作：食用油专项整治行动，食品安全百日整治行动，假日餐饮服务环节食品安全监督检查，春秋两季学校食堂食品安全检查，农村食品市场“四打击四规范”专项整治行动，婴幼儿配方奶粉、酒类食品安全专项检查，药品、医疗器械专项整治，“活禽零存栏”制度落实情况检查，保健食品打“四非”，农村食品专项整治肉及肉制品整治“秋风行动”等。区食药监局通过食品药品专项整治行动，进一步落实企业安全管理责任、消除安全隐患、规范市场生产经营秩序。2015年1—9月，辖区内已达成明厨亮灶单位31家，其中大型餐馆3家，学校幼儿园食堂5家。区食药监局与区教育局联合发布《关于印发〈韶关市武江区平安学校食堂创建工作方案〉的通知》并与学校签订《韶关市平安学校食堂创建工作目标管理责任书》，2015年已遴选出韶关市龙归中学、韶关市机关第三幼儿园、韶关市实验中学三间学校作为创建试点单位。

【食品药品安全宣传】 区食药监局采取多种形式、多种渠道向人民群众宣传食品药品安全，营造人人关心食品药品安全的良好氛围。开展食品安全宣传周活动、3·15“宣传活动”、食品安全科普讲座活动、食品安全进校园活动、“保健食品消费有陷阱，擦亮眼睛别上当”为主题的公益宣传活动、新修订食品安全法专题集中宣传活动，印发食品安全宣传小册子、食品药品安全知识宣传册等宣传资料，在日常检查及专项行动中派发，普及市民饮食用药安全知识。通过召开全区药械、保化经营企业监管工作会议、武江区农贸市场食品安全主体责任培训暨责任书签订会议，为广大经营者普及法律法规知识；在市区主要社区及乡镇共设立13个宣传栏，大力普及食品药品安全知识，提高广大群众饮食用药安全的自我保护意识。

【食品安全事故应急演练】 为进一步健全完善应对突发食品安全事故的快速反应机制，全面提升各部门的应急处置能力，12月01日，区食药监局联合区卫计局、区农业局、区公安局、区委宣传部及市职防院组织开展2015年武江区Ⅳ级响应食品安全事故应急演练。副区长、区食安委副主任王敏雯亲临现场指导。此次应急演练共出动监管部门执法人员、医护人员、公安干警等50余人，车辆5辆。

【机构设置】 食药监局设9个内设机构：办公室、综合应急管理股、政策法规股、食品生产安全监管股、食品流通安全监管股、食品餐饮安全监管股、药械监管股、保健食品化妆品监管股、稽查分局，设3个派出机构：武江区龙归镇食品药品监督管理所、武江区重阳镇食品药品监督管理所、武江区江湾镇食品药品监督管理所。

区食药监局领导名录

局　长：王　鸽

副局长：邓献良　林海平

黄华华

雷　霞（女，兼，2015.2—）

（撰稿人：骆婕怡）

安全生产监督管理

【概况】 2015年，全区共发生各类生产安全事故（不包括道路交通）51起，死亡4人，受伤0人，直接经济损失361万元。与2014年同期相比，事故起数上升41.6%，死亡人数上升100%，受伤人数持平，直接经济损失上升87.0%。其中，消防火灾事故有48起，死亡0人，受伤0人，直接经济损失61万元；工矿商贸事故3起，死亡4人，受伤0人，直接经济损失300万元。

【责任落实】 组织与区安委会各成员单位签订2015年安全生产责任书，实施安全生产控制目标管理。每季度组织召开全区安全生产工作会议，传达上级安全生产工作会议精神，研究部署全区安全生产工作。完成对全区五镇两街以及区直部门的2014年安全生产责任制考核工作，并将考核结果在全区进行通报。

【开展岁末年初安全生产大检查】 2015年初，组织开展岁末年初安全生产大检查。对辖区内的丽珠集团利民制药厂、宏大齿轮厂、飞翔自动变速箱公司、沃尔玛、益华百货等多家辖区重点企业和大型超市进行安全生产督查。检查活动共发现存在安全隐患企业3家，查出安全隐患4个。对丽珠集团利民制药厂下达限期整改指令书，责令限期将隐患整改完毕。

【开展春节前安全生产大检查】 春节前夕，联合区文新局、区住建局、区消防大队、区食药监局等单位开展春节前娱乐场所、大型商场、大型酒店以及建筑工地安全大检查活动。对存在缺乏消防设施、消防通道不畅通等安全隐患的娱乐场所下发责令限期整改指令书。

【开展职业卫生调查和职业卫生联合执法行动】 2015年上半年，对用人单位生产规模、类别、主要产品、所属行业、职工人数、接触职业病人数、接触粉尘人数、接触化学毒物人数等基本情况进行摸底调查，掌握辖区192家用人单位的职业卫生基本情况，并完成用人单位职业卫生基本情况的网上上报。6月，联合区宣传部、区卫生和计划生育局、区人力资源和社会保障局、区工商局四部门开展职业卫生执法监察联合行动。共检查8个工贸企业，检查出23个安全问题，发出8份《责令限期整改指令书》。

【开展烟花爆竹专项执法行动】 2015年，组织开展3次烟花爆竹专项执法行动。其间，向辖区烟花爆竹经销网点发放《广东省安全生产监督管理局关于烟花爆竹经营许可的实施细则摘要》《韶关市人民政府关于限制在市区经营燃放烟花爆竹及孔明灯的通告》各54份。出动监察检查人员48人次，共检查辖区烟花爆竹销售点98家，发现安全隐患49处，下达限期整改指令书12份。

【开展危险化学品专项执法行动】 2015年，区安监局组织开展3次危险化学品专项检查活动。共检查31家危险化学品生产、经营企业，检查出45处安全隐患，并在与区城管局、区工商局、武江公安分局、西联镇联合检查中对西联镇一处非法经营危险化学品场所进行查封。2015年，开展非药品类易制毒化学品专项检查。共检查辖区25家经营非药品类易制毒化学品企业，发现5家企业存在问题，下达现场检查记录21份。

【开展防汛安全检查行动】 2015年区安监局向各镇（街）、区直部门下发《关于开展2015年防汛度汛安全检查工作的通知》。全区各单位共出动执法人员453人次，检查企业148家，发现隐患17处，发出整改指令书9份。

【开展非煤矿山安全检查行动】 共查处9次非煤矿山非法违法行为，发出9份《责令改正指令书》。对韶关市武江区重阳永业石场采取掏底崩落式开采方式的严重违反行为进行1万元的经济处罚。

【组织开展天津“8·12”事故后安全生产大检查】 2015年以安委办名义下发《关于立即开展安全生产大检查的工作方案》《关于印发武江区全面开展安全生产大检查深化“打非治违”和专项整治工作实施方案的通知》。其间，7名区领导干部、25个单位或部门参加大检查行动，出动执法人员841人次，检查企业450家，发现隐患116处，发出整改指令书48份。

【安全宣传】 “安全生产月”期间，制作10条“认真学习、大力宣传、坚决贯彻新《中华人民共和国安全生产法》和《广东省安全生产条例》”大型横幅悬挂在各镇人民政府、街道办事处以及车站、广场等人流较多地方。印制600份《用人单位职业病危害防治八条规定》《企业安全生产应急管理九条规定》《企业安全生产责任体系五落实五到位规定》，分发给企业单位。6月，组织开展“安全生产月”咨询日活动。现场设置咨询台，进行安全生产相关法律法规及政策、知识的宣传，并现场接受群众的咨询。现场共发放《中华人民共和国安全生产法》《广东省安全生产条例》《职业卫生监管法律法规及文件汇篇》《职业卫生管理国家标准汇编》《消防安全知识》《居民安全》等各类安全宣传资料500余份，并现场解答群众有关安全生产、安全法律法规方面的难点疑点问题。

【应急演练】 结合开展“安全生产月”活动，组织区安委员有关单位及辖区企业开展应急预案演练活动。其间，区经信局、区住建局、区城管局、新华街道等部门共约200多人参加工地施救、火灾救援等项目的应急演练活动；韶关市合力化工气体有限公司、旭日国际有限公司分别举办危化品泄漏、厂房起火的生产安全应急演练，参与人数分别44人和181人。11月，协办并参加由韶关市安委会主办，武江区人民政府与韶关市安监局联合承办的韶关市2015年非煤矿山生产安全事故应急救援演练活动。

【培训教育】 制定《2015年武江区安全生产业务培训计划安排表》。2015年，先后两次举办学习新安全生产法培训班，区安委会各成员单位负责人、辖区有关企业负责人共112人参加培训班学习。

【事故处理】 2015年，共查处3起生产安全事故，聘请有关专家对事故进行调查处理，按照《生产安全事故报告和调查处理条例》和“四不放过”的原则对事故单位和事故责任人进行行政处罚，并做出防范措施和整改意见。

【机构设置】 区安监局下设办公室、监督管理综合股、职业安全健康监督管理股、执法监察股、安全生产应急救援指挥中心办公室5个股室。

区安监局领导名录

局　长：肖大清

副局长：邓宗坤　龚光权

（撰稿人：官庆添）

工业·科技

概　况

武江区经济和信息化局设10个内设机构：办公室、经济协作和招商股、外资外贸股、经济运行和产业股、节能和循环经济股（节能监察中心）、市场股、信息产业股、科学技术和知识产权股、中小企业局、电子商务股；下属事业单位有武江区外商投资和中小企业服务中心、武江区生产力促进中心。

2015年，在区委、区政府的正确领导下，区经信局认真贯彻市、区经济工作会议精神，深入贯彻落实科学发展观，切实发挥职能职责，突出中心工作，狠抓重点工作，强化工作措施，在国内经济下行压力加大、国际市场竞争加剧的严峻背景下，克服各种不利因素，努力保增长、调结构、促发展。

宏观管理工作

【基本情况】 2015年，受宏观经济减速、新增点不足、负增长面广等不利因素影响，武江区工业经济发展所面临的形势非常严峻。全区上下凝心聚力、攻坚克难，围绕全年工业增长目标，开展大量工作，从而使武江工业经济的发展没有产生大的波动。全区工业增加值完成91.46亿元，增长1.9%，稍低于预期目标。

【加强企业调研】 武江区经信局组成四个工作小组对辖区规模以上工业企业开展挂点调研，详细了解企业生产经营情况，认真听取企业诉求，及时提出解决对策，协助企业共同应对难题，并努力做好跟踪、协调和服务工作。同时，联合区统计局到企业调研，对企业的统计方法进行指导，做到应统尽统，减少错报漏报。

【服务扶持企业发展】 为了确实做好对企业的扶持发展工作，区经信局建立并加强长效联系挂钩服务机制。做到下基层、下企业服务活动常态化，切实贴近企业需求，努力解决企业困难，对企业反映强烈的热点难点问题及时跟踪解决；积极搭建银企交流合作平台，创新融资渠道，尽力为辖区内符合条件的企业向上争取各类扶持资金，2015年共为7家企业申请省市专项资金208万元。

【节能降耗】 切实抓好企业节能降耗工作，一方面组织企业开展电机能效提升工作，促进企业发展提质增效。另一方面狠抓落后产能退出、供电与产出挂钩，对高耗能高污染的落后产业进行持续摸底，严格执行落后产能退出机制；与供电局、统计局等部门进行多部门联动，综合考量企业用电与产出比例，对用电产出严重不匹配的企业进行重点监督，督促企业切实搞好节能降耗工作。

科技工作

【概况】 2015，武江区科技工作围绕“充分发挥科技支撑引领经济和社会发展的主力军作用”的工作目标，以企业为主体、以科技创新和科技管理服务为主线，采取有效措施不断完善、营造良好政策环境，强化科技服务，有力促进企业自主创新。各项科技工作取得显著成绩。

【科技计划项目申报】 2015年辖区企业、单位申报并获省、市立项的科技计划项目共27项，争取项目资金1700多万元，超历史水平。其中，韶关宏大齿轮有限公司的“工业机器人精密RV减速机”的研发及产业化项目获2015年广东省应用型科技研发专项资金立项，获资金500万元。

【科技奖励】 丽珠集团利民制药厂完成“参芪扶正注射液质量控制关键技术研究”、韶关市水产研究所完成的“北江水系鱼类资源调查与保护利用”粤北人民医院完成的“荷叶生物碱对巨噬细胞泡沫化的影响及其机制研究”项目等3个单位完成的3个项目获2014年韶关市科技进步一等奖；粤北人民医院等11个单位完成的11个项目获二等奖；广东省韶关烟草机械配件厂有限公司等17个企业、单位的17个项目获三等奖。韶关市源昊住工机械有限公司获第四届中国创新创业大赛（广东赛区）三等奖。

【LED推广应用】 区继续对各镇政府大楼、检察院、法院、田家炳小学、红星小学、金福园小学等部门的灯具进行统计，以36.39万元通过招投标进行LED改造工作；改造工程已经完成，并通过验收工作。

【科技进步考核】 2015年，武江区科技投入从2014年度914万元提高到2015年度1141万元。相关会议纪要也与区党委办、政府办沟通落实，区科技部门也较好地履行职能，坚持在各个考核环节及细节严格把关，保证材料的质量，按时提交科技考核材料，以好成绩通过考核。

【防震减灾】 做好区地震安全示范社区创建工作，新华街道办事处花城社区、惠民街道办事处沙湖社区等2个社区通过广东省地震安全示范社区认定；在“5·12”防灾减灾日期间，利用各镇、各街道的科普宣传栏进行防震减灾知识的宣传工作。

知识产权工作

【概况】 2015年，武江区知识产权工作继续在全市保持优势地位，全年申请量达528件位居全市第三；专利授权量358件，位居全市第二，其中发明专利授权量达27件，居全市首位。

【完善知识产权政策】 重新修改调整《武江区专利申请费用补助实施细则（暂行）》，使该细则实际操作性更强，对推动武江区专利工作会有更大推动作用。

【知识产权宣传】 加大知识产权宣传力度，在“4·26”全国知识产权活动日期间，会同韶关市知识产权局等单位在全民健身广场进行知识产权宣传活动，派发资料1000多份；利用科普宣传栏开展知识产权内容的宣传；编印武江区知识产权宣传手册6000册，发放到社区居民及企业人员手中。

【国家知识产权强区工程试点工作】 2015年，根据家知识产权强区工程试点要求和《韶关市武江区知识产权强区工程试点工作实施方案》认真组织开展提高区域知识产权系列工作。一是推动企业知识产权贯标工作，建立知识产权贯标试点企业1家。二加强知识产权服务体系建设，“知识产权体系建设项目”申报省科技计划项目获省立项支持20万元。

【推进产学研合作】 加强与高校及科研院所的联系，搭建科技交流合作平台，通过组织企业与高校对接活动，促进高校及科研院所科技成果转化。2015年，关液压件厂有限公司与武汉理工大学合作，建立博士后创新实践基地。

高新技术产业

【高新技术企业】 2015年，中星科技股份有限公司、锦源实业有限公司、迅安安防科技有限公司、韶关飞翔变速箱有限公司等4家企业获得国家高新技术企业的认定；韶关市东南轴承有限公司、丽珠集团利民制药厂、韶关液压件厂有限公司通过国家高新技术重新认定，海粤生物科技有限公司通过国家高新技术企业复审。全区高新技术企业共计达16家，居全市首位。此外，韶关市东南轴承有限公司入选2014年国家火炬计划重点高新技术企业。

【高新技术产品】 组织企业申报高新技术产品认定，2015年全区共有4家企业的5个产品通过省高新技术产品认定。

区经济和信息化局领导名录

局　　长：张思建

副 局 长：邱四英（女）

　　　　　钟嘉梅（女，—2015.1）

　　　　　麦宇晖

主任科员：周建雄　罗振秋（2015.5—）

（撰稿人：廖志辉）

规模以上工业企业简介

【广东韶能集团股份有限公司】 广东韶能集团股份有限公司是以可再生能源和清洁能源的投资开发与经营为主营业务的上市公司，也是韶关地区优势企业集团之一。公司成立于1993年6月，注册地为广东省韶关市。1996年8月30日在深圳证券交易所挂牌上市，股票简称“韶能股份”，股票代码“000601”。员工总数4300多人。经过20多年的发展壮大，公司资产规模不断增加，资产质量持续提高，资产盈利能力不断增强，经营基础不断夯实。资产总额近90亿元，其中可再生能源和清洁能源固定资产原值占总固定资产原值比例达80%以上；利润总额、净利润、权益净利润等指标的增长速度大大快于营业收入增长速度，其中权益净利润指标连续三年多保持快速增长，并实现从年不到1亿到超过1亿元，再到突破2亿元的三连增。公司的发展战略一直致力于清洁能源和可再生能源的投资开发。在继续做强做大做优水电业务的同时，抓住契机适度发展生物质能发电，重点发展天然气的开发利用等能源项目，争取用3—5年的时间，实现公司经营规模快速扩张，经营业绩稳步较快增长的目标。

公司秉承“外树形象、内抓管理”的经营理念，通过“采用国有企业的管理基础，引进民营企业的经营机制，学习部队雷厉风行的作风，树立团结开拓、效率第一、为韶能争光的形象。”形成较为完善与完整的企业经营管理理念、内部控制体系、制度设计、机制安排、治理架构等。经过20年坚持不懈的探索和实践，公司闯出一条政策引导、文化支撑、管理提振的强企之路，逐步形成具有韶能特色的企业文化。并通过深化改革、强化管理，不断提高企业经济效益和管理水平。在不断提升股东价值的同时，也为地方的经济发展做出突出的贡献。全体韶能人立足本职，同舟共济，攻坚克难，发奋图强，努力经营好实体产业，全心全意为股东创造价值，为社会创造财富，积极承担社会责任，为把韶能建成百年企业而奋斗。

【广东省韶关烟草机械配件厂有限公司】 公司1995年8月在广东省韶关市设立，占地6万多平方米，建有一幢办公楼、八个厂房和两幢员工宿舍，员工172人。多年来公司一直坚持“以人为本，科技创新”办企业，先后被认定为广东省高新技术企业、广东省知识产权优势企业、广东省优秀民营企业、广东省名牌产品、广东省著名商标等称号。公司每年的研发投入都销售收入的4%以上，公司技术开发部为公司的研发机构，在2003年认定市级工程技术研究开发中心。

GD包装机组是从意大利GD公司引进的包装技术，从烟支包装成型进入到透明纸条包产品的输出，均是自动完成，是机、电、气一体化的高科技产品。中国90年代开始引进消化、吸收，并被国内许多大中型卷烟生产企业所选用，可以说是目前国内卷烟生产企业包装设备的主力军，是制作高档软、硬盒香烟的首选机型之一。随着烟草行业国内、国际竞争的加剧，卷烟市场和消费者对卷烟制品的质量提出更高的要求，良好的外部品牌形象（主要是包装形象）成为赢得消费者认可的第一步，为维护品牌的形象，提高产品的防伪、防潮能力，增加商品价值，让商品在市场中占有一定的份额，商家往往在包装上做文章，因此改造创新及维护卷烟包装设备是各烟厂所需要的。

公司自成立以来完成GD卷烟包装设备所需的一万多种零配件由进口件转换国产件的设计和生产制造工作，完全具备替代进口配件的生产能力，产品的生产工艺在国内处于行业领先水平。多年来公司一直坚持“以人为本，科技创新”办企业，通过成果鉴定项目12项，获广东省重点新产品奖5项、高新技术产品奖3项，获省级、市级科技进步奖6项，有8项产品获广东省采用国际标准证书，申请专利62项，已授权56项。早在2003年，在韶关市相关部门对该公司进行现场考察论证后，认为该公司具备与其他七家企业组建市工程技术研究开发中心的能力，批准组建市级工程技术研究开发中心，这为该公司搞好技术创新，增强研究开发能力、抢占行业技术制高点创造更好条件。公司经济持续平稳发展，许多成果已经向生产第一线转移，产生巨大的社会和经济效益。公司将以科技进步提升企业的持续发展能力，生产出更新更精的产品更好地为烟草行业服务，为行业的发展做出更大的贡献。

【广东天恒液压机械有限公司】 广东天恒液压机械有限公司是专门从事液压及气动产品的、具有一定规模的专业化股份制有限公司，是集科研、生产、销售、服务于一体的高新技术企业。公司总投资5000万元，占地面积5万多平方米，建筑总面积11000多平方米，其中厂房建筑面积8000多平方米，办公室和综合楼建筑面积3000多平方米。2015年，实现工业总产值4500万元。

公司拥有一流的生产办公环境、国际领先的生产流水线和检测设备，严格按照国家标准和国际标准组织生产，从原材料购进到成品出库实行全程控制，确保产品的质量，赢得广大客户的信赖和支持。产品广泛用于冶金，船舶、航空、石油、化工、矿山、码头、运输、水电、建筑工程、轻工等行业。

公司始终坚持“以客户为关注焦点、注重创新，以先进的生产力赢得市场”为经营理念，以“强化质量管理，为顾客提供满意的产品和服务”为质量方针，坚持技术进步、理念创新，不断加强企业内部管理，与时俱进，开拓进取，将一如既往地为广大客户提供优质的产品和完善的服务。

【广东中烟工业有限责任公司】 广东中烟工业公司韶关卷烟厂始建于1950年，现有职工900余人，占地面积9.36万平方米，建筑面积15万平方米，固定资产原值7.54亿元，净值5.18亿元，拥有国际先进水平的卷接包设备和国内先进水平的制丝生产线。卷烟品牌：红玫系列产品。

广东中烟工业有限责任公司韶关卷烟厂前身为成立于1950年6月1日的民生卷烟厂，1964年民生卷烟厂更名为韶关卷烟厂，2006年取消韶关卷烟厂法人资格，更名为广东卷烟总厂韶关卷烟厂，2006年更名为广东中烟工业公司韶关卷烟厂，2007年改制更名为广东中烟工业有限责任公司韶关卷烟厂。现有职工900余人，占地面积9.36万平方米，建筑面积15万平方米，固定资产原值7.54亿元，净值5.18亿元，拥有国际先进水平的卷接包设备和国内先进水平的制丝生产线，拥有4800千克／时的制丝线一条，额定功率570千克/时的二氧化碳膨胀烟丝制丝线一条，GD卷接包机组13套，其中软包机组7套，硬包机组6套，年设备生产能力263亿支（52.6万箱）。

2015年，全年实现产值65亿元。 韶关卷烟厂坚持“以质量求生存，靠品牌图发展，用科技促生产，向管理要效益”的经营理念，走“科技兴烟，科技兴厂”的发展道路。1987—2015年，进行四次技术改造，分别对制丝生产线、膨胀烟丝生产线、卷接包设备，以及配套设施进行逐步改造。技改后，设备装备精良，工艺布局合理，产品质量稳定，具备生产中、高档卷烟产品的条件，为企业进一步发展奠定坚实基础。2002年1月1日，韶关卷烟厂整体兼并南雄卷烟厂，年生产计划指标由18万大箱增加到26万大箱。兼并为企业带来超常规的发展机遇，该厂以企业组织结构调整为契机，确立“把产品做精，把市场做大，把企业做强”的发展策略，经济运行保持较好态势，呈现出强劲的发展潜力，2004年年产突破30万大箱，企业各项经济技术指标创历史新高，综合指数进入全国烟草工业企业先进行列。

韶关卷烟厂在搞好经济建设的同时，重视职工技术培训，强化内部管理，加强党风廉政建设和精神文明建设，推行厂务公开，丰富职工业余文化生活，增强企业的凝聚力和向心力，有效地促进企业生产经营发展，使企业核心竞争力有较大的提高。企业先后获得“全国500家最大工业企业之一”“广东省工业企业200强之一”“韶关市第一税利大户”“全国烟草系统安全先进单位”“党风廉政建设先进单位”“思想政治工作先进集体”“精神文明建设先进单位”“厂务公开先进单位”等荣誉称号。

【丽珠集团利民制药厂】 丽珠集团利民制药厂始建于1966年， 1997年加入丽珠集团，是集团下属的集医药生产、研发为一体的中外合资股份制企业，是广东省高新技术企业，广东省创新型企业，建有国家中药现代化工程技术研究中心中试基地及注射剂研究所、广东省数字化中药工程技术研究开发中心，广东省省级企业技术中心。主要生产大容量注射剂、小容量注射剂、片剂、胶囊剂、颗粒剂、中药提取等，主要品种有参芪扶正注射液、血栓通注射液、二维三七桂利嗪胶囊等。2015年，完成工业总产值7.3亿元。

现有员工530人，占地面积19.2万平方米，大专以上学历210人，占员工比例40%。研究生以上学历人员28人，占员工总数的5%；从事研究开发人员86人，占员工总数的16%。

企业一直重视科研创新，加入“中药注射剂产学研合作组织（TCMIC）”，与中国药科大学、香港浸会大学等多家科研院所建立科技合作关系，形成“产、学、研”相结合的技术创新平台。近年来，企业承担18项国家级和省市级的科技项目；共申请专利52项，其中获得国内发明专利12项，实用新型专利6项；国际发明专利9项；获得广东省科学技术奖2项，中国中西医结合学会科学技术奖1项，韶关市科学技术进步奖5项。具有核心自主知识产权的国家中药二类新药“参芪扶正注射液”，为国内首创的纯中药澄明大输液，被评为国家重点新产品，国家中药保护品种，广东省名牌产品，列入国家发改委高技术产业化示范工程项目，荣获2009年度广东省科技进步一等奖。

企业建立有严格的质量管理制度，从源头控制产品质量，在山西、甘肃、云南等地建立符合“中药材种植生产质量管理规范（GAP）”的药源基地；药品生产车间严格按照国家“药品生产质量管理规范（GMP）”标准生产；主要的生产设备、检测仪器达到国际先进水平，生产过程采用多种先进工艺和技术联合运用，进行在线的数字化检测和控制，运用质量检验信息管理系统（LIMS），保证产品质量的稳定可控，其产品一直有稳定良好的质量和较高的社会信誉。

利民人正以高昂的热情，不断探索“数字化中药”理论，增强自主创新能力，努力打造中药输液第一品牌，将丽珠利民建设成研发型的中药企业，为人类医药及健康事业做出积极贡献。

【韶关光华塑胶五金制品有限公司】 韶关光华塑胶五金制品有限公司成立于1994年7月，是一家致力于益智幼教玩具设计开发、生产销售于一体的外商独资企业（美国三藩市亨达有限公司独家投资）。公司目前占地面积34000平方米，建筑面积23800平方米，系现代化的花园式厂房。聘请国际顶尖玩具设计大师，自行研发设计新产品。公司各项生产环节均符合欧盟EN71和美国ASTI标准，及国内3C标准。已通过ISO 9001：2000质量体系认证和国际玩具协会ICTIA级认可，产品具有出口玩具质量许可检测认证资格。拥有自己的国际品牌“POPULARPLAYTHINGS”产品。公司目前拥有员工300人，2015年完成产值4500万元。

光华公司是成功应对金融危机，调整经营策略，变纯出口为内外销相结合的典型企业，2009年公司对营销作出重大调整，成立国内销售部，集中人力、财力、物力打造自己的品牌——“光华玩具”。2009年4月以“光华玩具”品牌首次在广州国际玩具展亮相；并于10月参加上海玩具展销会，在中国玩具协会主办的玩具设计创新大赛中，一举获得2项金奖3项银奖。公司在国内主要以上海、北京、广东为市场重点，争取年内在国内各省会城市中均设立销售点。3—5年内建立自己的益智玩具销售渠道，将“光华玩具”品牌打造成为国内幼教玩具行业的产品领先品牌，力争内外销售比由现在的10%扩展到内外销比例各50%，实现总销售额8000万元。

【韶关市电线厂有限公司】 韶关市电线厂有限公司是韶关地区唯一具有规模生产电线电缆的正规厂家（原广东省韶关市电线厂）。始建于1968年8月，现有在职职工70多人，坐落于武江科技工业园，占地面积1万多平方，新厂房于2009年8月竣工。公司于2010年4月2日改制。主要产品有聚氯乙烯绝缘电线电缆。本公司尊重科学，重视人才，视人才为企业的根本，拥有一批具有本科、大、中专学历的生产专业管理人才，建立并完善一整套科学先进的管理规章制度，拥有生产电线电缆设备38台（套），计量检验设备91（台）件，为企业的发展打下坚实的基础。2015年，实现工业总产值2300万元。

本公司通过ISO 9001（2000）国际质量体系认证，获得国家强制产品CCC认证，及国家质量技术监督局颁发的全国工业产品生产许可证，荣获“中国质量信用AAA+级企业称号”“全国质量信得过产品”“用户满意产品”“产品质量可靠企业”等国家、省、市一系列证书和荣誉。

公司本着“用户至上、名优为本、重合同、守信用”的经营宗旨，遵循“创优质的产品，满意的服务；以持续改进的质量管理体系满足顾客的需求”的质量方针为各项工程建设作贡献。

【韶关市锦源实业有限公司】 韶关市锦源实业有限公司是一家多年从事铟系列产品生产的专业生产商，公司拥有铟资源及成套的精铟生产线，产量稳定。产品主要销往欧洲及美国、韩国、日本和中国台湾等国家和地区，产品质量达到国际同类产品先进水平，在国内外都享有很高的商誉。

公司产品主要包括4N铟锭、4N铟粒、氧化铟、氢氧化铟、氯化铟、硝酸铟等。公司有足够条件承接特殊产品的生产和来料加工业务，可以应客户的要求定制生产。2015年，实现工业总产值3600万元。

锦源公司致力于铟的生产事业，努力成为国内铟产品知名品牌。公司以“诚信为本、技术为先”为企业宗旨，以“以高品质求生存，以高技术求发展、以高产量求效益”为核心经营理念，向国内外客户提供优质的铟产品，并以高品质的售后服务，牢固树立韶关锦源良好的品牌形象，以确保锦源公司在中国铟行业中的地位，实现客户、股东、员工、社会多方共赢，确保企业永续发展。

【韶关市闽韶物资有限公司】

韶关市闽韶物资有限公司地处武江区科技工业园，成立于1998年，是一家以农业装备为主导产品，集设计、开发、生产、销售于一体的农业机械制造企业。经过多年的努力，公司的质量管理不断提高，目前公司产品已取得10项国家专利。2009年通过ISO 9001质量管理体系认证，覆盖的产品及其过程包括收割机、手扶拖拉机的设计与生产。使金鹰牌工农-12K手扶拖拉机、闽韶牌4LZ-1.0收割机产品取得农业部颁发的“农业机械推广许可证”，并被列为年国家支持推广的农业机械产品目录，是国家重点支持的产品。

公司的主导产品拖拉机、收割机畅销广东、湖南、江西、福建、广西、湖北、四川等十多个省、市、自治区，并出口越南等东南亚国家和地区，设立上百家营销网点和代销机构。公司始终本着“以信誉求发展，以质量创品牌，以服务塑形象”的宗旨，为广大客户提供最好的产品。

公司现有员工100多人，其中工程技术人员20多人，占地面积30000平方米，生产性建筑面积8000多平方米，办公综合楼1500平方米。2015年，实现工业总产值3000万元。公司二期工程已完成，建设一条生产拖拉机、收割机的流水生产线，增添先进的检测、加工设备，使产品的制作工艺和质量水平进一步提高，确保产值税收年年递增。同时，公司将加大新产品的研发投放，争取每年有1至2个新产品投放市场，使得企业不断发展壮大。

【韶关市韶瑞重工有限公司】

韶瑞重工有限公司始建于1992年，其前身是坐落于浈江区十里亭的韶瑞机械制造有限公司，于2002年10月在武江科技工业园落户并于2004年底建成正式投产，是一家集研发、加工、制造、销售及售后服务为一体的专业矿山机械设备制造商，公司目前在全球50多个国家及地区设立分公司，在全国各主要城市设有销售公司及服务网点，是武江区矿山机械装备制造业中最大的民营企业。

公司曾多次成为国内著名大型工程的设备供应商，如广州新白云国际机场、京珠高速公路等。是广东省民营科技企业，是韶关市矿山破磨机械工程技术研究开发中心的依托企业，曾多次获得省市政府“诚信单位”“产品质量可靠单位”“免除年度检验企业”等荣誉称号。

公司拥有完善的质量管理体系，并通过ISO 9000质量管理体系认证。以高品质的产品开拓市场，用完善的服务赢得客户尊重，公司在全球20多个地区设立分公司，在全国各主要城市设有销售公司及服务网点，为广大客户提供售前售后服务。

2012年11月27日，世界最大的矿山机械设备供应商芬兰美卓公司与韶瑞重工公司举行合作签约仪式，拉开两家公司开展战略合作的序幕，2013年9月27日，美卓和韶瑞的交割正式启动，从此一个全新的中外合资企业“韶关市韶瑞重工有限公司”正式成立。此次合作后，双方业务互补，市场互补，实现互利双赢。美卓集团将为韶瑞重工投入数亿资金，进一步提升在管理、技术等方面的水平，并依托美卓集团全球销售网络推广韶瑞重工品牌和产品。2015年，美卓韶瑞实现产值1.8亿元。

【韶关市泰基搅拌有限公司】韶关市泰基搅拌有限公司始创于2005年2月，总投资3900万元，占地26640平方米。公司是拥有国家预搅拌商品混凝土专业资质、专业从事混凝土及轻质墙体开发、生产、销售的工业企业。

泰基公司资金雄厚、设备精良，现已引进2套HLS180型意大利进口搅拌楼设备，实行全程计算机自动控制。4台拖式地泵（三一重工）和36台9立方米混凝土运输车，年生产能力可达116.8万立方米，可满足各种建筑工程的混凝土连续供应。

公司质量保证体系健全，有各类技术人员60人，试验仪器40余台，工程检测人员均是从事多年质量检测工作的专业人员，能够准确地为施工单位提供混凝土有关的各项可靠的数据及资料，是粤北地区规模最大、生产能力最强的专供混凝土及轻质墙体的公司。2015年，实现工业总产值3900万元。

公司遵循“传承儒商品格，实现多方共赢”经营理念，全面实施品牌战略。建立健全综合管理制度和质量保证体系，确保产品的品质。公司将以全新的体制、高效的管理、精湛的技术和优质的产品为广大顾客提供满意的服务。

【韶关市天源重机有限公司】韶关市天源重机有限公司占地2万多平方米，建筑面积10000多平方米，拥有先进的现代化办公设施及信息管理系统、现代化标准厂房和一批先进的机械加工设备，是生产混凝土搅拌设备和稀油润滑设备的专业制造商。2015年实现工业总产值2200万元。

公司现有员工约100人，其中技术人员10人。分别设立有技术开发部、生产部、质检部、销售部、财务部、行政部等职能管理部门。

公司本着“以人为本、诚信天下、源于专业、成就品质”的企业经营理念，努力“创新求实”，坚持“精益求精、用户满意、追求卓越、争创一流”的质量方针，凭借优秀的专业人才，丰富的设计和制造经验，科学的管理体系，以优质的产品质量和售后服务，赢得众多客户的信赖和支持，树立良好的“天源”品牌形象。

公司在紧密跟踪和吸收国内外同行业技术的同时，同时广泛听取用户反馈意见，不断改进、创新形成具备本企业风格的系列产品。主要产品包括HZS60-200系列商品混凝土搅拌站、HLS60-240系列商品混凝土搅拌楼、HZSM90-120模块式混凝土搅拌站、HZ-S1000-2000系列管桩、水泥制品搅拌站、HZSK35-75系列快速安装式搅拌站、WCQ系列稳定土搅拌站、JS1000-4000系列搅拌机、HPD系列配料机、LSY系列螺旋机、GXYZ系列高低压稀油润滑设备及其配套设施等。

为更好地为广大用户提供产品的售前、售中．售后的服务以及零配件的供应，该公司先后在杭州、南京、长沙、广州、贵阳、昆明、重庆、成都、昆明等中心城市设立服务中心及配件供应仓库，为用户解决后顾之忧。经验丰富、责任心强的服务队伍及技术专家在各地区巡回服务，提供高效快捷的技术服务与保障。

【韶关市柏林新型建筑材料有限公司】韶关市柏林新型建筑材料有限公司现已建成30万吨预拌砂浆生产线，使废弃煤矸石和炉渣资源得到完全高效的利用，是煤矸石综合利用和形成产业链的新飞跃。

【广东电网公司韶关供电局】广东电网公司韶关供电局是中国南方电网公司广东电网公司属下的大型企业，为韶关市7县3区供应电力，供电客户88.5万户，供电面积1.84万平方公里。2015年实现工业总产值39亿元。

韶关供电局成立于1959年，目前拥有110千伏及以上变电站56座，110千伏及以上输电线路2641.69公里。

韶关供电局坚持“对广东电网公司负责，为韶关经济和社会发展服务”的宗旨，牢记“主动承担社会责任，全力做好电力供应”的使命，全力保障韶关地区的用电需求，赢得各级党委政府和百姓的广泛认可。近年来，该局先后荣获“全国文明单位”“全国五一劳动奖状”“中央企业先进集体”“全国模范职工之家”“全国安康杯竞赛优胜企业”“南方电网公司文明单位”“广东省安全文化示范企业”等称号；先后被国务院国资委，广东省委、省政府，韶关市委、市政府，南方电网公司和广东电网公司评为“抗灾救灾先进单位”；连续4年被评为“南方电网公司迎峰度夏先进单位”；先后5次被韶关市委评为“先进基层党组织”；连续14年荣获“韶关市党风廉政建设先进单位”称号。

近年来，韶关供电局正以科学发展观为指引，以南网方略和广东电网公司发展战略为统领，紧紧围绕“以客户为中心、以提高供电可靠率为总抓手”这个主题，开展创建国先进水平供电局工作，逐步实现从“想创先”“能创先”到“会创先”的转变，企业的各项关键指标、管理水平、员工的观念和能力均得到大幅提升。

【广东方夏集团有限公司】 广东方夏集团有限公司成立于2002年1月28日，注册资本6000万元。公司坐落于美丽的武江河畔，自有办公面积约2130平方米，是一家集实业投资、水电投资、房地产开发一体的多元化大型集团公司。公司本部共有企业职工共计57人，其中大专学历23人，本科学历26人，研究生及以上学历2人；员工具备初级专业技术职称11人，中级专业技术职称14人，高级职称1人。2015年实现工业总产值3400万元。

公司成立伊始，秉承以小水电开发运行为核心，房地产开发建设为主导，逐步开拓市场多元化的经营战略，发展至今共有2家全资子公司，3家控股企业及多家参股企业，自2005年起已连续8年成为武江区纳税大户。

【韶关市领航电源科技有限公司】 韶关市领航电源科技有限公司 位于广东 韶关市，主营 汽车免维护铅酸蓄电池、铅 等。公司秉承“顾客至上，锐意进取”的经营理念，坚持“客户第一”的原则为广大客户提供优质的服务。

【韶关市三创混凝土有限公司】 中国建筑材料集团有限公司（简称中国建材集团，英文简称CNBM）1984年经国务院批准设立，2003年成为国务院国有资产监督管理委员会直接监督管理的中央企业。中国建材集团以“善用资源、服务建设”为核心理念，大力实施“科技创新”“大建材国际化”和“人才强企”战略，是集科研、制造、流通为一体，拥有产业、科技、成套装备、物流贸易四大业务板块的中国最大的综合性建材产业集团，进入《财富》世界500强。截至2011年底，集团资产总额逾2000亿元，员工总数达13万名，直接管理的全资、控股企业20家，控股上市公司6家，其中海外上市公司2家。2012年4月1日，中国建材正式收购韶关市三创混凝土有限公司，本公司就正式成为中国建材旗下的子公司之一。三创公司是2006年8月经中国“红三角”招商洽谈会引资来韶关投资兴建的专业混凝土生产企业，依托有先进管理理念，雄厚技术储备力量，总投资5，000万元。公司位于韶关市武江区百旺大轿西隧道口村头村，距韶关市新城市中心区只有2公里，地理位置优越，道路通畅。是韶关市理想的商品混凝土生产供应基地。

公司依照市场需求，高标准、高起点、高技术为原则，建成生产能力为180m／h（韶关市新宇建机公司生产）的双卧轴强制混凝土搅拌生产线两条，年生产能力100万立方米。拥有全新混凝土搅拌车35辆，“三一”重工48米混凝土输送泵车1辆，37米输送泵车1辆。ZL50型装载机2台，150吨电子地中衡1台，完全符合大型商品混凝土生产、检验要求的实验、检测和检验仪器设备，试验室建筑地面积210平方米，搅拌机、试验机等设备20台套。2015年创造工业总产值5000万元。

公司本着“创一流管理，创一流服务，创一流品质”的管理理念，发展韶关经济，积极开拓市场，增加效益，创立适合公司不断发展的商品混凝土市场运行机制和质量管理体系，加强公司的企业文化建设。推广应用新材料，运用新技术，保证供应产品的质量，提高施工工效，净化建筑环境，促进文明施工，为韶关市的经济发展和商品混凝土的广泛应用作出贡献。

【韶关龙润工业技术有限公司】 韶关市龙润工业技术有限公司位于广东省韶关市武江区科技工业园，占地面积36000平方米，建筑面积16800平方米。公司是专业从事工业技术研究，开发、制造的专业厂家。2015年实现工业总产值3500万元。

完善的产品系列：公司生产有液压油缸、气缸、连铸机用连铸辊锥形套、结晶器拉杆、轴承密封用金属挡圈，去毛刺整套装配、对开轴承、机架辊、滚珠丝杆、密封件与各种炼钢、连铸、轧钢设备的零部件和进口设备国产化的高新技术产品的货源供应地。

雄厚的开发能力：龙润公司积极与全国各科技大学进行技术交流与合作，使龙润始终站在时代的前沿，保持着强大的冲击力。技术力量雄厚，制造设备精良，检测和设计手段先进，拥有一批经验丰富，具有很强的生产制造能力和产品检验手段。

健全的管理体系：公司设有液压件厂、冶金机械厂、密封件厂、技术研发中心、生产部、采供部、质检部、财务部、销售部、人力资源部、综合部。该公司的理念是“建专业团队，造行业精品”。

重要的客户伙伴：龙润公司的产品覆盖国内大中型企业，有包钢、新钢、涟钢、湘钢、韶钢、太钢、中铝河南分公司、包头铝业等十多个国内大中型企业。

严谨的质量管理：质量是龙润工业的生命。根植于心的质量意识和严格的管理制度，为龙润工业赢得客户长期的信任。2007年取得ISO 900012000认证。作为中外合作企业，龙润工业始终秉承对产品质量的严谨态度和精益求精的精神，公司实行总经理质量负责制。精湛的制造工艺技术从一开始就融入企业的血液之中。建立完善的质量保证体系和质量评估体系，从生产规划、工艺装备的确定到设备的维护保养，从原材料进库到成品出厂，每一道都处于缜密的监控之下。

无忧的品质服务：龙润工业的服务贯穿于产品的整个生命周期，为客户提供个性化的服务。

龙润公司以自身优质高效的产品和强有力的技术服务为基础，以工业技术提供服务所积累的丰富经验为保障，愿成为冶金工业的亲密合作伙伴。

【韶关市广业环保有限公司】 韶关市广业环保有限公司原名为韶关市第二污水处理厂，由广东省广业环保产业集团有限公司管理运营，2015年实现工业总产值2200万元。

广东省广业环保产业集团有限公司是广东省广业资产经营有限公司的全资子公司，拥23家下属企业，是集环保、研发、设计、投资、建设、运营、装备和贸易为一体的省属大型国有企业集团。公司作为广东省内东西北地区15个市污水处理项目以BOT模式营运的实施主体，成立汕头、湛江、肇庆、韶关、河源、汕尾、揭阳市分公司管理所在市及相邻市各污水处理厂。专业从事废水、废气、废弃物治理和噪声控制等环境工程。拥有工程总承包证书和咨询、环保工程设计、建筑工程设计甲级证书。专业人员配套，技术力量雄厚。提供环境工程的技术咨询、工程设计、设备制造、安装工程、工程调试、人员培训等工程承包服务。

【韶关市龙韶实业有限公司】 公司位于广东省韶关市韶关市武江区新华南路铭豪花园C3座203室，主要经营“石灰石开采”等产品，2015年实现工业总产值5500万元。

【镇泰（广东）工业有限公司】 镇泰（广东）工业有限公司隶属镇泰集团，1996年镇泰集团在韶关市武江区自资买地兴建镇泰（广东）工业公司（占地面积69636平方米），主要毛绒、塑胶、电子等玩具、产品100%外销。2015年有员工近2000人，实现工业总产值3800万元。

【韶关源昊住工机械有限公司】 韶关市源昊住工机械有限公司是中国内地首家专业设计制造工业化住宅预制生产线成套设备的厂家，拥有先进的专业生产管理体系和设计软件，优秀的管理团队。企业占地面积36000余平方米，生产车间18000平方米，各型专用生产设备齐全。自2008年开始引进吸收欧洲预制墙板、楼板、异形件的生产设备制造技术及工艺，并自主研发符合中国国情的相关产品。公司获得多项工业化住宅自动化生产线的发明专利和实用新型专利授权，在辽宁沈阳市、天津市、安徽合肥市、浙江杭州市、上海市、江苏溧阳市及湖南省长沙市等地为多家企业设计、制造、安装30多条PC自动化生产线。理想的性价比、快捷的交货、专业的24小时响应售后服务队伍为该公司赢得60%以上的市场份额。

【韶关市环源建材有限公司】 韶关市环源建材有限公司2012年9月成立，主要进行建筑用砂、高岭土的加工和销售。

产业园区管理

【概况】 2009年6月20日，韶关市发展和改革局《关于东莞（韶关）产业转移工业园甘棠基础设施建设项目可行性研究报告的批复》（韶市发改资〔2009〕32号文）同意开发建设东莞（韶关）产业转移工业园甘棠片区基础设施项目（规划面积约467公顷），建设单位为韶关市武江区莞韶甘棠工业园投资有限公司，项目建设地点在武江区甘棠，简称甘棠工业园。同年8月17日，韶关市人民政府批复武江区政府《关于同意在莞韶产业园甘棠片区设立涂料化工工业园的批复》（韶府复〔2009〕9号）。8月18日，市政府转发《粤北工业开发区管委会关于提高全市产业聚集度、优化工业园区产业布局建设实施意见的通知》（韶府〔2009〕180号），定位武江区的涂料、机械制造、玩具、服装制造为主导产业。

经过两次调规，现园区规划建设用地总面积约5.9平方米，位于韶关市武江区西部的芙蓉新区14平方千米的起步区内，是《广东韶关芙蓉新区发展总体规划》里规划的起步区两大组成部分之一。由工业、仓储、居住、公共设施、市政公用设施、道路广场和绿化用地构成。园区重点发展现代环保涂料、高端装备制造业，辅助发展电子信息、服装制造等产业，并配套引进现代物流等服务业。截至2015年12月，园区建设已投入超8亿元，园区框架初见成效。

【征地拆迁】 园区2014年启动三石王，扁石村、石角村及散户两个拆迁安置方案，园区征拆工作组与西联镇多次入户调查，编制《莞韶产业转移园武江片区三石王拆迁安置及解决历史遗留问题工作资金测算》，《莞韶产业转移园武江片区扁石村小组整村、石角村小组及其他散户拆迁工作资金测算》两份资金测算方案，并与拆迁公司多次测量，编制《甘棠拆迁补偿核价表》。在2015年，拆迁公司已对刘汶村全村丈量完毕，并成功签约8户，准备在2016年举行第一期宅基地抽签仪式。

【基础设施】 园区自2009年启动开发建设以来，先后投入园区建设及征地拆迁资金逾8亿元，截至2015年底园区已完成征地5.112平方千米，其中工业用地3.16平方千米，商贸金融及居住用地0.2平方千米，其他用地1.75平方千米（包括道路、配套、绿化、物流和甘棠村经济发展用地等）。园区各项基础设施配套建设包括场地平整、区域内道路、给水管网、雨水管网、污水管网、污水提升泵站、10千伏配电线路等正按计划推进。全长2.59公里的1#主干道已全线贯通；全长2.97公里的排洪渠工程、10千伏供电主线及配电房、处理规模1.5万吨/天的污水处理厂首期工程、供水主管工程已完工；"三纵八横"道路及附属配套设施，包括供水、供电、排水、污水等均完成90%的建设任务；5标段及土地平整面积超过3.33平方千米。截至2015年底园区一期建设已基本完成，为入园企业解决水、电、交通等基本要素，园区商业生活性配套服务项目建设也正在加快推进，基本解决企业发展的后顾之忧，提升园区的开发档次和服务水平。

【招商引资】 园区已签约企业41家，其中武江区签约企业30家，指挥部签约企业11家。总投资约50亿元，预计达产后每年产值可达100亿元，每年可增加7亿多元的税收。园区引进的大型知名企业有东盈（以纯）服装有限公司、东都实业（都市丽人）有限公司、莱雅化工有限公司、玉兰墙纸有限公司等。园区已挂牌成交企业30家，有22家企业已开始动工建设。其中，飞翔汽车变速箱、东盈服装、永威建材等3家企业已完成一期厂房建设并开始试生产。

武江产业转移工业园领导名单

主　　任：邹有胜（武江区副区长）

常务副主任：王韶林（武江区人大常委会副主任）

副 主 任：张思建（武江区经信局局长）

陈雪延（武江区财政局局长）

粟　健（武江区西联镇镇长）

（撰稿人：刘建强）

农业（水利）·林业

农业（水利）

【概况】 2015年，武江区农业局坚持以科学发展观为指导，认真贯彻中央、省、市、区农业农村工作会议精神，密切联系群众，紧紧围绕区委、区政府的统一部署，狠抓工作落实，取得一定的成效。是年，全区农业增加值增长约4%，农村居民年人均纯收入年均增长9.3%。

【种植业生产】 2015年区农业局加大农资市场监管力度，确保有序经营。及早谋划，确保完成耕种任务，全年完成各类农作物种植面积16.47万亩（其中：水稻6.61万亩、蔬菜5.79万亩、玉米0.3万亩、大豆0.22万亩、花生1.81万亩），与2014年同期基本持平。及时准确测报预报病虫信息，使农作物长势良好，没有出现较大面积病虫灾害，作物收成取得预期效果。加大农业技术推广与应用力度，开展种植、养殖业主推品种和主推技术的培训班8个，培训人员300多人次。全面落实水稻参保政策，为全区水稻增加新的保障。

【养殖业生产】 畜牧水产生产持续发展，2015年全区生猪饲养量和出栏量为14.17万头和8.74万头，分别比上年持平和下降1.7%。家禽饲养量和出栏量为93.81万只和69.92万只，比上年增长3.9%和5.7%。母猪存栏量5778头，山羊饲养量为2237头，牛饲养量为4772头。水产养殖面积868公顷，其中池塘585公顷，起水水产品3938吨，比上年增长0.08%。动物防疫工作有序推进，较好完成禽流感、口蹄疫等防疫任务，有效地防止重大动物疫病的发生。积极推进养殖方式转变，大力推行标准化和生态养殖模式，确保污染物达标排放。全面完成39个养殖场减排工程建设任务。加强饲料、兽药市场及投入品的有效监管，确保生猪生产经营秩序稳定。

【三防工作】 落实防汛责任制，及时调整充实区三防指挥部领导成员，与各镇（街）签订防洪责任书，完善《武江区防汛防旱防风防冻应急预案》，明确部门防汛工作责任。认真做好安全检查，管好、用好防洪设施。立足于“防大汛、抗大灾”的宗旨，组织人员切实做好汛前安全检查，防患于未然。做好防洪抢险物资落实及抢险队伍培训的工作。添置防汛物资，确保防洪抢险的需要。落实各镇防汛抢险队伍。组织抢险队伍参加集训，提高救援技能和快速反应能力。落实值班制度，严格实行领导带班的24小时值班制。全力做好抢险救灾工作，最大限度地降低灾害损失。2015年全区无因洪灾造成人员伤亡。

【农田水利工程建管】 2015年在上级财政的支持下，龙归、江湾、重阳、西河4镇全面完成农田保护建设任务，基本农田得到有效保护。在做好农田水利基础设施日常维护的基础上，全面完成重阳示范镇建设项目和龙归河治理工程项目，完成投资3000多万元。区小型农田水利重点县建设项目进展顺利，完成投资4000多万元。启动山区五市中小河流整治项目开工建设，完成投资4500万元。东埔、洞子2宗小型水库除险加固工程现正开工建设。积极做好2015年1万亩高标准农田建设项目的前期准备工作，争取项目早日动工兴建。

【水政管理】 2015年，区水政监察大队加强法律法规宣传，积极开展“世界水日”等活动，通过发放资料、张贴标语、悬挂横幅等方法，有效提高全社会的水法制意识。扎实开展巡查制度，依法行政执法，对水（渔）事违法案件发现一起查处一起，是年共调解水事纠纷9起。实行最严格水资源管理制度，依法做好水资源费征收工作。是年，全区共征收水规费69.1万元（其中水资源费54.69万元，河砂开采管理费12.01万元，河砂开采权出让费2.4万元）。积极开展水（渔）政专项整治工作，坚决打击非法采砂、捕鱼等违法行为，开展专项执法10多次，出动执法人员50余人次、车辆20余台次，下达停止水事违法行为通知书11份、水行政执法告知书14份，取缔非法采砂点8处，各种违法行为得到有效控制。认真规划渔业发展，大力推进渔业结构调整。

【农电和移民管理】 2015年，区农业局加强全区92宗小水电站安全生产日常巡查工作，落实安全生产和防汛责任，确保小水电正常、安全生产。积极指导电站增效扩容改造工作，进一步发挥区资源优势。做好移民历史遗留问题协调工作，及时化解矛盾和纠纷，维护社会的稳定。加快移民安置区基础设施工程建设工作，争取尽快发挥工程效益，进一步改善移民安置区生产生活条件。

【农产品质量安全】 2015年，区农业局及早部署，明确工作任务。制定《武江区农业局2015年农产品质量安全监管与监测工作方案》，确保各项工作和任务落到实处。落实生产经营主体责任，全区共签订承诺书95份、发放告知书以及各类宣传资料1130余份。深入开展农产品质量安全专项整治，加强农产品质量安全执法。共出动检查人员60多人次，检查兽药、饲料、农药等生产经营企业24家次。开展畜禽养殖环节滥用添加剂整治和病死猪处理整治行动，共检查12个养殖场、1家定点屠宰场，在检查过程中做到“三个突出”。加大对农产品的检测力度，开展蔬菜农药残留定性速测13批次，样品535份，生猪“瘦肉精”等尿样速测1530份，检测结果合格率达100%。加大对种植基地日常巡查和重大节假日农产品质量安全的监测力度，规范基地生产、经营行为，确保农产品的消费安全。加大执法力度。根据群众举报，由市宛业局、区公安、农业局联合开展执法行动，共出动执法人员35人次，车辆8台，取缔1个生猪私宰窝点。

【农业组织化、产业化程度】 2015年，区农业局高度重视农业组织化、产业化程度工作，组织相关人员深入基层进行指导，抓紧组织实施，积极向目标任务推进各项工作，通过努力，是年全区有1家合作社升为市级示范社、新增加1个奶牛养殖基地、新培育家庭农场2家，完成年初目标计划。至12月底，全区有国家农业龙头企业1家，省级农业龙头企业2家，市级农业龙头企业3家，农民专业合作社63家。

【农村土地承包经营权确权登记颁证工作】 2015年，区农业局按照省、市的统一部署，全面完成重阳镇万侯村和龙归镇社主村2个试点村的农村土地承包经营权确权登记颁证试点工作，并积极做好全面推开全区的农村土地承包经营权确权登记颁证前期工作。

【农机管理】 2015年，区农业局认真做好农机购置补贴发放工作，全区争取中央农机购置补贴资金44.5万元，共办理购置补贴农机具131台（套），受益农户106户，指标确认书128份。已发放补贴资金41.847万元，完成总额94.04%。做好农机服务准备工作。成立“双夏”服务小组，统筹协调指挥全区“双夏”农机化服务工作，同时及早邀请技术人员走村入户，检查、维修拖拉机、收割机、插秧机、旋耕机、水泵、植保机械等各类农机具10台（套），为农机社会化服务提供有力的保障。加强农机安全监理工作，加大安全知识的宣传，加强安全生产督查，组织农机安全监理人员深入生产一线，杜绝重特大农机事故的发生。是年全区未发生重特大农机安全事故。

【安全生产监管】 2015年，区农业局切实做好安全监管工作，定期召开专题会议，明确"一岗双责"职责，统一思想，高度重视。狠抓责任制的落实，与相关施工单位和部门签订责任书，做到责任到人，任务明确，使安全工作落实到实处。加强安全生产监督检查，加大日常巡查力度，及时消除安全隐患。有针对性地抓好在建工程、农机生产、小水电站、河砂开采等方面的安全检查，加强山塘水库安全管理，确保安全度汛，落实多项非工程措施，为区农业系统安全生产工作奠定基础。同时积极开展安全生产专项整治行动，发现问题及时整改。是年，区农业系统安全生产事故零发生。

【扶贫开发、名村示范村建设】 2015年，区农业局扎实推进扶贫开发工作，重点抓好领导到位、认识到位、措施到位，有力促进全区扶贫开发工作。全年全区共落实帮扶资金2369.88万元，平均每个村592.47万元。新增村帮扶项目如莲藕、冬菇、木耳、蔬菜、水果等89个，其中生产经营类项目15个，基础设施类项目67个，民生类项目7个。贫困户人均年纯收入达到0.98万元；各村平均集体收入将达到10万元以上。同时继续抓好名村示范村建设。制定《武江区第四批名村示范村实施方案》和《武江区创建市级幸福村居示范片实施方案》。已下达芙蓉新村和车头新村2个幸福村居示范片、江湾镇锅溪村和西联镇沐溪村2个名村及5个示范村的市、区专项资金150万元。至2015年底各项目工程有序推进，名村建设已完成工程总量的85%，示范村建设已完成工程总量的92.88%。

【生猪屠宰】 2015年，全区共屠宰生猪93067头，区农业局在人员少，任务重的情况下进一步加强生猪屠宰管理工作。做好生猪屠宰前的检疫工作，实行24小时全天候监管，抽检9206头，生猪的瘦肉精为0。切实做好不合格动物产品检测工作，对入场生猪进行全面检测，检出病死猪38头，不合格动物产品14676公斤，确保全区猪肉安全供给。加强病害猪无害化处理工作，认真执行国家有关标准和相关法律法规，对不合格动物及动物产品一律集中按规定处理，既保证市民吃得放心又维护环境卫生。加大日常巡查力度，每日确保有4名队员对辖区进行巡查监控，发现问题及时上报，2015年进行专项执法2次，出动人员80多人次，立案2宗，其中1宗移交公安机关，行政处罚4.9万元。同时做好宣传教育工作，向养殖户、供应商等人员宣传国家法律法规，通过发放资料、张贴标语、挂横幅等方式大力提倡依法屠宰依法经营。

【机构设置】 根据区政府办《印发韶关市武江区农业局主要职责内设机构和人员编制规定的通知》（韶武府办〔2014〕89号）、区编委《关于调整区农业局（区委农办）有关机构编制事项的通知》（韶武机编〔2014〕149号）、区编委《关于区农业局内设机构整合及职能调整的通知》（韶武机编〔2015〕7号）及区编委《关于调整行政执法专项编制的通知》（韶武机编〔2015〕16号）的规定，设立韶关市武江区农业局（区委农村工作办公室、区水务局），为区政府工作部门。区农业局行政编制6名（含区委农办4名），行政执法专项编制7人，其中：设局长1名，副局长3名，股长（主任）5名。区农业局内设机构5个：办公室、生产股（规划计划股、建设管理股）、农产品质量安全监督管理办公室（水政监察投）、防汛防旱防风指挥部办公室、水土保持办公室（水资源办公室、事业农电办公室）。区农业局下属事业单位有：区农机管理总站、区沐溪水库管理处、区水政监察大队（广东省渔政总队武江大队）、区畜牧水产局、区动物卫生监督所、区机电排灌管理总站。

区农业局领导名录

局　长：潘歧亮（2015.8—）
　　　　秦留柱（—2015.8）
副局长：何共万
　　　　杨贞贵
　　　　苏平华
　　　　龚存定

区委农办领导名录

主　任：杨鉴庭（—2015.5）
　　　　秦留柱（2015.8—）
副主任：曾彩娣

（撰稿人：廖振诚）

林　业

【概况】　2015年，区林业局深入贯彻落实中共十八大和十八届二、三、四、五中全会精神，紧紧围绕“新一轮绿化广东大行动，建设全国绿色生态区”的总体目标，全面深化集体林权制度改革，积极组织春季造林，狠抓森林资源培育和管理，稳步扩大森林面积，提升森林质量，增强森林生态功能。

【造林绿化】　2015年，全区共完成植树造林1266.67公顷，森林覆盖率达到72.23%，林地绿化率94%，森林蓄积量达到415.88万立方米，森林火灾受害率控制在0.5‰以下。完成碳汇造林515公顷，建设20—50米景观林带10公里和一公里可视范围内景观林带47公顷，新建2个镇级森林公园，新建乡村绿化美化示范点8个，完成森林抚育面积2666.67公顷，完成交通主干线森林景观改造369.53公顷，全民义务植树42万株。全区机关团体参加植树节活动，共栽植珍贵乡土阔叶树种1000余株。

【林政管理】　2015年，区林业局重点做好林木采伐管理工作。第一，成立专业林木采伐作业设计工作组，加强审核工作，严格把关，做到林木采伐材料审核工作规范化和制度化。加强伐区采伐质量监管，严格按照林木采伐许可证和伐区调查设计书的规定，加强监督。第二，认真开展木材经营加工单位2014年度木材库存数量盘点工作。区林业局林政股对辖区内31家木材经营加工单位进行逐一盘点，进一步规范木材经营管理。第三，落实林业生态红线划定工作。组织开展对各镇林地的调查摸底，积极向区申报项目资金，各部门相互协作，按照省的要求标准顺利完成划定任务。第四，加强对破坏森林资源各种违法行为的打击力度。进一步加强林木、林地和野生动物的保护和管理，坚决遏制破坏森林资源的违法犯罪行为。2015年度，共受理林业案件31宗，其中刑事案件16宗，受理16宗，办结8宗；林业行政案件15宗，办结15宗。处理违法犯罪人员25人次，林业行政处罚12人次；林业行政罚款70647元，木材折款43625元，没收木材2.49立方米，有力地震慑涉林违法犯罪。

【森林防火】　2015年，区林业局加大森林防火宣传力度。利用会议、宣传车以及印发宣传资料等多种形式，广泛宣传森林防火的重要性，不断强化全民的防火意识。共悬挂张贴防火宣传横幅100余条，防火宣传标语300余条，印发宣传资料2万多份。举办乡镇森林防火现场宣讲会5场。开展森林火灾隐患大排查活动。组织护林队员对辖区内的油气站、垃圾焚烧池等敏感地段的林缘周边开展排查整治行动，对隐患登记造册，发现问题及时给责任单位下发整改通知书，督促其限期整改。护林队员全天备勤，落实巡山责任。区森林火灾应急大队、全区护林队按分片包干责任区开展巡山护林。区芙蓉山森林防火应急中队集中食宿待命，严防死守芙蓉山及城区周边的森林，及时扑救敏感地段森林火灾。开展清理违法燃放孔明灯专项行动。在春节、元宵、中秋等重大节日期间，由区森林派出所牵头，抽调辅警队员机动巡逻，及时制止在林区燃放孔明灯和烟花爆竹等违法行为。加大投入，加强扑火工具的储备、更新。2015年，区林业局新增风机10台，对讲机10台，护林员防火迷彩服166套，2号扑火工具500根。是年，区林业局举办森林防火应急管理培训班，培训消防队员和护林员共计146人次，有效地增强森林消防队伍和护林员队伍的综合素质及安全扑救森林火灾的能力。

【森林病虫害防治】 2015年，区林业局加强林木检疫和林业有害生物病虫害监测防治工作。开展森林检疫执法，加强对野生动植物疫源疫病监测管理，全面掌握林业有害生物虫情、疫情。积极制定方案、申请药械，抓住有利时机，实行科学防治。加大危害性有害生物病虫害除治力度，严防危险林业有害生物病虫害疫情传播蔓延。

【安全生产】 2015年，区林业局坚持预防为主，超前谋划，安全生产工作。一是强化组织领导，成立安全生产工作领导小组。二是加强宣传教育，采取多种形式全面宣传安全生产各项方针政策和措施目标，着力提高安全生产意识和安全防范能力，营造良好氛围。三是加强检查治理，认真开展隐患排查治理专项行动，全面落实安全生产责任，建立并完善安全监控长效机制，做到防患于未然。通过采取切实有力措施加强安全生产目标管理，确保全年无安全事故发生。

【山林调处】 2015年，区林业局坚持以调解为主，以全力维护社会稳定为重点，加大山林调处力度。全年共受理山林权属争议纠纷案件6宗。在山林权属调处工作中，区林业局积极改变工作作风，深入群众，加强服务意识；积极配合区经济建设重点项目征地工作，推进征地进度；积极做好信访维稳工作，解决山林权属历史遗留问题。

【党风廉政建设】 区林业局贯彻落实中央“八项规定”。结合党风廉政建设和反腐败工作任务，坚持不懈抓好勤政廉政教育。2015年 3月11日，全局全体党员干部签订《武江区党员干部廉洁自律承诺书》，进一步提高廉洁自律意识，规范从政行为。全局党员干部认真学习、深刻领会“三严三实”的精神实质，充分认识“三严三实”对于林业工作的重要意义，以更加严格的标准、更加扎实的作风，推动林业工作取得更大成绩。积极开展查办与预防涉林领域职务犯罪专项行动，强化组织领导，认真开展摸排工作，对发现的问题及时整改。坚持预防为主，把预防涉林领域职务犯罪工作贯穿于整个林业工作当中，扎实做好党风廉政建设工作。

【机构设置】 区林业局行政编制9名，其中：局长1名，副局长2名，股长（主任）4名，其他人员2名。内设4个股室，分别是办公室（计划财务股）、营林科教股（森林病虫害防治检疫站）、林政股和法制股。直属行政单位武江区公安分局森林派出所，行政政法专项编制5名，其中：所长1名，指导员1名，副所长1名，其他人员2名。直属事业单位11个：区森林资源综合管护大队、区生态公益林管理中心、龙归林业工作站、江湾林业工作站、重阳林业工作站、龙归木材检查站、江湾围坪检查站、区林业调查规划与资源资产评估中心（林业调查规划设计队）、森林资源资产交易中心、武江区国营樟源林场、武江区国营江湾林场。

区林业局领导名录

局　长：曾 宏

副局长：龚艺旋　丘日雄

（撰稿人：王　敏）

商业·贸易

商贸管理

【概况】 区经济和信息化局设10个内设机构：办公室、经济协作和招商股、外资外贸股、经济运行和产业股、节能和循环经济股（节能监察中心）、市场股、信息产业股、科学技术和知识产权股、中小企业局、电子商务投；下属事业单位有武江区外商投资和中小企业服务中心、武江区生产力促进中心。

2015年全区社会消费品零售总额平稳增长，城乡市场繁荣，呈现城乡消费市场同步增长的特点。全年完成社会消费品零售总额100.95亿元，同比增长10.8%。

【主要工作】 加快“西河商圈”扩容提质促进三产繁荣。随着交通银行、东莞银行等一批知名金融机构入驻武江区，光华五金机电商贸城顺利开业，以前进国际建材城、五洲汽配商贸城、光华机电五金城等为主体的专业综合市场正日趋完善，新建成汇展酒店、碧桂园太阳城芙蓉湾酒店等星级酒店一批，以此为契机，做好项目服务工作，鼓励他们发展壮大，使“西河商圈”呈现商贸金融、酒店商务、大型商场、专业市场集聚发展态势，促进区三产繁荣。

着力推动重点商贸企业发展。采取积极措施，加强与韶能集团韶关市银岭经贸发展有限公司、广东雪印商贸实业有限公司、国药控股韶关有限公司、韶关市益华百货有限公司等10多家重点商贸企业联系，督促重点商贸企业提高服务质量，扩大销售，确保区社会消费品零售总额的稳步增长，商贸业的快速发展。

对外贸易

【概况】 2015年，武江区外贸进出口总额完成3078万美元。2015年7月28日，镇泰（广东）工业有限公司来料加工升级至进料加工手续已全部完成，标志着镇泰由来料加工方式正式转型为进料加工方式。

【主要工作】 2015年年初，对辖区范围内的主要外贸进出口企业逐个走访，了解全年外贸形势，研究全年工作开展方向。对新的外贸进出口企业、可挖潜企业进行重点跟进。积极与上级有关部门沟通，了解区外贸工作完成情况，及时调整工作重点。

对外招商

【概况】 区将招商引资作为推动经济发展的重要抓手，紧紧围绕主导产业和优势资源，转变招商理念，创新招商方式，拓展招商领域，招商引资工作取得新进展。全年共接待60余批次400余名客商。招商引资实际到位资金20亿元，其中实际利用外资88万美元。入驻项目4个，其中三个为珠三角产业转移项目。

【主要工作】 积极宣传甘棠工业园，做好来区投资企业的接待服务工作。对投资企业前期筹备工作，区服务中心实时跟进项目各个环节的进展，帮助企业办理土地招拍挂等手续。无偿为企业代办行政审批及相关事项500多件。从工商注册登记、税务、地块交易、环评、安评、立项、规划、国土、人防、消防、气象、防雷到住建等相关职能部门行政审批许可，以及总图设计、设计专篇、审图、测绘、评价中介服务机构介入等，全程开展跟踪服务。

（撰稿人：廖志辉）

星级酒店宾馆

【韶关市湖心宾馆】 湖心宾馆是国家三星级宾馆，于2002年4月由国企转制为股份合作制企业（由在职员工拥有全部股份）。宾馆位于市区繁华路段工业东路17号，占地1.5万多平方米，湖水面积9000多平方米，占总面积70%的长涌湖水、园林绿化和建在水中央采用水榭式建筑风格的多栋建筑互相辉映，就像一幅优美的水乡风情画，闹中取静。100多间客房温馨舒适，设施完善，价格实惠；中式餐厅可同时为1000多人服务，令你尽享美味；可容纳20—400人的大中小型会议厅室、商务中心和高素质的会议服务人员，确保您商务活动的顺利进行；大型停车场和严密的保安措施为您解除后顾之忧；各式娱乐、消闲设施满足阁下的不同需求。近年来，湖心宾馆不仅重视软件方面的各项工作，同时也在硬件上下功夫，陆续投入几千万元改造、建设、美化宾馆，使企业成为韶关市民婚喜宴席首选的知名品牌，被评为全国绿色餐饮企业，市食品卫生信誉A级企业、优秀民营企业、消费诚信单位。中秋月饼在参加全国月饼烘焙大赛中还荣获金奖。

【韶关市倚山商务酒店】 倚山商务酒店是一座具有现代化规模，集住宿、餐饮、保健按摩、会议、美容美发于一体的准四星级商务型酒店，是武江区招商引资的工程项目。酒店营业面积13000平方米，地处韶关市工业东路19号，毗邻市体育中心、韶关剧院及西河汽车站，距离市火车站（武广快线）仅需15分钟车程，火车东站仅需5分钟车程。主楼15层，其中一楼大堂有功能齐全的商务中心提供打印、复印、传真、上网、订票等服务；具有格调高雅、风情浓郁的“真味轩”中餐厅，可同时容纳680人就餐；装修高档、时尚、新颖的美容美发厅，让你足不出户打造靓丽发型；二、三楼15间风格独特的豪华贵宾房特聘广州名厨主理正宗粤菜，让宾客尽享天下粤菜美食；可分别容纳250人及80人的凤凰厅、井冈山是设备齐全的多功能宴会厅；四至十五楼客房设施完备、舒适，拥有153间各式豪华套房，246个床位，皆以中西结合的色彩为设计思路；以及一个可停靠60辆车的大型停车场。副楼5层，拥有16间宽敞明亮的贵宾房的桑拿健康中心，中、泰式按摩是宾客消除疲劳、恢复精力的健康加油站；另外还配有大型洗衣房、中央空调、双电梯、国际国内直拨电话、消防监控中心等，服务设施完善。倚山商务酒店拥有自己的知名品牌，在社会上赢得较好的声誉和口碑，得到社会各界人士的一致认可。

【韶关市幸福华庭酒店】 幸福商务酒店是一座具有现代化规模的准四星级商务酒店，酒店营业面积30000平方米，地处韶关市武江区惠民南路122号，联系电话0751-8611188、传真0751-8523365毗邻市体育中心及西河汽车站，距离韶关市火车站仅需5分钟车程，尽享地利优势，交通极为便利。周围环境优美，空气清新，汇聚都市风采。酒店建筑风格端庄典雅，中西合璧，既蕴藏着富贵华丽的韵律又洋溢着21世纪的现代气息。二楼大堂典雅华贵、气势非凡。功能齐全的商务中心提供打印、复印、传真、上网等服务，助宾客事业成功，宏图大展。具有格调高雅、风情浓郁的二楼中餐厅，四楼风格独特的潮州餐厅特聘广州名厨主理正宗粤菜，让宾客尽享天下粤菜美食，设有早、晚茶市，近1000个餐位，令人流连忘返。大型宴会厅及多个设备齐全的多功能会议厅，尽显商务酒店大家风范，是您召开会议、商务洽谈的最佳场所。十至十五楼客房设施完备、舒适，180间各式套房，布置典雅，独具匠心，皆以中西结合的色彩为设计思路，实现一站式商务与舒适的双重享受！行政式商务套房是名商巨贾长驻上选、各式豪华标准房为商务宾客提供舒适典雅的旅居空间，大视野俯瞰都市繁华街景。六、七楼豪华桑拿健康中心，拥有88间宽敞明亮的贵宾房，具备高级的桑拿设施，以娴熟之技艺、热情的服务，中、泰式按摩使您消除疲劳、精力充沛；大型的停车场保安系统完备，使君无后顾之忧，让您充分体验品牌服务所带来的超值享受。三楼康宁推拿来、保健按摩，舒适豪华，设有普通房、贵宾房，备有沐足、推拿踩背等多种服务的同时率先引进中医推拿技术，一楼金皇朝酒吧，10间豪华包间，全是欧式装修，尽显贵尊。酒店负一楼为3500平方米大型地下停车场，可容纳近百个车位，酒店前后广场可停放大巴30余台，智能化系统，采用先进“一卡通”IC卡，全方位闭路电视监控系统。幸福商务酒店竭诚为中外宾客提供至善至美的服务，是阁下商务、旅游、休闲的理想居停场所。

批发零售简介

【韶能集团韶关市银岭经贸发展有限公司】 韶能集团韶关市银岭经贸发展有限公司为广东韶能集团股份有限公司的全资子公司，位于韶关市武江区沿江路16号，于2006年4月14日在韶关市工商行政管理局注册登记成立。注册资本3000万元，实收资本3000万元。现有经营范围：销售机电产品、机械设备、建筑装饰材料、金属材料、矿产品（贵重、稀有矿产品除外）、有色金属产品（贵金属除外）、五金家电，纺织品，服装，皮革制品，润滑油（不设储存），河沙、纸浆、纸浆板、纸及纸制品、煤炭；货物及技术进出口；普通货运（在许可证范围及有效期内经营）；计算机信息技术咨询；电子商务。

【国药控股韶关有限公司】 国药控股韶关有限公司是韶关药品行业唯一的国有企业，担负着韶关地区药品储存责任，全面覆盖全市二级甲等以上医疗机构、100多个乡镇卫生院。经营范围包括：中成药、中药饮片、化学原料药及其制剂、抗生素原料药及其制剂、生化药品、生物制品、麻醉药品、精神药品、蛋白同化制剂、肽类激素、医疗用毒性药品、医疗器械、体外诊断试剂、危险化学品、保健食品等，经营品规已实现与广州总部一体化经营。2003年，公司成为首批通过GSP认证的企业；2008年，第二次通过GSP认证； 2013年12月，通过第三次GSP认证企业。2013年，销售2.5亿元，纳税额达到600万元，是韶关地区规模最大的医药企业，2014年度，公司销售额29800多万元。2015年度，公司销售额32996万元。公司现有员工50人，其中党员7人，大专以上学历有30人，执业药师3人，主管药师7人，药师11人，专业技术人员占比74%。公司拥有一支从事医药行业经营管理几十年的优秀团队，整个团队具有较高的文化和专业素质。公司坐落在韶关市武江区西联镇武江工业园沐阳一路一号，环境优美，建筑面积3813平方米，仓库面积2700平方米 ，拥有先进的、设备齐全的专业仓库，依托国药控股全国配送网络，纵深覆盖江西、湖南、粤北医药市场，建立强大的医药物流平台，为客户提供高效、优质、安全的配送服务。

【广东爱心大药房连锁有限公司】 广东爱心大药房连锁有限公司成立于2006年2月23日，是一家主要经营中西成药、中药配方、参茸补品、进口药品、医疗器械及保健食品等10000多种医药产品的省级药品零售连锁企业。公司总部设立在广东省韶关市，并在广州设有办事处。现有员工1600余人，拥有面积达10000多平方米集办公和药品配送的综合大楼。截至2015年2月底，旗下直营分店达131家，遍布广东省韶关市三区七县、广州、惠州、清远地区。经过数载的发展和沉淀，现已发展成为粤北地区规模最大的医药零售连锁企业。公司于2013年成功开通网上药店“广东爱心大药房网上药店”（www.gdaxdyf.com）。近年来，企业以集团化发展为目标，制定“多元化”的发展战略。现公司旗下产业链涉足实业投资、酒店、农业开发、商业物业、中药饮片厂等多个领域。公司从成立至今，先后荣获“诚信单位”“先进私营企业”“广东省守合同重信用企业”“维护消费者权益示范单位”“先进职工之家”“明星企业”“优秀民营企业”“韶关市工会工作先进单位”“爱心奉献奖”“维护消费者权益事业贡献奖”等多项荣誉。

【中环广场益华百货公司】 韶关益华百货位于韶关市武江区惠民南路50号中环广场，开业于2008年9月，经营面积近5万平方米，是广东益华百货CITYMALL经营模式在粤北地区创新发展的鸿篇大作，其地处西河武江区惠民南路，紧邻武江区政府、西河体育健身广场，门前宽阔的惠民大道和广场内的大型地下停车场等，构成畅达的交通及优越的消费环境，为消费者带来方便快捷又尊贵时尚的购物新体验。益华百货位于中环广场首层至五层，共分为百货商场、乐家超市、四海电器三大业态，三大业态独立经营又紧密相依、楼层布局合理，顾客来到商场，不论衣食住行所需，还是文化娱乐消费都能得到满足。开业以来韶关益华百货共获得“广东省百城万店无假货先进单位”“广东省优秀连锁经营门店”“韶关市诚信单位”等荣誉称号。

专业市场简介

【前进国际建材城开发投资有限公司】 韶关前进国际建材城开发有限公司成立于2007年9月，位于韶关市武江区工业西路气象局西面。以兴办实业、物业出租、国内商业贸易为主。于2006年成功开发约10万平方米的“前进国际装饰建材市场”。前进国际装饰建材市场位于韶关市工业西路和乳韶路之间，与韶关大道、新华南路、新华北路、芙蓉新城、武广铁路快线相邻，地理位置优越。地处房地产开发黄金地段，周边小区众多，交通方便快捷，是粤北最大规模的建材专业批发市场，占地约150亩，辐射粤北甚至省内外，拥有经营户500多户。经营产品涉及建筑陶瓷、日用陶瓷、卫生洁具、陶瓷机械、钢材、板材、涂料、五金、木地板、灯饰、门业、橱柜、石材等50多个系列、3000多个品种。自2007年1月正式公开招商以来，交易额年年上升。现准备同步扩展三期板材交易城、石材博览城、管业城，以商场模式发展，设顶尖配套设施.该事项的落成会为城市带来创业人员280人，农民工就业310人，研究生研究科研成果60人，安置下岗工人280人，安排智障人士200人，外来就业人员1600人。项目的发展会带来经济效益，每年带来税收1500万元，金融交易金额4.50亿元。为韶关市武江区产业带来一个远程的大型交易平台。

【韶关市五洲国际汽配用品商贸城】 五洲国际汽配用品商贸城由韶关市利荣投资发展有限公司投资的韶关唯一汽车配件专业市场。是2010年武江区引进的重点项目，该项目被中国汽车工业配件销售公司和中国汽车配件用品市场协会列为重点培育市场。建于韶关芙蓉新城区国道323线沐溪大道核心位置。该汽配用品商贸城总占地70000平方米，一期占地26666

平方米，建筑面积5万平方米，共有商铺298间，项目从2011年5月开始招商，现已出租60%，以东莞汽车配件用品协会及的韶关南郊和周边地区汽配商户出租为主。二期占地43333平方米，现已引进新华南机动车检测站（建设中），剩余33333平方米将计划建设二手车交易市场、汽车快修及汽车配套服务功能区。五洲国际汽配用品商贸城自2011年5月正式营业以来，已经成功引进商户118家，正常开门营业的商户为105家。所有商户均以批发为主、兼营零售为辅的方式经营，经营的产品涵盖汽车用品、汽车配件、汽车电子（音响、导航及专业改装）及二手车销售等。

【光华机电五金商贸城项目】 光华机电五金商贸城，位于武江区科技工业园，占地面积54869平方米，建筑面积100337平方米，主要建设内容为商铺、办公楼、附属工程、公共配套等。项目由韶关市华南城机电投资有限公司开发建设，是目前韶关市规模最大的机电五金专业批发市场。项目坚持走“专业化、规模化、现代化、规划化”的市场开发原则，全面打造粤北最大的“一站式”机电五金采购基地，推动粤北五金行业的强势发展。项目拥有商铺405间，综合楼1栋，办公楼1栋。项目于2014年5月18日开业。光华机电五金商贸城将利用先进完善的产业服务平台、技术平台、资金平台、销售平台、物流平台和辅助平台等，推动各个产业集群的升级发展，打造“小企业、大协作；小产品、大集群；小集群、大产业”产业商贸基地，为广大客户和社会提供优质高效的服务。

（区经信局供稿）

财政·税务

财 政

【财政总收入】 2015年来源于区的财政总收入完成140637万元，同比增长2.86%。其中，上划中央收入完成21262万元，同比下降5.21%。省市共享“四税”收入完成17172万元，同比增长3.55%。

2015年，全区一般公共预算收入累计完成42197万元，同比增收2161万元，增长5.4%，完成年度预算100.38%。其中：国税收入累计完成5428万元，同比下降0.7%；地税收入累计完成24605万元，同比增长2.42%；非税收入12164万元，同比增长15.34%。2015年度区一般公共预算收入完成年初拟定增长5%的目标任务，一般公共预算收入达到4.22亿元，一般公共预算收入增长速度全市排名第五。

【财政总支出】 2015年全区一般公共预算支出完成99508万元，为年初预算58764万元的169%，同比增长23.82%（其中：教育支出同比增长25.12%，文化体育与传媒支出增长25.09%；科学技术支出增长28.99%，医疗卫生与计划生育支出增长30.22%，社会保障和就业支出增长11.82%）。全年各项民生支出达到81470万元，占一般公共预算支出的81.87%。

【重点支持项目】 武江区政府通过资产运营、政府融资等手段，保证产业园区加快建设。2015年投入莞韶产业园区（武江片区）建设及偿还政府融资贷款资金12709万元，加快推进产业园区基础设施建设，促进企业入驻建设、投产。主动与上级有关部门的联系，争取市财政支持，积极协调金融机构，鼓励、引导和争取金融机构对园区建设的大力支持。

【基层治理工作】 按照省财政厅的统一部署，武江区的西河镇政府和西河镇前进村委作为全市镇、村两级公共服务中心（站）场所建设的试点单位，完成市财政局布置的镇、村两级公共服务中心（站）场所试点建设任务。同时，通过省、市、区三级共安排资金预算600万元。

【扩大集中支付范围】 国库集中支付的单位从一级预算单位到二级预算单位逐步推开，2015年区属50个预算单位全面实行国库集中支付，共办理集中支付金额达17.65亿元。

【政府采购管理】 重点从两个方面加强政府采购管理：一是加强日常管理。通过制定相关规定和转发上级部门文件，进一步宣传政策，使采购单位熟悉政策，加深认识，对工作顺利推进起到积极作用。政府采购管理成效明显，2015年通过政府采购节约资金608.24万元，节约率为8.43%。二是加大专项检查力度。组织检查小组，对区直采购单位实施专项检查，加强对区直采购单位的日常监管，进一步规范政府采购行为，强化政府采购预算的严肃性。

【财政投资评审】 2015年区财政局增加配备2名专业技术人员，加强评审中心队伍力量。2015年1—9月通过市送审项目56个（其中：工程预算审核25个，工程预算审核节约资金52.84万元；工程结算审核

31个，工程结算审核节约资金28.83万元）。9月22日，区财政局通过公开招标，确定五家评审协作机构，五家中标供应商分别是：华春建设工程项目管理有限责任公司、韶关市建韶工程造价咨询有限公司、广州市新誉工程咨询有限公司、广州金盛建工程项目管理咨询有限公司、广州建成工程咨询股份有限公司。11月开始，区投资评审中心正式运作，区直单位部门的项目评审工作全部由区财政投资评审中心审核，或委派中标的五家评审机构审核。

【国有资产管理】 以资产运营管理公司亿兆公司为管理平台，加强公共资产管理，对该处置的资产严格按程序、按规定办理。2015年，亿兆公司收取租金、管理费及资产处置收入共497.82万元。2015年，办理行政事业单位资产处置业务19笔，账面金额204万元。通过加强公共资产处置业务规范化管理，促进国有资产保值、增值和安全有效运行。

【“三公”经费公开】 2015年武江区区直单位（行政单位和参公单位，不含非参公事业单位）“三公”经费财政拨款支出609.81万元，同比下降38.67%。其中，会议费42.12万元，同比下降23.50%；公务用车购置费31.79万元，同比增长81.97%；公务用车运行维护费404.46万元，同比下降24.87%；公务接待费129.80万元，同比下降64.10%。

【财政管理】 加强财政资金绩效管理。一是2015年共印发和转发109份规范性文件，为加强财政管理，促进依法理财奠定基础。二是加强财政专项资金监督检查力度，提高财政专项资金使用效益。盘活财政存量资金。3月24日，参加全省盘活财政存量资金工作专题视频会议，印发《关于清理历年财政结转结余资金的通知》，为盘活财政存量资金工作拉开序幕。2015年，全年盘活存量资金5128万元，同时，按省市财政关于盘活存量资金和加快支出进度的要求，区财政局对区直单位、部门的存量资金和支出进度进行分析。开展新预算法培训。6月5日，由区人大牵头，财政局具体组织在武江区政府大楼7楼会议室举办一期新“预算法”专题培训班，区四套班子成员、区部分人大代表及区直单位负责人和财务人员约250人参加培训。做好部门预算的编制工作。按照新修订《中华人民共和国预算法》的有关规定和要求，推进零基预算，科学编制2015年度预算。依照“保工资、保运作”，“压一般、保民生”的原则编制2015年度的预算，部门预算单位从一级预算单位到二级预算单位逐步扩大推开，使预算编制更趋科学、资金安排更趋合理、审批程序更趋规范。开展财政调研工作。2015年，撰写《学习贯彻新预算法 深入推进依法理财》《严守财经纪律 强化预算约束》等调研材料。

【扶贫“双到”】 武江区财政局作为胡屋村整村推进扶贫工作牵头单位。2012—2015年，投入扶贫资金达667.58万元，为任务数350万元的190%。其中，单位自筹资金4.7294万元、各级财政专项资金167.3万元、行业扶贫资金386.61万元、社会扶贫资金108.95万元。全面完成14户贫困户危房改造任务，实现帮扶户脱贫的目标，九年义务教育率、贫困户购买合作医疗、社保率均达到100%，顺利通过省、市检查组的验收，扶贫工作取得显著成效。

【车辆改革工作】 自2015年9月26日起，武江区启动车改工作。2015年9—12月，区财政局按照区发改局出台《关于征求车改总体方案和区直单位实施方案意见的通知》《韶关市武江区全面推进公务用车制度改革总体方案》《韶关市武江区区直机关公务用车制度改革实施方案》等文件要求，牵头制定《武江区区直机关公务用车制度改革车辆处置办法》《武江区区直机关公务用车制度改革定向化保障车辆管理办法》《武江区区直机关公务交通补贴管理办法》。2015年，武江区涉改车辆共193台，共发放交通补贴61.17万元。

【办公用房清理工作】 2015年2月，市办公用房清理整改督查工作组对武江区党政机关办公用房清理整改情况进行检查，并对存在的问题提出整改意见。区财政局对各乡镇及在外办公单位办公用房整改情况再次进行走访检查，完成整改任务。3月，区直各行政事业单位办公用房建立台账，报区财政局备案，使办公用房的管理常态化、规范化。

【财政监督】 一是做好农村“三资平台”建设管理工作。充分发挥财政职能，与区农办密切配合，牵头完成区2015年农村集体“三资”监管和交易平台建设任务，完成全区51个经济联合社和372个经济合作社的清产核实工作。二是开展财政专项资金自查工作。一要做好省级财政专项资金自查工作。区财政局于7月组织全区所有用款单位，对使用2014年度省级财政专项资金的情况展开自查自纠工作，自查金额达1.8亿元。二要做好涉农财政专项资金的自查和专项检查工作。区财政局于2015年6月至7月中旬牵头开展武江区涉农资金重点检查工作。纳入本次重点检查的涉及153个资金文件19类项目近1亿涉农资金，涵盖2013年、2014年财政涉农资金。三是开展武江区农村村级财务管理专项检查工作。区农村村级财务管理专项整治工作领导小组办公室于2015年8月24日—2015年9月2日对各镇的村账办、部分村民委员会或村集体经济组织2012年—2014年度的村级财务管理情况进行检查。四是开展彩票资金自查工作。7—9月，区财政局组织民政、体育等相关部门对区使用2012年至2014年彩票公益金的管理情况进行自查。五是开展2015年市级财政专项资金和一般性转移支付资金检查。10月上旬—11月开展2015年市级财政专项资金和一般性转移支付资金检查。区直党政机关和事业单位及其所属用款单位，对管理和使用市级财政资金的情况进行专项自查。六是做好会计信息质量检查工作。区财政局于2015年9月2日至9月9日，对武江区农业局、武江区林业局提供2014年度会计信息资料实施会计法执行情况及会计信息质量检查，并出具财政检查报告，被查单位均针对存在的不足及问题作出整改。七是开展排查清理“小金库”专项工作。2015年11月，区财政、监察以及区人社部门密切配合，组成联合检查组，对区直单位开展“小金库”专项排查清理。从清理的情况来看，区未发现任何形式的“小金库”。八是开展公务卡业务培训。2015年12月2日，区财政局组织各镇人民政府、街道办事处、区直有关单位财务人员进行公务卡业务培训，公务卡正式上线运行。

【表彰情况】 2015年3月，被韶关市妇女联合会评为“韶关市三八红旗集体”；4月，被武江区人民政府评为“2014年度人口与计划生育综合治理”先进单位称号。2016年3月被广东省妇女联合会授予“2015年度广东省三八红旗集体”称号。

【机构设置】 韶武府办〔2011〕55号文件核定：武江区财政局编制16名，领导职数4个，其中正职1个，副职3个。内设8个职能股室：办公室、预算股、国库股、综合股、行政事业股、会计股、农业股、社会保障股。直属事业单位3个：武江区财政局国库支付中心，武江区政府采购管理办公室、韶关市武江区财政局投资评审中心。垂直管理镇属5个财政所：西河财政所、西联财政所、龙归财政所、重阳财政所、江湾财政所。2015年，区财政局增加4项工作职能：一是农村财务管理工作；二是干部外出学习审批；三是公务用车配备更新审批、定编等工作；四是用公款为特岗人员购买商业保险审核。

区财政局领导名录

局　长：陈雪延（女）

副局长：华新凤（女）

孙青文

邓明晖

（撰稿人：陈飞凤）

国家税务

【概况】 2015年，区局共组织税收收入41824万元，同比增长0.44%，增收184万元，完成年度预期目标41600万元的100.53%。办理出口退（免）税1198万元，同比下降10.5%，减少140万元，其中办理出口退税898万元，同比下降7.2%，减少70万元；办理免抵调库299万元，同比下降19.2%，减少71万元。

【税务管理】 推进依法治税，以法治税务示范基地创建为带动，试点运行税收执法说明理由系统，发挥第三方法律团队作用，加强税收执法监督，持续推进行政审批制度改革，实行“阳光审批”。全面落实国家税收优惠政策，鼓励和促进小型微利企业的发展，为833户小型微利企业办理税收优惠，金额326.18万元；为6户企业办理固定资产加速折旧税收优惠，纳税调减236.77万元。大力推行征管和服务规范，按照《全国税收征管规范》和《全国纳税服务规范》要求，规范和更新业务流程，减少纳税人报送资料，有效缩短业务办理时间，大幅增加立等可办事项，提高工作效率。加强日常税收管理，开展专业建材市场清理整顿，加强非居民企业税收管理和出口退（免）税管理，加强企业所得税管理，各项指标均达考核要求。

【税收评估】 对出口退税企业、废旧塑料再生资源企业、营改增运输企业、商品流通企业、医药批发企业、汽车销售企业、协税护税从人社局取得医保刷卡收入与申报收入不匹配的药店等开展重点评估检查，全年共对319户纳税人进行纳税评估，评估共计入库税款699.8万元（其中增值税税款223.9万元，所得税税款475.9万元），入库滞纳金125.1万元，纳税调整增加额918万元（其中弥补以前年度亏损60万元）。

【信息化建设】 年内，金税三期优化版系统全面上线，全年累计办理新开业税务登记2962户，变更4991户次，注销513户，代开专用发票和普通发票8626份，各类发票发售约24279笔，受理录入各项登记类、核定类、备案类、审批类文书2000多份。各业务部门依托金税三期优化版系统开展数据分析，加强税收评估和日常管理，信息管税应用水平进一步提高。

【国税队伍建设】 结合年度工作，开展金三优化版强化培训、纳税服务规范、全国税收征管规范培训等培训6期，受训336人次。应对人少事多矛盾，按发挥特长、提高效能、保证一线的原则，优化人员配置，年内调整岗位人员30人次，达到总人数的54%。公开公正做好干部选拔任用，向韶关市国税局推荐任用分局局长1名、副主任科员1名，上报5名符合条件的年轻优秀干部；区国税局本级选拔股级干部3名，副股级干部2名。落实党风廉政建设责任制和廉政教育，抓好廉政责任书签订，整理制作包括“八项规定”“六项禁令”等内容的《武江区国税局廉政手册》小册子，开展廉政教育文化长廊建设活动。

【表彰情况】 2015年，区国家税务局通过“广东省文明单位”和“广东省文明窗口”的复审，办税服务厅荣获广东省“五星级办税服务厅”荣誉称号，绩效考评连续第二年取得全市国税系统第一名，政风行风建设排名全区第一。

【机构设置】 武江区国家税务局内设办公室、人事教育股、监察室、政策法规股、征收管理股、收入核算股、纳税服务股（办税服务厅）、税源管理一股、税源管理二股共9个股（室）。派出机构：龙归税务分局；事业单位：信息中心。

区国税局领导名录

局　　长：蔡汉生

副 局 长：李贤明　李同启

　　　　　邓良智

纪检组长：黄自敏

（撰稿人：向劲松）

地方税务

【概况】　2015年3月30日，武江区地方税务局实现办公地点的整体搬迁，租用武江区武江南路16号作为机关股（室）及西河税务分局、稽查局的办公地点，落实联系服务纳税人“最后一公里”问题。2015年，武江区地方税务局负责辖区范围内共10510户企业、个体工商户的地方税收征管工作［其中：个体工商户3355户；单位（企业）3146户；单位社会保险费信息登记194户；灵活就业人员社会保险费信息登记815户］。

【组织收入】　2015年，全局共组织税费收入304989万元，同比增收14176万元，增长4.87%，税收收入169232万元，同比增收4457万元，增长2.70%，完成年度任务103.05%；各费收入135757万元，同比增收9719万元，增长7.71%（其中，社保费收入10.5875亿元，同比增收8932万元，增长9.21%）。占全市税费收入总量的26.20%，为全市地税系统税收任务完成，为武江乃至韶关的社会经济发展和人民群众福祉，做出应有的贡献。

【征收管理】　2015年，武江区地方税务局坚持抓好四个重点工作，实现征管质效明显提升。一是主动作为，确保金三上线平稳运行。根据金税三期上线的要求，武江区地方税务局主动对部分机构职能进行适应性调整，成立领导小组及办公室，制定工作方案，明确职责分工，按照分层次、分步骤、分主次的原则进行试运行培训和测试，并举全局之力，大力开展征管信息系统数据清理，不断修正初始化设置和数据，加班加点、不断发现、及时解决运行过程中暴露出来的问题，1月8日，实现金三系统正式上线并顺利运行。二是多措并举，实现税源管理日渐加强。武江区地方税务局把调研掌握情况，作为完成税收任务的基础工程来抓，通过班子成员带领各级骨干，深入各大工业园区和企业调研，全面掌握企业生产经营情况和税源增长点；针对调研掌握的情况，适时召开税收管理员座谈会，集思广益制定相应措施、及时跟进；根据税总科学化、精细化管理要求，组织精干力量，对辖区内的税源分税种、分行业进行系统梳理，明确管理责任，强化管理措施；对房地产、建安等重点行业、重点税源，建立税收增减预警机制，针对零散税源漏洞较多的问题，加强个体工商户双定管理，对纯营业税管户充分调研，分行业、分地段对基准税收定额标准进行规范，并根据开票情况跟踪调查，及时调整税额。三是强化管理，保证专项清缴卓有成效。根据上级的统一部署，结合武江地税实际，武江区地方税务局开展企业所得税汇算清缴、契税营业税税种风险排查、土地增值税清算等多项专项清算清缴工作，其中企业所得税汇算清缴的企业有1006户，汇缴率为99.52%；契税风险排查中，发现1300多万元税款未及时入库；土地增值税清算中，已完成3户企业的审核，应补缴土地增值税455万元，已入库100万元。四是加强协作，推进协税护税不断完善。为取得社会各界的支持，提高征管质效，武江区地方税务局不断完善协税护税工作，逐步建立以政府牵头，财税为主，有关部门参与的协税护税机制。通过信息共享机制，对比发现征管疏漏，及时沟通加以解决，通过创新解决问题，保持协税护税蓬勃生机，有力推进征管效果。针对法院拍卖资产过户难，出台法院拍卖资产过户的税务办理指引，有效解决这个困扰多年的问题，相关单位和纳税人对此都非常满意。

【依法治税】 为防范执法风险，推进税法遵循，武江区地方税务局深入推进依法治税。一是严密组织执法督查。严格按照省、市下发的权力清单，建立税费执法权力清单制度和审批事项清单制度，对执法行为进行梳理，积极为纳税人营造公平宽松的税收法治环境。7月21日至7月31日，配合市地税局执法督查，对税收优惠政策和工作制度执行情况、严格税收执法情况、《重大税务案件审理办法》《税务稽查工作规程》《税收个案批复工作规程（试行）》执行情况、税收规范性文件管理情况、2014年省局督察发现问题的整改情况进行专项清查通过信息技术手段从后台导出疑点数据，明确检查方式和检查途径，共抽取13675条数据，摸排疑点数据2387条，发现存在土地、房屋登记信息与实际使用面积不符1户、新增纳税人企业所得税征管权限认定异常1户、已办理税务登记未办理缴费登记3户、税收违法行为登记后适用处罚程序错误1户。贯彻边查边改，对于不能及时纠正的，由被查单位报告整改措施和方法，限期改正。二是持续加大稽查力度。为凸显稽查查处的威慑作用，武江区地方税务局强化打牢基础、丰富手段、统筹资源、创新方法的工作思路，通过分类督办、转办、举报管理，加强选案工作，加大稽查力度。2015年，查处两起案件，查案过程中发现某混凝土有限公司涉及的股权转让行为存在涉税问题，通过收集核实资料后，向被投资企业所属税务机关下发《税务稽查建议书》，要求对其追缴，最终该股权转让交易，个人所得税3186万元被追缴入库，是近年来市资本交易市场中入库金额较大的一笔税款，这次查处也震慑类似企业的类似行为，有力地提高纳税人税法遵循度。

【税收优惠】 2015年，武江区地方税务局认真落实税收优惠，增强税收扶持力度。一是认真落实残疾人就业营业税优惠政策。按照创建平安武江十大工程方案的要求，扎实推进特殊人群服务管理项目，对辖区范围内58家企业开展残疾人就业营业税优惠政策检查，促进残疾人就业，确保优惠政策及时落实。二是贯彻落实小微企业税收优惠政策。2015年，该局通过强化培训，做好全程服务；落实责任，开展全年督查，建立台账，深入全面分析等措施，建立健全小微企业优惠政策落实专项工作台账制度，进一步做好小微企业税收优惠政策的10项措施。享受小微企业税收优惠政策免征营业税的纳税人为1356户，免征营业税税额为107.86万元；享受小微企业税收优惠政策免征企业所得税的纳税人为616户，盈利企业为166户，盈利面为27.34%，已享受优惠企业为148户，减免税额178.20万元，政策受惠面为100%。三是做好房产税、土地使用税困难减免工作。2015年，共收到8户企业申请困难减免房产税、土地使用税，经区局减免税领导小组集体审议，对韶关市南方服装厂等6户企业共减免2015年房产税5886.83元，城镇土地使用税743164元。发挥税收优惠政策扶上马、送一程的作用，引导企业进行企业结构调整，积极帮助企业解决实际问题，切实维护纳税人的合法权益，加大对企业发展的扶持力度。

【纳税服务】 武江区地方税务局坚持创新服务，实现纳税服务持续优化。一是开展税收宣传，坚持服务上门。围绕“新常态、新税风”主题，深入进行税收宣传；通过举办办税服务厅开放日，提高社会各界对地税工作的认知度，为纳税人提供“零距离”“无障碍”的沟通平台；成立纳税人权益保护中心，规范纳税人权益保护工作，畅通纳税人维权渠道；通过举办“书法传承文化，税收给力发展”税宣活动，带动税法进社区、进企业、进学校，将税法宣传与书法艺术、企业文化、校园文化、地税文化紧密结合，引领社会各界更加关心关注地税事业，营造浓厚的依法纳税氛围；通过与武江国税、韶关日报合作开展阅报栏税宣活动，在武江辖区内13个阅报栏进行税收宣传；通过正式启用韶关市区首个24小时自助办税服务厅，至目前为止已安装自助办税终端机5台，解决以往办税服务受时间、空间限制的问题，为纳税人提供除窗口服务、网上办税以外，又新增一个自助办税的渠道，既方便纳税人办税，又提高办税效率。二是落实纳税规范，推进春风行动。按照国家税务总局和省地税局关于贯彻落实《全国县级税务机关纳税服务规范2.0》，开展“便民办税春风行动”总体部署要求，将规范人手一册下发到位，并遵照执行，结合纳税服务专项督查，简化办税程序和表证单书，狠抓首问责任制、一次性告知、一窗式服务、预约服务和导税服务等制度落实，服务效率和水平不断提升。三是善用纳服热线，融洽征纳关系。武江区地方税务局始终把通过发挥“12366”纳服热线的作用，作为构建和谐征纳关系的突破口，认真处理每一起投诉事件，2015年共接收到5起举报事例，都在规定期限内进行调查核实，并将办理情况进行书面反馈，得到纳税人的理解支持。

【绩效管理】 按照国家税务总局“一年试运行，两年见成效，三年创品牌”的设计，区国税局把绩效管理工作纳入全年工作重点，着重围绕开好绩效考核培训会、制好绩效考核指标表、绘好绩效考核制度图、把好绩效考核流程关、算好绩效考评奖惩账、用好绩效考核反馈单等六个方面展开，使绩效计划、过程管理、绩效考评、结果运用各环节持续改进、不断完善，确保绩效管理顺利推进，成效显著。一是以绩效强管理。通过科学的指标设置，明确绩效任务，统筹安排各项工作，工作任务一目了然，全局上下目标明确，实现以绩效为引领，探索征管新模式，以绩效为导向，践行纳税服务规范，以绩效为抓手，落实税收优惠政策，有力地促进税收业务工作落到实处。二是以绩效聚合力。以绩效管理为基础，做到“三个结合”（把绩效管理与思想建设、作风建设、制度建设相结合）、做好“三个加强”（加强思想建设、日常管理、业务培训）、实现“两个转变、一个提高”（转变工作作风、转变思想观念，提高整体工作效能）。打造奋发有为的优秀团体，努力形成前台为纳税人服务、后台为前台服务、机关为基层服务的全员服务模式，全力推动基层税务分局与税费征管业务部门，与综合行政部门之间的协调配合，切实增强局的创新力、执行力、战斗力。三是以绩效促发展。以绩效管理平台为载体，使工作各环节有效衔接，工作留痕。严格实行每月一报，半年一考核，让全体干部职工养成定期总结回顾的好习惯，并通过结果运用查找薄弱环节，借助整理的绩效考核反馈清单，研究绩效开展存在的问题，厘清工作职责，查漏补缺，立行立改，形成持续改进的长效工作机制，促使办税服务基础建设不断完善，纳税服务理念不断改进，税收服务形式不断拓宽，办税服务效能不断提升。

【地税队伍建设】 为充分调动每一个干部职工的积极性，打造奋发向上、充满活力的干部队伍。武江区地方税务局强化四项措施，实现队伍建设全面提速。一是健全各类组织。根据各组织团体成立的程序制定改选方案，改选成立党总支和三个党支部及团组织、工会、妇女会，通过完善各类组织，丰富干部职工各项活动，维护和保障职工权益。二是抓好任用选拔。2015年，配合市地税局选拔3名副科级分局长，在整个选拔过程中，严格按照《党政领导干部选拔任用工作条例》，认真贯彻落实干部人事制度，强化对选拔任用干部的监督管理，在选拔任用过程中，严格实行民主推荐、民主测评、公开公示、组织考察、集体研究等程序和要求，切实把好选人用人关，确保选人用人质量，起到推动武江地税各项工作健康发展的作用。三是搞好教育培训。在积极参加上级组织的各项培训基础上，武江区地方税务局于6月举办一期依法行政的全员培训，通过培训有效地开拓干部职工的视野，增强干部职工依法行政的意识，提高干部队伍的综合素质。四是落实相关政策。根据职务与职级并行制度的要求，共对区局符合条件的33名人员按规定程序调整职级，并根据政策及时调整干部职工工资福利，发放车改补贴，采集干部职工的参保信息登记，率先提高协税员的工作待遇，通过这些政策落实，都有力地调动干部职工的工作积极性。五是开展有益活动。积极参加上级组织开展的各项活动，2人考取研究生，1人考取入港培训，2人获得演讲、征文比赛三等奖、优胜奖，团体获得乒乓球比赛第四名。合理组织参与穿越丹霞、重阳登山等工会活动，使干部职工缓解工作压力的同时，锻炼身体、加强交流、陶冶情操，适时组织节日、住院、生日慰问和健康检查，增强同志们的幸福感和归属感。

【党风廉政建设】 2015年，武江区地方税务局深入学习贯彻中纪委六次全会，省纪委五次全会和总局、省局以及市局党风廉政建设工作会议精神，紧紧围绕“两个责任”和“三转”要求，以新常态下的新作为推动党风廉政建设和反腐败工作。一是抓好“两个责任”落实。进一步细化贯彻省纪委和国家税务总局“两个责任”实施意见的具体要求，明确领导班子、主要责任人、分管局领导、各职能部门的责任边界，细化责任分工，根据市局对党风廉政建设工作任务分工的要求，结合局实际情况，制定《武江区地税系统2015年党风廉政建设工作任务分工》，并将责任分工完成情况，列入各单位绩效考评和年度党风廉政建设责任制考核的重要内容，抓好贯彻落实。二是开展内控审计执法督查。根据省、市地税局的工作部署和要求，结合内控机制建设“三融入”的要求和局实际情况，制定《全面推进内控机制信息化升级版建设工作实施方案》。着重抓好重点部门、重点部位、重点环节的监督管理，提出有效防范措施，进一步深入开展内控机制，贯彻抓早抓小，从源头上预防和控制风险。切实抓好审计监督的整改和落实，配合市局审计组开展对区地方税务局2012—2014年减免税管理专项审计等专项工作，开展离任审计发现问题的整改和内控倒查，通过整改和内控倒查的落实，进一步梳理和加强对岗位风险的防范，完善一些制度。三是认真抓好违规收送“红包”礼金专项整治和纪律学习月活动。按照市地税局的统一部署和工作要求，科学制定方案、明确方法步骤、落实相关措施，全体干部职工都签署拒收红包礼金承诺书，参加观看市检察院廉政教育基地和多次警示教育视频，吸取深刻教训，筑牢拒腐防变的思想道德防线。四是抓好政风行风评议活动。根据民主评议政风行风工作要求科学制定方案、成立机构、搞好发动、狠抓落实，进行讨论交流、问卷调查收集问题，立行立改，举办一期特邀、兼职监察员培训班，着力解决好税收执法、作风效能、纳税服务、创新意识等方面存在的突出问题，参加区直工委公开评议，在区直和驻区21个单位的政风行风民主评议中，以综合考评99.00分的成绩名列全区第二名。

区地方税务局领导名录

局　长：张名新

副局长：戴国成　江建明

　　　　邓　颖

（撰稿人：姚俊曦　甘　楠）

城乡建设·公路

住房和城乡建设

【概况】 武江区住房和城乡建设局内设办公室、建筑与房地产业管理股、村镇规划股、环境管理股。2015年，区住房和城乡建设局加强与市有关部门联系，完善武江区房地产企业和建筑企业的资料。全区共有49家房地产企业和21家资质建筑企业。全区全年建筑企业完成产值41.66亿元，完成建筑业增加值12.47亿元，同比增长5.9%。完成商品房销售面积81.28万平方米，位居全市第一，占全市总量的25.8%，同比增长0.2%。完成商品房销售额39.43亿元。全区房地产开发企业完成投资52.45亿元，占全市房地产投资总量的39.8%，同比增长89.7%，总量及增速均名列全市第一位。

【安全生产管理】 区住房和城乡建设局依照《建筑施工安全检查标准》（JG59—99）有关要求，加强施工现场管理，完善工地现场临时用电管理设施，对施工现场道路不通、场地积水、材料堆放混乱、缺少防护措施和安全标志等现象，限时加以整改。对各建设工程实行全面、全过程监管，把落实安全责任、安全防护、安全教育、安全检查和安全奖罚贯穿于安全监督管理全过程。全年走访建筑与房地产企业160多人次，发出整改通知47份。

【物业管理】 2015年区物业管理规模不断扩大，管理领域不断拓展，服务品质逐步提升，行业作用日益明显。国家、省、市先后颁布实施一系列规范性文件，推动物业管理的全面开展；同时，区出台文件，明确工作职责，区物业管理矛盾纠纷协调领导小组负责协调解决物业管理重大的矛盾纠纷和热点、难点问题；物业服务企业引发的各类矛盾纠纷，由区住房和城乡建设局协调解决；业主、业主委员会引发的各类矛盾纠纷，由各街道办事处（镇人民政府）负责处理。为使区基层工作人员能更好地学习掌握物业管理的法律法规，有效开展辖区内物业管理的指导和监督工作，广东省物业管理行业协会于2015年10月15日举办“关于电梯的相关法律法规解读及风险防范”“业主大会、业主委员会运作的协调工作”专题培训班，区街道办和社区基层组织派人参加该培训活动。通过不断学习和培训，逐步规范区的物业管理活动，增强街道和社区基层干部物业管理的指导水平和能力。区住房和城乡建设局全力做好相关物业矛盾纠纷的协调处理工作，处理物业服务纠纷 234宗，网络问政58宗。2014年，全区完成物业管理服务合同备案19宗，物业管理区域备案18宗，业主委员会备案9宗。

【“三旧”改造】 2015年，武江区共上报“三旧”改造项目47个，上缴市财政出让金近3亿元，其中已基本建成并正在预售的项目有芙蓉丽景、恒熙华城2个；正在施工的项目7个；已完成规划编制的项目14个；正在规划编制的项目19个，蝶峦酒店、恒熙华城、芙蓉丽景等“三旧”改造项目已经初见成效。

【农村危房改造】 2015年，全区共有农村低收入危房改造对象47户（其中：龙归26户、江湾13户、重阳6户、西河2户）。改造的房屋已经全部竣工验收。

【宜居城市建设】 2015年，区住房和城乡建设局积极协助新华街道、惠民街道、西联镇、重阳镇做好宜居社区建设和宜居村庄建设工作。新华街道的新华南社区、惠民街道的东岗岭社区建成并申报成功“广东省宜居社区”，西联镇阳山村、重阳镇水口村建成并申报成功“广东省宜居村庄”。

【农村生活垃圾收运处理】 至2015年底，全区各镇有垃圾车3台，2个镇的转运站和179个生活垃圾收集点已经完成，设立垃圾桶110个，全区行政村已经建立村庄保洁制度和保洁员队伍。

【渡口渡船管理】 2015年，区住建局加强渡口安全检查，组织检查人员详细了解渡口运行情况、安全生产责任制落实情况，并对船舶的安全性能进行检查，特别在节假日及汛期前夕，多次进行安全检查工作，排查隐患，严禁超载、滥载现象，确保人民群众的生命财产安全。5月，区住房和城乡建设局联合韶关浈武江海事处在西河镇政府会议室召开乡镇船舶安全管理研讨会，将渡口所在地的分管镇领导、村管员和渡工召集起来进行安全知识培训及安全管理研讨，明确主管渡口渡船安全责任人达30多人。

【渔民上岸安居工程】 根据上级关于全省以船为家渔民上岸安居工程建设文件精神，区住房和城乡建设局于2015年9月与区农业局交接武江区以船为家渔民上岸安居工程工作。区住房和城乡建设局制订《武江区以船为家渔民上岸安居工程实施方案》，并重新核定10户渔民的身份，先后3次组织重阳镇、西河镇、区渔政大队等单位相关人员与渔民开会进行沟通协调。至2015年底，有4户渔民自购房屋，6户自愿放弃安置。

【拆迁工作】 区住房和城乡建设局积极参与全区重大工程建设，积极参与芙蓉新城、苗圃、甘棠工业园区、朝阳323线、上饶路、芙蓉北路等重大项目的征拆建工作。

区住建局领导名录

局　长：潘歧亮（—2015.8）
　　　　黄艺顺（2015.10—）
副局长：白次旺
　　　　杨宏坤（—2015.9）

（撰稿人：曾伟虾）

城市综合管理

【概况】 2015年，武江区城管局紧紧围绕巩卫创文工作，凝心聚力，开拓思路，有效开展城市环境综合整治，全面加强执法队伍建设，积极探索城市长效管理机制，各项工作稳步推进，推动全区经济社会发展，完成各项经济指标。

【城管执法】 2015年，区城管局按照高标准、严要求、高效率的目标推动城市管理各项工作稳步开展。坚持集中整治与后续监管相结合，把创建全国文明城市同日常管理工作联系起来，与市执法分局、交警支队、武江公安分局、区工商局、区食药监局等单位联合，经过一年高强度的综合整治，城区市容环境大为改观。全年共开展专项整治行动180余次，出动1950余人次，出动执法车辆520余次，共发出各类行政通知书、处罚书420多份，教育和纠正“六乱”现象9860次；规范各类车辆停放2600余辆；拆除乱搭设帐篷225件；查处乱堆放1072宗；乱拉挂113宗。

【打违控违】 2015年，区城管局严格按照《中华人民共和国城乡规划法》等法律法规处理各类违法建设。一是加强巡查力度，杜绝违建蔓延，重点加强对“三旧”改造区、市政重点项目工程等范围内的违法建设的监控工作，坚持每天至少出车4次，对各区域违建及工地渣土撒漏进行全方位监控。二是严格按照市、区两级政府要求，依法查处违法建设。对涉嫌违法建设，均能按要求立案调查；对建筑物是否具备相关土地、施工或规划批准手续需确认的，能够及时报送土地或规划主管部门进行确认；对经规划部门定性为严重影响城市规划，属无法采取改正措施消除对规划实施影响的违建，严格按照法律程序及时作出行政处罚决定，并将当事人未履行处罚决定的案件报上级部门。三是坚持教育与处罚相结合的原则，力促当事人自行纠正违建行为。全年制止违法施工266宗，扣除工具800余件；拆除或配合拆除违建120宗，面积达19000平方米。

【卫生保洁】 2015年，区环卫所卫生保洁主要措施有：一，加强道路清扫保洁，落实目标责任制。加强对环卫工人作业路段的检查监督，落实责任，切实做到城区一级马路实行16小时保洁，主次道路实行人机结合全日清扫模式，背街小巷实行人工保洁模式。对主要路段、重点路段及人（车）流量大的地方延长保洁时间，确保垃圾日产日清，达到天天干净、处处干净的目标。截至年底，在巩固原有主、次干道及小街巷清扫保洁的基础上，新增26条主、次干道，已全部纳入正常作业范围。在扩大城区保洁范围的情况下，环卫所积极探索环卫管理新举措，有效提升城区环境卫生质量，努力为市民营造一个和谐美丽的人居环境。二，做好袋装垃圾有偿服务工作，不断提高服务水平。为保证环卫作业工作质量，环卫工人对管辖区域做好调查摸底，发现问题及时处理解决，使辖区内袋装生活垃圾定时、定点、扎口投放，清运率达100%，沿街单位上门收集率达100%，以实际行动不断提高服务质量。三，重点整治卫生死角，辖区环境卫生得到净化。环卫所把治理沿街淤泥、杂物作为首要任务，强力推进整治活动。聘请龙马车共清理淤泥、杂物1243车，约3101吨，出动小飞虎清理淤泥、杂物2100车，整治活动共投入人力11200人次，机械车辆5700台次。四，努力争取政府支持，不断完善环卫设施设备。努力争取市、区政府及上级部门支持。是年，共添置2辆大型洗扫车、2辆清洗车、1台吊臂车、2辆龙马车、20台电动保洁车；购买743件环卫工人雨衣，682件工作服；增添697只垃圾桶、果皮箱以及扫把、铁铲等环卫工具一批，更换辖区内破旧的垃圾收集容器，为进一步改善城区卫生环境提供保障。

【市政设施建设】 2015年，为提升小街小巷品质，区城管局多次组织设计、建设单位到现场勘查，针对辖区内各条小街小巷的现状，制定施工方案，确保道路、排水等载体服务功能完善。全年投入60多万元开展小街小巷整治，用于辖区内武江北路、武江南路、沙洲路、惠民南路、吉祥路、如意路、光明巷、新城里、姐妹岭、钢板弹簧厂宿舍、新华北路生资楼、五祖路春晖楼等小街小巷的破损道路修补、沙井盖更换，堵塞下水道、化粪池疏通清理等50余宗项目。

【环卫设施建设】 武江区各级领导十分重视环卫工作，在环卫经费紧张的情况下，为武江环卫所购置大量环卫设施，对破损设备进行统一修护。一是对辖区已破损的6座垃圾中转站及环卫工具房进行全面修护。二是1月在西联镇天子岭建造一座临时垃圾中转站，用于清运芙蓉新城区及西联片区的生活垃圾。

【重点工程项目】 2015年，区城管局承担或参与市、区重点工程项目有：芙蓉北路扩建项目完成国有土地上房屋征收面积13814.90平方米，占总任务108%，余下涉及万通项目区域2户约53平方米未签订征收协议；独芳路项目完成集体土地2586平方米，国有土地上建筑物411平方米的征收，并已移交有关单位开工建设；移山路项目完成前期集体土地4067公顷征收工作，同时拆除国有土地上建筑物、构筑物3172平方米，并积极推进市政府新增扩征6.67公顷集体土地的工作；芙蓉北一路项目完成14户，约2692.52平方米的征收任务，并移交有关单位待开工建设；上饶路项目完成集体土地9.6公顷征收，拆除19户900平方米建筑物工作，同时完成前期摸底调查、资金测算；奥园项目完成集体土地19.4公顷的征收工作，国有土地上房屋征收（原无线电五厂、三厂）已签订征收补偿协议39户，占总数40%，现正配合市住房保障中心对单位产权房的安置搬迁工作；万通项目（三旧项目）与2户房改房117.01平方米住户，商住4户，362.98平方米，门店809.77平方米签订征收补偿协议。

【扶贫工作】 2013年7月—2016年2月，区城管局累计投入帮扶资金489.4934万元，开展各类帮扶项目37个。经过帮扶，龙归镇奇石村集体经济收入增长，实现100%脱贫。2015年主要工作成效：一是村集体经济增收。区城管局把壮大村集体经济收入放在重要位置，努力扭转村委会“无钱办事”的困境。是年，区城管局投入20万元入股江湾陈洞坑水电站，入股分红3万元，加上投入18万元兴建的奇石粮食加工厂的承包费1.3万元，奇石村集体经济收入达到14.7万元，较帮扶前增长近40倍。二是农户增收。2013年7月—2016年2月，奇石村年人均纯收入呈显著增长态势，2015年达到11777.33元，较2014年增长31%，比帮扶前增长114%。三是贫困户增收。经过帮扶，贫困户年人均纯收入达到10488.6元，较2014年增长61%，比帮扶前增长285%。

【机构设置】 根据《印发韶关市武江区城市综合管理局主要职责内设机构和人员编制规定的通知》（韶武府办〔2010〕64号）文件精神，设立韶关市武江区城市综合管理局，为区人民政府工作部门。区城市综合管理局位于武江区惠民南路128号区政府大院车库楼二楼，机关人员编制8人（行政编制4人，执法编制4人），其中：局长1名，副局长3名（1名兼任区城市综合管理行政执法局武江分局局长），股长（主任）3名。内设机构3个：办公室、监察股、环卫股；直属单位2个：武江环卫所、武江行政执法分局。

区城管局领导目录

局　　长：钟爱明
党组书记：邓　武
副 局 长：曾明福　宋　清
　　　　　何智勇（2015.2—）

武江环卫所领导名录

所　　长：钟爱明（兼）

武江行政执法分局领导名录

局　　长：宋 清（兼）
副 局 长：何智勇（—2015.2）
　　　　　何方涛（—2015.2）
　　　　　陈韶彬（2015.2—）
　　　　　李远云（2015.2—）

（撰稿人：钟卫娜）

公路交通管理

【概况】 2015年，区地方公路管理站以中共十八大和十八届三中、四中、五中全会精神为指导，紧紧围绕区委、区政府的中心工作，狠抓工作执行力的落实，在地方公路管理上取得显著成绩。先后完成X313线山蕉至沙园段3.7公里，X322线沙园至重阳段5.94公里的路面改造工程，以及全区3.04公里通自然村路面改造工程。全区地方公路交通状况得到明显改善。

【公路改建工程】 2015年，区地方公路站认真做好全区公路改建工程。一是县道X313线山焦至沙园段（K12+300至K16+000段）3.7公里路面改造工程于2014年11月开工建设，2015年7月完成主体工程，累计完成投资约400万元。二是县道X322线沙园至重阳段（K2+000至K7+940）5.94公里路面改造工程于2014年10月开工建设，2015年7月完成主体工程，现进入施工收尾阶段，累计完成投资约700万元。三是江湾镇石塘桥改建工程于2014年9月开工建设，2015年5月建成通车，累计完成投资约80万元。四是县道X314线马停脚至西联段（K0+000至K3+700）3.7公里路面改造工程路面中修工程于2015年9月完成招标工作，12月开工建设，预计在2016年1月完成。

【通自然村公路建设】 2015年全区全年完成通自然村公路路面改造工程7个项目2.81公里，其中Y352线至下村0.14公里，陀村至马岭角0.4公里，麻地硬至重阳0.45公里，三口塘至龙湾0.96公里，山架岭至渔场0.34公里，樟树坝至村尾0.245公里，西线公路至企岭脚0.5公里，共计完成投资98.4万元。是年还组织农村公路竣工验收项目17个，累计完成验收里程12.68公里。

【公路养护】 2015年，全区县道管养里程为74.766公里，累计投资约45万元，主要由江湾、山蕉、重阳三个道班负责；乡道管养里程271.443公里、村道管养里程66.093公里，由养护公司实行养护承包制，按养护要求做好日常小修保养、养护巡查以及雨季期间水毁预防和安全防范，及时清理路基塌方，全年累计乡、村道养护投资约60.9万元。

【应急抢修】 区地方公路站做好日常应急抢修保障工作，适时组织道班人员开展公路抢险应急演练，提高公路应急抢修能力；做好局部路基坍塌方的修复工作。全年乡村公路水毁比较严重有5条线路，分别是乡道Y154线卢下坝至左坑段和Y346线江湾至武洞2处过水路堤98米被洪水冲毁，Y270线江湾至黄狗坳段左侧路基约62米被冲毁，Y260线六矿至后坪路基冲毁50米、Y258线寺前—矿塘路基冲毁30米，水毁损失约150万元。至2016年5月，Y270线江湾至黄狗坳段已修复，其他正在编制修复方案。

【路政管理】 区地方公路站注重加强公路路政日常巡查，及时上报路政违法案件，全年共进行路政巡查1158人次，总查询里程14921公里。清理路障426立方米，发现违法案件36宗、制止违法案件36宗。配合市国土资源局完成4宗《采矿权设置出让方案》相关路政管理范畴工作。向市公路总站上报2宗县道开设平交路口路政许可事项。路政违法违章行为得到有效遏制。

【安全生产】 区地方公路站建立健全安全生产管理体系和安全检查制度，采取定期与不定期、自查与全面查相结合的方式，全年进行8次安全生产大检查，杜绝各类安全隐患。与此同时认真做好全区公路安全生命防护工程隐患排查工作，完成全区92条县乡公路约420公里的安全隐患排查任务在此基础上，并结合实际，编制全区公路安全生命防护工程隐患整治计划，确保道路安全隐患早日得到整治。

【机构设置】 武江区地方公路管理站（以下简称区地方公路站）为区政府直属公益一类事业单位，正科级。核定事业编制10名，其中站长1名，副站长2名，股长（主任）4名，其他人员3名。内设办公室（计财股）、基建股、养护股、路政股，另设5个农村养护道班：西河道班、西联道班、重阳道班、龙归道班、江湾道班。2015年11月，根据《关于调整事业单位类别的通知》（韶武机编办〔2015〕12号）的精神，区地方公路管理站由公益一类事业单位调整为行政类事业单位。

区地方公路管理站领导名录

站　长：谢洪泉

副站长：陈　戈

赖楚彬（2015.10—）

（撰稿人：翁一成）

教 育

教 育

【概况】 2015年，武江区共有中小学29所，其中，完全小学20所（另有教学点9个），初级中学6所，九年一贯制学校2所，普通高中1所。截至2015年年底，全区学校在职教职工1691人，共有学生31265人，其中高中2378人，义务教育阶段中小学生28887人。

2015年，教育总投入4亿元，教育总支出占区财政总支出的比例为40.28%。

【学校建设】 2015年，区教育局保质保量完成学校基建工程建设，全年共进行各类工程项目116项，总投资1772.29万元。其中，零星维修工程95项，投资451万元；教育局邀标工程13项，完成投资293万元；区招标工程6项，总投资385.07万元。抓好民生实事工程，第五中学宿舍楼工程8月底完工并交付使用；龙归镇中心幼儿园、东岗小学综合教学楼等工程建设通过规划、环境评估、设计预算等前期工作；第五中学周边整治成立机构及通过拆迁方案。此外，做好第十一中学、西联小学等10所学校运动场、篮球场改造及第十五中学运动场改造工程的设计、预算；红星小学等7所学校消防楼梯加建工程设计；东岗太阳城小学作为韶关碧桂园小区配套学校，2015年9月正式开学。

【队伍建设】 2015年，区教育局完成中小学教师招聘工作，共择优录取教师79名，12月全部到岗，在一定程度上缓解武江区学校教师紧缺、结构不合理的被动局面。完成2015年中小学教师职务聘任工作，共聘任62个职位，其中小学高级26人，中学一级29人，中学高级7人。此外，加强教师学习培训。一年来，全面实施“国培计划”“省培计划”，认真落实教师置换培训，短期培训、远程培训等参训，积极组织教师2221人次参加。为提升教师教育信息化应用水平及学科专业知识，共有737人次参加中小学教师信息技术提升工程培训，817人次参加中小学教师专业学时培训。积极参加骨干教师、校长跟岗培训，全年共40人次到省内外名校进行跟岗学习，通过理论学习、跟岗实践、考察研讨等培训，更新跟岗人员的教育理念。

【教学质量】 2015年，全区中小学进一步加强教学管理，强化质量监控，推进教育科研，不断优化教研方式，加强高考、中考备考工作，教学质量稳步提升。高考本科上线人数为 157人，超 150人大关，比2014年增24人，实现连续三年上升，增幅达18%。其中，第一批本科（重点本科）入线 11人超额完成市的预测指标，超额完成了市的预测指标，入线人数达到市预测指标（4人）的2.75倍，保持了近年的峰值水平。专A上线以上人数424人，突破400大关，比2014年增加84人，增幅为24.7%，创历史新高。此外，全区中考工作取得佳绩，全区各校的重点高中入线人数在市区学校中仍然保持领先优势。总上线人数达204人，占实考人数的16.37%。北中入线人数为56人，

是年6月，区教育局对全区中小学开展教学工作考核评估，其中，10所学校获评教学工作先进单位，3所学校获得教学工作进步奖。此外，全区

学校切实开展课题研究，其中省级立项9个，市级立项24个，区级立项18个；申报市教育教学成果奖4项；通过各级结题22项，其中区级5项，市级17项。

【教育信息化建设】 2015年，全区共投入资金678万余元对义务教育阶段27所学校及9个教学点进行校园网建设，该项目于2016年1月完成验收后，我区各学校校园网均达到“千兆核心，百兆桌面”的标准（部分城区学校达到“全千兆”，即“千兆核心，千兆桌面”）；投入资金434万余元对9所学校安装了196套“班班通”电教平台，使全区所有学校班级“班班通”覆盖率达到100%；投入资金113万余元对5所学校进行了计算机室的新建和升级改造工作，投入资金近100万元在九中、至和汤邓淑芳纪念学校各新建1间高清录播教室，为推进信息技术与教学的深度融合提供硬件支持；投入资金66万余元为乡镇学校教师配备办公用计算机150台，2015年武江区学校师机比、生机比均已达标。

【教育惠民】 2015年，共发放高中国家助学78万元，受助学生780人次。发放家庭经济困难学生补助资金41.68万元，受助学生1508人次。发放2015年学前教育资助金36万元，受助学生1200人次。成功申报生源地国家助学金12.7万元，受助学生17人次；申报“宋庆龄基金”0.5万元，“东莞银行”专项助学金1万元。配合完成香港“励贤会”捐赠仪式，接受捐赠物资6.3万元；配合完成香港“李汉荣博士基金会”捐赠仪式，接受资金6万元；配合完成“广东温岭商会”捐赠仪式，接受资金4.8万元；配合完成“香港惩教社基金、香港惩教署储蓄互助社”捐赠仪式，接受捐赠电脑111台，图书3000册，价值约31万元。

【学前教育】 全区共有幼儿园61所，在园幼儿12072人，全区学前三年幼儿毛入园率达114.6%。全区幼儿园教职员工1461人，其中专任教师819人。2015年，全区幼儿园达省一级园1所，市一级园11所，区一级园10所，基本形成以民办教育办园为主体，公办、民办相结合的学前教育新格局。

【特殊教育】 东岗小学设随班就读启智班1个，有学生12人。

【义务教育】 全区有义务教育学校28所，均为广东省义务教育规范化学校。2015年，小学有499个班，初中有129个班；全区义务教育阶段学生共有28887人，其中，小学23542人，初中5345人。

【高中教育】 全区有高级中学1所，为韶关市第五中学，2015年有48个教学班，学生2378人。2015年，该校积极鼓励教师积极开展课题研究，取得优异成绩，被评为“2014—2015学年度韶关市教育科研先进单位”。

【民办教育】 2015年，全区民办教育机构有94个。

【主要荣誉】 2015年，武江区申报全国义务教育发展基本均衡区顺利通过国家评估验收。新华街、龙归镇和江湾镇顺利通过省教育强街复评督导验收。我区承办韶关市德育创新工作成果展示交流会。区教育局关工委被评为“韶关市关心下一代工作先进集体”。区教育局获得武江区人口与计划生育综合治理先进单位。韶关市中央艺术幼儿园被评为省“食品安全示范学校”，龙归中学被评为市“平安学校食堂”。此外，区教育局积极推进校园足球工作，韶关市第五中学、韶关市第九中学被评为首批“全国校园足球特色学校”。市五中男子足球队代表韶关市参加广东省第十四届运动会，获得第八名，为近10年来韶关市参加省级比赛取得的最好成绩；获得市第三届中小学体育教师教学技能大赛取得团体总分一等奖；参加韶关市第二十届中学生“英东杯”文体竞赛取得优异成绩，获得高中组男篮、男足、初中组男足冠军和初中组女篮亚军。获得文艺比赛集体类一等奖6项、二等奖3项、三等奖3项，书画类一等奖6人次，二等奖10人次，三等奖10人次。

【机构设置】 2015年，区教育局机关设局长1名，副局长4名。6个内设机构：办公室、人事监察股、基建财务股、教育股、德体卫艺股、教育督导室。4个下属事业单位：招生考试中心、教研室、教仪站、财务结算中心。全局在职人员43人，其中，在编公务员12人，事业单位教师编制人员19人，借调人员12人。

武江区教育局领导名录

局　　长：曹华龙

党工委书记：陈锦奎

副 局 长：罗秀英（女，—2015.10）

黄建忠

邓汝机

李远贵

（撰稿人：李仕跃）

武江区学校分布简况

表4

学 校	地 址	校 长	办公室电话
韶关市第五中学	群康路43号	雷美初	8621123
韶关市第九中学	芙蓉北路60号	曾展华	6186393
韶关市第十一中学	西联镇	钟 洁	6919111
韶关市第十四中学	如意路11号	骆少毅	6919301
韶关市第十五中学	群立街后山119号	王金枝	8819326
龙归中学	龙归镇社主村	管宇权	6970468
江湾中学	江湾镇江湾街9号	刘维海	6446783
重阳学校	重阳镇政府南路3号	张碧照	6546019
西河学校	西河镇下坑	张运才	8833300
东岗小学	新建路1号	张万标	6919082
金福园小学	沙洲路3号	刘文燕	6184433
田家炳小学	幸福路8号	黄 青	6919088
黄田坝小学	武江北路147号	王 芳	6980456
华泰小学	新津路9号	冯焯光	8612521

续表4

学 校	地 址	校 长	办公室电话
镇泰小学	芙蓉北路91号	郭朝斌	8723488
齿轮小学	工业西路天鹅坪	朱惠珍	6999364
至和汤邓淑芳纪念学校	芙蓉北路34号	邱必昌	8720708
红星小学	五祖路50路	葛晓娟	8757665
向阳小学	惠民南路15号	彭映兰	6981572
朝阳小学	惠民北路431号	潘岐定	8618362
白芒小学	西河镇大村村	林广强	8134376
西联小学	西联镇	竺爱文	6901302
车头小学	西联镇车头村	刘星明	8174486
阳山小学	西联镇阳山村	何秋贵	8136562
沐溪小学	沐溪工业园七路	欧保华	8175145
甘棠小学	西联镇甘棠村	张寿南	8173384
龙归镇中心小学	龙归镇龙续路18号	余德添	6451382
江湾镇中心小学	江湾街9号	涂星明	6446363
东岗太阳城小学	西联镇芙蓉大道	吴 邓	6916568

文 化

文化新闻出版

【概况】 区文化新闻出版局内设办公室。武江区文化市场综合执法队为直属行政机构。武江区文化馆为其下属公益一类事业单位。

2015年，区文化新闻出版局坚持以邓小平理论、科学发展观为指导，贯彻落实党的十八届四中、五中全会和习近平总书记系列重要讲话精神，严格执行中央“八项规定”，紧紧围绕区委、区政府的中心工作，进一步解放思想，开拓创新文化工作新思路，整合资源，夯实文化基础，不断加强文化设施建设，构建现代文化体系，提高公共文化水平，繁荣城乡公共文化活动，文化市场建设与监管协调发展，全区文化工作持续健康发展。

【公共文化服务体系建设】 2015年，结合承办区政府承诺为民办六件实事项目之一“建设一批农村文化体育活动中心”为契机，积极争取中央、省、市文化发展扶持资金共32万元，用于加强我区重阳大夫前等16个村（居）文化室建设。积极谋划区“两馆”、五镇二镇街综合文化站、村（居）文化室的达标建设，全区镇（街）综合文化站顺利通过省文化厅评估定级。

【公益性群众文化活动】 一是以节日节庆活动为契机，发挥文体协会作用，广泛举办广场活动、“文化三下乡”活动，丰富广大人民群众精神文化生活。二是举办武江区客家山歌大赛，以“弘扬客家文化，唱响武江山歌”为主题，旨在挖掘民间客家山歌优秀人才，传承客家文化，倡导健康向上的群众文化生活。三是争取各方支持、引导、扶持更多的群众文化、文艺团队发展，扶持鼓励本地文化创作，进一步活跃、丰富群众性文化活动。四是大力开展送电影下乡活动。全年共开展送电影下乡612场，受到当地群人的好平。五是积极开展可移动文物普查和非物质文化遗产挖掘工作。谋划做好“向阳舞纸马”、重阳镇大夫前村“逗春牛”、龙归方田“舞狮”等有地方特色的非物质文化遗产申报资料。

【文化市场管理】 2015年，全区共有歌舞娱乐场所17间，电子游戏机室4间，网吧29间，印刷企业21间。围绕“文化安全、场所安全”的总体目标，区文化新闻出版新闻局加强执法队伍的建设，加大巡查工作力度，加强安全工作的监管，依法依规做好文化市场的管理和服务工作，建立健全“创平安、保稳定、促发展、建和谐”的长效工作机制，强化措施，狠抓落实，着力推进平安文化市场创建。一是调整了区文新局创建平安文化市场工作领导小组，实行局班子成员挂点包片，机关工作人员分片包干，负责文化企业的巡查工作制度，强化对文化市场的日常监管。二是加强安全生产工作，加大安全生产监管力度。认真贯彻落实区委区政府及上级各部门关于“管业务必须管安全”要求，切实采取有效措施加强安全生产的监管。举办了全区文化企业安全生产培训班，邀请专家授课，教育引导各业主诚信守法经营，安全生产警钟长鸣；召开夏季消防安全隐患排查工作会议；与文化企业签订安全生产责任书；联合消防、安监部门开展安全生产大检查3次，对辖区内网吧、KTV场所、印刷厂、影院等文化企业进行全面巡查，严查消防装置、消防通道等设施。三是坚持“一手抓繁荣、一手抓管理”的方针，认真贯彻执行文化市场管理的法律、法规，坚持依法行政、文明执法，以全面、准确、高效为要求，切实加强对网吧、歌舞娱乐经营场所的监督管理，坚决查处违法违规经营活动，促进文化市场的健康繁荣、有序发展；2015年，区文化新闻出版局共立案查处违规经营文化企业4家。四是开展“护苗2015专项行动”。加强对网吧的管理，严禁接纳未成年人进入网吧，对辖区内的网吧每月至少巡查一次，同时发挥网吧协会的作用，使网吧之间相互监督，自觉遵守法律法规。组织开展学校周边文化市场专项检查，加强知识产权保护，整顿市场秩序，大力查缴盗版工具书、音像，着重净化校园周边文化市场，力促规范有序经营。

区文化新闻出版局领导名录

局　长：方旭铭

副局长：朱伟东

副局长、区文化市场综合执法队队长：杨培华（2015.2—）

（撰稿人：华建浩）

▲2015年5月3日武江区民间客家山哥大赛现场　（区文新局供稿）

档　案

【档案接收】 2015年，馆藏档案总数为35716卷1243件，新增档案2797卷749件，其中文书档案增加549卷749件，专门档案（含会计档案、婚姻档案）增加2248卷，照片档案增加120张。

【档案培训】 2015年，为贯彻落实国家有关档案工作人员持证上岗和接受继续教育培训制度，安排本区档案人员3人参加市档案局于6月举办的档案工作人员档案业务培训班。

【提供利用】 2015年，档案局（馆）接待前来查阅和利用档案资料及现行文件278人、226卷。

【信息化建设】 根据省档案局在2014年底全省档案信息化工作推进会提出的要求，2018年底前完成馆藏纸质档案总量的50%（共120万页）的扫描任务。为此，区档案局加快档案数字化建设，在人手少、资金少、任务重的情况下，利用有限的资金，投入到纸质档案的扫描，2015年共完成扫描档案5万多页，并添置电脑设备一台。截至2015年底，馆藏档案数字化率为6.67%（根据省档案局的要求，以2010年底的统计卷数为基数）。

【档案编研资料】 2015年，完成编研材料《王德雄同志公务活动实录（2010.1—2014.6）》《武江年鉴（2015）》《韶关市武江区申报重点革命老区资料汇编》等90多万字的编纂出版工作。

【档案馆建设】 2015年，区政府考虑将区档案馆建设也纳入文化综合大楼规划建设，三馆合建，拟建设一个2600平方米的档案馆。2015年11月，区档案馆新馆建设已得到区委、区政府的重视，将区档案馆新馆建设列入区政府项目库，计划与区图书馆、文化馆同建。

【档案其他业务】 完成《武江区档案局“十二五”工作总结》《武江区档案事业“十三五”发展规划》《武江区档案馆收集档案工作方案》《武江区档案馆征集档案范围实施细则》的编写工作。指导、督查各镇（街）、区属各单位的档案业务工作；指导区纪委档案升级工作；指导农村土地承包确权登记档案管理工作。

【机构设置】 区档案局局（馆）合一，与区史志办合署办公，为区政府直属正科级公益一类事业单位，2014年新增编制1名，核定参公管理事业编制3名。

区档案局领导名录

局　长：欧阳征禄

副局长：李卫东

（撰稿人：李卫东）

党史·地方志

【概况】 2015年，区史志办以中共十八大和十八届三中、四中全会精神为指导，围绕区委、区政府的中心工作，开展党史、年鉴、方志、申革命老区、自然村落普查等工作。

【综合年鉴编纂】 2015年3月9日区政府办发文《关于编写武江区2014年大事记的通知》（韶武府办明电〔2015〕5号），各镇、街，区直各单位和驻区有关单位编写2014年的大事记。

2015年3月11日区委办和区政府办联合发文（韶武委办发电〔2015〕17号）关于印发《〈武江年鉴（2015）〉编纂方案》的通知，启动《武江年鉴（2015）》的编纂工作。11月，《武江年鉴（2015）》由方志出版社正式出版发行，达到省里当年完成编纂出版发行年鉴的要求。《武江年鉴（2015）》在2014年的基础上，对部分栏目编排进行适当调整，并增加少量分目和条目，使篇目更加科学和完整。全面、系统、准确记述武江区2014年自然、政治、经济、文化、社会生活等各方面的基本情况和发展成就。全书设彩页和内文两部分。正文内容由特载、大事记、概况、行业专文、镇（街）概况、人物荣誉、社会经济统计资料、附录等组成，共23个类目136个分目739个条目；彩页主要反映年内全区政务活动。

【《广东年鉴》《韶关年鉴》武江区内容编写】 2015年3月区史志办完成《广东年鉴（2015）》武江部分内容编写和报送工作。4月完成《韶关年鉴（2015）》武江部分内容的编写和报送工作，报送内容总字数达11000字，23个条目，新增武江区5个镇的独立条目内容，6月完成《韶关年鉴（2015）》武江部分内容定稿审核工作。

【党史工作推进】 2014年区史志办启动编写中共韶关市武江区历史的工作，2015年上半年已完成编纂提纲，2015年11月已获区委批复同意编写《中国共产党韶关市武江区历史〈1984—2006〉》，12月中共韶关市武江区委办公室发电（韶武委办发电〔2015〕76号）正式成立韶关市武江区党史编辑部，具体工作由区史志办组织实施，编辑部成员名单如下：主编：欧阳征禄；副主编：何笔生；编辑：欧阳征禄（兼任）、何笔生（兼任）、张文清、曾万利、吴德范、董素梅。12月初，区党史编写工作人员到位正式开展该项工作。

【申革命老区工作】 2015年2月，武江区史志办向区委、区政府请示《关于要求拨款解决申请革命老区经费的请示》，区政府审批通过，拨款5万元解决申请革命老区的经费。是月，中共韶关市武江区委、韶关市武江区人民政府向韶关市政府联发《关于将韶关市武江区认定为广东省革命老区县的请示》〔韶武请1号文〕。并致省老促会陈开枝会长，省扶贫办，省委党史研究室。8月20日中共韶关市武江区委员会、韶关市武江区人民政府再次发文向韶关市人民政府请示要求认定韶关市武江区为重点革命老区。

3月，编纂出版《韶关市武江区革命历史集锦》，全书共2.2万字，配插图60幅，真实、客观地记述了武江在土地革命战争、抗日战争、解放战争时期重要革命史实和武江革命先烈的事迹，以及建区后武江革命老区的经济发展状况等。8月，编印《韶关市武江区申报重点革命老区资料》一书。

5月，武江区人民政府分别在中共广东省委西河遗址、八路军驻韶关办事处西河“安园”遗址、中共南方工作委员会韶关交通站南岸村遗址等武江区革命遗址共设立5个不锈钢立式宣传栏保护标志牌。

6月4日，以区政府办的名义发请示《关于申请中共广东省委西河旧址等革命历史遗址修缮经费的请示》至韶关市申苏申老区领导小组。6月26日，改为《关于请求解决中共广东省委西河旧址等革命历史遗址修缮经费的请示》到韶关市老区建设领导小组办公室，并申请到上级补助修缮经费20万元。

为让革命先辈的精神永远传承下去，让后人铭记历史，在市申老办的支持下，区启动对武江南路87号中共广东省委西河遗址的修缮工作，这是区申革命老区的一重大举措。11月5日，区史志办主任带领楼房安全评估专家一行六人到中共广东省委西河遗址（今武江南路87号）对楼房安全、架构等进行评估鉴定。准备启动省委西河旧址的修复工程。

【区地方志资料年报工作】 区地方志资料年报工作在2013年全面启动后，2014年度进入全面开展阶段。2015年，区史志办继续争取党委和政府的重视支持，争取各编纂单位的配合，开展未完成资料年报工作的报送工作。截至2015年，区直有55个报送单位已上报2012年度年报资料，有34个单位已上报2013年年报资料，分别完成总进度的85%和50%，其中有7个单位完成2005—2007年度年报资料。区史志办对这些资料进行整理和审查验收，并按照档案管理要求保存。

【自然村落历史人文普查】 2015年10月，在区史志办的牵头下，启动韶关市武江区自然村落历史人文普查工作，并着手编制具体的实施工作方案对全区近310个自然村落进行历史人文情况的普查。

【史志资料数字化建设】 在省地方志办公室的指导和帮助下，武江区地情网栏目设置不断完善，图文并茂，内容丰富，至2015年年底网站访问点击率突破20万次。网站地址：www.gd-info.gov.cn/shtml/wjq/。2015年，上传了《武江年鉴（2014）》，做好已编纂书籍的数字化和校对工作，并不断上传地情信息，充实网站内容。

【机构设置】 根据《韶关市武江区事业单位分类改革实施方案》（韶武府〔2014〕5号）文件精神，设立韶关市武江区史志办公室，副科级公益一类事业单位，隶属区委办管理。与区档案局事实上合署办公。《武江年鉴》编辑部隶属区史志办公室管理。区史志办公室内设一个股室：综合股。核定事业编制3名，设主任1名、副主任1名，内设机构领导1名，实际在岗在编1人。

区史志办公室领导名录

主　任：欧阳征禄

《武江年鉴》编辑部名录

主　编：欧阳征禄

副主编：李卫东

（撰稿人：董素梅）

卫生·体育

卫生计生

【概况】 区属5个医疗单位职工总数215人(含临聘51人)，其中卫生技术人员196人，占职工总人数的91.16%(其中高级职称6人，占卫生技术人员的3.06%；中级职称56人，占卫生技术人员的28.57%；初级职称116人，占卫生技术人员的59.18%)。区属医疗单位共开设病床155张，其中新华、惠民两个街道社区卫生服务中心病床30张，三个镇卫生院病床125张。

区属5个医疗单位门诊总量184415人次，其中新华街道社区卫生服务中心41325人次，惠民街道社区卫生服务中心55960人次，龙归镇中心卫生院47842人次，重阳卫生院32175人次，江湾卫生院7113人次。出院人数共计4946人次，抢救急危重病人35例，抢救成功31例，抢救成功率88.57%。

2014年10月至2015年9月，全区总户籍人口27.7万人，育龄妇女5.51万人，全区户籍人口出生3044人，人口出生率为11.08‰，人口自然增长率为6.16‰，其中政策内出生2799人，符合政策生育率为91.95%。2014年10月—2015年9月全区户籍出生人口中，男婴1564人、女婴1480人，出生人口性别比为105.68，保持平衡水平。征收社会抚养费608.68万元。

【依法行政】 2015年，区卫计局贯彻《关于禁止非医学需要的胎儿性别鉴定和选择性别的人工终止妊娠的规定》依法依规加强医务人员的管理，针对出生人口性别比有所偏高的现象，采取举报非医学需要的胎儿性别鉴定奖励1万元的措施，有效杜绝违法行为的发生。

卫生方面重点抓好区级社区卫生服务中心、镇级卫生院及村级卫生站的管理，做好社区医疗卫生、农村医疗卫生基层医疗机构建设、卫生防疫及妇幼卫生保健等项工作，尤其各种突发性公共卫生事件及灾害事故的应急处理。办理执业医师注册12人，变更执业医师注册89人。

【流动人口计划生育管理】 加强对流动人口计划生育工作管理服务，落实流动人口免费技术服务，进一步摸清全区流动人口底数和变动情况，完善育龄流动人口计划生育信息档案，进一步完善“一盘棋”工作机制。2015年，全区流出已婚育龄妇女办证登记率达100%，流入已婚育龄妇女查证建档率达到100 %，流动人口计划生育政策知晓率达到85%，90%以上流入已婚育龄妇女享受国家规定基本项目免费技术服务。

【计划生育技术服务】 2015年，全区育龄妇女查环查孕16398人次。全年随访育龄群众10273人次，进行生殖健康普查27788人，查出患病4985人，治疗3125人。落实计划生育服务手术525例，其中放置宫内节育器312例，取出宫内节育器43例；普查普治4905人次，为864人提供免费孕前优生健康检查和免费孕前优生健康评估和指导。

【奖励扶助】 城镇独生子女奖励对象5677人，发放奖励金额541.96万元；特别扶助奖励对象184人，兑现扶助金119.15万元；享受农村省奖270人，兑现金额37.97万元；区奖1218人，兑现金额73.02万元；手术并发症扶助对象5人，发放扶助金0.6万元；发放独生子女保健费8.4

万元；为城镇独生子女家庭购买意外伤害保险3.96万元。

【疾病预防与控制】 2015年，区卫计局认真做好儿童计划免疫工作。免疫规划疫苗接种率分别为：卡介苗接种率为 99.8 %，乙肝疫苗接种率为 99.37 %，首针乙肝疫苗及时率为 98.55 %，脊灰疫苗接种率为99.56 %，百白破疫苗接种率为99.7%，麻疹疫苗接种率为 99.74%，乙脑疫苗接种率为99.81%，流脑A群疫苗接种率为99.61%，甲肝疫苗接种率为99.78%，麻腮风疫苗99.74 %。

做好登革热疫情防控工作，保障人民群众的健康安全。4月2日区出现本地感染登革热临床诊断病例后，区委、区政府当即召开全区登革热防控工作会议，成立防控工作领导小组，制定防控工作方案，全面展开登革热防控工作。为做好初次接诊及快速转诊工作，区属医疗机构组织相关卫生技术人员对《登革热诊疗指南（2014年版）》进行学习，要求医务人员做好准备，随时对可能的疑似病例做出判断，及时往定点医院转诊。区未发生大规模登革热疫情。

高度重视，积极做好人感染H7N9禽流感防控工作。邀请市级专家召开人感染H7N9禽流感防控和医疗救治培训班，指导全区各级医务人员做好人感染H7N9禽流感医院预防与控制工作，规范医务人员行为，降低疫情感染的风险，区未发生人感染H7N9禽流感疫情。

健全区、镇二级公共卫生网络建设，以确保各种突发公共卫生事件和灾害事故的应急处置。区卫生计生局及区属各医疗单位调整健全公共卫生事件及灾害事故应急处置领导小组，区属各医疗单位健全相应的医疗救治小组。

【卫生科教】 2015年，区属5个医疗单位参加在职学历教育16人，其中取得本科学历2人，大专学历3人，在读的11人。本年度新参加在职学历教育人数4人。参加全科医师培训2人，选送专业技术骨干到上级医院进修1人。此外，区卫计局还采取邀请上级有关专家到区授课的方式开展专业技术培训五期，参加培训人员为乡镇卫生院、社区卫生服务中心、农村及社区卫生站专业技术人员，培训人数累计共700多人次。

【妇幼保健】 继续贯彻实施韶关市“十二五”期间妇女、儿童发展规划。2015年，全区婴儿死亡率2.25‰，5岁以下儿童死亡率3.35‰，孕产妇死亡率为0，新生儿破伤风发病率为0，住院分娩活产率99.87%，农村高危孕产妇住院分娩率100%，孕产妇产前医学检查率96.13%，孕产妇系统管理率90.38 %，7岁以下儿童保健管理率95.34%。

5岁以下儿童死亡监测工作。2015年度监测点监测情况为：监测点总人数 171835人，5岁儿童数14536人，常住人口活产数3117人（其中男1552人，女1565人），5岁以下死亡数11人，死亡率为3.35‰，婴儿死亡数7人，死亡率为 2.25 ‰，新生儿死亡数4人，死亡率为0.70‰。

为保障广大妇女身体健康，增强女性的健康意识和自我保护意识，提升区保障农村妇女健康需求的服务水平，让广大妇女远离疾病的困扰，3月17日至9月17日在龙归镇举办“关爱女性”免费健康检查活动，免费检查项目包括血压检查，血糖检查，白带常规检查，常规妇检，妇科B超，心电图检查，乳腺检查，阴道镜检查。

【区属医疗机构管理】 武江区基层医疗卫生机构绩效考核工作领导小组，组织对区属2个社区卫生服务中心及3个乡镇卫生院的绩效考核工作，考核内容包括机构建设与管理、基本公共卫生服务项目考核、基本医疗及群众满意度评估四部分，考核结果均为优秀。同时，对区属各级各类医疗机构医师进行定期考核，加强对区属医疗卫生机构校验、监督检查及医院感染管理和医疗安全工作。

【镇卫生院、村卫生站建设】 乡镇卫生院建设。龙归镇中心卫生院新建综合大楼建设被列为武江区政府为民办实事项目之一，总投资615万元，总建筑面积2659.19平方米，已完成立项和旧楼拆除工作，工程规划许可证即将完成办理，下一步进行工程公开招投标，预计2017年2月前完成主体建设。

农村卫生站建设，一是加强对乡村卫生站专业技术人员的业务培训，定期组织乡医参加区卫计局举办的培训班。二是加强农村卫生站的考核工作，完善“一村一站一医生一万元”的省财政补贴政策。于12月底，区卫计局对49个享受省财政补贴的卫生站进行考核，考核结果全部合格，已按考核得分上报省财政补贴。

【社区卫生服务建设】 社区卫生服务中心建设，新华街道社区卫生服务中心综合大楼项目，建筑面积4884平方米，6层大楼，项目总投资850万元，现该项目主体已基本完工，进入内部装修阶段。

【医药体制改革】 进一步实施国家基本药物制度，开展平价医疗服务工作，完成镇村卫生服务一体化管理工作。

十项基本公共卫生服务项目效果显著，6项公共卫生服务项目初见成果。截至12月底，全区居民健康档案建档人数为292272人，建档率达到96.16%。高血压建档数26722人，规范管理24842人；糖尿病建档数5875人，规范管理5602人，老年人管理数37120人。重性精神疾病患者登记管理1404人。健康教育宣传：免费发放12种健康宣传资料，播放健康宣传音像资料6种，约6800人次观看；设置健康教育专栏19块，版面更新76次；开展讲座、咨询活动53次，参与人数7609人次。2015年区属医疗机构传染病例网络直报 32例，网络直报及时36例，登记36例。传染病疫情报告率、及时率、登记率都达到100%。

【扶贫救助】 区卫计局开展形式多样的扶贫救助活动，包括计生宣传、慰问独生子女贫困家庭、慰问计生贫困母亲等活动，其中在计生协会会员活动日“一元爱心捐助”活动中筹得善款4904元，帮助群众解决生产、生活、生育中遇到的困难。活动日期间，在阳山村委开展以“生育关怀、关心健康”为主题的宣传服务活动；在龙归镇开展以“彰显生育关怀，救助计生困难家庭”“关爱流动人口健康义诊”为主题大型宣传服务活动。活动采取送妇科普查、宣传咨询的形式，免费为育龄妇女进行妇检、B超检查，了解育龄群众身体状况，对妇女宣传妇科疾病自检和治疗；为已婚待孕的妇女免费发放叶酸，提高优生优育意识，预防出生缺陷，孕育健康宝宝；对育龄妇女宣传计生政策、疾病预防、孕产期等知识；发放计划生育避孕药具、计生政策法规宣传手册等形式，增强育龄群众健康意识，建立幸福家庭。据统计，活动共向群众发放叶酸162瓶，避孕套300多盒，宣传资料手册6800多份，《人之初》杂志180多本，宣传纸杯300桶，现场接受群众咨询330余人次，为62名妇女进行妇科检查。

【爱国卫生】 认真贯彻《广东省爱国卫生工作条例》，把爱国卫生工作纳入国民经济和社会发展规划，按照政府组织、分级负责、部门协调、全民参与、科学管理、社会监督、分类指导的原则，在开展爱国卫生运动，创建国家文明城市和巩固国家卫生城市成果中发挥组织协调作用。区爱卫会组织健全，分工明确，责任落实，形成区、乡镇（街道）、村（社区）三级爱卫工作网络，定期召开爱国卫生工作会议和区爱国卫生运动委员单位成员会议，把爱国卫生工作纳入国民经济和社会发展规划，在创建国家文明城市、环境卫生整治、除害防病、农村改水改厕、健康教育、登革热防控等工作中发挥重要的作用。

【表彰情况】 卫计局严格落实人口与计划生育目标管理责任制，圆满完成人口计生工作指标，成绩显著，根据《广东省人民政府办公厅关于全省2014年度人口与计划生育目标管理责任制考评情况的通报》（粤府办〔2015〕18号），武江区被省表彰为先进单位。韶关市爱国卫生运动委员会表彰2013—2014年度韶关市卫生标兵、卫生先进单位，武江区卫生和计划生育局被评为韶关市卫生标兵单位。

【机构设置】 区卫计局内设办公室、规划财务股、政策法规股（区深化医药卫生体制改革工作领导小组办公室）、疾病预防控制股（卫生应急办公室）、医政股、基层指导股、妇幼健康服务股、计划生育家庭和流动人口服务股、信息统计与宣教股、综合监督股、爱卫办公室。

区卫计局领导名录

局长：彭桂珍（女，—2015.8）
　　　刘　武（2015.10—）

副局长：侯广平
　　　　邓献良（兼，—2015.2）
　　　　谢甘霖
　　　　雷　霞（女，2015.2—）

（撰稿人：刘　媚）

体　育

【概况】 区体育局为区政府直属事业单位。2015年在武江区委、区政府的正确领导下，在韶关市体育局的关心指导下，抓好体育工作、依法行政、扶贫双到、综治维稳、创文巩卫等工作，很好地完成区委、区政府和市体育局交办的各项任务。

【竞技体育】 积极组织参加韶关市老年人运动会，获得乒乓球男子团体第一名、男子个人包揽前三名，女子获得团体第一名、女子获得个人第二名，象棋比赛获得团体第一名，个人获得第一名、第二名的好成绩。

【群众体育】 广泛开展全民健身活动，组织参加了元旦环城跑和广东省第二届“万村居”农民篮球赛，与妇联联合举办“三八”节妇女广场舞比赛，开展全民健身日大型千人舞表演，南粤幸福活动周武江区围棋团体赛，举办象棋、围棋、乒乓球、羽毛球、跆拳道等一系列群众体育赛事，受到群众的好评。

完善体质测定和运动健身指导站的建设。根据省体育局印发的《关于开展广东省体质测定与运动健身指导站建设工作的通知》，自区国民体质测定与运动健身指导站挂牌成立以来，坚持为区群众运动健身指导提供服务。在2015年底，以1168例的优异成绩超额完成1000例的国民体质监测任务。

加强社会体育组织建设。2015年在原有乒乓球协会、自行车协会、羽毛球协会、武术协会、老年体育协会、棋类协会、体育总会、文化体育艺术协会、体育舞蹈协会和登山徒步协会的基础上又新增足球协会。各体育协会不断加强自身建设，积极发挥作用，广泛开展群众性体育活动，努力提升承接政府职能转移的能力和水平，为人民群众提供良好的体育健身平台。

建立社会体育指导员服务站，积极开展科学健身指导。完成社会体育指导员的培训，登记工作。2015年，全区社会体育指导员新增到986名，每万人中拥有32名，组织社会体育指导员在各晨晚点进行义务指导健身服务。各体育社团组织逐步发展成熟，充分发挥桥梁纽带作用。

【体育产业】 通过全年的增机扩点工作，2015年区体育彩票销售网点达到38个，体育彩票年销售3200多万元，地面销量排全市第二名。

【体育场地】 2015年，按照区委、区政府“十二五”规划布置，在兴建武江区西郊全民健身广场、西联镇上庙背村农民健身小广场、重阳镇全民健身广场的基础上，又兴建和扩建西河镇全民健身广场、江湾镇全民健身广场、江湾镇胡屋村农民健身小广场、重阳镇黄岸村农民健身小广场、龙归镇全民健身广场，龙归奇石村农民健身小广场、重阳万侯村农民健身小广场。

区体育局领导名录

局　长：赵建军

副局长：唐乃华（女）

（撰稿人：胡银峰）

社会生活

民政工作

【概况】 2015年，区民政局以中共十八大和十八届三中、四中、五中全会精神为指导，围绕区委、区政府的中心工作，始终坚持“以民为本，为民解困，为民服务”的宗旨，积极开展灾害应急救助、社会救助、社会福利、基层政权、优抚安置、专项行政事务管理等工作，各项工作取得长足发展。区民政局努力探索适合武江发展的社会工作人才队伍建设模式，大力推进专业社会工作试点工作。海邻社会工作服务站，承接区购买社会工作服务试点项目（社区服务类）——新华街道花城社区社会工作服务站（以下简称社工站），是韶关市首个社区服务类专业社会工作试点项目，从个案服务、青少年服务、社区服务、社区公益服务4个方向作为切入点，立足公益事业，致力于整合社会资源，传播社工文化、全民公益文化，探索提供优质的社会工作服务。国家民政部、省民政厅、市民政局等各级领导多次莅临试点单位检查指导，并对试点工作给予充分肯定。

【低保救济】 区政府印发《关于调整城乡低保最低月标准及农村五保供养最低年标准的通知》（韶武府办〔2015〕22号），城乡最低生活保障标准于2015年1月重新调整，城镇每人每月412元，农村每人每月260元，人均补差水平城镇每人每月由333元增至392元，农村每人每月由147元增至172元，达到省、市要求的补差水平。全区共有低保对象1515户2838人，其中城镇低保668户1076人，农村低保847户1762人。全年共发放低保资金903.1万元，其中城镇低保资金539.27万元，农村低保资金363.83万元，城乡低保群众的基本生活得到有效保障。

【五保供养】 2015年，武江区五保供养标准按上年度农村居民收入的60%，提高到每人每月642元。全区共有“五保”对象90人，其中集中供养63人，分散供养27人，全年支出五保供养金70.88万元，保障了五保对象的正常生活。

【特困救助】 2015年，武江区调整孤儿基本生活供养标准，从每人每月700元增至760元，全区11名孤儿共支出10.03万元。提供流浪乞讨人员临时救助，全年共救助80人支出救助金1660元。按照《关于提高2015年医疗救助年人均标准的通知》（韶武府办〔2015〕27号）文件规定，人均年救助标准由934元提高到1556元。全年共救济184人，支付救济金额72.65万元。为全区2599名低保、五保人员购买医疗保险，有效保障他们有病能得到及时治疗。

【慈善工作】 区民政局积极开展“广东扶贫济困日”活动。全年共筹得善款47.5万。善款主要用于区4个贫困村的“扶贫双到”工作、特困群众临时生活救助、大病医疗救助和助学扶困救助等。

【优抚安置】 2015年，区民政局按时发放残疾军人抚恤金和各类优抚对象定期抚恤和补助款项。全年共发放各类抚恤补助金520余万元。继续抓好“参战涉核”和从事铀矿开采退役人员生活补助，60周岁农村籍退伍军人老年生活补助、烈士子女生活补助等审核工作。全区审批核定享受“参战涉核”待遇372人，从事铀矿退役人员生活困难补助待遇148人，60周岁农村籍退伍军人生活补助待遇179人，烈士子女生活补助2人。

【双拥工作】 2015年，武江区组织开展春节和“八一”建军节期间区四套班子领导走访慰问驻韶、驻区部队，走访部分重点优抚对象活动。全年接收退役士兵65人，发放自主就业一次性经济补助金169.43万元，免费职业技能培训66人。做好江湾镇、龙归镇共3座烈士纪念碑抢救保护工作。开展“9·30”烈士公祭日活动，积极做好抗战胜利70周年纪念章发放和慰问走访工作。配合市创建第十届全国、全省双拥模范城顺利考核验收。

【行政区域】 武江区行政区域管辖范围为5个镇2个街道，即龙归镇、江湾镇、重阳镇、西联镇、西河镇和新华街道、惠民街道。行政区域界线划分包含3条县区级界线和10条镇级界线。

扎实开展全区行政区域边界联检、界线签约委托管理工作，圆满完成2014年平安边界创建工作考核，获得满分。自2005年全面进入界线管理以来，全区有13条界线，连续11年未出现过因界线纠纷引发群众性械斗和到省、市政府上访的事件，边界地区基本保持和谐稳定。

【基层政权和社区建设】 2015年，区民政局做好全区农村（社区）党务、村（居）务公开栏改造升级和规范化建设工作，积极推动西河镇大村、重阳镇大夫前村、新华街道花城社区、红尾坑社区、武江南社区，惠民街道沐阳东社区、群康社区、新村社区等8个村（居）的村（居）务公开民主管理示范创建工作。制定《武江区社区工作人员绩效考核试行方案》，以新华街道花城社区、惠民街道武江北社区为试点单位推行，以点带面，促进社区治理工作。全区51个村均建立村务监督委员会，全面实行村账镇管。落实贫困村村务监督委员会成员省、市补贴，并推广应用村务记录“四簿一卷”。加大对乡镇干部、村（居）委会主任和村务监督委员会主任骨干的培训教育力度，圆满完成全区《广东省村务公开条例》和《广东省村务监督委员会工作规则》培训工作，进一步推进区村务监督委员会规范化建设工作。

【婚姻登记】 2015年，区民政局婚姻登记处全年共办理结婚登记2305对，办理离婚登记855对，办理补领结婚证书191对，办理补领离婚证102宗，婚姻登记合格率为100%。

【老龄服务】 2015年，区民政局开展农村养老服务“幸福计划”、农村养老服务“幸福院”、城市居家养老服务示范项目建设。全面完成龙归镇冲下村养老院二期的建设工作，完成重阳镇、龙归镇、江湾镇的5个试点农村幸福院场地勘察和建设工作。全面建立80岁以上高龄老人津贴制度，发放津贴22.54万元，惠及4480名高龄老人。积极开展“银龄安康行动”。出资为全区60周岁以上城乡低保对象、城市“三无”人员、农村五保对象，享受高龄津贴80岁以上高龄老人，4个贫困村（重阳镇重阳村，龙归镇奇石村、坳头村，江湾镇胡屋村）60周岁以上老人购买“老年人意外伤害综合保险”。组织老年人参加市第五届老年人运动会，获得乒乓球比赛男子团体一等奖、女子团体一等奖，象棋比赛男子团体一等奖，多项个人一、二等奖，以及总成绩团体一等奖的优异成绩。积极开展“敬老月”系列活动。

【社会组织】 2015年，区民政局进一步规范社会组织登记管理和监管。全年新办社会组织11家（社会团体1家，民办非企业单位10家），民办非企业单位变更9家，注销2家，对64家社会组织进行年检，占应年检数的91%。配合落实社会组织孵化基地建设工作，积极推进社会组织党建工作，促进社会组织参与社会公共服务，建成区社会组织信息化系统。

【殡葬管理】 2015年，区民政局按照《韶关市城乡居民殡葬基本服务免费实施细则》规定，全面实施城乡居民殡葬基本服务免费政策，免费金额为1500元/具。全区共免除城乡居民殡葬基本服务费570宗，免除费用为85.5万元。推进“绿色殡葬”，全区节地生态安葬比率超过37%。

【机构设置】 根据《印发韶关市武江区民政局主要职责内设机构和人员编制规定的通知》（韶武府办〔2010〕60号）文件精神，设立韶关市武江区民政局，为区人民政府工作部门。区民政局内设：办公室（区老龄工作委员会办公室）、社会福利和社会事务股、基层政权和社区建设股、救灾社会救助股、优抚、退伍军人安置及区划地名股（区双拥工作领导小组办公室、区退伍军人安置办公室）等5个职能股（室）。机关行政编制8人。其中，局长1人，副局长2人。

区民政局领导名录

局　长：刘立文（女）

副局长：陈发中

副局长：刘志深

（撰稿人：温　碧）

人力资源和劳动管理

【人才管理与引进】 截至2015年12月31日，全区机关、事业单位在职工作人员2813人，其中：公务员700人，参照公务员法管理事业单位工作人员62人，其他事业单位工作人员2051人。全区机关、事业单位离、退休（职）人员1167人。全年，区调入公务员18人，调出公务员3人。严格按照公务员录用程序，区向社会公开招录公务员9人。

2015年，区首次参加广东省集中时间组织开展事业单位招聘，并由区人社局组织面试、体检、考察工作，共聘用85名事业单位工作人员。

【人才服务工作】 区人社局对区机关事业单位工作人员实行日常考核与年度考核相结合。2015年度，全区参加考核的公务员648人，评出优秀98人，占总数的15.1%；称职541人，占总数的 83.5%；其他（试用期及其他）9人，占2.4%。参加考核的事业单位工作人员2069人，评出优秀271人，占总数的13.1%；合格1711人，占总数的82.7%；其他（试用期及其他）87人，占总数的4.2%。

区人社局开展人事代理业务，2015年共办理人事代理业务92人，办理人事档案管理业务600余人。根据《韶关市公务员登记实施办法》规定的公务员登记的对象、条件、程序和管理权限，完成11名新招公务员和3名参照公务员法管理事业单位人员的登记工作。

【干部管理】 2015年，经韶关市武江区人民政府党组会议研究，任免干部 51人次。

【干部培训与交流】 2015年11月，区人社局根据市人社局《关于做好2015年韶关市行政机关公务员培训工作的通知》（韶人社函〔2015〕63号）精神，组织新录用28名公务员参加初任培训，组织全区766名公务员及参照公务员法管理事业单位工作人员分3期参加公务员依法行政与法治思维专题全员培训。组织20 名乡镇公务员赴东莞参加对口培训。7月，组织全区专业技术人员 1926人分4期参加“新时期法制思维与法制风尚”公需科目培训。

【高校毕业生就业】 2015年7月，区人社局接收应届大学毕业生报到20人。

【军转干部安置】 2015年，区人社局按照市政府统一安排，完成4名士官复员安置工作。

【工资与福利】 2015年7月，按照机关事业单位工资收入分配制度改革的政策规定，全区公务员、事业单位人员的2015年度工资正常晋升。全区2637名机关事业单位在职人员调整基本工资以及1216名离退休人员调整基本离退休费。机关在职人员人均增加1454元/月，事业在职人员人均增加1596元/月，离退休人员人均增加329元/月。

根据中办、国办印发《关于区以下机关建立公务员职务与职级并行制度的意见》（中办发〔2015〕4号）以及省、市、区有关工作部署，2015年全区共159名公务员符合职务与职级并行晋升条件，全部兑现待遇。

【职称工作】 2015年12月，区人社局对全区专业技术人员进行职称认定、评审工作。共评审、认定初级职称2人，审核中级、高级职称各1人。

【机构设置】 根据《中共韶关市武江区委、韶关市武江区人民政府关于印发〈韶关市武江区人民政府机构改革方案〉的通知》（韶武联〔2010〕5号）文件精神，设立韶关市武江区人力资源和社会保障局（以下简称区人社局），为正科级单位。内设7个股室，下属5个事业单位，核定机关编制12名，其中局长1名，副局长3名。

社会保障

【概况】 武江区人力资源和社会保障局内设办公室、劳动就业和培训股、劳动监察和社会保险股（举报投诉中心）、劳动人事关系（仲裁）股、专业技术人员管理股（职业能力建设股）、工资福利股、公务员管理办公室（军队转业干部安置工作办公室）等7个股（室）；下属事业单位5个：武江区人才工作管理办公室、武江区劳动监察大队、劳动人事争议仲裁院、武江区就业服务管理局、职业技能鉴定指导中心。

【培训与就业】 2015年，区人社局以就业再就业工作为中心，以就业服务制度化、专业化、社会化为标准，坚持以政策扩就业，以培训推就业，以创业带就业，以服务促进就业，以维权保就业。全区城镇新增就业岗位 3531个，城镇失业人员实现再就业2527人，其中就业困难人员再就业213人，农村劳动力转移就业 2791人，城镇登记失业率控制在2.24%。

认真贯彻落实各项扶持政策措施，促进就业困难群体实现再就业。扎实开展再就业援助月、南粤春暖市县联动就业、民营企业招聘周、大中专院校毕业生服务周等公共就业服务专项活动，促进城乡劳动者就业，共发放宣传资料9000余份，召开劳务现场招聘会25场，提供就业岗位7000余个。认真落实新一轮促进就业政策，为创业群体搭建平台，将市政府全民创业精神落到实处。

扎实开展劳动力技能晋升和农村劳动力转移就业工作。全年度共开展焊工、家政服务员等专业9个期次共316名劳动力参加培训，全年农村劳动力转移就业人数为2791人。

【普法宣传】 2015年，区人社局以农民工作为普法重点群体，以努力提高农民工整体素质为出发点，围绕农民工开展普法宣传，开展送法进社区、进企业活动，将劳动法、劳动合同法、社会保险法等涉及农民工权益保护、劳动技能培训、劳动就业、社会保障等方面的法规政策送到农民工手中，全面提升农民工的法律素质和维护自我权益的意识。全年，共组织各类普法宣传活动12次，发放宣传单张6000份。

【劳动保障监察信访】 2015年，区人社局加强劳动保障监察执法工作，认真贯彻落实劳动保障法律、法规，维护劳动者的合法权益。全年，共受理处理举报投诉案件57宗，涉及劳动者人数298人，涉案金额200余万元。共受理网络问政10

件，答复处理10件。其中开展农民工工资支付情况专项执法检查活动，对全区40家用人单位进行检查，查处13家用人单位存在拖欠81名劳动者工资62万元的问题得到解决。

与此同时还开展社会矛盾化解活动，化解社会矛盾劳资纠纷案件2宗。

【劳动人事争议仲裁】 2015年，区人社局加大劳动仲裁调解力度，完善仲裁制度，推进仲裁工作的规范化、制度化、程序化建设。全年共受理劳动仲裁案件25宗，不予受理7宗，调解结案13宗，裁决结案10宗，未结案2宗，涉案金额11.3087万元。劳动关系总体保持和谐稳定。

【社会保险】 2015年，区人社局开展社会保险扩面征缴专项行动、社会保险法专项执法检查等行动，全面落实《中华人民共和国社会保险法》及其配套法规，狠抓城乡居民社保扩面征缴，截至12月，城乡居民社会养老保险参保人数 22920人，缴费人数10261人，领取待遇人数12659 人，城乡居民医疗保险参保人数113374人。

区人社局领导名录

局　长：李力克

副局长：曾群芳（女，—2015.10）

李惠歆　谭友卫

（撰稿人：邓映辉）

民族·宗教

【民族工作】 2015年，区民族宗教事务局（以下简称区民宗局）认真做好有关少数民族工作，为本地少数民族村办实事。具体如下5项：一是做好少数民族中考生加分审核工作，共审核确认12名少数民族中考生资格；为6名符合条件的群众更改民族成分。二是指导江湾瑶族村做好帮扶项目的调研、储备、申报工作。计划争取5年内完成江湾镇瑶族村良坑村公路硬底化工程，解决良坑村用电问题。三是做好瑶族村发展项目的审批，严格按照《广东省中央和省级少数民族发展资金管理办法》从严把关，审批帮扶项目两个（建设桥梁1座、改造少数民族特色村寨1个），争取中央、省级少数民族发展资金25万元，确保少数民族帮扶资金帮到实处。四是在穆斯林群众传统节日“古尔邦”节期间，与市民宗局及城管等相关部门一起，对辖区的新疆、甘肃、青海等外来少数民族进行走访慰问，并向他们致以节日的祝福和问候。加强与外来少数民族的沟通协调，进一步维护辖区民族团结和谐。五是引导辖区内新疆维吾尔族商贩助力“创文”（创建全国文明城市）工作。与区城管局深入新疆商贩聚居地，通过座谈沟通的方式，加强对外来少数民族商贩的宣传引导，争取他们对“创文”工作的认同和理解。经过沟通协调，新疆商贩头人阿卜杜拉表示要积极配合区开展“创文”工作，并要进一步加强对新进韶关的人员日常管理。及时妥善解决1名维吾尔族商贩在龙归市场挤占当地商贩摊位而引起的打架事件，维护了稳定。

【宗教工作】 2015年，区民宗局加强民族宗教工作领导，扎实做好宗教维稳各项工作，对辖区内非法宗教渗透进行全面排查摸底。牵头制定《节假日期间寺庙安全防范工作应急预案》，实行蹲点值班制度，切实加强芙蓉山寺安全和地质灾害隐患防范，确保寺庙不发生安全事故。同时，区民宗局还加强宗教场所的监督管理，开展以“教风年”为主题的和谐寺观教堂创建活动，对区内的佛教寺庙、道教宫观管理安全、财务等有关问题进行治理。开展宗教教职人员认定备案工作和宗教活动场所财务监督管理常态化。做好宗教教职人员社会保障工作。6月，结合区委统战部举办的道德讲堂活动，开展以“国法与教规的关系”为主题的“宗教政策法规学习月”活动和整治违法违规设立“功德箱”，借教敛财专项活动。积极跟踪协助九归禅寺征地修建相关事宜；多次召开协调处理芙蓉山寺与阮文耀的债权债务问题；协调指导督促爱国“三自会”做好龙归基督教福音堂危房改造工作，彻底排除福音堂存在的安全隐患。对辖区4个宗教活动场所开展了安全大检查活动。及时排除安全隐患，促使全区宗教活动场所的安全管理更趋规范化、制度化。开展芙蓉山寺地质灾害隐患防范工作。六是积极配合市开展芙蓉山寺扩建规划相关工作。七是开展以“发挥正能量 共筑中国梦”为主题的宗教政策法规学习日活动。八是发挥宗教在和谐社会建设中的积极作用，动员宗教界开展植树造林活动。九是引导宗教界人士开展帮扶济困工作。2015年，组织引导宗教居士到挂点的凤田村和东岗岭社区开展帮扶助困活动，为特困家庭送上了御寒棉被、米、面、油等慰问品一批价值近万元。组织九归禅寺、芙蓉山寺开展献爱心活动，为东岗岭社区20户贫困户家庭送上大米1000公斤、食用油30桶。十是协调解决芙蓉山寺网络通讯信问题。通过主动联系韶关移动公司、林业局、属地镇村等相关部门，帮助移动公司完成了移动网络的基站点选址问题和土地租赁问题。

【机构设置】 武江区民族宗教事务局与区委统战部合署办公。

区民族宗教事务局领导名录

局　长：邱洲才（兼）

副局长：麦燕玲（女）

（撰稿人：麦燕玲）

农村居民收入与消费水平

【概况】 2015年，武江区各级政府和部门贯彻落实中央和省、市有关农业农村经济工作部署，落实各项强农惠农政策和措施，积极推进扶贫开发“规划到户、责任到人”工作，从实际出发，转变农业发展方式，优化农业产业结构，农业农村的各项工作取得新成绩，社会主义新农村建设扎实推进。

【农业生产稳步增长】 2015年，武江区把农业主导产业放在突出的战略位置。通过发展高效优质、特色优势农业产业带动全区农业的发展，主要农作物、家禽、水产品等产品产量稳定增长。全年农林牧渔业总产值100762.07万元，同比增长4.1%。

【农民收入明显提高】 2015年，武江区实施扶贫开发工作，加大农村劳动力培训转移力度，农民外出务工收入成为收入增长的主要来源。同时，由于各项社会保障标准调整继续向低收入群体倾斜，特别是加大对重点贫困对象的帮扶力度，农村低收入户增收步伐明显加快。此外，通过耕地、林地等资源的规范流转和有效经营，村集体股份分红水平逐年提高，农民凭股权获得的收益增长较快。还有村集体各种补贴不断增加，加上农产品价格上升，农村居民家庭生产经营性收入稳步增长。根据城乡一体化住户调查的数据显示，全年全区农民人均可支配收入14058.2 元，比上年同期增长9.6%。其中，人均工资性收入11087.89元，人均经营性收入4997.87元，人均财产性收入157.9元，人均转移性收入929.04元。

【农民生活质量不断提升】 2015年，武江区农村的农民随着经济收入的持续增长，促进生活质量的提高，农民在吃、穿、用的消费结构上不断改善。农村居民在饮食消费上实现由“吃得饱”向注重营养均衡的转变。农村居民对米面油、蔬菜、禽肉等基本食物的消费意愿相对较低，对于鲜瓜果、奶类、糖果糕点等的需求则快速增加。此外，在家电下乡、汽车下乡等消费拉动政策的带动下，农村居民对手机、电脑、汽车的需求欲望日益高涨。耐用消费品每百户拥有量中，家用汽车由2014年的13辆增加至2015年的16.3辆，助力车增加7辆，空调增加5台。

2015年全年，农村居民人均生活消费支出10616.7元，比上年同期增长7.0%。其中，人均食品支出3879.56元，食品支出占总消费支出的比重（恩格尔系数）为36.54%；人均衣着支出510.80元，占总支出的4.81%；人均教育文化娱乐支出（公共文化服务水平）986.97元，占总支出的9.3%；人均居住支出2334.49元，占总支出的21.99%；人均生活用品及服务支出745.29，占总支出的7.02%；人均交通通信支出1645.39元，占总支出的15.50%；人均医疗保健支出409.61元，占总支出的3.86%；人均其他用品及服务支出104.59元，占总支出的0.99%。

同时，互联网产业的快速发展进一步降低手机、电脑等信息消费门槛，加上通信和上网资费标准不断降低，农村居民信息消费能力得以释放。2015年，全区农村每百户拥有量中，手机达到230部，平均每户两部；家用电脑36台，比2014年增长16.9%；人均上网费和手机费支出分别比2014年增长1.1倍和25.6%，农村居民生活已经迈入互联网时代。

（撰稿人：谢珍环）

关心下一代工作

【概况】 2015年，区关工委围绕中心，服务大局，改进作风，争先创优。以纪念中国关工委、广东省关工委成立25周年、韶关市关工委成立15周年为契机，切实加强基层关工委的组织建设、队伍建设和制度建设，加强青少年思想道德建设，提高教育、引导、服务青少年和维护青少年合法权益的能力和水平，努力打造“学习型、创新型、调研型、服务型”的关工委领导班子和工作队伍。

2015年4月，区委充实调整了区关工委工作人员，由4名退休老干部专职负责，并专门调配一间办公室供区关工委使用。

【加强青少年思想道德教育】 2015年，全区各级关工委采取集体学习和个人自学相结合的方法，认真学习，不断提高思想政治素质。以培育和践行社会主义核心价值观为重点，加强青少年思想道德教育，培养社会主义合格接班人。在清明、“五四”、“六一”、国庆、抗日战争胜利70周年等节日，组织青少年开展报告会、演讲会、故事会、观看优秀影视片、祭扫烈士陵园缅怀先烈等，引导青少年树立正确的世界观、人生观和价值观。

【扶贫济困爱心活动】 2015年，区关工委继续抓好扶贫济困工作、开展爱心助学活动。“六一”儿童节期间，深入乡镇小学开展慰问活动，向困难留守儿童送上节日祝福和慰问品。协助市关工委做好“爱心扶贫助学金”活动，资助品学兼优的贫困学生入学。

【加强法制宣传教育】 2015年上半年，在全区各中小学开展“实现中国梦，法制伴我行”主题教育活动。重视和创新参与社会治理工作，营造有利于青少年健康成长的社会环境。一是发挥“五老”及先进事例对青少年的教育作用；二是以抑制未成年人犯罪为重点，协助有关部门进行法制教育；三是发挥“五老”网吧义务监督员作用。

【龙安淮山专业合作社示范作用】 2015年年初，武江区龙归龙安淮山专业合作社被授予“韶关市关工委农村创业青年培训示范基地”的荣誉称号。龙归龙安淮山专业合作社努力加强自身建设，增强带动群众共同致富的责任感、使命感，充分发挥自身优势，整合各种资源，积极创新示范培训的新模式、新机制，充分发挥示范基地的示范功能和带头作用。

武江区关工委领导名录

主　　任：杨应光
常务副主任：肖德鸿
副 主 任：张文清
　　　　　章　英

（撰稿人：张文清）

镇（街道）

西河镇

【概况】 西河镇位于武江区城区西北部，总面积63平方公里，南至浈江乐园镇韶关冶炼厂、西联镇车头，北至重阳镇、浈江区犁市镇，中部为武江区城区，是典型的城乡结合镇。下辖红星、向阳、前进、朝阳、塘湾、马屋、下坑、田心、黄塱、什石园、糖寮、山蕉、村头、大村等14个村委会，其中山蕉、糖寮、黄塱、什石园、田心、马屋、下坑等为北片远郊村；向阳、红星、前进等为中部城中村；朝阳、塘湾、村头、大村等为周边近郊村。

全镇总户数6968户，2015年末户籍人口17146人，辖区常住人口23557人，其中农业人口19950人、外来人口3607人。2015年，镇财政收入699.88万元，比上年增长27%。全年农业收入8485万元，农村人均纯收入达到17491元，比上年增长8%。全镇参加农村合作医疗人数13158人，覆盖面98%。

近年，城中村以物业经营和物业管理为主，逐步形成以地产、酒店、餐饮服务等三产旺镇的“西河商圈”格局。远郊村、近郊村均以种植蔬菜为主，辖区常用耕地面积499.54公顷，其中水田151公顷，粮食播种面积330.47公顷，粮食产量1830吨，是韶关市区菜篮子基地。远郊村着力发展一村一品特色种植，有下坑枸杞、塘湾青菜、黄塱胡萝卜、什石园良种蔬菜、山蕉超甜玉米等名牌品种。近郊村在城市发展中盘活土地资源，打造物流、商贸项目。

辖区有1个文化站，2所幼儿园，1所九年一贯制学校，4所小学和田心、茗苑两个教学点。主要旅游景点有田心张九龄公园。

2015年，获得荣誉称号有“韶关市卫生镇”“韶关市2014年度人口与计划生育先进单位”。

西河镇内设5个综合办公室：党政办公室、农业办公室、经济发展办公室、计划生育办公室、社会事务办公室。6个事业单位：人力资源社会保障所、农村综合服务站、文化站、畜牧兽医水产站、计生专业服务队和敬老院。

【基层党建】 一是加强基层服务型党组织建设，深入开展乡镇领导干部驻点普遍直接联系群众工作，严格坚持周二进村入户制度，并做好入户登记表、问题汇总、会议记录等相关资料的登记工作。2015年，西河镇入户走访18000多人，汇总群众反映的问题390条，共解决388条，其中当场解决94条、村级解决202条、镇级协调解决87条、区级协调解决5条，反映问题解决率达99.5%。二是以强化组织建设为基础，发展高素质党员干部队伍，2015年批准预备党员转正13名，发展预备党员17名，储备村级党组织后备干部一批。三是着力解决基层党建工作中存在的突出问题，强化党员日常教育管理，按照基层治理工作要求加强和突出基层党支部的领导作用，推行党群联席会议制度。四是认真执行党代会年会制度，3月27日召开了中国共产党西河镇第八届代表大会第三次会议，全镇共91位代表及列席代表参加。会议分别听取和审议中共西河镇第八届委员会和纪律检查委员会工作报告及当年度工作计划，并就今后工作进行部署指导，对党委领导班子及其成员进行民主评议，讨论并通过《西河镇党代表联系党员群众制度（试行）》。五是根据区委组织部要求扎实开展“落实总书记要求，建设模范部门”教育实践活动。六是大力抓好黄塱村软弱涣散村整治工作，已完成整改。

【农业农村】 常用耕地面积493.13公顷，粮食播种面积330.47公顷，粮食产量1830吨。林地面积2866.67公顷，森林覆盖率52%。在远郊村，主要发展特色种养殖业，种植作物水稻、蔬菜、花生等，有下坑、塘湾、黄塱、什石园蔬菜良种和新技术示范基地。养殖产品主要是鱼、猪、家禽，白芒片的优质鱼养殖、黄塱肉猪养殖等，均分别形成相当规模的产业基地。一是抓好名村示范村建设，山蕉村委投入6万元在新村安装12盏LED太阳能路灯，下坑村委投入5万元在新村安装10盏LED太阳能路灯，方便了群众生活。二是加强重大动物疫病防控工作，落实村防治员待遇补贴，按要求做好畜禽免疫登记台账，畜禽免疫率达100%，全年无出现重大动物疫病和禽畜产品质量安全案件。三是抓好汛期值班和防范工作，落实领导带队值班制度，实行24小时值班工作，重点加强对山塘水库、低洼地、容易发生山体滑坡等地的安全隐患排查，及时传达防汛预警信息。四是抓好森林防火工作，全面落实森林防火工作责任制，注重培训和加强装备：9月，组织开展扑火技能和安全避险演练，开办灭火风机使用培训班；防火队员配齐“六有”，年底配备人手一台专门通讯仪，发放统一制作的袖章200只。

【惠农补贴】 及时做好各项惠农工作，全年发放农资综合补贴397000元，发放种粮补贴415.02公顷（含甜玉米31.4公顷），1556户农户受惠；购买政策性水稻保险383.62公顷，100%完成指标。大力推进城乡居民基本医疗保险和新型农村养老保险参保工作，2015年，全镇参加农村合作医疗人数13158人，参保率达98%。

【招商引资】 2015年引进项目主要有：投资1320万元的武江区映日商务酒店项目和投资13464万元的聚龙雅居商住楼项目。

【民政优抚】 一是及时落实民政优惠扶助政策，全年累计发放17名现役军人优待金198501元、60岁以上退役军人补助金53952元、定补金197004元；发放低保金255480元、五保户供养金40800元、80岁高龄老人生活津贴5040元；为五保户、低保户、困难群众解决临时医疗救助资金共37756.50元。二是兑现残疾人补助项目，全年累计发放48名残疾人生活津贴57600元、重度残疾人护理补贴149400元。三是冬令、春荒期间及特大洪涝灾害后及时救助困难户群众，2015年冬令、春荒期间解决困难户152户，发放救济资金30000元。

【创文巩卫】 一是引导农民群众培养健康生活方式，2015年争取上级资金20万元，在人口相对聚居的黄塱村建设了一个1900平方米的西河农民体育广场；9月，成功举办了首届西河镇农民体育运动会，合计500多人次参加此次活动；10月，举办西河镇农村广场舞交流会，来自各村的12支农村广场舞队伍进行了展示。二是支持乡村文化发展，投入5万元建设田心“村委通村小组”广播系统，分别为什石园村委、下坑村委和大村村委赠送价值1万元的广场舞音响设备一套。三是积极配合市、区开展创文工作，查找工作中的薄弱环节，有重点的逐步推进创文工作。四是积极开展灭蚊行动、有效防控登革热疫情，积极争取上级资源，支持远郊村垃圾清运工作，继续开展村庄环境卫生综合整治活动。

【整治北片农村生活垃圾问题】西河镇党委、政府在普遍直接联系群众活动中接到北片农村地区群众反映关于垃圾收集点变“垃圾山”及村容村貌脏乱差的问题后，于2015年1月29日开始组织铲车和垃圾清运车对北片各村的生活垃圾进行清理，并集中清运填埋进行无害化处理。2015年，投入资金28万元，在北片村委及南片村委建设了45个垃圾池；投入资金20万元采购垃圾定期清运服务，对水源地农村生活垃圾实施无害化集中转运，改善了村容村貌。

【征地拆迁】 一是逐片清表交地供奥园项目分区建设用地。二是完成市政项目群康路、独芳路等的征地工作。三是迅速完成糖寮村水质监测站建设征地工作。四是市园林苗圃基地项目征收有进展，上半年完成村头安置地等23.44公顷地块的征地工作，实施交地约50公顷。五是启动塘湾新村安置地的设计工作，为奥园项目拆迁做好前期准备。六是配合市直部门开展大东裕项目的征地拆迁补偿前期协商工作。七是配合市政府五小场所建设需要，积极协调前进村配合小公园建设、协调向阳村配合停车场改造，落实为民办实事。

【维稳信访】 一是扎实开展社会矛盾化解工作，全年共开展矛盾纠纷排查12次，排查调处矛盾纠纷15起，其中重大矛盾纠纷1起，受理网络问政21件，排查涉军人员32人，老上访户10人次。其中，红星村民胡金喜等人反映区经信局违法征用原南方化工厂土地的重大矛盾纠纷已经调处成功。二是稳步推进无邪教创建工作，镇、村两级举行反邪教讲座3次，制作反邪教宣传栏15期，张贴标语200多份，发放宣传资料3000多份。

【计划生育】 全年出生313人，出生性别比103：100，政策生育率91.05%。落实“四术”措施255例，长效措施落实率100%。查环查孕率91.62%，流动人口计划生育办证率、信息反馈率100%，独生子女奖励费和农村独生子女户、二女结扎户奖励扶助落实率100%。

【消防安全】 一是配合区安监部门开展职业卫生防治的摸底、清查和整改，完成登记47家企业。二是深入开展重点检查工作，如夏季消防安全检查、危险化学品场所排查、粉尘爆炸危险重点场所检查等，对辖属安全生产责任单位进行现场检查，排查隐患，责令整改。三是配合市海事局对辖区内的渡口、渡船进行安全检查，对安全警示牌设置和渡船荷载人数进行不定期的检查。四是配合食品药品监督局对校园周边、小作坊、农贸产品等进行专项食品安全检查。

【农村全民健身运动发展】2015年，西河镇争取上级资金20万元，在人口相对聚居的黄塱村建设了一个1900平方米的西河农民体育广场，并已投入使用；9月，成功举办了首届西河镇农民体育运动会，合计500多人次参加此次活动；10月，举办西河镇农村广场舞交流会，来自各村的12支农村广场舞队伍进行了展示。

【红星村】 红星村位于韶关市武江河畔西侧，是现代城市化进程中形成的典型的“城中村”。总面积约5平方公里，下辖果园、西岸、坝厂三个村民小组，现有村民840人。管辖的总人口达5000多人。党总支部下设3个党支部和6个党小组，现有党员84人。

近年来，红星村积极发挥村党总支部的核心作用，带领全村党员、村民走出了一条“依托城市、服务城市，发展物业租赁”的道路，村集体经济稳步发展。2015年，全村固定资产达3.2亿元，集体总收入达2674万元，村民股份分红每股达1300元。村民实行男55周岁，女50周岁退休制度，退休村民每月领取600—700元不等的退休金，全体18周岁以上村民还可领取每月300元的社保补贴，过重大节日还有加菜款发放。村民住院报销80%，并将新农保的报销费用全额返还至个人，村民在卫生站门诊免费。全体村民生活安居乐业，享受着村集体经济腾飞带来的优质生活。

【向阳村】 向阳村地处武江河畔，是典型的“城中村”，下辖光明巷、工农巷、韭菜地、石狮头等4个自然村，总人口488户，996人。村党总支部下设2个党支部、4个党小组，现有党员93人。

该村以经济建设为中心，不断投资兴建物业，集体经济收入以物业经营和物业管理为主，2015年集体总收入达到1600万元。该村1986年实行男55岁、女50岁退休制度，退休村民每月领取950元至1000元不等的退休金。1994年实行农村股份制，村民每年享有福利股分红，2015村民每股分红800元。村每年将集体收入的70%用于村民各项福利，村民福利待遇不断提高：一是每年拨出专款为适龄村民购买社保，村民在医疗站门诊治病免费，住院报销80%；二是逢重大节日，给村民发放加菜费和慰问金；三是定期组织村中妇女体检，村民去世发放丧葬费和慰问金；四是投入资金改建向阳小学教学楼，改善办学条件，村民小孩入托享受学费补贴，村民子弟考上大学的可获奖励金。

【前进村】 前进村位于西河镇的中部，东面与向阳、红星村接壤，南至芙蓉山顶为界，西与农业科学研究所相邻，北至市自来水厂，下辖津头岭、头茶亭、天鹅坪、黄屋、邹屋、蓝屋、杨屋等7个自然村，总面积约5平方公里，是典型的城中村。

该村主要经济收入来源是物业出租，有前进国际装饰城、武江蔬菜批发市场、加油站、门店等物业。前进村重视发展村民福利事业，每年拨款十多万元作为合作医疗、福利事业支出，投资兴建了7个文化室、老人活动中心。该村2003年1月开始推行股份制，村民（股民）分红逐年增加。2013年建立老人退休制度，退休老人每人每月可领取退休金800元。2015年，启动前进村委办公和村民健身、文娱综合大楼工程，现正建设中。

【朝阳村】 朝阳村位于西河镇中部，武江河流西岸，南面与市区相连，北面与塘湾村为邻，西面与前进村接壤，是典型的“城中村”。该村下辖黄田坝、上窑两个自然村，全村农业人口1032人，山林面积11.33公顷。近十年，有凯旋华府、恒熙、奥园、翰林世家等大型房地产企业落户辖区。

该村以物业出租为主，有朝阳综合市场、朝阳综合大楼。村民实行男60周岁、女55周岁退休制度，退休村民每月领取450元退休金。全体村民参加城乡医保，村民住院（除床位费）报销100%。

【塘湾村】 塘湾村位于西河镇北部，北邻武江河，南面与朝阳村相接，西面与十里亭上坝村接壤。下辖沙洲、塘湾两个自然村，农业人口160户、566人。2005年，市政府已为塘湾村规划一个新农村，现村民居住地将全部征用为城市商住建设用地。随着城市的不断发展，塘湾村将进入城中村的行列。

【马屋村】 马屋村位于西河镇北部，南面与浈江区接壤，东面与下坑村相邻，由丘屋、马屋、杨屋3个自然村组成。常用耕地面积6.72公顷，主要种植水稻、蔬菜，马屋香葱、香蒜是传统蔬菜名牌品种。

【下坑村】 下坑村位于西河镇北部，西面与马屋村交界，北面与田心村相邻，南面与浈江区靖村接壤。下辖林屋、沙架岭、上坝、下坝4个自然村，农业人口213户、1021人，常用耕地面积24.2公顷。

该村交通便利，境内323线横穿而过，距广乐高速出口3公里路程。村经济发展以农业为主，主要种植水稻、蔬菜、花生等，韭菜、枸杞叶是传统的蔬菜名牌品种。

【田心村】 田心村位于西河镇北部，北面与山蕉村相连，南面与下坑村接壤，东面与什石园相邻，下辖盘龙村、田心村、麦元头、墩子头、大村、张屋坪、新张屋、坑尾等8个自然村，总农业人口580户、2390人，常用耕地面积84.93公顷。该村主要种植水稻、蔬菜、花生等，每年都有大批蔬菜供应市区市场。田心墩子头村丞相山有省级文物保护单位唐朝名相张九龄家族墓地及祠堂，2013年，张九龄纪念公园竣工，为海内外张氏后裔到韶关寻根问祖增添了一方热土。

【黄塱村】 黄塱村位于西河镇北部，地处武江河的西岸，北面与糖寮村相邻，南面与什石园村接壤，西面与浈江区沙园村交界，下辖上坝、中坝、广明龙3个自然村，总农业人口285户、1290人，常用耕地面积70.93公顷。该村以发展农业为主，主要种植水稻、蔬菜、花生等，黄塱黄瓜、大葱是传统的蔬菜名牌品种。2000年，与什石园村连片共133.33公顷菜地被省定为“无公害蔬菜生产基地”。

【什石园村】 什石园村位于西河镇东北部，西面与田心村相连，北面与黄塱村相邻，东南面与浈江区十里亭镇接壤，由什石园、下坝、什石园新村3个自然村组成，农业人口235户、1350人。

常用耕地面积60.73公顷，主要种植蔬菜、水稻、花生等，与黄塱村连片共133.33多公顷菜地被省定为“无公害蔬菜生产基地”，是韶关市主要的菜篮子生产基地之一。该村有400多年历史，村内有一座清朝石拱桥，现存1棵400多年的大榕树、2棵200多年的大榕树、1棵200多年的大樟树。

【糖寮村】 糖寮村位于西河镇北部，武江河的东面，西南面与黄塱村相邻，北面与浈江区犁市镇接壤，由糖寮旧村、新村、麦屋村3个自然村组成，现有农业人口319户，常用耕地面积65.33公顷。该村以发展农业为主，主要种植水稻、蔬菜、花生、甘蔗等，其中白萝卜是传统的蔬菜名牌产品。

【山蕉村】 山蕉村位于西河镇北部，南面与田心村接壤，东面与黄塱村、糖寮村相邻。山蕉村原为田心村一部分，1965年，从田心村分开建成韶关市环市果场，后改为山蕉知青农场。20世纪80年代，外地农民大量迁入，其中大部分来自连县移民。

该村农业人口762人，常用耕地面积51.33公顷，主要种植水稻、蔬菜、花生、甜玉米等，其中种植甜玉米是山蕉村的支柱产业，每年山蕉的甜玉米除供应本地市场外，还远销江西、湖南、香港等市场。

【村头村】 村头村位于西河镇南部，武江河西岸，北面与城区相连，南面与大村相邻，西面与西联镇接壤，农业人口1125人，常用耕地面积22公顷。该村以发展农业为主，主要种植水稻、蔬菜、果树等。有著名的养猪专业户，规模达3000头。该村1996年起实行老人退休制度，老人退休金已达每人130元。

【大村村】 大村位于西河镇西南部，广韶公路西侧，东南面与浈江区乐园镇高头村、新村相邻，西与西联镇车头村、岭头村、芙蓉山为界，下辖上村、下村、张屋岭村三个自然村，总人口2827人。常用耕地面积62.27公顷，种植作物有水稻、蔬菜、红瓜子、花生等，兼营水产和家禽养殖业，其中有养乳猪专业户，规模达5200头。

该村重视村民福利工作，村民参加医保每人补贴每年60元，65岁以上的老人每月领取50元退休金、重阳节和春节发放每人50元慰问金，“三八节”为妇女发放每人30元的慰问金。

西河镇领导名录

书　　记：何远韶

副 书 记：黄　灿

（—2015.10）

刘尚周
（—2015.1）
委　　员：陈志福
黄　倩
（—2015.5）
丘细琼
林棋昇
江仁智
刘福娣
邓志雄
刘绍鸽
（2015.5—）
李光杰
（挂职，2015.5—）
人大主席：何远韶
副 主 席：林棋昇
镇　　长：黄　灿
（—2015.10）
副 镇 长：江仁智　刘福娣
邓志雄
纪委书记：陈志福
武装部部长：刘尚周
（2015.1—2015.5）
刘绍鸽
（2015.5—）

（撰稿人：白玉婷）

西联镇

【概况】 西联镇位于武江区的中部，东、北与西河镇交界，南邻曲江区的白土镇，西与龙归镇相连。镇政府设在西郊6公里，邮政地址为韶关市武江区沐溪大道15号。西联镇总面积68.9平方公里。辖西联、芙蓉、车头、下胡、赤水、阳山、沐溪、甘棠8个行政村和碧桂园·太阳城社区居委会。2015年年末总户数7025户，年末户籍人口18493人，常住人口18330人，其中农业人口17724人；全镇财政收入529.5万元，比上年增长32%；林地面积214.6公顷，主要发展产业有养鱼、养猪、养鸡等；全镇有初中1所，小学5所，幼儿园13所，在校学生2688人；有文化站1个。全镇参加农村合作医疗（城镇医疗保险）人数11795人，覆盖面94%。土特产有草莓、葡萄等。主要旅游景点有沐溪水库、芙蓉仙洞、石背窝水库等。西联镇是韶关市“两化”建设，即芙蓉新城和莞韶产业转移园开发建设的主战场。

2015年，西联镇以科学发展观、十八大精神为指导，认真学习贯彻十八届五中全会以及省、市、区全会精神，在区委、区政府的正确领导下，牢牢把握“四个全面”的内涵要义，紧紧围绕目标任务，提振信心、担当责任，全力加快芙蓉新区的开发建设，确保镇各项事业的协调发展。其中，芙蓉新城、莞韶产业园阳山—沐溪片区、甘棠工业园三大片区共完成项目清表交地约72.33公顷，签订房屋征收协议260户，迁移坟墓830座，处理遗留问题143多宗；芙蓉新城5个安置村取得突破，芙蓉新城5个安置村，赤水新村已建成并有90%以上村民搬入居住；西联新村174栋、芙蓉新村125栋，共1216套安置楼房全面封顶；车头新村主体工程建设已完成2/3以上；下胡安置新村完成选址，争取年底完成“三通一平”工作；同时各安置新村经济发展用地“金包银”项目同步开发建设。

西联镇政府设5个内设机构：党政办公室、农业办公室、经济发展办公室、计划生育办公室、社会事务办公室。

【党建工作】 2015年，镇党委、政府自觉强化班子建设，通过党委中心组、集体培训、个人自学等渠道更新班子成员知识结构，以开展领导干部驻点普遍直接联系群众活动为载体，突出大抓基层治理，致力加强党的建设。镇党委在落实“一岗双责”抓班子自身建设的同时，大抓农村基层组织建设，想方设法发挥村基层党组织的战斗堡垒作用，坚决实行书记、主任“一肩挑”，大力加强村基层组织建设。2015年西联镇从严从实发展党员13人，不断努力提高党员干部的综合素质及能力。全面加强党风廉政建设，严格落实“两个责任”的要求，主动适应“从严治党”的新常态，积极推进惩防体系建设，深入聚焦“四风”问题，加强财经制度的监督，全面推行党务、政务、村务公开。坚持党管武装原则，高度重视民兵组织建设，积极落实上级要求的指标任务，积极开展民兵教育训练管理。高标准、严要求完成征兵工作。积极加强精神文明建设，承办“道德讲堂活动”。

【工业】 西联镇积极实施借力打力的“一轴两轮”发展战略，以G323沿线工业带为主轴，加快推进重点项目建设，着力优化发展环境，全镇工业增加值3.98亿元，同比增长12%。

【农业】 随着芙蓉新城开发建设步伐加快，该镇大面积土地被征用，农业增加值较上年有所下降，全年农业总产值2891.87万元。农村人均纯收入18862元，比上一年增长13%。

【招商引资】 2015年，该镇不断加大招商引资的力度，努力挖掘项目资源，实现以商招商。目前，市“三馆”、保利综合体、碧桂园太阳城、恒大城以及路网工程等项目建设顺利动工建设当中，飞翔、莱雅、以纯等10家企业将完成厂房建设运营投产。

【科技强镇】 该镇持续加强打造“科技强镇”，特色产业分类为机械工业，特色产业为工程机械与装备制造。

【建筑房地产业】 芙蓉新区的开发建设，使得该镇人口聚集力不断加强，辖区内也进驻碧桂园·太阳城、恒大城、保利地产等市、区龙头房地产业。

【民营企业】 突出民营经济灵活经营的优势，认真做好日常GDP核算工作，按照区统计局的要求，开展企业统计、核查工作，定期更新企业、个体户名录库。

【农村两级经济】 G323线沿线村委充分发挥区位优势和产业特色，大力改善阳山市场、甘棠市场、沐溪市场等集贸中心的环境，吸引周边镇村和单位群众前来消费，出现城郊少见的繁荣景象，带动当地经济的发展。

【惠农补贴】 围绕农民增收，进一步加大财政支农力度，按要求及时配套上划各项惠农资金，其中沐溪村名村建设项目2015年市、区补助资金13万元；芙蓉新村、车头新村创建市级幸福村居示范点2015年市补助资金每村50万元；基本完成7个村委（除下胡村委）2011年至2015年生态公益林效益补偿金的发放；甘棠村投入50多万元建设的水渠水泥底硬化、铺盖密封以及道路亮化工程基本完成。

【旅游胜地】 位于西郊九公里，乳韶公路的北面的沐溪水库，是市区唯一的中型水库。水库区内农副产品种养面积大、品种多，现有一个初具规模的野生动物种苗场。水库水质清澈、水产丰富，是人们假日垂钓的理想佳境。

【开展乡村“清洁美”工程】 西联镇全力支持开展乡村清洁美工作，辖区各村建立保洁清扫制度，镇村两级财政出资聘请专门负责保洁工作，并与区环卫部门签订垃圾清运协议。积极根据市、区安排开展“巩卫创文”工作，围绕创文巩卫各阶段的任务，通过新增9个固定宣传栏，更新宣传栏内容32期，张贴海报18份、张挂横幅18条、发放宣传资料5000份和利用液晶显示器滚动播放创文巩卫标语80多条等形式，宣传发动广大干部群众参与到巩卫工作中，充分发挥村民的积极性和主动性，提升城乡居民卫生意识文明意识，迅速开展环境卫生综合整治、健康教育宣传等爱国卫生活动。环境卫生面貌进一步得到提升，城乡环境卫生整洁行动取得阶段性成果。

【1%人口抽样调查】 全国1%人口抽样调查工作开展以来，西联镇在区的正确指导下，以及全体工作人员的共同努力下，积极做好相关政策及入户调查工作流程，做到片区不漏房、房不漏户、户不漏人、人不漏项，顺利地全面完成了入户调查工作。

【卫生防疫和质量安全管理】 积极开展禽流感防疫工作，春、秋两季家禽集中防疫，家禽防疫率达到100%。强化监督检查，确保农产品质量安全抽样检测全年合格率达到100%。

【三防、安全生产】 该镇制定完善《武江区西联镇防灾减灾避灾应急预案》，强化落实防汛、防涝、防火工作责任制，按照分级负责的原则，强化领导责任制，各村执行防灾减灾责任制，坚决做到人员、岗位、责任“三不漏”。严格执行汛期24小时值班制度；积极加强对各村低洼地段、村庄危房、山塘水库等地方的巡查工作；积极加强与辖区重点项目建设单位的沟通协调；充分运用四级联网的三防监管信息平台，及时收集汛期信息；多举措确保镇汛期安全。及时充实镇护林防火队伍力量，完善护林防火应急预案，加强队伍培训管理，添置配齐打火工具，全镇护林打火防火工作不断加强和完善。全镇安全生产、消防安全工作也扎实开展、齐头并进。

【民政、社保工作】 切实做好社会保障基本工作，发放低保补助款、重大疾病医疗救助金、高龄老人津贴、复员军人定补金、优秀士兵奖励金等优抚政策款约79.5万元。报送大病救助10人次，为2户全倒户发放租房补贴，为50名贫困大、中学生申请办理慈善助学，首年度发放高龄老人津贴285人，免费为困难群众实施白内障手术25例。新农保、城乡医保工作有序推进。镇新农保参加人数达3246人，申请领取待遇1676人，城乡居民医保参保11529人，为就业困难人员申请岗位补贴5人。

【计划生育】 该镇形成镇党政班子会议常态研究计生工作制度，加强对计生工作的组织领导；以开展春季计生集中服务活动、“春风送温暖”等活动为契机，在辖区市场、安置新村广泛宣传计生法规政策，关心务工流动人口，关心计生困难家庭，开展新家庭人口文化示范点工作，积极赢得广大育龄妇女对计生工作的支持；同时镇计生办严抓日常工作落实，认真执行计生例会制度，积极到各村开展免费“三查”活动，注重统计数据质量，实行计生工作每月通报制度，严格落实奖惩措施，多措并举扭转了镇计生工作的被动局面。全年出生332人，政策生育率92.17%，共落实“四术”251例。在迎接省、市、区检查过程中取得优异成绩，得到上级领导肯定。

【维稳工作】 2015年以来，西联镇确保“两会”等时间辖区的平定稳定。充分发挥镇、村两级综治信访维稳中心平台作用，建立信访工作信息联络员制度，全面落实领导干部包案制度。共开展矛盾纠纷排查40余次，受理并调处各类矛盾纠纷30多宗，调处率达100%。成功处理碧桂园太阳城民工劳资纠纷、下胡村民阻工滨江路一标段、综合客运枢纽站项目建设等群体性事件。

【重点项目开发建设】 全力突破芙蓉新区开发建设中征地遗留问题、房屋征收、坟墓迁移等重点难点工作。2015年，芙蓉新城、莞韶产业转移园、甘棠工业园三大片区共完成项目清表交地约72.33公顷、签订房屋征收协议260户、迁移坟墓830座、处理遗留问题143多宗，有效确保下辖100多个重点项目的顺利开发建设。

【安置新村建设】 芙蓉新城5个安置村，赤水新村已建成并有90%以上村民搬入居住；西联新村174栋、芙蓉新村125栋，共1216套安置楼房全面封顶；车头新村主体工程建设已完成2/3以上；下胡安置新村完成选址和 “三通一平”工作。阳山安置新村“三通一平”工作基本完成；沐溪大、细村安置新村于2015年8月进行第二批安置地公开抽签，完成95%以上符合条件村民的安置工作；甘棠园区中智纺真项目散户拆迁安置工作妥善推进。

【赤水安置新村】 芙蓉新城赤水安置新村位于韶关市芙蓉新城西南部，武广快速铁路韶关站西南侧，规划总用地面积约70100平方米，总建筑面积约84113平方米，工程总造价约1.47亿元。安置区由住宅小区及沿街经济发展用地两部分组成。沿街经济发展用地规划商铺、酒店等商业发展项目及村委会、幼儿园、文化活动室等配套公共服务场所。赤水安置新村于2012年7月13日开工建设，现已验收并交付使用，是芙蓉新城五个村委整村拆迁安置的先行点。截至2015年底，赤水村已进行三轮抽签分房仪式，累计共完成203套安置房分配，入住率达到90%以上。

【碧桂园太阳城】 位于西联镇东南面，东与芙蓉村委，西与西联村委会、南与保利花园毗邻，北至西联隧道。居委于2016年1月1日正式办公，办公场所位于芙蓉湾1街1座，占地面积420平方米。辖区范围：芙蓉湾、花地、芷兰湾、泊林、天麓山、青云台、岭誉，面积0.96平方千米；常住人口5139人，1872户，周边有西联大道、韶关大道和芙蓉大道（建设中）等多条城市干道。辖区内有韶关市实验小学，韶关市实验中学，东岗太阳城小学，中央艺术幼儿园等学校。

【芙蓉村】 芙蓉村位于西联镇东部，在风景秀丽的芙蓉山水环抱当中，东北与西河镇一山之隔，西与西联村委会毗邻，南与西联车头村委会交界。交通便利、距离市区不足3千米，芙蓉路与西联大道相连接。该村委下辖五个自然村，人口2105人，户数690户。该村创建近郊农业观光园，种植农业作物主要有水稻、蔬菜以及葡萄、柑橘、青枣等水果。该村辖区内有千年古刹芙蓉禅寺、巧夺天工的芙蓉仙洞、天池般的狮背窝水库等，已成为韶关市民休闲度假胜地之一。该村已纳入韶关市芙蓉新区起步区芙蓉新城的建设范围，重点项目建设有韶关市碧桂园太阳城、韶关市实验中学等。芙蓉安置新村规划在南华路北侧，于2014年6月正式动工建设，至2015年底全面封顶的楼房有125栋。

【西联村】 西联村是西联镇下辖的大行政村，下辖9个自然村，总人口2727人，户数1130户。该村位于西联镇中心，东与芙蓉村委会相邻，西与赤水村委会、沐溪村委会交界，南与下胡村委会毗邻，北与阳山村委会接壤。西联大道、韶关大道十字形贯穿该村，并与323线、京广线、京珠高速公路相连接，构成南来北往交通框架，交通十分方便。辖区内有小学1间（属市一级小学），幼儿园2间，中型农贸市场1个，1所中学，4所中专、职业学校，以及镇敬老院。特别是借助地理位置优势，该村农贸市场已发展成为近郊农副产品交易的主要聚集地，也由此带动本村及周边村民种植蔬菜、水果等农作物的积极性。该村已纳入韶关市芙蓉新区起步区芙蓉新城的建设范围，重点项目建设有保利地产、恒大城、韶关市实验中学等。西联安置新村规划在韶关大道西北侧，至2015年底全面封顶的楼房已有174栋。

【下胡村】 下胡村位于韶关市孟洲坝水库边，东与车头村委会相邻，南靠北江河，西与赤水村委会相邻，北与西联村委会相邻，村总人口1520人，总户数372户，该村已纳入韶关市芙蓉新区起步区芙蓉新城的建设范围。该村水陆交通十分便利，南背北江河，水上运输发达，年吞吐量居武江区之首，北有西联公路与西联大道交叉相汇，连接国道323线和106线。全村地理地貌较为平整，土质优良。村民经济收入以农业为主，种植水稻、蔬菜、水果等，也有一部分村民养鱼、养鸡、养猪等，下胡安置新村完成选址，争取年底完成“三通一平”工作。

【车头村】 车头村位于北江河畔，是西联镇南部的一个行政村，东与西河镇村头、大村相连，南与浈江区六合村隔河相望，西与下胡村委毗邻，北与西联、芙蓉村委会相依，辖三个自然村，人口1862人，总户数699户。该村依山傍水，水陆交通十分方便，沿北江河、西联大道贯穿村内并与京珠高速公路连接，是青山绿水、美丽富饶的西联一角。该村经济以农业和水运为主，农业作物主要是水稻、蔬菜、水果，水上货运发达，建有多个货运码头。该村已纳入韶关市芙蓉新区起步区芙蓉新城的建设范围，重点项目建设有滨江路、华师附中等，已运行的韶关市行政服务中心也在该村范围。车头安置新村规划于32号路，至2015年底车头新村主体工程建设已完成2/3以上。

【赤水村】 赤水村位于西联镇西南面、东与下胡村委会接壤，西与甘棠、沐溪村委会交界，北与西联村委会毗邻、南与浈江区乐园镇六合村村委会一河相隔，地处北江河畔，水运便利，韶关高铁站也在该村。该村没有村小组，人口903人，户数271户。该村农业作物主要是水稻、蔬菜。辖区有“小桂林”之称的天然岩洞“赤水洞”。该村已纳入韶关市芙蓉新区起步区芙蓉新城的建设范围，重点项目建设有恒大城酒店、宝马4S等。赤水安置新村规划于韶关高铁站旁，至2015年底赤水新村已建成并有90%以上村民搬入居住。

【阳山村】 阳山村是西联镇下辖比较大的行政村，位于该镇西北部，交通十分便利，国道323线穿村而过，东面与西联村接壤，南面与沐溪村相邻，西面与龙归镇后坪村接壤，北面与西河镇下坑村、前进村相邻，下辖八个自然村，村户籍人口达3887人，总户数982户，流动人口2万人以上。

该村已纳入韶关市芙蓉新区的建设范围，是莞韶产业转移园建设的主战场之一，也是该镇成为“广东省技术创新专业镇”的重要依托。辖区建设有旭日玩具厂、五洲汽配城、韶瑞重工、铁友机械等30多家实力雄厚的企业，韶关市重点建设的莞韶城一期项目也初具规模，黄沙坪电子商务城已建成30多栋。

该村种植农作物主要有水稻、花生、蔬菜、水果等，但随着各类产业的不断聚集发展和村经济的不断壮大，阳山村民大部分生活方式已逐步由农村转向城市化，近年来村民的年均收入也一直排在该镇前列。同时，典型的城乡接合部发展模式，也给该村带来卫生管理、流动人口管理等社会治理问题。

该村十分重视精神文明建设，每年投资数十万元兴办教育福利事业。上庙背新村更是成为群众业余文娱健身的聚集地，经常有下乡电影、客家山歌，采茶剧等节目，大大丰富了村民业余生活。

该村下辖还有农贸市场1个、小学1所、供电所1个。

【沐溪村】 沐溪村位于该镇西、北部，东、南面与阳山村、赤水村相邻，西、北面与曲江区接壤，国道323线穿村而过，交通十分便利，下辖的沐溪水库是韶关市重要水源地之一，也是韶关市民休闲度假首选胜地之一。村下辖5个自然村，现村有人口1796人，总户数535户，该村原来经济以农业为主，主要种植水稻、蔬菜等，2001年韶关市在此建立沐溪工业园后，改为从事第二、三产业生产，村民生活方式也逐步由农村转向城镇化。辖区内有科艺创意、丹霞药业、百事得茂、核力重工等实力企业20多家。

【甘棠村】 甘棠村是西联镇下辖行政村，村人口2924人，总户数786户，下辖8个自然村。该村位于西联镇西面、国道323线旁，东面与本镇赤水村委会相邻，南面与曲江区白土镇河过村委会相邻，西面与龙归镇社主村委会相邻，北面与本镇沐溪村委会相邻。

甘棠村由刘氏在元朝末期从江西迁入而建村，因该村地势较高较干旱，当地又留传客家民谣“甘棠沐溪，呵尿杀鸡”，甘棠村因此而得名。甘棠村南面有座三娘庙，建于宋朝末期，由甘棠村民刘少孟创建，是当地人宗教活动场所。在民国年代，甘棠子弟欧震曾任国民四十九军军长，该村建有欧震纪念亭。宋代余靖墓也在该村。

村经济长期以农业为主，种植作物有水稻、蔬菜、水果等，水果的品种主要有李子、柑橘、枇杷、鸡屎果等。近年来，随着该村被纳入韶关市芙蓉新区建设范围，以及甘棠工业园的不断壮大发展，部分村民已改为从事第二、三产业生产，村民生活方式也逐步由农村转向城镇化。

该村重视集体经济发展和精神文明建设，每年投入十多万元，用于村公共基础设施建设、甘棠小学教育经费以及村民各项福利事业。

西联镇领导名录

书　　记：聂平南
副 书 记：粟　健
　　　　　杨国浩（2015.1—）
委　　员：林冬青
　　　　　丘苑丽（女）
　　　　　何　毅
　　　　　张永祥
　　　　　余　聪
　　　　　何方涛（2015.1—）
　　　　　黄　辉
　　　　　戴　曦（挂职，2015.5—）
　　　　　唐丽娜（女，挂职，2015.12—）
人大主席：聂平南
副 主 席：黄　辉
镇　　长：粟　健
副 镇 长：张永祥
　　　　　余　聪
　　　　　丘韶东（—2015.1）
　　　　　何方涛（2015.2—）
纪委书记：林冬青
武装部部长：杨国浩（—2015.5）

（撰稿人：潘会亮）

龙归镇

【概况】 龙归镇位于武江区的中西部，总面积237平方千米。辖续源、山前、奇石、龙归、坳头、冲下、龙安、留村、社主、马渡、寺前、后坪、盘村、凤田、方田共15个村委会和龙归街1个社区居委会。总户数13743户，年末户籍人口39321人，农业人口35620人，外来人口605人。2015年全镇生产总值76874.48万元，比上年增长10.8%。镇财政收入1765.25万元，比上年增长3.4%。全年农业产值50070.08万元，农村人均收入达到12408元，比上年增长9%。工业产值26804.4万元。耕地面积2798.8公顷。粮食播种面积3110.2公顷，粮食产量16632吨。林业用地面积18106.4公顷，有林地面积16146.2公顷，生态公益林面积7065.1公顷，森林覆盖率70.74%。

全镇现有初级中学1所，中心小学1所，教学点6个，在建公办幼儿园1所，民办幼儿园4所，成人文化技术学校1所；中小学教职工192人，专任教师187人，其中初中专任教师61人，小学专任教师126人；在校学生3472人，其中初中学生880人，小学生2592人；幼儿园教职工112人，在园幼儿1073人。有文化站1个，广播电视站1个。全镇参加医疗保险人数31770人，参加农村养老保险人数13458人。

龙归镇土地、山林、矿产、水力等自然资源十分丰富。工业以小水电、矿产开采与冶炼为主。是粤北农业大镇之一，主产优质稻米、经济作物、蔬菜、优质水果，畜牧和水产业具有一定规模。品种主要有生姜、淮山、莲藕、兹姑、茶树菇、竹笋，养生猪、鸡、乌龟等。土特产有生姜、淮山、莲藕、兹姑、粉葛、竹笋。主要旅游景点有规划建设的九归禅寺、三皇石。名胜古迹有著名的“九子石”、文武阁、董村寺、三皇石等。

【坳头、奇石村扶贫双到开发工作达到目标】 坳头村村集体经济收入由2012年帮扶前的1.98万元增加到12.7万元，全村人均收入由帮扶前5585元增加到

11164.94元，贫困户人均收入由帮扶前的2878元增加到9772.43元。奇石村集体经济收入由2012年帮扶前的0.36万元增加到14.76万元，全村人均收入由帮扶前的5483元增加到11777.33元，贫困户人均收入由帮扶前的2720元增加到10488.6元。两村面貌大大改善，坳头村投资89万元新建了面积为450平方米的便民服务中心。完成村道亮化工程，共投入10万元在村主要道路安装路灯50盏，方便村民夜间出行。农田水利设施、村道建设和村庄整治也得到明显的改善。奇石村完成村委办公楼装修，增加了办公设备，改善了办公条件。完成一批道路亮化、河道整治、水利等工程。

【民生工程】 完成全镇农村低收入困难户危旧房屋改造30户。投资30多万元，完成山前连心桥建设，解决山前留边片村民过河耕种和学生上学难的问题。投入80多万元完成了镇主要街道益龙路两边排水沟的重修。环城路建成通车。完善龙归车站、水上涵洞等一批公益设施。修缮政府门口的排水工程等。6月，镇党委政府出资金70万元，对2003年7月至2005年12月申请了停保（29个月）的企业办账户25人补缴了欠款，干部职工长期以来社保拖欠问题得到圆满的解决。更换了镇区街道、社主至镇区LED节能路灯。启动了镇区公共厕所改造工程和河滨新街排水工程。

【领导干部普遍直接联系群众工作和党建工作】 贯彻执行领导干部普遍直接联系群众工作，规定每周二下乡走访群众，变群众上访为干部下访，通过经常走访，密切党群干群关系。全镇16个驻点团队共直接联系群众7500人次，收集群众反映问题300件，处理解决240件。

落实“书记项目”，开展“亮袋工程”，成立专门的工作领导小组，在寺前村组织开展送党课下基层活动，以推动莞韶城三期征地进程和村集体经济发展，让党员群众脑袋亮起来、钱袋鼓进来。加强山前薄弱村整治工程，重建连心桥、完成1公里水泥硬底化和维修3.5公里灌溉主渠道，同时进一步壮大村集体经济。

【计划生育】 坚持以党政领导“一把手”亲自抓、负总责为核心的人口与计划生育目标管理责任制，把计生工作列入议事日程。与各村签订人口与计划生育目标管理责任书，做到了目标明确，层层分解，责任到人。广泛深入开展打击“两非”活动和“关爱女性”免费健康检查活动，加大“四术”库存清理力度。加强流动人口管理，提高流动人口管理水平。全镇户籍总人口39668人，已婚育龄妇女8141人，出生人口为520人，政策生育率为87.50%，人口出生率为13.1‰，出生人口性别比为101.55。共落实“四术”496例，全面完成了各项责任目标，计生综合管理和服务水平继续保持良好的发展势头。

【经济工作】 招商引资共引进投资项目2个，投资额1200万元。社主凤翔环保砖厂开始进行土地平整，寺前矿塘养牛场投产。

【农业、林业】 做好试点村社主、山前村委土地确权工作，通过召开镇村土地确权动员会，并召集村委干部、村民小组长召开相关工作培训会议，同时利用派发倡议书、张贴宣传标语等形式，充分做好宣传工作，完成试点村土地确权工作。完成政策性水稻目标任务，投保面积约3000公顷。

结合新开通的广乐高速公路，完成两旁造林约66.67公顷。加强防火队伍建设，做好春节、清明、国庆等节时的森林防火工作。

【扶贫开发双到】 坳头村村集体经济收入由2012年帮扶前的1.98万元增加到12.7万元，全村人均收入由帮扶前5585元增加到11164.94元，贫困户人均收入由帮扶前的2878元增加到9772.43元。奇石村集体经济收入由2012年帮扶前的0.36万元增加到14.76万元，全村人均收入由帮扶前的5483元增加到11777.33元，贫困户人均收入由帮扶前的2720元增加到10488.6元。两村面貌大大改善，坳头村投资89万元新建面积为450平方米的便民服务中心。完成村道亮化工程，共投入10万元在村主要道路安装路灯50盏，方便村民夜间出行。农田水利设施、村道建设和村庄整治也得到明显的改善。奇石村完成村委办公楼装修，增加办公设备，改善办公条件。完成一批道路亮化、河道整治、水利等工程。

【综治信访维稳】 认真摸排，落实责任，每月定期两次对全镇影响社会稳定的因素进行排查，对摸排出的问题进行全面研究分析，落实各级责任，限定时限，分级处理。对突发性事件制定可防性预案，力争把问题解决在村一级，消除在萌芽状态。共接访群众90批，共530人次；全镇三级平台共受理矛盾纠纷180宗，调处160宗，调处成功率96%。其中，化解的重大矛盾纠纷有：续源老罗坑荣杵脉石英矿场一民工意外身亡，社区16位屠户就龙归市场猪肉价格等问题。

【莞韶城三期征地拆迁】 继续推进莞韶三期项目征地工作，已完成征地106.67公顷。

【安全生产】 开展春节、"五一"、国庆等重大节日期间安全生产大检查、清明前烟花爆竹专项安全检查、非煤矿山防汛度汛安全检查和"五一"期间安全生产检查等专项活动，共张贴宣传画90张，悬挂横额10条，发放宣传资料350多份，共排查各类安全隐患40多处，检查笔录95份，对排查出的隐患及时督促企业进行整改。做好"5·20"洪水防御工作，成功组织盘村村委会密落山的林业抚育的12名民工撤离，脱离危险。

【处置群体性事件】 成功调处坳头石下石场与石下村合同纠纷和龙安村民到石背石场阻拦车辆通行2宗群体性事件。

【党风廉政建设】 深入开展党风廉政教育活动，认真抓好党政领导干部的廉政学习，增强党政领导干部廉洁自律意识。邀请区纪委副书记到镇为镇村干部进行春节前党风廉政建设教育讲座，重点围绕"讲纪律、守规矩"论述依法依规办事的重要性。党政领导班子成员还专题学习《武江区领导干部廉洁自律"口袋书"》，提升对中央"八项规定"和反"四风"的高度认识。共组织领导党员干部学习理论5次，观看教育片2次，通过组织学习，使广大党员干部的理论水平进一步得到了提高，廉洁自律意识进一步得到了增强。

【文化卫生】 市委宣传部、市文明办、市文联与龙归镇联合在龙归镇全民健身广场举办了宣传社会主义核心价值观"新春楹联进万家"活动，赠送道德春联给全镇16个居（村）委会及当地居民。组织了具有当地特色的龙归喜洋洋小品、夕阳红相声和龙归广场舞等表演。为加强纪念中国人民抗日战争暨世界反法西斯战争胜利70周年爱国教育，组织全镇干部职工、部分区镇人大代表、村（居）两委干部、大学生村干部等观看了抗战影片《百团大战》。

【加强城镇规划和打击"两违"】 加大对镇域违法建设的巡查和整治力度，组织不定期巡查，巡查发现2起新增违法建筑，并报上级有关部门进行了处理。协助做好《韶关市区私房建设规划管理办法》试点工作，在马渡8队实施试点，18户村民按程序完成申办乡村建设规划许可证，圆满完成了试点各项工作。

【武江区龙归镇环城路建成通车】 为解决群众出行难题，武江区龙归镇修建环城路。该环城路工程于2014年8月动工兴建，总长近1公里，路宽8.5米，总投资200多万元，工程从续源路连接至省道253线。环城路建成通车后，解决该镇龙归村、坳头村、奇石村、山前村、续源村的10000多名村民的通行问题，通过以上5个村委的运输车辆也不再经过镇区，解决粉尘、噪音和节假日、墟日街道拥堵问题。

【领导调研】 市人大常委会副秘书长朱光华带领部分市人大代表一行10多人到龙归镇视察健身广场的落成和使用情况，区人大常委会副主任李学源，副区长王敏雯等陪同。

【龙归社区居委会】 龙归社区居委会位于龙归街。前身为龙归街道居委会，1951年成立。2002年5月，改称龙归社区居委会。辖区范围东至江源口水电站，南与益龙路屋边为界，西至龙归中心小学，北至龙归河与冲下村接壤。2015年底，辖区面积1.21平方千米，常住人口1128户、3320人。2015年，完成环城路建设、镇区路灯LED改造和益龙路两旁排水沟整治，启动公厕建设。

【续源村】 续源村位于龙归镇的最南部，距镇区10公里，东邻曲江区白土镇大岭村，南接罗坑镇下坪村，西面与盘村密落相连，北与山前村相连。该村为宋朝时建村，因当年年三十晚发洪水，故名续源村。由元石村、榕树下、冯屋村、欧山村、潘屋村和下社村等组成。2015年，村总户数515户，人口2407人，耕地面积170.93公顷，山林面积2600多公顷。该村经济以农业种植水稻、果树等作物为主，山林资源丰富，村内建有了十多个个人及集体电站，一个林场。村小学1间。

【山前村】 位于该镇南部，离镇中心8公里，该村北与奇石村相邻、与奇石山岭交界，南与续源村接壤，西与方田墩头分水岭为界。续源河贯穿该村，该村人口分隔居住于东西岸。该村建于南宋时期，原称“三千村”，后因迁居山岭脚下，故称“山前村”。2015年，该村户数338户，人口1567人，全部是农民。有耕地面积108.73公顷，其中水田62.67公顷，山林面积200多公顷。

该村经济以农业为主，种植作物有水稻、蔬菜、果树等，传统农业品牌有淮山、粉葛、韭菜。引进种猪场1个。

该村与奇石村合办小学一间，接收一年级至三年级的小学生。2015年，由市城乡规划局和镇政府投资30多万元，完成山前连心桥建设（原桥被2013年“5·16”和“8·15”洪水冲毁），解决山前留边片村民过河耕种和学生上学难的问题。

【奇石村】 位于该镇南部，村的西南面与方田、山前村相邻，东北面与龙归、龙安村接壤。奇石村建于明朝时期，因该村有一尖锥状的奇特小石山而得名。2015年，有10个自然村，村总户数485户，人口2165人，有耕地面积178.27公顷，山林面积560公顷。谭屋村是革命老区。

该村经济以农业为主，传统作物有优质水稻、蔬菜、果树等。水果有杨梅、柑橘、李等品种。2015年，经区城管局等区直机关的三年帮扶顺利脱贫。

【龙归村】 位于该镇的中心区域、京珠高速公路及323国道的南侧，距高速公路韶关北站出口及323国道约2公里。村的东南与西联镇甘棠村为界，南面与曲江区白土镇苏拱村接壤，西北面与奇石村、龙安村、冲下村、社主村相邻。龙归村始建于宋朝，因当地有一山岭如五条龙形状，由南向北俯冲而来，气势宏伟如五龙归位，故名龙归村。2015年，该村辖24个村民小组，村总户数909户，人口4592人，耕地面积218.6公顷，山林面积333.33公顷。

该村经济以农业为主，种植作物有水稻、蔬菜、果树苗等，农业传统品牌主要有淮山、慈姑、莲藕、果蔗。

【坳头村】 位于该镇南部，村的东南与曲江区白土镇苏拱村委相邻，西部与龙归村水流坪相邻。2015年，村总户数512户，人口2552人，有耕地面积149.4公顷，山林面积466.67公顷。

该村经济以农业为主，种植作物有水稻、莲藕、慈姑、粉葛、马蹄、黑皮冬瓜等，有小（二型）东埔水库1个。2015年经市人大机关、中石油的三年帮扶顺利脱贫。

【龙安村】 龙安村是龙归镇辖行政村，距镇区约5公里。位于龙归镇西南部，东面隔河与龙归村相连，北与冲下村相邻，南与方田村相邻，西与留村水冲坪接壤。到2015年底，共有20个村民小组，623户，2918人。分为安村和小村两大部分，耕地面积209.8公顷，其中水田158公顷，旱地51.8公顷。境内有江湾公路横穿，江湾河流经而过。

该村经济长期以来以农业为主，种植作物有水稻、蔬菜、果树等，淮山和马蹄是该村的传统作物，近年来，种植面积不断扩大，成为村民收入的重要来源之一。此外，该村还利用山地等优势，大力发展畜牧业和养殖业，至今已初具规模。

龙安村淮山生产专业合作社于2007年9月20日成立，该合作社是由农民自发组织，目前有社员100多名，为促进农民增收起到积极的作用。

龙安村姓氏有黄、叶、赖、唐、张、侯、潘、肖、黎、董、杨、刘、李、卢、游、卓等20多姓。其中最大姓氏为黄姓，600多人，分布在安村；第二为赖姓，400多人，分布在小村；第三为叶姓，有300多人，分布在安村。其余的为小姓，人数从几十至几百不等。

现存在有2座清朝时期修建的古庙（安民祠），该村还存有3棵400百多年的大榕树。该村现有小学一间。

村集体有石灰山和大洞山，村内有高城、龙安两座私人老板投资建设的小水电站。

【冲下村】 冲下村是龙归镇管辖行政村，北面与社主村相邻，西面与留村接壤，村委会所驻地离国道323线和京珠高速公路仅1公里左右，境内有龙归河、南水河流经而过，交通便利。

由郑、龚、高、管、涂、曾屋等七个自然村组成，全村人口2433人，总户数562户，现有耕地面积111.6公顷，其中水田面积70.2公顷，林地面积260多公顷。

该村经济以农业为主，种植作物主要有水稻、黑皮蔗、蔬菜等。由于人均耕地面积较少，劳务收入是该村村民的重要经济来源之一。

【留村村】 距镇区3公路，位于该镇的西部，其东面与冲下村相连，南与龙安村、方田村相连，西与乳源县和寺前村接壤，北面隔河与马渡村相邻。分为留村和水冲坪（2004年4月并入）两大部分，共有13个村民小组，430户，1857人。耕地面积180.8公顷，水田120.53公顷，旱地60.27公顷。

该村经济以农业为主，种植作物有水稻、蔬菜、玉米、花生、红瓜子等。莞韶城三期主要位于该村。

【社主村】 位于韶关市区西部，距市区15公里，距镇区2公里，东与武江区西联镇甘棠村相邻，北面与后坪村、西面与马渡村、南面与冲下、龙归两村接壤。2015年，社主村共有228户，1182人，有耕地面积58.87公顷，其中水田48.07公顷，旱地10.8公顷。该村交通便利，境内有京珠高速公路、国道323线横穿而过和省道253线，京珠高速公路韶关北站出入口坐落该村。

该村经济以农业和商贸为主，种植作物主要有水稻、果树等，兼营畜牧业和水产养殖业。凭借地理和交通优势，在国道两侧建了许多饮食店、修理店、加油站和其他商店。很多村民耕作之余，也从事副业，经济收入相对全镇较好。村内有龙归中学和2间幼儿园。

【马渡村】 位于龙归镇的西北部，京珠高速、广乐高速公路互通位于该村，村的东面与社主相邻，南面与留村相邻，西面与寺前村委交界，北面山与带头接壤。该村始建于咸丰年间。2015年，该村总户数481户，人口2100人，现有耕地116.27公顷，山林366.67公顷。

该村经济长期以农业为主。主要农作物有水稻、花生、黄豆、果树等，有千亩鱼塘，发展养殖业。村内有中威有色资源再生公司 汽车维修、停车场等。

【寺前村】 该村是在明朝末期建村，因村前有一寺庙，而得名“寺前”。位于龙归镇西部，国道323线横穿该村，村东面与后坪、马渡村相邻，南面与留村、方田接壤，西北面与乳源县侯公渡交界。该村由寺前村、老柴桑村、新柴桑村、桥源村、矿塘村五条自然村组成，全村总户数356户，人口1414人，有耕地面积157公顷，山林面积1166.67公顷。

该村经济以农业为主，种植作物主要有水稻、蔬菜、花生、生姜等。引进韶关市水产养殖管理中心在老柴桑落户。

【后坪村】 位于龙归镇北部，属石灰岩山区，海拔高度在600—800米之间。2015年，后坪村总户数404户，人口1898人，该村现辖后坪、带头两个村民小组，后坪村民小组始建于明朝嘉祯年间（公元1500年前后），祖籍来自江西、福建两地，村方言为虱麻话。带头村民小组始建于清朝乾隆年间，村方言为客家话。2005年，后坪、带头两村合并为后坪村村民委员会，耕地面积123.27公顷，山林面积3733.33公顷。

该村经济以农业为主，传统作物主要有水稻、生姜、毛竹、油茶等，引进食用菌企业1个。生姜、毛竹是该村传统的品牌农业作物，也是该村主要经济来源产品。现有后坪小学1间。

【凤田村】 位于龙归镇西南部，距镇区12公里，县道318贯穿该村，村的北面与方田村相邻，西面与乳源县侯公渡为界，南面与盘村村委相接壤，东面与续源的莲花山分水岭为界。该村始建于明朝时期，因当时已有龙归村的存在，按照我国的传统习俗，有龙必有凤，取龙凤呈祥之意，又因其地势所丘陵盆地，有大片肥沃良田可耕种，故名凤田。2015年有4个自然村，528户，人口2357人，耕地面积170.13公顷，山林面积530多公顷。

该村经济以农业为主，种植作物主要有优质水稻、蔬菜、果树等，兼营畜牧、水产业，经济作物主要有花生、黑皮冬瓜、淮山等。村内有私人小水电企业2宗。村内有小学1间，龙归社会福利院位于该村。

【方田村】 位于龙归镇西南片，距镇区7公里，北与龙安村交界，南与凤田村交界，东与山前村、奇石村、续源村交界，西与乳源侯公渡交界。全村面积23平方公里，15个自然村，667户，3140人。全村耕地面积170.13公顷，以水稻、淮山、蔬菜等农作物为主。龙归至江湾公路横贯全村，江湾河流经全村。

村里有小学1间。村里有重点文物保护单位——文武阁。九归禅寺位于该村墩头。

【盘村村】 位于龙归镇西南部，北面与凤田村相接，东面与续源村相连，南面与江湾镇相连，西与乳源县接壤。面积约为24平方公里，全村分为盘村、多田、城村、密落四大部分共有15个村民小组。2015年有689户，3038人。耕地面积158.33公顷，其中水田146.87公顷，旱地11.47公顷。龙归最高的山峰黄茂堂就位于该村密落，海拔为941米。境内森林、水力和矿产资源丰富，矿产主要有稀土矿和瓷土矿等。

该村经济以农业为主，种植作物主要有水稻、蔬菜、油菜、果树等。少数村民从事畜牧业、渔业和林业。由于村中人多田少，该村很多青壮年外出珠三角务工，成为家庭重要经济收入来源之一。

龙归镇领导名录

书　　记：谢　荣
（—2015.6）
副 书 记：洪维陶
罗北京
（2015.1—）
委　　员：钟爱民
成伟雄
吴怡诗
冯方成
邓少雄
陈作昌
黄寿文
（2015.1—）
张　华（挂职，
2015.5—）
人大主席：谢　荣
（—2015.6）
副 主 席：成伟雄
（2015.2—）
镇　　长：洪维陶
副 镇 长：钟爱民
成伟雄
（—2015.2）
刘芷伊
黄寿文
（2015.2—）
纪委书记：吴怡诗
武装部部长：邓少雄

（撰稿人：刘建庭）

江湾镇

【概况】 *历史沿革* 江湾镇因山多而高、溪多而湾，故得名江湾。明末清初时期已设有江湾墟。民国17年（1928）曾设江湾乡，归属原曲江县第六区管辖。新中国成立后，江湾乡划归龙归区管辖。1961年6月，江湾从龙归区划出成立江湾人民公社；1964年，乳源瑶族自治县管辖的胡屋、石塘、洪山、梁屋等行政村划归曲江县江湾人民公社管辖；1983年11月，撤社建区称江湾区；1986年12月撤区改称江湾乡；1993年撤乡改称江湾镇。2004年8月，划入武江区管辖。

位于韶关市武江区西部，距市区51公里，东接曲江区的罗坑、南面和西部与乳源瑶族自治县相邻，北与龙归镇相接。全镇总面积217. 3平方公里。辖7个村（居）委，46个村小组，2173户，年末户籍人口7290人，其中农业户1260户，6570人。在山清水秀的洗礼下，江湾人民纯朴好客，素有“山好水好人更好”“韶关未来的后花园”的美誉。2015年，全镇工农业总产值达1.103亿元，比上年增长7%，其中，工业总产值6532万元，比上年增长10%；农业总产值4623万元，比上年增长5%；农民人均纯收入12650元，比上年增长10%；财政收入991万元，比上年增长12%。共有耕地面积858.8公顷，其中水田602.7公顷，粮食播种面积577.13公顷，粮食产量3390吨。林地面积21333公顷。森林覆盖率98%。主要经济来源有：种植水稻、花生、杉树、松树、竹笋，养猪、鸡等。全镇拥有中学、小学、医院、敬老院、派出所、邮政所、供电所、电信各1所，中小学在校学生337人，是广东省的平安镇和教育强镇。全镇参加医疗保险人数4395人，覆盖面74.5%。土特产有香菇、木耳、灵芝、山蜜等土特产，江湾香菇肉厚、清香、味美；木耳肥厚、滑嫩、爽脆；灵芝是天然野生，防病治病、延年益寿之功效较强；山蜜是野生山峰所酿，属百花蜜，色纯正、水分少、无污染，是真正的纯天然蜂蜜。主产优质稻米、经济作物、蔬菜、优质水果，畜牧具有一定规模。江湾镇是典型的山区镇。山高林密、水力资源充足、竹木资源丰富。全镇有4条支流河，河流落差大，水力资源丰富，现拥有小水电站66宗；镇内山林面积21333公顷，活力木蓄积量100多万立方米，年产各种优质木材1万多立方米，优质竹子14多万根；矿产资源丰富，有钨矿、陶瓷土、硅石矿、萤石矿等多种矿藏，且有多个天然温泉，水质优良，温度在60℃以上。

江湾镇政府内设机构5个：党政办、农办、经济发展办、计生办、社会事务办。下属事业单位6个：人力资源社会保障所、生服务队、畜物兽医水产站、农村综合服务站、文化站、敬老院。

【农业】 本年度江湾镇加强农业基础设施建设：一是投入项目资金167万元用于修建高标农田、修复水毁陂头、水坝、渠道等农田水利设施。二是新建“三面光”硬底化排灌渠2000多米，加固河堤100多米，兴建维修挡水小陂头5座，复垦灾毁农田133亩。江湾镇农业生产主要以种植优质稻为主，全镇种植水稻面积502公顷，花生177公顷，其他经济作物147公顷。畜牧业生产呈现较强发展势头；全镇生猪饲养量4900头，出栏3000头，塘鱼上市123吨，三鸟饲养5.3万只，上市3.8万只。

【民营企业】 江湾镇民营企业主要是小水电站。全镇水资源丰富，水能理论蕴藏量25000多千瓦，现有小水电站66宗，年发电约8200千瓦，尚还有一定的开发潜力。

【农村基层组织建设】 紧紧围绕提高党员干部队伍综合素质的目标，突出抓好理想信念、党纪党风等方面内容，教育广大党员勤奋学习、善于思考，主动适应新常态，把主要精力放在工作上，放在解决群众关心的热点、难点上。扎实开展普遍直接联系群众活动，结合“乡村夜话”方式，认真执行周二下乡直连工作要求，了解群众需求，为群众排忧解难，全年收集整理群众意见2281条，解决问题2205件。抓好围坪村软弱涣散支部整治工作中，增强党组织活力。继续抓好村级班子和村级后备干部选拔、培训工作，规范村务公开，发展培养入党积极分子。2015年，江湾镇的党员总人数有316人，其中女性党员53人，发展预备党员8人。

【农村两级经济】 全镇6个村委会中，除瑶族村委，年收入都在3万元以下，属贫困村委会。全镇46个村民小组中，约有87％的村小组以收取电站资源补偿作为主要经济收入。

【乡村公路建设】 实现了锅溪叶屋村；围坪大塘、寺前村；湖洋黄倒流水、菜队、黄陂坛村；胡屋墩头村；等村村通公路硬底化。

【名优特产】 江湾的香菇、木耳、云雾茶、山蜜、灵芝等传统土特产颇多，极具特色。江湾香菇肉厚、清香、味美；木耳肥厚、滑嫩、爽脆；灵芝天然野生，药用价值高；山蜜是野生所酿，属百花密，色纯正、水分少、无污染，是真正的纯天然蜂蜜。2014年，引进资金1600万元种植的60亩铁皮石斛，纯天然，无污染，原生态。

【精神文明和生态文明建设】 为进一步拓宽和深化群众性精神文明创建活动，努力促全镇物质文明、精神文明、政治文明建设，全面提高全镇的道德水平和文明素质，在全镇范围内开展文明家庭创建评选活动，在全镇范围内广泛开展公民道德教育和文明家庭宣传教育活动，使广大村民在自觉参与活动中受到教育，陶冶情操，强化自我约束，在实践中得到提高，在全社会形成崇尚科学、学习文明的良好风气，努力营造安定、祥和、优美、文明的家庭环境。2015年，建立起“户收、村集、镇运、镇处置”的垃圾收运处置体系。通过开展“大清洁、乡村美”工程活动，实现了道路干净、村容整洁，农村环境“脏、乱差”问题得到有效解决。

2015年，以禁伐商品林为主的封山育林工作，全镇除毛竹林以外，停止商业性采伐。一年多以来，在区委、区政府正确领导下，全镇广大干部群众认真贯彻落实封山育林一系列文件精神，精心部署、周密安排、狠抓落实，封山育林取得了初步成效，全镇的生态环境得到进一步改善。

【基础设施建设】 该镇始终把基础建设作为大事来抓，在镇财政并不宽裕的情况下，加大力度改善民生基础设施：一是推进路灯亮化二期工程，继续投入20多万元，在梁屋河背村、梁屋村、江湾林场、湖洋村、江屋村、高围村、倒流水村、菜队等安装太阳能LED路灯40多盏，进一步方便群众出行。二是完善垃圾清运工作，投入69万元，建立起镇区和主要干道垃圾的收集、运输、填埋体系，全镇环境卫生状况得到根本性改观。三是引进资金2925万元实施龙归水（江湾段）河流整治工程。四是投入20万元，引进东华原装备，在全市率先建成爱心健康屋，提供自助式健康服务。五是投入15万元，引进邮政储蓄银行CRS自动存取款机，实现24小时银行自助服务功能。

【计划生育】 全镇现有已婚育龄妇女1454人。2015年，共出生104人，男性婴儿出生53人，女性婴儿出生51人，婴儿出生性别为103.9；人口出生率14.25‰，人口死亡率8.36‰，人口自然增长率为5.89‰；共落实四术措施139例，全镇出生性别比为128：100。

【社会保障与民政优抚】 本年度参加城乡居民医疗保险共4988人。参加城乡居民养老保险共3255人，其中续保3073人，领取待遇785人。加强民政优抚工作，发放农村低保金385440元，发放五保户生活费14766元。

【综合治理】 江湾镇积极推进综治、信访、维稳工作，创建平安江湾。春节、全国“两会”期间和重点防护期，明确领导责任制，加强矛盾纠纷排查，严格落实“零报告”制度。2015年，江湾镇综治中心共受理各类矛盾纠纷28宗，调解28宗，调解率100%；成功调解26宗，调解成功率93%。

【三防工作】 一是做好武江区江湾镇2015年防洪预案。二是加强领导，落实责任。对全镇低洼地段进行了全面排查，并列表定人定位包干防预；做好三防责任人、联络员名册，成立武江区江湾镇抢险队伍；做好防洪涝及地质灾害工具发放；做好气象灾害应急责任人信息表。三是做好武江区江湾镇汛期值班安排，各村、各部门要强化值班工作，及时掌握水情雨情的预测预报，领导同志要坚守岗位，坚持干部昼夜值班制度，随时掌握雨情汛情动态，努力做到指挥靠前，发现重要情况及时处理并报告。四是小型水库汛期控制运用计划。五是突出防范重点，切实做好汛期安全生产工作。狠抓隐患排查治理；加强对汽油等危险化学品的安全监管；加强对道路交通的安全监管；加强对非煤矿山的安全监管；加强对地质灾害多发地区的安全监管。加强对学生的安全教育。

【经济】 引进广州市科虎生物技术研究开发中心投资4500万元，经营范围为兽药中间体制造，预计年产值为6000万元。

【档案工作】 本年度收集文书档案5卷。其中永久性1卷、30年2卷、10年2卷，文书档案主要来源于江湾镇政府发文、上级单位发文。

【锅溪村】 锅溪村是江湾镇行政村，位于江湾东南部，东与龙归镇相邻，南与曲江樟市、罗坑镇相邻，西、北与围坪村相连。由上洞村、河背村和叶屋村等3个村小组组成，耕地面积32公顷，山林面积40平方千米，总人口105户 594人。

该村以农业为主，主要种植水稻、花生、蔬菜、果树等作物。

改革开放后，该村累计引进外资2000万元，先后建成9宗小水电站，装机容量3300余千瓦，其中上洞村集体电站2宗总装机容量550千瓦。

该村在发展经济的同时注重村容、村貌建设。2004年，上洞村小组全村统一规划兴建新农村，均为复式住宅楼，新村“十个一”措施落实较好，成为市新农村建设示范点，并获市评比三等奖。该村于2015年由区民政局出资3万元建成“农村幸福苑”。

该村叶屋村小组于2015年

实现村道硬底化，至2015年底该村村道已全面实现硬底化。

【围坪村】 围坪村是江湾镇的行政村，地处江湾镇北面，东与锅溪村委相邻，西南与梁屋村委相接，西与乳源县相邻，北与龙归镇相交。由周屋村、罗屋村、涂屋村、坑背村、范角村、大塘村、寺前村和叶屋村等组成，有耕地面积86.2公顷、山林面积42余平方千米，总人口216户1145人。

该村以种植水稻、花生、蔬菜、水果为主，畜牧业、林业为辅。改革开放以来，该村累计引入外资1500万元，先后兴建小水电站6宗，装机容量2000千瓦，其中，属村及村小组的4宗，装机容量1200千瓦。该村是全镇人均收入最高的村委之一，1998年建成全镇第一个楼房化的新农村—范角新村。该村于2015年由区民政局出资3万元建成“农村幸福苑”。

该村大塘村小组村道、寺前河背龙村道于2015实现硬底化，截至2015年底该村尚有寺前老屋村道、叶屋村小组村道未实现硬底化。

【梁屋村】 梁屋村委是江湾镇辖行政村，位于本镇西北部。东与湖村委相邻，西与乳源县相邻，南与胡屋村相连。由武洞村、红山村、连麻山村（今无人居住）、下洞村、曾屋村、钟屋村、梁屋村、湾仔村和河背村等组成，有耕地面积76.67公顷，山林面积45平方千米，总人口230户1283人。

该村长期以种植水稻、花生、蔬菜和果树为主，畜牧业、林业为辅。是长短经济结合的农村经济。改革开放后，该村凭借丰富的水资源，积极引进外资3600多万元，开发水力资源，先后建成21宗小水电站，装机容量达6300千瓦，农村经济有了较大发展。

截至2015年底，该村尚有曾屋村小组、叶仔厂村小组未实现村道硬底化。

【湖洋村】 湖洋村是江湾镇辖下的行政村，是江湾镇的中心地带。东与曲江罗坑相连，西与胡屋相邻，北与梁屋村相交，南与乳源相邻，由和山村、黄九村、高围村、江屋村、湖洋村、倒流水村、菜队村和黄陂坛村等组成，有耕地面积52公顷有余，山林面积40余平方千米，总人口223户1172人。

该村以传统农业为主，畜牧家禽为辅，以林业支撑经济，主要种植优质水稻、花生、蔬菜、桑蚕等。改革开放以来，该村累计引入外资2000万元，先后建成8宗小水电站，总装机容量2800余千瓦，有力地加强村集体经济。

该村黄陂坛村小组、菜队村小组、倒流水村小组村道于2015年实现硬底化，至2015年底该村道已全面实现硬底化。

【胡屋村】 胡屋村是江湾镇辖下行政村，地处江湾镇的西边，东南与湖洋村相邻，西与乳源县交界，北与梁屋村相邻。由胡一队村、胡二队村、胡三队村、胡四队村、田心村、王坝村、白石村、周塘村、墩头村、羊角寨村和佰公陂村等组成，耕地面积80多公顷，山林面积45余平方千米，总人口274户1355人。

胡屋村长期以来以农业为主，畜牧家禽为辅，主要种植优质水稻、花生、蔬菜、水果等。改革开放以来，该村充分利用丰富的水资源优势，先后引入外资4500多万元，修建了16宗小水电站，总装机容量7500千瓦，有力地增强村集体经济收入。2013—2015年在区财政局的第二轮帮扶下，村集体收入达5万元以上，实现了脱贫。该村于2015年由区民政局出资3万元建成“农村幸福苑”。

该村墩对村小组村道于2015实现硬底化，至2015年底该村村道已全面实现硬底化。

【瑶族村】 瑶族村是江湾镇下辖的行政村，位于梁屋、围坪、湖洋、胡屋的边界处，与乳源瑶族自治县相接。由练屋村、左坑村、华山村、长岭村、良坑村村和南坑村等组成，居住较偏僻、分散，耕地面积约13公顷，山林面积10余平方千米，总人口109户535人。

瑶族村是全镇最为贫困的村之一。村民靠山吃山、以山为本，种植少量的水稻、玉米和自供自给的蔬菜。中共十一届三中全会后，各级政府认真落实国家的民族政策，对民族村的经济发展，在政策上给予优惠，在经济上给予支持，全村经济有了较快的发展。同时，该村还积极引进外资1000万元，先后兴建了6宗小水电站，装机容量1400余千瓦，大大改善了村民生活水平。近年来，先后有60多户瑶民搬出大山，在江湾镇周边兴建了楼房。2010—2012年，在市人大、市质监局的帮扶下，实现了脱贫。

至2015年底，该村尚有良坑村小组村道未实现硬底化。

该村作为武江区唯一的瑶族村，在语言、服饰、歌舞等各方面都有自己的特色。瑶歌的格调与旋律都比较单一，节奏感不大明显，却可以按各自的感情需要而任意延长或缩短，故唱时比较灵活自如、独具一格。瑶族的舞蹈具有古朴、简单、节奏感强等特点，动作变化少，随着音乐一蹲一起，每一个动作都有东南西北四个方向之分，如此反复多次。瑶族还有一个重要的节日——盘王节，也叫“跳盘王”。盘王节是瑶族祭祀祖先盘瓠的重大节日，瑶胞十分重视这一民族祀典。盘王节可以一家一户进行，也可以联户或者同宗同族人集聚进行。但不管以哪种形式举办，都要杀牲祭祀，设宴款待亲友。节日一般为三天两夜，也有的长达七天七夜。盘王节的主要内容是祭盘王、唱盘王和跳盘王。

江湾镇领导名录

书　　记：欧伟强
副 书 记：苏拥兵
　　　　　曾玉玲（女）
委　　员：黄永和
　　　　　彭先国
　　　　　刘戈勇
　　　　　杨　晖
　　　　　胡言辉
　　　　　张伟全
　　　　　（2015.1—）
　　　　　刘建强
　　　　　（2015.1—）
　　　　　林雁嘉
　　　　　（挂职，2015.5—）
人大主席：欧伟强
　　　　　（2015.2—）
副 主 席：刘建强
　　　　　刘琪星
　　　　　（2015.2—）
镇　　长：苏拥兵
副 镇 长：杨　晖
　　　　　胡言辉
　　　　　杨惠得
纪委书记：黄永和
武装部部长：张伟全
　　　　　（2015.5—）

（撰稿人：黄永和、戴进）

重阳镇

【概况】 重阳镇位于韶关市西北端，镇政府驻地重阳居委，与西河镇、浈江区犁市镇、乳源瑶族自治县的一六镇、游溪镇、桂头镇相邻，辖黄岸、重阳、青暖、万侯、九联、妙联、大夫前、水口8个村委会和1个居委会。重阳镇总面积8200公顷，耕地面积1286公顷，林地5000公顷，粮食播种面积2100公顷。全镇总户数5325户，户籍人口17650人，农业人口17098人，外来人口41人。2015年全年农业产值21809万元，农村人均纯收入达到10138元，工业产值320万元。武江河流经乡域，主要农作物有丝茅姜、西瓜、花生、蚕桑、竹木等。主要矿产资源有铅、锌、砒、钨、钼、铁、锰、铝等有色金属。全镇有初中1所，小学1所，幼儿园1所，教学点2个；有文化站1个，广播站1个。全镇参加医疗保险人数12450人，覆盖面98%。

重阳镇设5个内设机构：党政办、计生办、社会事务办、经济发展办、农业办。

【党建工作】 一是实现组织网络全覆盖。全镇建立以党委龙头、党支部为核心、党小组为单位的组织领导体系，结合党组织进村入户工作，注重发挥党小组长带头引导作用，落实工作责任，把活动组织网络延伸到村落、新村点和重点项目建设工地上。二是创设党员干部驻村挂点入户活动。按照党员干部驻村挂点入户要求开展各项农村工作（政策法规宣传到户、思想教育深入到户、市场信息传递到户、致富技术帮教到户、民事纠纷调节到户、防灾救灾动员到户和实际困难解决到户）。2015年，每周利用星期二驻点日召开村委例会46次，发放“干群连心·同步小康”承诺卡2175份，走访辖区62个村民组，分片走访13129人，接访1035人，收集村民意见713条，得到群众好评。三是结合推进驻点普遍制度开展“万家灯火”活动，全面落实“面对面”与群众直接联系的要求，解决干部群众“时间错位”的问题，已列为2015年武江区委“书记项目”。四是对照软弱涣散村党组织整顿工作要求完成对重阳村的整改。区人社局钩帮扶重阳村，市委常委、常务副市长陈波挂点，区委书记、区人大常委会主任王德雄挂点，区、镇抽调专门人员组成整治工作组。争取武江慈善会、韶能集团帮扶以及区政府“6·30”慈善会帮扶资金。建立健全便民服务站软硬件建设，在硬件建设方面，设立办事大厅，在软件建设方面，重阳村级便民服务中心严格按照“办事制度、办事依据、办事程序、办事结果”四公开要求，实行服务内容明确化、过程公开化、服务监督社会化。

【基础设施和重点项目的建设】 武江区重阳水（重阳镇段）治理工程的建设，该治理工程的治理河道长14.82千米，其中河道清淤疏浚11.32千米，新建护岸工程10.24千米，新建穿堤涵洞23座，总投资2900多万。2015年，重阳镇完成乡村公路建设7条，总投资约146.8万元；“一事一议”在民主决策、民主管理、群众监督的方式组织实施完成：重阳村委会地坪硬底化建设工程、重阳镇林屋村巷道、平地硬化工程项目、重阳镇妙联村委洞头源新村内巷道建设工程项目、重阳镇妙联村庙梓阁村温屋村巷道建设工程项目，总投资85.48万元；重阳镇黄岸村委南岸村文化活动广场项目，项目投资10.29万元。

【农业生产】 现代农业提速增效。技术培训全面实施，充分利用离城近，交通得到良好发展优势，大力推广农业新技术，抓好农民技术培训，组织农业技术培训三期，培训实用技术122多人次。产业化经营稳步推进。以农业业主为主要经营模式，充分利用农业扶持政策，积极培育农业经营主体，2015年末，全镇家畜家禽存栏158904头（只）。粮食蔬菜生产效益凸显。完成粮食生产种植任务2101.73公顷，实现粮食产量4696吨；蔬菜育苗734.67公顷，实现蔬菜产量11202吨；种植水果24公顷，实现水果271吨。

【综治创平维稳】 2015年，结合重阳镇实际，精心组织，周密部署，全面排查，认真整改，有效推进了综治维稳等各项工作的顺利开展，全面提升了该镇综治维稳工作水平。1—12月，重阳镇综治维稳中心共接待来访群众近330余人，受理矛盾纠纷案件20宗，成功调处19宗，调解成功率达95%，保质保量地完成了维稳工作。自镇创新成立“和事佬”协会以来，在“和事佬”们与该镇相关部门的努力下，全镇绝大部分的矛盾纠纷都在萌芽状态得到了化解。“和事佬”协会不断吸纳退休干部、教师等各类人群，优化和事佬队伍结构，扩大和事佬组织网络，目前，协会共有会员34人，参与化解今年矛盾纠纷案件18宗。深入开展“法律六进”“综治宣传月”“厚于德、诚于信、敏于行”新时期广东精神宣传活动，把法制宣传、法律服务、法律援助和综合治理、人民调解工作融汇在一起。通过开设法制课程、进行法律咨询、选择具有普遍教育意义的典型案例的宣传等方法，着力提高法制宣传教育的有效性，使重阳镇居民的法律素质有了很大提高。2015年以来，重阳镇举办综治宣传活动12次，悬挂横幅12条，书写标语200余条，散发挂图近60份，画册300余条，主题分别为“珍爱生命、拒绝毒品”“铁路护路、人人有责”“抓三打促发展”等。

【计划生育】 春节期间，重阳镇返乡育龄妇女较多的情况下，利用虚日举办咨询活动、贴宣传标语、挂横幅、慰问等宣传形式，对计划生育“一法三规”和利益导向相关政策进行宣传，取得良好的宣传效果。重阳镇在财政十分紧张的情况下，优先考虑计生工作，投入4万多元为9个村（居）委会全部更换新的“三栏”优化计生宣传环境。

重阳镇2015年年报户籍总人口为18604人，出生316人，其中计划内出生215人，计划生育率为92.09 %、出生率为11.75‰、自然增长率为6.88‰。死亡人数89人。共完成“四术”279例。已婚育龄妇女3538人，综合节育率达80.84%。

【惠民工作】 一是农村医疗保险、养老保险全覆盖，医保参保率达95%以上，养老保险参保人数6217人，医疗救助39人，181843.71元。年满60周岁以上老人全部领到100元/月养老金，60岁以上退伍军人补助70人，80岁以上老年人高龄补助335人，农村贫困残疾人扶贫解困85人。重阳镇敬老院供养五保户24人，保障五保对象的基本生活；全镇低保户235户，467人，每月人均领取低保费170元。

【安全生产工作】 坚持“安全第一，预防为主，综合治理”的方针，狠抓安全生产责任制的落实，严格实行目标管理，不断提高安全生产管理水平，扎实认真开展以深化道路交通、企业安全、非煤矿山为重点的专项整治活动及各种安全生产大检查和铁拳行动，全年未发生安全生产事故。对各类安全管理对象通过签订安全目标责任书进行安全管理，落实安全责任。分别与8个行政村、1个社区签订安全目标责任书，把安全责任层层落实到单位和个人。开展安全整治专项行动，一是道路交通专项整顿行动，以打击非法营运、农用车、三轮车、摩托车等违章载人为重点，抓好道路交通监管工作。二是对辖区内非煤矿山、沙场及镇街营业网点进行了地毯式的安全隐患大排查。三是烟花爆竹及民爆物品管理，对镇街销售易燃易爆物品的10多个营业网点进行检查，现场查扣散装汽油等易燃易爆物品一批，对当事人进行谈话教育和警告。

【林业工作】 为做好森林管护和森林防火工作，配备10名林业管护人员分给各村委，落实管护林地4533.3公顷。同时，与各村（居）委共签订9份森林防火责任书。重阳镇严格对现有林木资源的管护，严格树木砍伐审批制度，坚决禁止偷、盗运木材的行为。加强林业执法，保护生态资源，严格按照审批程序办理采伐手续。

【武装工作】 重阳镇严格按照区人武部工作要求，组织4人参加4月份为期10天冲锋舟训练；重阳镇适龄青年踊跃报名应征入伍，征兵工作严格把关，经过层层筛选，共选送新兵5人。重阳镇人民武装部连续两年获得区“武装工作先进单位”称号；连续4年获得区“征兵工作全优单位”称号。

【武江区重阳水（重阳镇段）治理工程开工典礼隆重举行】 2015年10月28日，武江区重阳水（重阳镇段）治理工程开工典礼隆重举行。武江区副区长刘拥军，农业局潘歧亮、副局长苏平华、何共万，重阳镇镇长龚映韶，重阳镇班子，建设、施工、监理各单位代表以及五个村委干部共60人出席了开工典礼。该治理工程的治理河道长14.82千米，其中河道清淤疏浚11.32千米，新建护岸工程10.24千米，新建穿堤涵洞23

座，总投资2900多万。

【韶关“体彩杯”龙舟赛，重阳水口队勇夺冠军】 6月13日，2015年韶关“体彩杯”龙舟比赛上，武江区重阳水口队勇夺冠军。

【档案工作】 2015年收集文书档案9卷，其中永久1卷，长期7卷，短期1卷。

【重阳街道社区】 该社区位于重阳镇中心，东接黄岸，南抵重阳村，西抵青暖，北临九联。辖3个居民小组，总户数130户，户籍1118人。现有村“两委”干部4人，党员18人。重阳街道居委会于1951年设立，当时居民大多数从事小商业活动。

【重阳村】 该村位于重阳镇中心方向。东接黄岸村，南抵社区居委，西抵青暖，北临社区居委。辖9个村民小组，总户数498户，户籍2638人。现有村“两委”干部5人，党员70人。该村经济来源以农业为主，主要作物有水稻、蚕桑、花生，地处街镇中心的优势使该村的工商业较发达，有较多的农民从事加工、运输、饮食等服务行业，为村经济的发展起到了推进作用。

【青暖村】 该村位于重阳镇西南方向，距重阳镇中心2公里。东接重阳村委，南抵万侯，西抵乳源游溪，北临社区居委。辖9个村民小组，总户数425户，户籍2016人。现有村“两委”干部5人，党员165人。主要生产水稻、花生、种养蚕种、水果（以三华李为主）。矿产资源较丰富，主要有陶瓷矿、白钨矿等。目前，青暖温泉开发项目已确定为武江区2014年广东省重点建设预备项目。

【万侯村】 该村位于重阳镇西南方向，距重阳镇中心6公里。东接妙联，南抵乳源一六，西抵乳源游溪，北临青暖。辖9个村民小组，总户数583户，户籍3038人。现有村“两委”干部6人，党员97人。万侯资源丰富，主要矿产有陶瓷矿、白钨矿、铅锌矿等；旅游资源：村中4棵300年以上的榕树和2座抗日战争前为了躲避土匪而建的炮楼，颇有历史价值；万侯油菜花基地，主要种植皇帝柑、杨梅、花生、水稻。

【九联村】 该村位于重阳镇西北方向，距重阳镇中心2.6公里。东接重阳村，南抵青暖，西抵乳源游溪，北临大夫前。辖4个村民小组，总户数573户，户籍2300人。现有村“两委”干部5人，党员53人。该村经济来源主要以农业为主，其中成立西瓜合作社1个。

【大夫前村】 该村位于重阳镇西北方向，距重阳镇中心3公里。东接水口，南抵九联，西抵乳源游溪，北临乳源桂头。辖6个村民小组，总户数265户，户籍1300人。现有村“两委”干部5人，党员38人。该村经济来源主要以农业为主，长期以来主要种植水稻、花生。近年来，积极推广种植的“澳洲黑美人”西瓜在韶关小有名气，对该村经济的发展起到巨大的推动作用。

【水口村】 该村位于重阳镇东北方向，距重阳镇中心6公里。东接武江河，南抵黄岸，西抵黄土坛，北临乳源桂头。辖10个村民小组，总户数505户，户籍2380人。现有村“两委”干部5人，党员73人。水口主要生产水稻、花生等作物。森林资源颇为丰富，有多棵千年以上的樟树和榕树。

【黄岸村】 该村位于重阳镇东面方向，距重阳镇中心1公里。东接水口村，南抵重阳村，西抵九联，北临大夫前。辖8个村民小组，总户数430户，户籍1976人。现有村“两委”干部7人，党员53人。主要种植水稻、花生、西瓜。

【妙联村】 该村位于重阳镇南面方向，距重阳镇中心10公里。东接西河坑尾，南抵龙归后坪，西抵万侯，北临青暖。

辖9个村民小组，总户数297户，户籍1540人。现有村“两委”干部6人，党员36人。妙联林地资源较丰富，经济发展有靠山吃山的特色，有一个生姜合作社，主要农作物有竹笋、生姜、茶树、蘑菇、冬笋等。

重阳镇领导名录

书　　记：谭木初
副 书 记：龚映韶
　　　　　刘　武
　　　　　（—2015.11）
委　　员：黄　超
　　　　　何志顺
　　　　　黄明富
　　　　　侯福清
　　　　　黄振天
　　　　　梁满洪
　　　　　林光锋
　　　　　（2015.1—）
　　　　　刘甜妹
　　　　　（女，2015.1—）
人大主席：谭木初
副 主 席：侯福清
镇　　长：龚映韶
副 镇 长：黄振天
　　　　　黄明富
　　　　　刘甜妹
　　　　　（女，2015.2—）
　　　　　邹　锋（挂职，2015.5—）
纪委书记：黄　超
武装部部长：林光锋
　　　　　（2015.5—）

（撰稿人：龚　文）

惠民街道办事处

【概况】　位于武江区的中北部，总面积6.2平方千米。辖沙湖、沐阳东、冷水坑、侨新、幸福、群康、群立、新华北、黄田坝、武江北、惠民北、新村和东岗岭共13个社区居委会，总户数29380户。年末户籍人口71148人，外来人口7037人。全街有中学3所，小学5所；有文化站1个。全街参加医疗保险人数22142人。

【党建工作】　一是开展干部驻点普遍直接联系群众活动情况。截至年底，到街道所辖13个社区报道的驻点团队人数共计72人（组长13人、成员59人），其中“两代表一委员”人数为34人。另，辅助团队人数共计65人。直接联系群众总人数65533人，当面接待人数30155人，分片走访人数16518人，上门慰问人数2156人，座谈征询人数515人，其他方式人数16189人。收集群众意见条数491条，反映问题总数1224个，解决问题总数1192个。如解决田家炳小学（一棉校区）围墙外排水渠安全隐患问题和韶关新华印刷厂宿舍区围墙隐患问题；在市区内涝期间，组成模范党员先锋队积极救助工业西路受水灾群众；利用节日开展深入走访慰问老党员和困难党员活动等。二是党代表工作室建设情况。2015年，惠民街共组织街道7名区党代表开展51次接访活动，登记群众来访64人次，全部进行造册登记，并按照接访流程对接访问题进行分类办理和答复，已办理31件，为群众做好事、实事48件。

【社区建设】　惠民街便民服务中心升级改造。根据区委、区政府的工作部署，惠民街道便民服务中心升级改造工程是2015年武江区政府承诺为民办六件实事之一。惠民街从2015年4月起，对该项目开始进行着手，从工程设计、工程造价，再到工程招标，都是严格按照要求和程序来实施。经过前期筹备，工程于2015年11月18日进行公开投标，并于2015年12月1日正式动工，工程为期60天。经过两个月的施工，便民服务中心已如期在2016年1月31日前完工，并在2016年2月6日投入使用。惠民街将进一步抓好“软件”建设，提高工作人员“一站式”办公服务水平，为社区居民提供环境优美的同时，更加让办事居民享受便民服务中心高效、快捷的服务。推进社区办公用房建设。通过多方协调沟通，促使辖区内新建的住宅小区提供社区办公用房，同时与有条件的驻区单位帮助社区解决或改善社区办公条件。2015年，惠民街投入10多万元对侨新社区和幸福社区办公服务站进行重新改造。

【民心工程】 把民政工作做到实处，做好救济工作。一是对申请最低生活保障的对象，逐一排查摸底，了解贫困群众的生活情况，对符合条件，确需救助的对象，给予最低生活保障。2015年，惠民街道享受最低生活保障的有232户，共计399人。二是做好残联工作，按时足额发放特困残疾人家庭专项补助金，积极主动为残疾人争取就业岗位，鼓励有条件的残疾人自主创业，并为他们提供必要的支持。三是严格按照要求抓好廉租房、经济适用房、公共租赁减免房租的审核工作，2015年受理廉租房申请40户，经审核，符合条件上报7户；受理公共租赁住房申请187户，经审核，符合条件上报30户；受理减免房租申请189户，经审核，符合条件已办理低收入证明家庭121户。

不断完善救助救济服务工作。通过“爱心超市”社会救助平台，把救助救济服务延伸到社区，使服务经常化、制度化。2015年，惠民街“爱心超市”累计向辖区低保户、特困家庭、单亲家庭发放物资2683件，受惠家庭2683户次，受惠人数达8049人次。努力提升居民生活品质。优化服务质量，狠抓就业工作，对下岗失业人员特别是“4050”（1940年—1950年出生的人）就业困难人员实施重点帮扶，积极帮助就业、再就业人员实现就业和再就业。扩大社保参保面，切实做好全民医疗保险的办理工作，做到不遗漏一家一户，2015年，惠民街共有购买城镇居民医疗保险22142人，城镇居民养老保险1181人。

【惠民街便民服务中心升级改造】 根据区委、区政府的工作部署，惠民街道便民服务中心升级改造工程是2015年武江区政府承诺为民办六件实事之一。惠民街从2015年4月起，对该项目开始进行着手，从工程设计、工程造价，再到工程招标，都是严格按照要求和程序来实施。经过前期努力，工程于2015年11月18日进行公开投标，并于2015年12月1日正式动工，工程为期60天。经过两个月的施工，便民服务中心已如期在2016年1月31日前完工，并在2016年2月6日投入使用。

【综治维稳工作】 狠抓综治维稳，确保安定团结。2015年，惠民街开展书记大接访活动12次，各类专项整治行动9次，接待群众来访60多批280多人次，组织矛盾纠纷排查24次，调处信访案件90多宗，其中各社区工作站调处各类矛盾纠纷75件，调处率100%，成功调处率99%。

【计生工作】 切实加强党政对人口和计划生育工作的领导。坚持“一把手亲自抓、负总责，班子成员齐抓共管”的领导格局，实行包挂责任制，定期检查，制定了符合辖区实际的工作计划。2015年，计生经费投入35万元，切实做到措施到位，责任到位，投入到位，保证计生工作的正常开展。2015年，惠民街共出生694人，出生率为9.32‰，自然增长率为4.86‰，计划生育率92.51%；落实“四术”391例，综合节育率达84.43%。

【档案工作】 2015年，街道办档案立卷12卷，其中永久4卷，长期3卷，短期5卷。

【表彰情况】 街道先后荣获省级荣誉称号1个（沙湖社区获得“广东省五四红旗团支部”称号）、市级荣誉称号3个（2013—2014年度“卫生标兵单位”、韶关市人口与计划生育先进单位、东岗岭社区获得“2015年度韶关市宜居社区”称号。

【沙湖社区】 沙湖社区居委位于山水华府旭川园八栋二层，办公场所320平方米。沙湖社区东起惠民街道办事处，西至长城世家小区，南起工业西路，北至市第二水厂，面积0.8平方千米。常住人口5375户16125人。主要道路有工业西路、沙湖路。

【沐阳东社区】 沐阳东社区居委位于华馨花园A栋202，办公场所174平方米。沐阳东社区东起韶关市博物局，西至沐阳东路16号，南起工业西路，北至韶关市镇泰工业有限公司。面积0.6平方千米。常住人口3078户8316

人。主要道路有工业西路、沭阳东路。

【冷水坑社区】 冷水坑社区居委位于芙蓉北路7号水泥厂宿舍楼二楼，办公场所278平方米。冷水坑社区东起利苑酒店（工业中路45号），西至惠民街道办公楼，南起工业西路，北至黄屋村，面积0.4平方千米。常住人口3130户9400人。主要道路有工业大道路、西冲路。

【侨新社区】 侨新社区居委位于工业中路侨新小区鸿福大厦D座二楼，办公场所330平方米。侨新社区东起立交桥北侧，西至工业中35号，南起工业中路，北至群康路口，面积0.3平方千米。常住人口2361户7083人。主要道路有工业中路、景秀路。

【幸福社区】 幸福社区居委与侨新居委合用办公场所，幸福社区东起幸福路，西至同心酒店，南起工业中路，北至幸福家园二期，面积0.2平方千米。常住人口850户3650人。主要道路有幸福路。

【群康社区】 群康社区居委位于群康路2号明居园1-2号，办公场所118 平方米。群康社区东起新华北路，西至幸福家园，南至侨新小区，北至姐妹岭，面积0.6平方千米。常住人口2221户6663人。主要道路有松山路，群康路。

【东岗岭社区】 东岗岭社区居委位于新华北路以南、工业东路以北的山岗上，办公面积316平方米。东岗岭社区东起新建路，西至新华北路，南至工业东路，北至新华北路，面积0.3平方千米。常住人口3393户11875人。主要道路有工业东路 新华北路、新建路。

【新村社区】 新村社区居委与东岗岭社区居委合用办公场所。新村社区东起惠民北路，西至新建路，南至工业东路，北至新华北路，面积0.2平方千米。常住人口1682户5886人.主要道路有惠民北路、新华北路、工业东路。

【新华北社区】 新华北社区居委位于新兴路二号虾公山下城市花园内B幢201—202号，办公场所212平方米。新华北社区东起惠民北路，西至新兴路，南至新华北路，北至公安巷，面积0.5平方千米。常住人口4325户12391人。主要道路有新华北路、惠民北路、新兴路、新群路。

【群立社区】 群立社区居委与新华北居委合用办公场所。群立社区东起惠民北路，西至新兴路、虾公山，南至公安巷、干休所，北至市委党校，面积0.8平方千米。常住人口2105户6317人。主要道路有惠民北路、新兴路。

【武江北社区】 武江北社区居委位于光孝路7号，办公场所192平方米。武江北社区东起武江北路，西至惠民北路，南起武江桥，北至黄田坝小学，面积0.3平方千米。常住人口3342户6515人。主要道路有武江北路、惠民北路。

【黄田坝社区】 黄田坝社区居委位于惠民北路68号城市花

▲惠民街便民服务中心大门 （王琳摄）

园A1栋2楼，办公场所350平方米。黄田坝社区东起武江河，西至惠民北路，南至黄田坝小学，北至江湾名庭路，面积0.4平方千米。常住人口3159户9477人。主要道路有武江北路、惠民北路。

【惠民北社区】 惠民北社区居委与黄田坝居委合用办公场所。惠民北社区东起武江河，西至市化工厂打石场，南至市委党校，北至塘湾村委南，面积0.8平方千米。常住人口1902户6659人。主要道路有武江北路、惠民北路、江湾名庭路。

惠民街道办事处领导名录

党工委书记：古寿英（女）
党工委副书记：汤应辉 叶 盛 杨伟波
委 员：王 成
刘 薇（女，2015.1—）
杨惠得（2015.1—）
李永红（2015.1—）
张志红（女，挂职，—2015.12）
李冰冰（女，挂职，2015.5—）
街道办主任：汤应辉
街道办副主任：刘 薇（女，2015.2—）
李永红（2015.2—）
张杰峰（女，—2015.1）
李冰冰（女，挂职，2015.5—）
纪工委书记：杨惠得（2015.1—）
武装部部长：杨伟波

（撰稿人：李林霖）

新华街道办事处

【概况】 新华街道位于武江区东部，办公地点位于武江区新民路21号。辖区东起武江桥，西至西郊六千米，南至百旺大桥，北至工业路，以及曲仁红尾坑矿宿舍区。管辖面积为13.84平方千米，辖乳部、工业西、工业中、芙蓉北、沙洲、金洲、芙蓉东、惠民东、惠民西、五祖路、工业东、武江南、新华南、红尾坑、花城、利民16个社区居委会，其中利民居委正在筹建；街道常住人口为108585人，年末总户数为39938户，年末总人口为97457人。全街有初中2所，小学5所，幼儿园24所，在校学生9641人。主要旅游景点有芙蓉山国家矿山公园。一年来，新华街道办、社区获得区级以上荣誉奖项15个，其中花城社区荣获广东省宜居社区、省地震安全示范社区、省"妇女之家"示范点等荣誉，新华南社区被评为韶关市宜居社区荣誉称号，街道办及沙洲等3个社区荣获韶关市卫生标兵单位、先进单位称号。

新华街道办事处内设4个：党政办、计生办、社会事务办、综治办。下属事业单位2个：文化站、人力资源社会保障所。

【驻点普遍直接联系群众活动】 充分发挥干部联系帮扶优势，成立驻点团队16个共80人、辅助团队16个共81人，每周二到社区开展接访、下户走访活动，和群众面对面交谈，充分倾听群众呼声，掌握其生活信息，踏踏实实为群众解决问题。2015年，共直接联系群众72275人，入户率达78%，帮助群众解决问题920件。组织208名党员到社区报到，利用海邻社工落户新华的契机，以专业的方法开展青少年引导、长者计划和公益宣传等服务30余次，党员参与时数达460小时，服务群众3180人次。

【"三社联动"试点项目】 街道办倡导成立韶关市先锋志愿服务协会，进一步整合党建资源和社会资源，党员以志愿者身份组织开展了应急救护培训、禁毒教育等活动20余次，实现了情况互通、问题互帮、共创多赢的良好局面。探索构建以社区党组织为核心的"三社联动"工作模式，以"社区、社会组织、社会工作者"之间的联动，开展相关社区服务，发挥其对调处社会矛盾、服务社会、促进维稳的作用。自试点以来，新华街矛盾纠纷件数同比去年下降10%，社区服务逐渐多样化，水平逐渐提高。

【创文巩卫】 全年开展了“学雷锋”、道德讲堂、践行社会主义核心价值观、讲文明树新风等一系列活动20余场次，累计发放创文宣传资料、图册5万多份，不断提高社区居民对创文的知晓率和参与度。加大卫生的巡查力度，做好内部环境美化优化及外部环境清洁整顿工作，每天巡查监督卫生整洁状况，发现问题及时督促整改，并积极争取市、区挂点单位的支持，保证环境的清洁卫生。2015年12月，花城、乳韶、五祖路、沙洲等4个社区顺利迎接了中央测评组实地考察、入户测评检查，得到了上级部门的肯定。

【民心工程和落实惠民政策】 推动社会保障体系实施，全年新办城居养老保险77人，办理城乡居民医保参保续保28446人，为1156名“4050”大龄困难就业人员发放春节慰问金34.68万元。完成全国1%人口抽样调查、全市社会经济住户调查、大城市月度劳动力抽样调查等统计普查工作。开展了辖区单位基普库维护更新工作，对新增单位187家、注销单位194家进行了核查，收录新增单位报表104余张，强化了基普库的动态管理。认真落实低保、社会救助等相关福利政策，提高底线民生保障水平。全年审核低保户678户次，发放低保资金239.9万元，并完成全部低保户的居民医疗保险参保工作；上报申请残疾人护理补贴425人，发放资金76.5万元；上报申请残疾人生活津贴190人，发放资金22.8万元；申请重大疾病医疗救助金78人次，80岁以上老龄补贴1183人，贫困精神残疾病人药费补助53人；顺利完成经济适用房、廉租房初审、公示及上报工作。加大对困难群体的帮扶力度，通过爱心超市发放慰问物资合计6万余元。

【综治维稳和安全生产工作】 认真落实包案责任制，强化责任担当意识，街道制定有信访维稳和重大节日期间的书记、主任信访接待日活动方案，落实领导包案制度和实行领导下访。2015年，新华街辖区内没有发生重特大恶性案件和群体闹事及群体越级上访事件，2015年该街共排查矛盾纠纷66宗，调处66宗，成功调处65宗，调处率达100%，成功率达98%以上。加强与公安、工商、消防等部门的协作，开展春节前安全生产和食品安全等检查工作，确保街道节庆和各重大会议期间的社会稳定。同时扎实做好“三防”工作，避免自然灾害，并结合天气雨水不稳定，坚持24小时值班制度，保持信息畅通，确保人民群众生命财产安全。

【人口和计划生育】 强化落实目标责任，做好辖区内育龄妇女结婚、生育、节育、“三查”等一系列工作。定期开展计划生育集中服务活动，加大计生宣传教育力度，营造良好计生工作氛围。实行流动人口“四同”管理，对辖区内流动人口进行清查登记，全面实行信息化管理。落实国家各项计生政策，做好“单独”二孩生育工作。2015年，新华街政策生育率为92.69%，征收社会抚养费236.68万元，为521名独生子女父母发放了奖励金50余万元，为13名伤残死亡独生子女父母发放计生家庭特别扶助金9.6万元。

【芙蓉北社区】 芙蓉北社区居委位于芙蓉北路16号。芙蓉北社区东起林桥坑至寓山路，西至劳教所门前路，南至芙蓉山脚，北至芙蓉新城吉祥路口，面积为 1.3平方千米，常住人口7210人， 户数1803户。主要道路有芙蓉北路、吉祥路、津头岭一至五横巷、津头岭新村路8条；驻辖区单位：韶关市劳教所、韶关市看守所、韶关市救助站、韶关市交通拯救队、韶关市安全生产监督局、至和汤邓淑芳纪念学校。

【乳韶社区】 乳韶社区居委与芙蓉北居委联合办公。乳韶社区东起劳教所门前寓山路，西至西郊六公里粤北二医院，南至芙蓉山脚北侧，北至工业西路，面积为 2.3平方千米，常住人口13156人，户数3758户。主要道路有芙蓉北路、建设路、工业西路3条；驻辖区单位：韶关市气象局、韶关市劳动和社会保障局、韶关市检察院、韶关市疾病预防控制中心、韶关市属韶关粤北第二人民医院、韶关市中心血站、韶关市林科所、韶关市农科所、韶关市水文分局、韶关市食品药品检验所、韶关市第九中学、韶关市医学院西郊中专部、武江区镇泰小学、丽珠集团利民制药厂、宏大齿轮厂、韶关市民政局、广东省核工业地质调查院、韶关市职业病防治院、武江区国家税务局、武江区卫生和计划生育局、武江区食品药品监督管理局。

【工业中社区】 工业中社区居委位于新津路华泰花园21栋首层3-4号铺，办公场所256平方米。工业中社区东起新华南路至新民路，南至怡华路，西至芙蓉一路，北至工业中路，面积为 0.7平方公里，总人口15789人， 户数4678户。主要道路有工业中路、乳韶路、新津路、新民路、怡华路、芙蓉一路6条；驻辖区单位：韶关市健康教育所、韶关市水产局，武江区华泰小学、武江区公安分局、韶关市第二建筑工程公司。

【工业西社区】 工业西社区居委位于如意路金芙蓉大厦首层8号。工业西社区东起芙蓉一路，西至沿寓山路，南至吉祥路，北至工业西路，面积为 0.7平方千米， 常住人口12350人，户数3883户。主要道路有芙蓉一路、二路、三路，吉祥路、工业西路、如意路6条；驻辖区单位：韶关市第十四中学。

【五祖路社区】 五祖路社区居委位于体育东路18号，办公场所160平方米。五祖路社区东起体育东路，西至新华南路，南至亨泰路，北至体育中心路，面积为 0.7平方千米，常住人口8230人， 户数3103户。主要道路有体育东路、五祖路、亨泰路3条；驻辖区单位：核工业广东矿冶局、韶关军分区新华南路离职干部休养所、韶关市军队离退休干部五祖路休养所、韶关市环境卫生监测站。

【工业东社区】 工业东社区居委与五祖路居委联合办公。工业东社区东起五祖路，西至新华南路路，南至体育东路，北至工业东路。面积为 0.53平方千米， 常住人口5657人，户数1574户。主要街巷有工业东路、五祖路、新华南路、体育东路4条。驻辖区单位：广东省第五建筑工程公司、广东省核工业地质局韶关基地、韶关市公安局消防支队、韶关市卫生监督所、韶关市西河体育中心、韶关市工业东19号军休所、武江区红星小学、韶关市湖心宾馆、倚山商务酒店。

【惠民西社区】 惠民西社区居委位于惠民南路136号，办公场所304平方米。惠民西社区东起惠民南路，西至新华南路，南至韶能集团、南枫花园，北至五祖路、亨泰路，面积为 0.6平方千米，常住人口10980人，户数2960户。主要街巷有：韶关市计生局门前路、亨泰路、惠民南路、新华南路；驻辖区单位：中国人民银行韶关市分行、韶关市工商行政管理局、韶关市属韶关市档案馆、韶关市老干中心、韶关市卫计局、韶关市建筑工程质量安全监督站、韶关市农村信用合作联社、韶关市客运西站、韶关市农机学校、武江区人民政府、武江新华街社区卫生服务中心。

【惠民东社区】 惠民东社区居委位于武江南路158号，办公场所430平方米。惠民东社区东起武江南路，西至惠民南路，南起北江桥头，北至田家炳中学西边围墙，面积为 0.7 平方公里，常住人口8325人，户数3338户。主要街巷有惠民南路、武江南路、光明巷3条；驻辖区单位：粤北人民医院、韶关学院医学院、韶关市美穗美达多粮油股份有限公司。

【武江南社区】 武江南社区居委与惠民东居委联合办公。社区于2005年4月在城韶关市区域调整时设置，其前身为新华街工农巷社区，武江南社区东起武江南路，西至惠民南路，南起田家炳中学，北至武江桥头。面积为0.7平方千米，有常住人口8985人，2850户，主要街巷有工农巷、武江南路、惠民南路、光明巷；驻辖区单位：韶关市中医院、韶关市皮肤医院、韶关市爱民女子医院、田家炳中学、广东发展银行韶关分行、武江区向阳小学。

【金洲社区】　金洲社区居委位于沙洲尾福彩路5号，办公场所有280平方米。金洲社区东起沿江西路（鸿洲花园至石背窝路口）；西至芙蓉东路（石背窝路口至金泽园南侧）；南起芙蓉新城南端至石背窝路口；北由金泽园至金福园南边路。面积0.82平方千米，常住人口14261人，户数4361户。主要道路：金洲一横路、金洲二横路、金洲三横路、金洲四横路、芙蓉东路、沿江西路、沙洲路；驻辖区单位：韶关市福利彩票发行中心、韶关市镇泰机电发展有限公司、韶关市爱尔眼科医院、韶关市圣亚泌尿外科医院。

【沙洲社区】　沙洲社区居委与金洲居委联合办公。沙洲社区东起沿江西路，西至芙蓉东路，南至金福园南边，北至新华南路，面积为0.78平方千米，常住人口10576人，户数3481户。主要街巷有：沿江西路、芙蓉东路、新华南路、韶关市地方税务局门前路，金福园南侧路两条；驻辖区单位：韶关市地方税务局、韶关市城管局、韶关市人才交流中心、武江区人民法院、金福园小学、田家炳中学初中部。

【新华南社区】　新华南社区居委位于新华南红玫路2号，办公场所有500平方米。新华南社区于2005年4月在城韶关市区域调整时设置，其前身为新华街西岸社区。新华南社区东起新华南路，西至芙蓉山脚，南至新华南红玫路2号，北至新民路。面积0.96平方千米，常住人口8238人，3224户。主要街道有新华南路、新民路、韶关市郊供电局门前路、新华南红玫路。驻辖区单位：广东省矿产应用研究所、广东中烟工业公司韶关卷烟厂、武江区民政局、武江区教育局、武江区残疾人联合会、新华街道办事处。

【芙蓉东社区】　芙蓉东社区居委与新华南居委联合办公。芙蓉东社区东起新华南路，西至芙蓉山脚，南至芙蓉东路，北至新华南路一横巷，面积为1.21平方千米，常住人口6320人，户数2107户。主要街巷有新华南路、烟草机械厂路、上连冲路、下连冲路、芙蓉东路、新华南路一横巷6条；驻辖区单位：省核工业地质局测绘院、韶关市第二拖拉机厂、韶关市烟草机械配件厂有限公司、韶关市锅炉设备安装公司、武江区教育局。

【红尾坑社区】　红尾坑社区居委位于曲仁红尾坑矿宿舍区，经区人民政府批准，于2005年6月10日设立。红尾坑社区为原曲仁红尾坑矿宿舍区，面积0.74平方千米。有常住人口2197人，742户。驻辖区单位：韶关市红光水泥实业有限公司、韶关市世邦新型建材实业有限公司。

【花城社区】　花城社区居委会位于武江区芙蓉东路178号碧水花城8栋附一层2楼，是区政府2011批准成立的社区。花城社区东起沿江路，西至芙蓉山，南至百旺大桥，北至沙洲五路，辖区面积1.8平方千米，常住总人口8440人，户数3656户。主要道路为沿江路一带。驻辖区单位：武江区人民武装部、核工业华南技工学校、广东韶能集团股份有限公司、韶关市安全监督管理局。

新华街道办事处领导名录

党工委书记：钟　真
党工委副书记：王洪明
李　毅（2015.1—）
委　　员：刘蜜书
胡慈芬
刘　薇（—2015.1）
周　明
谭冬连
饶佳运（2015.9—）
街道办主任：王洪明（2015.1—）
街道办副主任：胡慈芬
刘蜜书
李　婷（女，挂职，2015.5—）
纪工委书记：周　明
武装部部长：刘　薇（女，—2015.5）
饶佳运（2015.11—）

（撰稿人：林东韶）

先进人物·荣誉

2015年获市级以上先进单位称号名录

表5

获奖单位	授予单位	荣誉称号
芙蓉东社区	韶关市妇女联合会	韶关市儿童友好社区
花城社区	广东省地震局	广东省地震安全示范社区
花城	广东省住房和城乡建设厅	广东省宜居社区
沙洲	广东省住房和城乡建设厅	广东省宜居社区
芙蓉北	广东省住房和城乡建设厅	广东省宜居社区
工业西社区	广东省住房和城乡建设厅	广东省宜居社区
花城	韶关市爱国卫生运动委员会	韶关市2013—2014年度卫生标兵单位
金洲	韶关市爱国卫生运动委员会	韶关市2013—2014年度卫生标兵单位
沙洲	韶关市爱国卫生运动委员会	韶关市2013—2014年度卫生标兵单位
惠民东	韶关市爱国卫生运动委员会	韶关市2013—2014年度卫生标兵单位
惠民西	韶关市爱国卫生运动委员会	韶关市2013—2014年度卫生标兵单位
武江南	韶关市爱国卫生运动委员会	韶关市2013—2014年度卫生标兵单位
工业中	韶关市爱国卫生运动委员会	韶关市2013—2014年度卫生标兵单位

续表5

获奖单位	授予单位	荣誉称号
新华南	韶关市爱国卫生运动委员会	韶关市2013—2014年度卫生标兵单位
芙蓉东	韶关市爱国卫生运动委员会	韶关市2013—2014年度卫生标兵单位
新华街道办事处	韶关市爱国卫生运动委员会	韶关市2013—2014年度卫生标兵单位
西河镇	韶关市人民政府	韶关市2014年度人口与计划生育先进单位
惠民街	韶关市爱国运动委员会	2013—2014年度卫生标兵单位
惠民街	韶关市人民政府	2014年度人口与计划生育“先进单位”
惠民街沙湖社区	共青团广东省委员会	广东省五四红旗团支部
惠民街东岗岭社区	韶关市住房和城乡建设局	韶关市宜居社区
区工商局	广东省扫黄打非工作领导小组	“扫黄打非”工作先进集体
铁友机械有限公司工会委员会	中华全国总工会	全国模范职工之家
区检察院公诉科	韶关市检察院	集体三等功、业务考核成绩突出奖
区国税局办税服务厅	省国税系统	五星级办税服务厅
武江区东岗小学	韶关市教育局	创建全国优秀家长学校活动先进集体
区教育局关工委	市委教育工委、市教育局	韶关市教育系统关心下一代工作先进集体
新华街道新华南社区	广东省住房和城乡建设厅	广东省宜居社区
惠民街道东岗岭社区	广东省住房和城乡建设厅	广东省宜居社区
西联镇阳山村	广东省住房和城乡建设厅	广东省宜居村庄
重阳镇水口村	广东省住房和城乡建设厅	广东省宜居村庄

2015年获市级以上先进个人称号名录

表6

先进个人	授予单位	荣誉称号
新华街道金洲社区党支部书记 叶灿生	广东省委组织部	全省优秀社区党组织书记
武江区中英文实验幼儿园党支部书记、园长 钟桂凤	广东省委组织部	广东省优秀“两新”组织党组织书记
区法院 苏敏	广东省高级人民法院	荣誉天平奖章
区法院 岳正广	广东省高级人民法院	荣誉天平奖章
陈志红	韶关市总工会	韶关市优秀工会工作者
华新凤	韶关市总工会	韶关市优秀工会工作者
丘苑丽	韶关市总工会	韶关市优秀工会工作者
车玉红	韶关市总工会	韶关市优秀工会工作者
余智星	市委教育工委、市教育局	韶关市教育系统关心下一代工作先进工作者
黄万辉	市委教育工委、市教育局	韶关市教育系统关心下一代工作先进工作者
黄艳梅	市委教育工委、市教育局	韶关市教育系统关心下一代工作先进工作者
刘旭珊	韶关市检察院	优秀基层院副检察长
韩梅芳	韶关市总工会	先进工作者
刘志刚	韶关市检察院	个人三等功
区侨联 侯芊彤	韶关市侨联	韶关市侨联系统先进个人
宋道玉	韶关市总工会	韶关市粤北建功立业女能手
苏夏茹	韶关市总工会	韶关市粤北建功立业女能手
陈秋莲	韶关市总工会	韶关市粤北建功立业女能手
肖桃红	韶关市总工会	韶关市粤北建功立业女能手

先进人物事迹

广东省公安政治工作先进个人　刁丽春

刁丽春，女，1975年12月生，1996年参加公安工作，中共党员，二级警督警衔，现任武江公安分局治安管理大队教导员，先后荣立个人三等功2次，荣获2010年度韶关市城乡妇女岗位建功先进个人荣誉称号。作为全分局唯一的女性教导员，刁丽春以她温柔细心、善于沟通的特性，充分发挥思想政治表率作用，积极履行好队伍管理工作职责，受到领导和同志们的一致好评。刁丽春始终把抓大队班子内部团结作为队伍建设的基础，全力维护和提升班子的威信，使大队班子拧成牢固的一股绳。在日常思想政治教育中，她通过理论疏导、规谏疏导、慰藉疏导，全面了解掌握民警思想心理动态，及时纠正不良思想倾向，尽最大努力为民警排忧解难。她组织民警热心参与社会公益事业活动等，既健康丰富了民警业余生活，又增强了民警团队感和归属感。2015年3月5日是“向雷锋同志学习”纪念日，刁丽春组织治安管理大队民警开展了以“弘扬雷锋精神，做新韶关文明人”为主题的活动，积极向身患急性淋巴性白血病的4岁黄新兰小朋友捐款，并带领民警到医院看望，奉献爱心、送去温暖。作为教导员，刁丽春严以律已、以身作则、率先垂范，敢于实话实说，拒绝一切诱惑。如2015年初，她带队出差到梅州办案，每天都加班到很晚，当地企业表示要请吃饭慰问大家，被刁丽春委婉拒绝了。分局治安管理大队民警在她的带领下，同心协力，顽强拼搏，取得了一个又一个辉煌战绩。如：侦破公安部2014年度挂牌督办的“6·9”非法买卖、储存爆炸物品案；破获省厅2014年挂牌督办的“三电”案件；协助办理了24宗拒不支付劳动报酬案件，为农民工追回工资100多万元；在全市“3+2”专项行动年终排名中，分局涉赌专项取得全市排名第一的好成绩……刁丽春在实际工作中不断摸索、不断实践、不断完善，以“润物细无声”的方式促进着治安管理大队民警的心理和谐与队伍管理和谐，使基层思想政治工作在新时期焕发出新的生命力。2015年12月，刁丽春被授予“广东省公安政治工作先进个人荣誉称号”。

“广东省优秀人民警察”　范磊

范磊，男，汉族，1987年8月出生，广东韶关人，大学本科学历，二级警司，现任韶关市公安局武江分局新华派出所科员，负责治安、刑事案件侦办工作。在2014年上级公安机关部署开展“六大专项”行动以来，范磊认真贯彻分局和派出所的工作部署，切实强化各专项工作的打击力度。据统计，自“六大专项”行动开展以来，范磊共参与侦破“六大类”案件40宗，刑拘30人，逮捕16人。

2014年8月以来，范磊多次放弃休息时间进行侦查踩点。

针对韶关市武江区武江北路彭家村、工农巷招嫖女泛滥的问题，新华派出所案件组主动承担打击整治任务，范磊主动出击，对站街女招嫖的重点区域进行多次有效的打击。经过民警不懈努力，武江北路彭家村一片涉黄警情大幅下降，社会治安环境得到有效净化。

为了收集掌握治安情报信息，实施精确打击，范磊放弃休息，全天候转换为工作时间，深入到社区街巷，摸查情况，并组织有效的打击。12月3日晚，范磊在前期多次踩点摸查的基础上，派出所部署周密的行动，带领民警对韶关市武江区工农巷某出租屋进行检查，捣毁一个聚众赌博窝点，刑事拘留6人、行政处罚14人。由于该案人员众多，为保证战果不流失、两周内提捕的要求，范磊同志通宵达旦审阅材料、梳理案情，白天连续作战审讯疑犯，并根据案情，制作图表，勾画各嫌疑人在案件中所起的作用和分工，使该案的层级架构一目了然，为该案提捕后，在较短的时间内作出批复奠定坚实的基础。经过大力的整治和打击，辖区“聚赌”黑点武江桥底的社会丑恶现象明显减少。

范磊熟练应用传统侦查手段和综合应用各类公安信息系统，在筛选海量信息和碰撞不同系统中找出蛛丝马迹，为侦破案件找到突破口。11月16日，范磊参与侦办一起摩托车被盗案件。他在翻查监控录像、走访调查的基础上，通过逐一梳理海量信息和综合应用情报平台成功锁定嫌疑人，再通过调取前科资料和走访了解，最后成功伏击抓获犯罪嫌疑人。

范磊与家属异地分居，他以派出所为家，对工作认真负责、业务能力突出，甘于奉献、不计较个人得失。在“六大专项”行动中，他根据辖区治安态势的发展变化，开展各项针对性打击整治行动，深入打击各类突出违法行为，促进辖内治安环境进一步好转。在每次行动中，他总是冲锋在前，任劳任怨，总是把最难、最棘手的部分留给自己，并总能出色地完成工作。在六大专项行动中，范磊表现出一名优秀青年民警业精技强的整体素质和特别能战斗、特别能奉献的精神风貌。2015年2月，范磊被广东省公安厅评为“广东省优秀人民警察”。

2014年度韶关市“三八红旗手” 邬凯虹

邬凯虹以党性为后盾，以政治责任感为动力，以“党性最强、作风最正、工作出色”为具体要求，从思想上、作风上加强自身建设，恪尽职守、竭诚奉献、辛勤工作，为地税

工作作出了积极贡献和优异成绩。因成绩突出，多次荣获韶关市地方税务局先进工作者、优秀党员，并记“三等功”一次。所在单位也曾获得先后获得省级和市级“巾帼文明示范岗”的荣誉称号，被市人民政府授予“窗口之星”先进集体等称号。荣誉是一种鞭策，激励着她更加勤奋、更加努力地工作。

一、敬业精业，恪尽职守

地税工作的十八年来，她一直工作在基层一线，当过税收专管员、前台征收员，在重点税源股当过股长，无论干什么，她都坚持着认真负责，踏实苦干的原则。对待纳税人，耐心热情，对待工作，一丝不苟，对待问题，积极应对，对待难点，从不回避，从而使自己的工作多次赢得上级的表彰，得到领导和同志们的赞许。

二、热诚服务，无私奉献

牢记“全心全意为人民服务”的宗旨，真情服务，无私奉献。的确，税务工作者的岗位是平凡的，没有惊天动地的业绩，没有鲜花与掌声相随，有的只是默默无闻的奉献，数年来，始终坚守着自己的岗位。2015年1月，全国税收征管系统“金税三期”上线，面对改革时间紧、任

务重、征缴对象复杂、征缴压力大等道道难关，在局领导的带领下，周密组织，加强协调，各位岗位分工合作，相互配合。然而由于新系统的不稳定性，给征收工作带来了很多的突发状况和困难，加之临近年关，每天办税服务厅里站满了人，眼睛看花了，嗓子说哑了，腰也直不起来了，日复一日的加班加点，但她始终没有说过一句抱怨的话。

三、团结协作，奉献爱心

积极协助青工、妇女组织开展一系列形式多样、内容丰富、寓教于乐的活动。如登山、摄影等，丰富、活跃了分局干部的业余文化生活，形成了一种求知、向上、严肃、活泼的良好氛围，融洽了同志关系，增强了干部的凝聚力，充分展示了地税队伍的良好精神风貌。曾多次参加区局扶贫帮困、扶助弱势群体、公益爱心工程等活动，以实际行动彰显了良好的道德风尚。

统计资料

武江区 2015年国民经济和社会发展统计公报

武江区统计局

2016年3月29日

2015年，全区人民在区委、区政府的正确领导下，认真贯彻落实党的十八大和十八届三中、四中、五中全会及省委、市委全会精神，深入学习贯彻习近平总书记系列重要讲话，以发展为第一要务，凝聚力量，奋发图强，攻坚克难，抢抓机遇，开拓进取，全年经济稳步发展，各项社会事业健康发展。

一、综合

初步核算，全区生产总值2172155万元，增长6.1%。其中：第一产业增加值61270万元，增长3.8%；第二产业增加值1013317万元，持平（工业增加值888596万元，下降0.7%；建筑业增加值124721万元，增长5.9%）；第三产业增加值1097568万元，增长12.8%。在第三产业增加值中，交通运输业增长15.2%，批发和零售业增长19.7%，住宿和餐饮业增长10.2%，金融业增长9.9%，房地产业增长9.9%，营利性服务业增长8.0%，非营利性服务业增长13.9%。三大产业结构为2.8：46.7：50.5。按常住人口计算，人均生产总值70593元，增长5.1%。

二、农业

全区农林牧渔业总产值99394万元，增长3.6%。其中：农业产值68061万元，增长4.5%；林业产值8033万元，增长2.0%；畜牧业产值17786万元，增长1.6%；渔业产值3557万元，增长0.1%；农林牧渔服务业产值1957万元，增长5.8%。

全区粮食播种面积74201亩，下降0.03%；蔬菜播种面积57935亩，下降2.1%。粮食总产量27200吨，增长1.0%；蔬菜总产量121685吨，下降0.8%；水果总产量10715吨，增长4.4%；生猪出栏量87374头，下降1.7%；家禽出栏量699211只，增长5.7%；水产品起水量3938吨，增长0.1%。

三、工业和建筑业

全区规上工业总产值1799351万元，下降7.0%（现价下降8.1%）。全区工业增加值888596万元，下降0.7%。其中：规模以上844996万元，下降1.1%；规模以下43600万元，增长6.5%。

全区资质建筑业总产值416587万元，下降17.7%（现价）。全区建筑业增加值124721万元，增长5.9%。

四、固定资产投资

全区固定资产投资1017235万元，增长16.2%。其中：房地产开发完成投资524536万元，增长89.7%。房地产商品房销售面积81.28万平方米，增长0.2%；房地产商品房销售额

394274万元，下降5.6%。

五、贸易和外经

全区商品销售额1355966万元，增长8.6%。其中：批发业销售额315135万元，增长2.8%；零售业销售额929219万元，增长11.0%；住宿业营业额19068万元，增长1.5%；餐饮业营业额92544万元，增长7.4%。

全区社会消费品零售总额1009470万元，增长10.8%。其中：批发业零售额83638万元，增长10.0%；零售业零售额827660万元，增长11.0%；住宿业零售额7747万元，增长4.3%；餐饮业零售额90425万元，增长10.1%。城镇零售额913492万元，增长10.8%；农村零售额95978万元，增长10.9%。

全区合同吸收外资金额2万美元，下降99.9%。实际利用外资88万美元，下降96.8%。全区外贸进出口总额3078万美元，下降4.0%，其中：出口总额1555万美元，增长0.6%。

六、科技、教育、卫生

全年专利申请量528件（发明154件，实用新型198件，外观设计176件），全年专利授权量358件（发明专利27件，实用新型178件，外观设计数153件）。

全区普通中学学校9所，其中：初级中学6所，九年一贯制2所，高级中学1所。中学专任教师643人（初中487人，高中156人），其中：女教师355人（初中265人，高中90人）。中学在校学生7718人（初中5346人，高中2372人），其中：女生3645人（初中2445人，高中1200人）。中学毕业学生2982人（初中2045人，高中937人），其中：女生1424人（初中942人，高中482人）。初中升学率99.8%，其中：女生升学率99.8%。高中升学率76.3%，其中：女生升学率91.7%。

全区小学学校20所。小学专任教师1104人，其中：女教师767人。小学在校学生23590人，其中：女生11059人。小学毕业学生3171人，其中：女生1498人。小学升学率100%，其中：女生升学率100%。学龄儿童入学率100%。

全区幼儿园61所（城区49所，镇区4所，乡村8所），其中：教育部门办1所，企业事业单位办2所，民办58所。幼儿园专任教师720人，其中：女教师715人。幼儿在园人数12197人，其中：女生5587人。

全区医院、卫生院19所，床位4752床，卫生技术人员4126人，其中：执业医师1087人，卫生防疫人员79人。

七、人口、人民生活与社会保障

全区年末户籍总人口268505人，其中：非农业人口186914人；女性133313人。全区常住人口30.93万人，其中：城镇人口25.34万人，城镇化率81.93%。全区常住出生人口3088人，出生率11.07‰；死亡人口1315人，死亡率4.71‰；人口自然增长率6.36‰。

全区地方一般公共预算收入42197万元，增长3.1%。据城乡一体化居民家庭抽样调查，全区城乡居民人均收入25458元，增长8.8%，其中：城镇居民人均可支配收入28015元，增长8.5%；农村居民人均可支配收入14058元，增长9.6%。城乡居民收入比1.99：1。

全区年末城镇登记失业人员3685人，城镇登记失业率2.80%，参加城镇基本养老保险29658人，参加新型农村养老保险26842人，参加城镇基本医疗保险177996人，参加农村新型合作医疗人数69601人。

全区年末社会福利收养性单位7个，社会福利收养性单位床位数1014床。享受城镇居民最低生活保障有668户1076人，享受农村居民最低生活保障有847户1762人，享受农村五保供养人数90人。

注释：

1. 本公报数据为初步统计数；

2. 本公报数据除特别注明外均为地域统计数；

3. 生产总值、各行业增加值、总产值绝对数按当年价计算，增长速度按可比价计算。

2015年武江区国民经济统计资料表

表7

指标名称	计量单位	2015年数值
年末户籍总人口	人	268505
其中：非农业人口	人	186914
年末总户数	户	104552
年末常住人口	万人	30.93
其中：非农业人口	万人	25.34
自然增长率	‰	6.36
国内生产总值(现价）	万元	2174537
其中：第一产业增加值	万元	61943
第二产业增加值	万元	1039310
其中：工业增加值	万元	914589
建筑业增加值	万元	124721
第三产业增加值	万元	1073284
农业总产值	万元	100762
规上工业总产值	万元	1799351
资质建筑业总产值	万元	416587
社会消费品零售总额	万元	1009470
固定资产投资	万元	1017235
其中：房地产开发投资	万元	524536
实际利用外资	万美元	88
外贸进出口总额	万美元	3078
其中：出口总额	万美元	1555
城镇单位在岗职工年末人数	人	77160
城镇单位在岗职工年人均工资	元	58628
城镇居民人均可支配收入	元	28015
农村居民人均可支配收入	元	14058
人均生产总值	元	70671
地方一般公共预算收入	万元	42197
地方一般公共预算支出	万元	99508

文件辑录

适应新常态　寻求新突破
全力开创武江发展新局面

——在中共韶关市武江区委八届四次全会上的报告

（2015年1月26日）

王德雄

同志们：

现在，我代表区委常委会向全会作工作报告。

一、过去一年的主要工作

2014年以来，区委常委会认真贯彻落实党的十八大和十八届三中、四中全会及省委、市委全会精神，深入学习贯彻习近平总书记系列重要讲话，紧紧围绕城镇化和工业化“双轮驱动”战略，团结带领广大党员和干部群众，改革创新，狠抓落实，经济发展呈现稳中有进的良好态势；深入开展党的群众路线教育实践活动，抓作风反腐败，社会和谐稳定。

（一）以重点项目建设为抓手，实力武江得到新提升。

区委常委会坚持把重点项目作为推动经济发展的主要抓手，全年完成生产总值204.8亿元，突破200亿元大关，增长9.9%；区级公共财政预算收入突破4亿元大关，增长18.8%；实施重点项目55项，完成固定资产投资87.6亿元，同比（下同）增长44.5%，增速位居全市首位。

一是芙蓉新区呈现热火朝天的建设场面。征地工作加快推进。2014年，芙蓉新城完成路网交地800余亩，保利商业综合体、市民文化活动中心等重点项目交地约1000亩，确保了新城11个重点项目建设用地；苗圃基地交地近600亩；莞韶城一期及智慧广场等项目交地6000余亩。安置工作全面加快。赤水新村228套房屋已投入使用，西联新村117栋房屋、芙蓉新村115栋房屋正抓紧建设，今年可建成房屋1228套并启动搬迁；车头、阳山新村建设基本完成土地平整，即将实施主体建设；下胡新村已完成选址，今年上半年有望正式动工。路网工程取得重大进展。芙蓉大道南、32号路已建成通车，百旺路改扩建、芙蓉大道北、南华路、滨江路等6条骨干道路正在动工建设，“三纵三横”的新城路网框架初步成型。公建项目建设进度加快。广东韶关实验学校顺利开学；新城排洪水系、芙蓉隧道、综合客运枢纽项目开工建设；原东南轴承厂修复再利用工程基本完工，市行政服务中心等12个单位进驻新城。新区城市产业项目逐步增多。人保财险等企业进驻新城，保利商业综合体项目进入实质性规划建设阶段，碧桂园太阳城凤凰酒店开业运营。大型社区建设稳步推进。以碧桂园太阳城、恒大城、保利大都会为主的三大居住片区初具规模，已建成商品房1.5万多套，社区入住率逐步提高，人气逐步提升。莞韶城建设突飞猛进，黄沙坪电子商务产业园首期50栋电子商务楼建设完工，区内路网等基础设施快速推进。

二是老城区改造力度不断加大。“三旧”改造项目稳步推进，原福苑酒店项目正在进行地下室施工；二棉厂改造项目已完成5座楼房的主体施工；万紫千红项目正在进行土石方工程；万通城项目总体建筑优化设计基本完成；原市农业局大院和芙蓉丽景等项目也在加快推进。市政工程项目有序推进，工业西内涝整治工程基本完工，芙蓉北路、上饶路、移山路、群康路等项目正在加快建设，奥园项目第一期顺利进场施工。

三是工业化稳步发展。继续实施激励政策，建立重点企业跟踪服务、预测预警工作机制，积极推动和帮助传统优势企业实现增资扩产。全区完成规模以上工业增加值81.2亿元，同比增长8.6%。全区实际利用外资2731.4万美元，全市排名第一。新的工业平台健康发展。科技工业园已建成投产企业28家，2014年实现工业总产值7.6亿元，同比增长26.1%。甘棠园区基础设施进一步完善，逐步迎来企业入园建设高峰期，签约的41家企业已有24家挂牌成交，其中，莱雅化工、以纯服装、烟草机械等19个项目正式动工建设，飞翔自动变速箱一期工程已完成设备调试进入试产。

四是第三产业呈现新景象。交通银行、东莞银行等金融机构入驻武江；光华五金机电商贸城顺利开业；汇展酒店、碧桂园太阳城凤凰酒店建成使用。房地产业稳步发展，全区商品房销售面积达81.1万平方米，增长5.6%，完成销售额41.8亿元；完成社会消费品零售总额89.5亿元，增长11.1%；全区完成第三产业增加值100.3亿元，增长11.2%。

五是“三农”工作稳步提高。全年投入“三农”基础设施建设1925万元，建设高标准农田1.5万亩，成功申报农田水利重点县建设项目，农业发展基础进一步夯实。充分利用城郊地理位置优势，加快推进农业现代化，新增养牛、石斛种植、食用菌生产等3个特色农业基地。加快推进农业产业化进程，新培育国家级农业龙头企业1家，市级农业龙头企业2家，新培育家庭农场5家。扎实开展名村、示范村建设，新建成2个名村5个示范村。大力实施植树造林工作，全年完成植树造林面积1.8万亩，新增生态公益林8万多亩，建设森林公园1个。全区实现第一产业增加值5.8亿元，增长3.9%，农民人均纯收入增长10%以上。

（二）坚持持续改善民生，幸福武江谱写新篇章。

区委常委会坚持以人民幸福为“第一追求”，从群众最急切的问题抓起，从群众最希望的事情办起，用改革的思路和可持续发展的方式统筹做好民生工作。

一是进一步加大民生投入。一年来共支出5亿多元用于保障民生，占总支出的64.3%；共发放低保资金1065万元，支出五保供养金73.4万元，低收入人群的基本生活得到了有效保障。狠抓社保扩面征缴，顺利完成城乡居民社会养老保险和医疗保险参保任务。采取积极措施推动就业创业，全区城镇登记失业率为2.8%，城市居民人均可支配收入增长9%以上。曲仁矿棚户区改造工作取得突破进展，477户棚改户将入住新居。大力推进扶贫工作，全区共落实帮扶资金1632万元，新增帮扶项目51个，4个贫困村的集体收入达到8万元以上，贫困户年人均纯收入达到6500元以上。政府承诺为民办的十件实事基本完成。

二是不断提升基本公共服

务水平。科技工作再创新高，2014年我区被确定为国家知识产权强县（区）工程示范试点区；教育教学质量稳步上升，教育创强成果进一步巩固；文化惠民工程有序推进，“三下乡”活动深入开展；卫生工作稳步推进，江湾卫生院业务楼投入使用，群众就医条件进一步改善；全力做好登革热、埃博拉病毒防控工作，没有出现重大卫生安全事故；严格落实各项计生奖扶政策，计划生育率达91.0%，人口计生工作全面加强。

三是加大力度提升城市文明程度。以创文巩园工作为抓手，落实学雷锋志愿服务、群众性精神文明创建等十项工程建设任务，在全区培育和践行社会主义核心价值观，不断加强社会公德、职业道德、家庭美德、个人品德教育。扎实开展打击“两违”工作，一年来共拆除大小违法建筑140宗，合计面积约3.7万平方米。市容卫生、城市绿化、美化、亮化等工作不断加强，有效巩固了“国家卫生城市”成果，宜居环境进一步改善。

（三）坚持依法化解社会矛盾，平安武江彰显新形象。

区委常委会坚持以社会和谐为“第一责任”，创新举措强化管理，不断健全维护群众权益机制，推动社会管理精细化，努力营造和谐安定的社会环境。

一是大力推动创平工作，群众安全感进一步提升。狠抓“平安细胞”工程建设，深入推进平安村（居）、平安小区、平安校园、平安家庭等创建活动，推动平安建设全覆盖，不断积“小安”为“大安”。不断完善打、防、控、管一体机制，形成全方位、多层次、立体化的防控网络；扎实开展“六大专项”打击整治行动，严厉打击违法犯罪活动，有效促进社会治安持续向好。积极开展安全生产、食品药品安全和消防专项检查，有效预防了各类重特大安全事故发生。

二是抓源头促和谐，依法有效化解社会矛盾纠纷。充分发挥区、镇（街）、村（居）三级综治信访维稳中心和各级人民调解组织的作用，全年共调解民间纠纷1218件。以宣传贯彻省《信访条例》为契机，不断加强信访工作，规范群众信访秩序，全年区信访部门共办理群众来信来访185批（件）425人次，调处成功179宗，调处成功率达96.8%。扎实开展“社会矛盾化解年”活动，活动中排查出来的28宗重点案件全部及时化解。

三是落实依法治区，民主法制建设进一步深化。扎实推进“六五”普法工作。大力支持人大、政协依法依章履行职责，人大代表联络站和政协委员工作站发挥积极作用。“一府两院”依法办事、依法行政、公正司法得到保证。重视发挥工青妇等人民团体的桥梁纽带作用。民族宗教、工商联、外事侨务、港澳台事务、残疾人、妇女儿童、爱国卫生、档案、史志、保密等工作取得新成绩。大力加强党管武装工作，年度征兵工作圆满完成，“双拥模范城”创建工作深入开展。

（四）全面加强党的建设，发展合力进一步凝聚。

区委常委会坚持把加强和改进党的建设作为重大政治责任，不断加强党的政治建设、思想建设、组织建设、作风建设、反腐倡廉建设、制度建设，为推进各项事业发展提供坚强有力的保证。

一是扎实开展党的群众路线教育实践活动。组织区四套班子、7个镇（街）、43个区直及驻区单位、339个基层党组织共9786名党员参加活动。活动中，区委坚持围绕深刻领会习近平总书记系列重要讲话精神，把深化学习教育摆在首位，通过学习手册、“口袋书”、专题讲座、研讨交流、观看专题片等多种形式抓好集中学习，为扎实有效推进活动奠定坚实思想基础。同时，通过开展走访调研、现场接访、座谈会、谈心谈话、无记名测评调查等，广泛听取各行各业的意见建议，共征集原汁原味意见建议1955条。在此基础上，聚焦“四风”抓整改，严肃开展批评和自我批评，深入开展谈心交心活动，召开高质量专题民主生活会和专题组织生活会，切实解决干部作风问题。同时，坚持通过完善制度建立长效机制，共废止制度34项，新建制度243项，修订制度280项。

二是进一步加强干部队伍建设和基层组织建设。深入学习贯彻新修订的《党政领导干部选拔任用工作条例》，严把选人用人关，让一批能干事、肯干事、干成事的优秀干部走上领导岗位。从严管理监督干部，深入开展超职数配备领导干部整改工作，各级领导干部结构更趋合理，选人用人公信度明显提升。大力加强基层组织建设。顺利完成村、社区“两委”换届选举工作，加强基层组织带头人队伍建设，“两委”班子结构更趋合理，素质不断提升。启动村（居）干部学历培训计划。区四套班子领导挂点联系村（居）、乡镇（街道）领导干部驻点普遍直接联系服务群众和机关在职党员到社区报到为群众服务等工作走向制度化、常态化。

三是坚定不移推进党风廉政建设和反腐败斗争。深入贯彻落实中央八项规定精神，2014年，全区精简会议36.2%、文件22.6%、“三公”经费42.8%、评比表彰活动90%。查处违反中央“八项规定”的问题4个、处理4人。大力整治机关日常工作中存在的“三难”问题和“庸懒散奢浮软”等不良风气。完善作风暗访工作机制，开展暗访13次，对24个单位的28名干部职工违反工作纪律情况进行了通报批评。扎实开展党员领导干部廉洁教育活动，分别组织正科领导干部和副科以下干部到省、市反腐倡廉教育基地开展警示教育；对新任“两委”干部进行警示教育和开展集体廉政谈话，上廉政辅导课，不断筑牢各级领导干部拒腐防变的思想防线。大力支持纪检监察机关“三转”工作和清理退出议事协调机构，支持纪检监察机关集中力量严肃查处各类违纪违法案件，全年共查处违纪案件63宗63人，营造了风清气正的干事创业环境。

同志们，过去一年的成绩来之不易，是全区人民团结奋进的结果。我代表区委常委会，向所有关心和支持武江发展的各级干部、广大群众和社会各界人士，表示衷心的感谢！

二、准确把握方向和重点，全力做好2015年各项工作

2015年是“十二五”规划的收官之年，也是我们深入贯彻党的十八大、十八届三中、四中全会和习近平总书记系列重要讲话精神，全面深化改革的重要一年。站在新的起点，我们必须清醒地认识武江面临的发展机遇和挑战。

一方面，世界经济深度调整、缓慢复苏，形势更加复杂。国内经济发展进入新常态，从高速增长转向中高速增长。同全国、全省、全市一样，我区经济面临较大下行压力，经济增长质量不高的问题仍未根本改变。农业规模小、产业化水平不高；工业结构欠优、活力不足；商业外向度不高、市场有效需求不足；信访维稳压力还比较大，不安全不稳定因素仍然较多。

另一方面，党的十八届三中全会部署的各项改革措施逐步推开，加快发展的内生动力和活力将更加显现；省委、省政府对粤东西北地区振兴发展持续发力，东莞市全面对口帮扶力度加大，莞韶城、莞韶产业园加快建设；市委、市政府全力加快新区建设，为我区提供了良好的发展机遇。我区发展基础不断夯实，甘棠园区一批优质工业项目即将建成投产，全区工业即将迎来新的增长点；一批星级酒店、商贸综合体、专业市场、地产项目加快建设，全区发展能量进一步集聚。我们必须抢抓机遇，改革创新，主动作为，方能不辱使命，不负重托。

2015年全区工作总体要求是：全面贯彻落实党的十八大

和十八届三中、四中全会、省委十一届四次全会及市委工作会议精神，深入学习贯彻习近平总书记系列重要讲话精神，主动适应经济社会发展新常态，全面加快“两化”进程，以改革创新的精神力促经济实现新发展；全面统筹城乡发展，以营造更加公平的社会环境为重点持续改善民生；全面推进依法治区，以法治思维和法治方式维护社会和谐稳定；全面落实从严管理干部队伍各项要求，聚精会神抓好党的建设。

综合研判发展形势，区委、区政府提出今年经济增长的预期目标为8%左右。这个目标符合中央、省、市要求，符合武江实际，是能够实现的。需要强调的是，完成8%的增长目标并不容易，需要全区共同努力，在实际工作中还要力争完成得更好一点。

（一）全面加快“两化”进程，以改革创新的精神力促经济实现新发展。

芙蓉新城是武江实现整体升级的希望所在，甘棠园区承载着武江工业转型发展的梦想。我们必须以时不我待的紧迫感，在全面深化改革的大背景下，开拓思路、克服困难、创新方法，全面加快园区和新城建设。

第一，以芙蓉新城为着力点，在加力提速城镇化上谋求新突破。坚持安置优先和项目优先，全力配合市拓展城市空间。继续加快新城农民安置新村建设，进一步完善赤水新村的配套设施，力争西联、芙蓉、车头安置新村房屋建设工程年内完工，启动下胡安置新村房屋工程建设。同时，积极支持和引导村集体经济发展用地的开发建设，拓宽农民增收渠道，协调解决农民的后顾之忧。积极稳妥推进和谐征收，积极配合市完善土地、房屋征收安置政策，加快研究解决征地遗留问题和房屋征收补偿等问题，确保新城各项目顺利交地。做好项目服务工作，配合市加快交通路网、文体场馆、市场、公园等市政和公共配套项目实施；继续配合市抓好保利商业综合体、恒大酒店等商业项目的实施，力促形成新城蓬勃发展的良好局面。

坚持将提升城市形态和优化业态结合起来，全力提升老城区形象。加快推动蝶峦酒店、万紫千红、恒熙华城、万通城、万象新城、芙蓉丽景等“三旧”改造项目的建设，以点带面，力争更多的项目实现动工建设。大力支持欧浦御龙湾、南枫碧水花城、碧桂园、恒大、保利等房地产项目的开发建设，进一步打造宜居武江品牌。积极推进棚户区改造，全力配合市做好芙蓉北路改扩建、上饶路、移山路、群康路、独芳路等市政项目的建设工作，进一步完善城市基础设施建设水平。强化创文巩园成果，继续开展市容环境综合整治；建立长效机制，继续做好拆违控违工作，不断优化城市环境。

第二，以甘棠园区和莞韶园区为着力点，在促进工业结构调整上谋求新突破。加快推进甘棠园区的发展，关键是要尽快在企业投产见成效上实现新突破。2015年的主要工作是全力以赴推动已签约的41家企业实现全面动工建设，力促企业早日建成、尽快投产，为武江工业发展注入活力、提供支撑，真正实现以增量带动结构优化。全面配合莞韶园区的征地拆迁和项目建设工作。同时，积极扶持传统优势产业做优做强。加快培育“三上企业”，扩大经济增长支撑基础。对于烟草、电力、机械制造、制药、玩具等现有支柱企业，继续加大协调支持力度，鼓励企业优化产品结构，实现增资扩产，稳定全区工业增长的基本面。

第三，以重点项目为着力点，在提升现代服务业水平上谋求新突破。充分发挥“韶关市中心功能区”优势，重点推进奥园、万通城、恒大酒店等商业项目建设，进一步提升旅游服务、总部经济服务、餐饮、娱乐、酒店等服务业水平，培育新的消费热点；鼓励和支持前进建材城、五洲国际汽配城和光华五金机电商贸城进一步发展壮大，不断提升专业市场的规模和档次；按照产城融合的原则，继续配合市加快推进莞韶城的开发建设，依托莞韶城黄沙坪电子商务产业园，加快发展电子信息产业，进一步提升全区现代服务业水平。

第四，以农业现代化为着力点，在加强农业基础上谋求新突破。积极推进土地经营权确权登记颁证工作，引导土地经营权有序流转，发展农业适度规模经营。充分发挥城郊的地理位置和交通优势，做强特色精品农业；进一步加大农业基础设施和水利设施建设力度；进一步优化农业发展方式，培育和壮大农业龙头企业和农民专业合作组织。

（二）全面统筹城乡发展，以营造更加公平的社会环境为重点持续改善民生。

习近平总书记指出："让老百姓过上好日子是我们一切工作的出发点和落脚点"。要抓住群众最关心最直接最现实的利益问题，更加注重保障基本民生，更加注重关注低收入群众生活，扎实办好民生实事。

第一，坚持加大投入，不断提升民生保障水平。着力解决困难群众的生活问题，落实城乡低保和五保政策，做到应保尽保。加强残疾人事业，完善社会救助体系，扶持发展社会慈善事业。抓好扶贫开发工作，狠抓帮扶项目落实，发展壮大贫困村经济，加快贫困户脱贫致富，确保高质量完成扶贫工作任务。进一步加快社会保障体系建设，扩大各类社会保险的覆盖面，按照上级部署，稳步推进机关事业单位养老保险制度改革。加快落实山区和边远地区教师和卫生工作人员补贴政策。

第二，坚持统筹兼顾，不断提升基本公共服务水平。进一步落实促进就业和扶持创业政策，健全就业服务体系，加强职业技能培训，促进充分就业。加强科技创新驱动发展和知识产权保护，做好专利申请工作，不断提升全区科技工作水平。统筹城乡义务教育资源均衡配置，规范和完善学校教学管理，切实加强师资队伍建设，促进教育质量持续提升。全面贯彻落实市"文化名城"战略，加强文化建设，大力弘扬社会主义核心价值观，加大文化惠民力度，大力开展送戏、送书、送电影下乡活动，全面铺开广场文化惠民工程，进一步丰富群众文化生活，在全社会形成讲文明、树新风的良好氛围。深化医药卫生体制改革，加强卫生院和社区卫生服务中心建设，促进基本公共卫生服务均等化。切实抓好人口与计划生育工作，推进计划生育综合改革，着力稳定低生育水平。

第三，坚持绿色发展，不断提升可持续发展能力。进一步加强生态文明建设。全力推进新一轮绿化大行动，加强森林资源保护，加快推进生态景观林、碳汇造林和森林进城围城等重点生态工程建设；以创建名镇、名村示范村为抓手，扎实推进新农村建设，全面改善农村环境卫生；进一步加强工业、建筑和公共机构等重点领域的节能降耗工作，确保完成节能减排工作目标。

（三）全面推进依法治区，以法治思维和法治方式维护社会和谐稳定。

党的十八大报告指出："提高领导干部运用法治思维和法治方式深化改革、推动发展、化解矛盾、维护稳定能力"。这要求我们全体干部要把法治作为开展工作的基本手段，用法治的思维去思考和谋划工作，用法治的办法去解决和处理问题，用法治的手段去推动发展、维护稳定，努力推动形成办事依法、遇事找法、解决问题用法、化解矛盾靠法的良好法治环境。

第一，突出用法治手段化解社会矛盾，最大限度减少社会不稳定因素。要继续深入推进社会矛盾化解工作，创新矛盾化解平台和协作机制，充分发挥区、镇（街）、村（社区）三级综治信访维稳中心、党代表工作室、人大代表联络室、政协委员工作站等机构的作用，以涉农领域、劳资关系、环境保护三大领域为治理重点，深入排查不稳定因素，集中力量化解积案。继续深入贯彻落实省信访条例，推进涉法涉诉信访事项改革，引导群众有问题依靠法律来解决，避免出现那种大闹大解决、小闹小解决的现象。要健全依法维权和化解纠纷机制，畅通和规范群众诉求表达、利益协调和权益保障渠道。落实一村（居）一法律顾问制度，完善法律援助制度，健全司法救助体系，使群众相信，只要是合理合法的诉求，通过法律程序就能得到合理合法的结果。

要扎实开展平安武江建设。完善立体化治安防控体制机制，推进平安细胞工程，严厉打击各类违法犯罪活动，认真做好防范和处理邪教工作，深入开展国防教育，积极做好“双拥模范城”创建工作。强化公共安全体系建设，严格落实安全生产责任，畅通食品药品投诉举报渠道，加强食品药品监管体系建设，保障食品药品安全。健全公共安全预防预警和应急处置体系，坚决杜绝重特大事故发生。

第二，突出加强普法教育，为推进法治武江建设营造良好的社会环境。在全区范围内深入开展法治宣传教育。把法治教育纳入精神文明创建内容，着力提升全民法律素质，增强全社会厉行法治的积极性和主动性，形成守法光荣、违法可耻的社会氛围。坚持学法制度，区领导和党员干部要带头学法、守法、用法，增强依法行政、依法办事的思想自觉和行动自觉；要加强市场监管，引导和教育企业依法经营；要加大基层民主法治建设力度，支持基层组织和各类社会主体自我约束、自我管理，发挥市民公约、乡规民约、行业规章、团体章程等社会规范在社会治理中的积极作用。

第三，突出发挥人大、政协、司法机关的作用，形成推进法治武江建设的强大合力。支持区人大及其常委会围绕建设“有为人大、活力人大、和谐人大”的目标，充分发挥地方国家权力机关的职能作用，依法行使监督、决定、任免等职权，切实加强对“一府两院”的监督。支持区政协政治协商、民主监督、参政议政制度化、规范化、程序化建设，坚持把政治协商纳入区委的决策程序，就经济社会发展重大问题和涉及群众切身利益的实际问题广泛协商。加强人大代表和政协委员队伍建设，加大力度建设人大代表联络室和政协委员工作站，创新履职方式，确保充分发挥作用。支持司法机关依法独立行使审判权、检察权，让人民群众在每一起司法案件中都感受到公平正义。

（四）全面落实从严管理干部队伍各项要求，聚精会神抓好党的建设。

习近平总书记指出：“世间事，做于细，成于严”。从严是我们做好一切工作的重要保障。要按照“三严三实”的要求，建设一支“信念坚定、为民服务、勤政务实、敢于担当、清正廉洁”的干部队伍。

第一，巩固拓展群众路线教育实践活动成果，从严从实抓好领导班子和干部队伍建设。要继续学习贯彻党的十八大、十八届三中全会、四中全会和习近平总书记系列重要讲话精神，切实教育广大党员干部坚定理想信念，加强党性修养。要坚持党性原则，严肃党内政治生活，用好批评和自我批评的武器，着力提高民主生活会质量。要切实抓好作风和制度建设工作，切实把群众反映的问题落实好、解决好。要进一步加强干部队伍建设，坚持党管干部原则，坚持注重实绩、群众公认，拓宽选人视野和渠道，注重从基层一线培养选拔使用干部。坚持从严管理干部，落实提醒、函询、诫勉预警告诫制度，健全谈心谈话制度，完善干部能上能下机制，努力建设一支高素质的干部队伍。坚决反对“为官不为”，教育引导党员干部适应在严格约束下干事创业，习惯在严格遵章守纪中做好工作，习惯在严格自律中担当责任。

第二，加强基层组织建设，夯实推动发展的基层基础。开展基层党（工）委书记抓基层党建工作述职评议考核，推动基层党建责任落到实处。加强基层干部队伍建设，选好、用好、管好基层组织带头人。建立整顿软弱涣散党组织长效机制，下大力气解决农村集体资产管理等基层治理的突出问题。扎实开展乡镇（街道）领导干部驻点普遍直接联系服务群众和机关在职党员到社区报到为群众服务活动，充分发挥便民服务中心、党代表工作室等各类服务平台的作用，切实提高基层党组织和广大党员服务群众的能力水平。

第三，加强党风廉政建设，进一步营造风清气正的良好氛围。要坚持不懈抓作风建设，时刻绷紧作风建设这根弦，继续深入贯彻落实中央八项规定和省、市实施办法，加强对厉行节约、公车私用、办公用房和职务消费等规定执行情况的监督检查，确保“四风”问题不反弹、不回潮，确保改进作风规范化、常态化、长效化。要坚定不移推进党风廉政建设，认真落实党风廉政建设党委主体责任和纪委监督责任。多形式开展廉政教育，落实廉政谈话和廉政提醒制度，筑牢党员干部拒腐防变的思想道德防线。加强对权力运行的制约和监督，认真落实权力公开透明运行规定、党政领导班子主要负责人述责述廉述德、个人有关事项及重大事项报告制度，扎实推进党风廉政建设巡查工作，加强审计监督，让权力在阳光下运行。始终保持查办案件的高压态势，坚持有案必查、有腐必惩，努力做到政治清明、干部清廉。

同志们，今年是“十二五”的收官之年。各单位要认真总结“十二五”规划实施情况，分析存在的薄弱环节并努力加以解决，扎实开展好冲刺工作，确保完成“十二五”规划任务。同时，各单位要结合我区经济社会发展实际，深入调研，认真分析预测“十三五”期间面临的重大问题，切实做好“十三五”规划编制工作。

同志们，新一年的工作目标和工作任务已经明确。我们要以更加饱满的精神、更加昂扬的斗志、更加务实的作风，积极适应新常态，寻求新突破，为圆满完成今年目标任务，开创武江发展新局面而努力奋斗！

〔2015·12〕区委八届五次全体（扩大）会议文件之一

主动融入珠三角 开创发展新局面 为全面建成小康社会努力奋斗

——在中共韶关市武江区委八届五次全会上的报告

王德雄

（2015年12月31日）

同志们：

这次全会的主题是，深入贯彻落实党的十八届五中全会、省委十一届五次全会和市委十一届八次全会精神，总结回顾我区“十二五”时期的工作，研究部署“十三五”时期和2016年的工作，审议《中共韶关市武江区委关于制定国民经济和社会发展第十三个五年规划的建议》，进一步统一思想，凝聚力量，团结全区上下为全面建成小康社会努力奋斗。

下面，我代表区委常委会，向全会作工作报告。

一、认真学习贯彻党的十八届五中全会、省委十一届五次全会和市委十一届八次全会精神

党的十八届五中全会是在我国全面建成小康社会进入决胜阶段召开的一次重要会议，全会审议通过了《中共中央关于制定国民经济和社会发展第十三个五年规划的建议》，就“十三五”时期经济社会发展作出了全面部署，对我国全面建成小康社会，实现“两个一百年”奋斗目标，具有重大而深远的意义。中央关于“十三五”规划的建议，明确了“十三五”时期我国发展的指导思想、基本原则、目标要求、基本理念、重大举措，体现了“四个全面”战略布局和“五位一体”总体布局，顺应了我国经济发展新常态的新要求，是我国经济社会发展和全面建成小康社会的重要指导和行动指南。习近平总书记代表中央政治局所作的工作报告和在全会上的重要讲话，实事求是地总结了党的十八届四中全会以来中央政治局的工作，深刻分析了当前形势和任务，为我们做好各项工作指明了方向。

11月25日，省委召开十一届五次全会，全面贯彻落实党的十八届五中全会精神，审议通过了《中共广东省委关于制定国民经济和社会发展第十三个五年规划的建议》，描绘了广东未来五年发展的宏伟蓝图。省委书记胡春华同志的重要讲话，全面贯彻了“五大发展理念”，对全省经济社会发展，率先全面建成小康社会，率先基本实现社会主义现代化的新征程作出部署，并对补齐发展短板、加快形成以创新为主要引领和支撑的经济体系和

发展模式，进一步完善市场化国际化法治化发展环境，不断提高党领导经济社会发展的能力和水平等重大问题和重要工作作了深刻阐述，是我们做好各项工作的重要遵循。

12月17日，市委召开了十一届八次全会，深入贯彻党的十八届五中全会和省委十一届五次全会精神，审议通过了《中共韶关市委关于制定国民经济和社会发展第十三个五年规划的建议》。市委书记蓝佛安同志作了重要讲话，要求坚持问题导向，补齐经济发展、民生社会事业发展、扶贫开发、资源环境领域等短板，坚定不移实施主动融入珠三角总战略，践行五大发展理念，以思想大解放推动韶关振兴发展，蓝书记的讲话为全市的发展指明了方向。

我们一定要把思想和行动统一到中央、省委和市委全会的精神上来，全面贯彻落实好中央、省委和市委提出的各项任务，认真总结我区“十二五”发展的经验，科学谋划好“十三五”规划，努力开创武江经济社会发展新局面。

二、认真总结“十二五”时期主要工作，为“十三五”发展打好基础

“十二五”时期，在市委、市政府的正确领导下，区委认真履职尽责，带领全区人民克服各种困难，奋发图强，攻坚克难，确保了干部队伍和社会的稳定，确保了经济稳步发展，基本完成了“十二五”规划的主要目标和任务，为“十三五”时期全面建成小康社会打下了良好的基础。

（一）全面加快“两化”进程，经济实力进一步增强。

“十二五”期间，我区经济发展实现了三个突破：生产总值突破200亿元大关，预计到2015年，全区实现生产总值219亿元，较“十一五”末（下同）年均增长9.5%；人均生产总值突破7万元，年均增长8%，成为全市第一个突破1万美元的县（市、区）；区级一般公共预算收入突破4亿元，年均增长13.7%。

1.着力推进新型城镇化战略，城市扩容提质进一步加速。一是积极配合市推进芙蓉新城建设。五年来，累计完成征地2万余亩；完成赤水新村228套安置房建设，村民陆续入住新房；芙蓉新村、西联新村、车头新村1000多套安置房正在加紧建设；下胡新村前期工作正稳步推进。在征地拆迁安置工作顺利推进的保障下，新城重点项目建设成效明显，目前，已有77个项目入驻新城，新城“三纵三横”的路网框架初步成型，广东韶关实验学校、碧桂园太阳城凤凰酒店等13个项目已建成并投入使用，以碧桂园太阳城、恒大城、保利大都会为主的三大居住片区初具规模。二是积极推进旧城改造升级。五年来，累计规划“三旧”改造项目47个，蝶峦酒店、芙蓉丽景等项目已开工建设。G323线朝阳段、工业西片区内涝整治工程等市政项目顺利完成，芙蓉北路、群康路等项目进展顺利。城市基础设施进一步完善，城市环境进一步提升。

2.着力推进新型工业化战略，工业发展迈上新台阶。五年来，我们积极推动工业化发展，工业发展的平台建设、产业结构、新兴产业都有了不同程度的提升和发展。一是积极推动武江科技工业园企业转型升级。韶瑞重工与芬兰美卓公司、中茜药业与国药集团合作并购，铁友机械与徐工集团成功合作，企业的市场竞争力得到了极大提升。二是甘棠园区逐步进入企业建设和投产高峰期。在成功化解园区历史遗留问题后，目前，成功签约企业40家，预计总投资约50亿元，年产值可达100亿元，已挂牌成交企业26家，有22家企业动工建设，飞翔和以纯服装已完成一期厂房建设并试产，一批企业在近期也可初步建成并试产。三是积极配合市推动莞韶园和莞韶城开发建设。目前，莞韶园沐溪阳山片区已产生效益，莞韶城一期建设已经基本完成，其中，黄沙坪创新园首期71栋电子商务楼建设已经完工，正在加大招商引资力度。莞韶城三期已启动征地等前期工作。莞韶城发展的框架和平台已经基本形成。

3.着力推进服务产业集聚，第三产业日益繁荣。“十二五”期间，“西河商圈”已初步发展为区域性的商贸中心。交通银行、东莞银行等金融机构，五洲国际汽配城、光华五金机电商贸城等专业市场，汇展酒店、碧桂园太阳城凤凰酒店等大型餐饮住宿服务企业相继建成并投入使用，全区的服务业业态更加丰富。房地产业稳步发展，全国知名的房产企业保利、碧桂园、恒大、奥园进驻武江并强势发展。

4.着力推进农业现代化，农业经济稳步提高。“十二五”期间，完成农村饮水、小型水库除险加固、农田水利示范镇等水利工程建设50多宗，建设高标准农田3.5万亩，农业发展基础进一步夯实。全区建成5个粮食高产示范点，新增了养牛、石斛种植、食用菌生产基地，农业特色发展格局逐步形成。全区新增农民专业生产合作社61家，龙头企业达到6家，农业组织化、产业化进程不断加快。农村稳定、农业发展和农民增收的目标在不断实现。

（二）全面统筹城乡发展，社会各项事业进一步优化。

1.坚持加大投入，民生保障水平不断提升。做好就业再就业工作，五年来城镇登记失业率控制在3%以内。扎实开展城乡医疗保险和城乡养老保险工作，广大群众基本保障得到明显改善。大力抓好五保户、低保户、残疾人士等弱势群体的救济，做到了应保尽保。全面完成第二轮扶贫开发“双到”任务，筹集各类资金2369.9万元，开展扶贫项目89个，顺利完成脱贫任务。

2.坚持统筹兼顾，社会各项事业全面进步。修建了江湾镇、重阳镇卫生院业务大楼，农村医疗水平得到提高。扎实推进教育创强工作，成功创建教育强区。加强文化体育设施建设，建成了一批文化、体育健身等设施和场地。积极落实棚户区改造和农村危房改造工作。积极开展计生优质服务，全区人口自然增长率控制在7‰以下，2014年被省政府评为计生工作“优秀单位”。

3.高度重视文明建设，城乡环境更加优化。持续推进创文巩卫工作，开展打击违章建筑、乱摆乱卖等行动，有力整治了城市环境。深入实施公民文明素质提升工程，大力培育社会主义核心价值观，公民思想道德素质稳步提升。注重推进生态文明建设，完成造林11万亩、森林碳汇造林3.09万亩，建设森林公园3个。积极开展农村“清洁美”工作，全面推行农村生活垃圾收运处理模式。扎实推进名村示范村建设，建成名村8个、示范村20个。

（三）全面推进依法治区，社会更加和谐稳定。

1.全面推进依法治区工作，民主法制水平不断提高。大力支持人大、政协依法履行职责，人大政协在围绕中心工作开展监督、民主协商和自身建设中都发挥了重要作用和取得良好成绩。推进行政审批制度改革和政府机构改革，加快转变政府职能，推进政府依法行政。重视发挥工青妇等人民团体的桥梁纽带作用。民族宗教、工商联、外事侨务、港澳台事务、残疾人、妇女儿童、爱国卫生、档案、史志、保密等工作取得新成绩。大力加强党管武装工作，双拥工作深入开展。顺利完成“六五”普法工作。进一步健全法律服务体系，落实了一村（社区）一法律顾问制度。

2.认真开展平安武江创建工作，社会治理体系不断完善。狠抓“平安细胞”工程建设，积极开展“社会矛盾化解年”活动，积极贯彻省《信访条例》，加强和改进信访工作，有效化解了社会矛盾。坚持打防并举，全区打、防、控、管一体机制不断完善，有效促进社会治安持续向好。积极开展安全生产、食品药品安全和消防专项检查，有效预防了各类重特大安全事故发生。

（四）全面推进从严治党，党建水平进一步提升。

1.加强思想政治建设，始终与党中央保持高度一致。我们坚持以学习党的十八大、十八届三中、四中、五中全会和习近平总书记系列重要讲话精神为重点，落实党委理论中心组学习制度，强化党员教育培训工作，注重用思想和理论武装头脑。同时，认真开展第二批党的群众路线教育实践活动，从根本上解决“四风”问题。扎实开展“三严三实”专题教育，不断加强领导干部党性修养，进一步坚定理想信念，营造了实实在在谋事创业做人的良好氛围。

2.加强干部队伍和基层组织建设，组织基础不断夯实。深入贯彻《干部任用条例》，完善干部选任机制，提高了选人用人工作水平。落实“三提示三书”和谈心谈话制度，强化经济责任审计结果运用，进一步从严管理监督干部。加强基层组织带头人队伍建设，村、社区“两委”班子结构更趋合理，素质不断提升。一批基层阵地建设得到改善，一批软弱涣散村（居）得到整治，一批村集体经济发展得到提升。积极开展乡镇（街道）领导干部驻点普遍直接联系群众和在职党员到社区报到为社区服务工作，取得良好效果。组织开展了党委书记抓基层党建述职评议考核工作，党建主业意识进一步强化。

3.认真落实“两个责任”，党风廉政建设扎实推进。以落实中央“八项规定”和省、市实施办法为抓手，组织开展庸懒散奢、“三难”问题、会所腐败、公车私用、公款吃喝等一系列整治行动，促使党员干部作风及时转变。积极配合省委巡视组开展巡视工作，认真抓好了反馈意见的整改落实，推动党风政风持续好转。不断加大案件查办力度，2011年以来共立案查处违纪违法案件180宗，结案162宗，处理党员干部157人次（其中副科以上干部41人次），在全区保持了惩治腐败的高压态势，党风廉政建设责任制在各级得到较好的落实。

过去的五年，在复杂的环境和条件下，我区经济平稳增长，社会和谐稳定，人民安居乐业。这些成绩来之不易，是市委、市政府正确领导的结果，是区委、区政府带领全区干部群众团结奋斗、真抓实干的结果。在此，我代表区委向全区干部群众表示衷心的感谢！

三、科学谋划“十三五”时期主要工作，努力开创武江发展新局面

“十三五”时期，是我国全面建成小康社会、实现第一个百年奋斗目标的决胜阶段，是我区与省、市同步全面建成小康社会的关键时期。我们要认真贯彻落实中央、省委和市委全会精神，紧密结合武江实际，科学研判我区当前形势和未来趋势，明确“十三五”发展目标、任务和措施。

一要把握新机遇。从国际上看，和平与发展仍是时代主题。从国内看，我国经济发展进入新常态，但经济发展长期向好的基本面没有变，新的经济增长动力正在加快形成，发展前景广阔。从全省看，我省经济结构战略性调整和产业转型升级进一步加快，大力实施粤东西北地区振兴发展战略，深化珠三角地区对粤东西北地区的对口帮扶。从全市看，市委、市政府确立了主动融入珠三角的新战略，明确以城市经济为主战场。这些都将为武江发展带来新机遇。

二要认识新起点。经过近年来的积累，我区经济社会实现新发展拥有良好条件，有良好的交通区位优势、较好的产业基础以及广阔的发展空间等等，特别是甘棠园区和莞韶城即将进入企业建成投产期，新的经济增长点将不断涌现；芙蓉新城三年基本成城行动方案正式实施，新城即将迎来新一轮发展高峰期，这些都为武江进一步加快发展奠定了坚实基础。

三要重视新挑战。落实市主动融入珠三角总战略、大力发展城市经济的任务十分繁重；全面建成小康社会还有很多薄弱环节；经济总量偏小，发展不足问题仍然突出；产业结构单一，转变经济发展方式的任务较为艰巨；社会管理任务重，历史遗留问题与城市化、产业化发展过程中伴生的问题并存，要化解这些矛盾的压力较大。

面对新机遇、新起点、新挑战，我们要切实增强机遇意识、责任意识和忧患意识，正确认识、主动适应经济发展新常态，尤其要克服当前经济发展困难时期的消极心态，增强发展信心，强化责任担当，狠抓工作落实，全力推进经济社会持续健康发展。

“十三五”期间，全区经济社会发展总的指导思想是：高举中国特色社会主义伟大旗帜，以邓小平理论、“三个代表”重要思想和科学发展观为指导，全面贯彻中央、省委和市委全会精神，深入贯彻习近平总书记系列重要讲话精神，按照“四个全面”战略布局，围绕“三个定位、两个率先”，以全面建成小康社会为总目标，以主动融入珠三角为总战略，以城市经济为主战场，狠抓交通基础设施建设、中心城区扩容提质、产业园区扩能增效“三大抓手”，推进传统产业转型升级，加快发展新兴产业，统筹推进经济建设、政治建设、文化建设、社会建设、生态文明建设和党的建设，努力将武江建设成为城市经济发展先行区、韶关都市发展核心区，确保全面建成小康社会。

“十三五”期间的目标任务是：到2018年，全区生产总值比2010年翻一番，2020年与全国同步全面建成小康社会。具体目标是：到2020年，全区生产总值达到340亿元左右，年均增长7%左右，人均生产总值达到10万元以上；固定资产投资年均增长13%左右；地方一般公共预算收入与生产总值增长速度基本同步。转方式与调结构取得重大进展，人民生活水平和质量普遍提高，生态环境、人居环境显著改善，就业、交通、教育、文化、社保、医疗、住房等公共服务体系更加健全。法治武江建设取得显著成效，社会管理体制更加完善，基层民主更加健全，社会更加和谐稳定。

实现上述目标任务，今后五年，我们要突出抓好如下几方面工作：

（一）全力补齐发展短板，确保如期与全国同步全面建成小康社会。

实现与全国同步全面建成小康社会目标，是“十三五”时期最重要的政治任务，我们决不能落后，也决不能掉队。要完成这一宏伟目标和历史使命，我们有良好的基础，据初步测算，到今年底，我区全面建成小康实现程度约为90%，排在全市首位，但是，我们还要清醒认识到，在区域覆盖和人口覆盖上还存在不少薄弱环节，特别是产业结构、社会安全、文化事业、人均收入、资源环境等方面仍存在短板。“十三五”时期，我们必须坚持问题导向，找准薄弱环节，全力以赴补齐短板，确保如期与全国同步全面建成小康社会。

（二）践行五大发展理念，坚定不移地实施主动融入珠三角总战略。

1.坚持开放发展理念，着力实施主动融入珠三角总战略。贯彻落实市委、市政府主动融入珠三角总战略，充分发挥区位、资源、产业、腹地、生态等综合优势，积极参与珠三角地区产业分工协作，主动接受珠三角地区的辐射带动。以东莞帮扶为契机，加大招商引资力度，积极承接珠三角地区产业转移，形成与珠三角地区优势互补、分工专业化与协作一体化的特色产业集群。推进与珠三角地区金融服务、信息服务、人才、技术等全方位的合作交流。加强公共服务对接，学习借鉴珠三角城市在环境治理、城市建设管理、食品安全监管、流动人口管理、治安综合治理、行政服务等方面的先进经验，逐步缩小与珠三角地区的差距。

2.坚持创新发展理念，着力培育发展新动力。一是要加快产业转型，构建产业新体系。要进一步巩固提升传统优势产业，积极培育新兴产业，着力发展七大产业。大力发展烟草、玩具、药品、服装等特色轻工业。加快推进韶关烟厂技改项目建设，稳定发展烟草产业；提升玩具产业技术水平，壮大玩具产业集群的规模；加快培育和发展生物医药产业，培育壮大生物医药产业集群；依托以纯服装、都市丽人，大力发展服装特色产业。大力发展先进装备制造业。推进现有装备制造企业转型升级，依托宏大齿轮、东南轴承、飞翔变速箱等企业，打造成为珠三角重要的汽车零部件配套生产基地。大力发展能源电力产业。配合韶关供电局加强电源建设，完善电源布局，推进电网升级改造。大力发展新材料产业。充分利用甘棠园区已有的招商成果，支持发展环保有机新型涂料。大力发展旅游服务业。依托武广高铁韶关站和芙蓉新城，建设游客集散中心，完善交通、餐饮、住宿、购物、娱乐、信息服务等设施配套，进一步提升旅游服务业水平。大力发展物流业。着力引进和培育物流龙头企业，鼓励传统物流企业向现代物流企业转型，以黄沙坪创新园、佰旺电商城为突破口发展电商物流，以雪印冷链物流为依托发展绿色物流，打造龙归现代物流园。大力发展特色农业。实施农产品品牌战略，扶持发展家庭农场、专业大户、农民合作社、产业化龙头企业等新型经营主体。二是大力推进园区建设，拓展发展新空间。加快武江科技工业园、甘棠园区建设，不断完善园区基础设施和配套设施建设，重点围绕环保涂料、机械装备制造、电子信息、生物医药、服装制造等产业，加大招商引资力度，在产业链招商和引进战略投资者上下功夫，策划引进一批产业链关联紧密的大项目、大企业，推动甘棠园区成为莞韶产业转移的重要承接地。配合市加快推进莞韶城和莞韶园建设，为其招商引资和项目建设创造良好的基础条件和社会环境。三是全面深化改革，构建发展新体制。要落实好中央、省、市关于全面深化改革的总体部署。推进行政体制改革，加快政府职能转变，建立政府部门权责清单制度，优化权责事项办事流程，建设服务型政府。推进城市管理体制改革，结合创文巩卫工作不断完善城市管理和服务，让群众在城市生活得更方便、更舒心、更美好。加快推进社会体制改革，形成科学有效的社会管理体制，提高社会管理科学化水平。落实促进民营经济加快发展的政策措施，建立公平的竞争环境，营造扶商、安商、惠商的营商环境，大力发展民营经济，形成大众创业、万众创新的生动局面。

3.坚持协调发展理念，着力提升发展整体性。一是促进城乡经济协调发展。充分发挥市辖区区位优势，大力发展旅游休闲、文体娱乐、健康养生等生活性服务业，以及金融、现代物流、电子商务、商务会展、信息服务、文化创意等生产性服务业，引导房地产业健康有序发展，不断壮大城市经济发展规模。同时，根据各镇不同的资源情况、区位条件和产业基础，有针对性地壮大镇域经济。西河镇发挥近郊区位优势，繁荣发展“西河商圈”；西联镇以装备制造业和现代服务业为主导产业，全力打造专业镇建设；龙归镇以莞韶城三期建设为契机，发展现代物流业；重阳镇围绕城市发展城郊型农业，围绕青暖温泉项目发展安老疗养、温泉休闲度假、休闲娱乐运动等产业；江湾镇发展石斛、食用菌等林下经济，加强山地森林、水源涵养及生物多样性保护，同时合理利用和开发温泉等资源发展休闲旅游业。二是促进城乡区域协调发展。推进中心城区扩容提质。配合市委、市政府落实《广东韶关芙蓉新区发展总体规划》和芙蓉新城“三年基本成城”行动方案，加快推进芙蓉新城基础设施、公共服务设施和中央商务区建设，完善城市功能，实现“三年基本成城”目标。大力实施老城提质系统工程，加快推进老城区改造项目建设、市政工程建设和棚户区改造力度，进一步完善城市配套，优化城市功能，提升城市品位。加快新农村建设。推进农村危房改造，有序引导整村搬迁和拆旧建新，从严管控农房建设“三乱”行为。完善农村公共服务设施配套，推动城镇公共服务向农村延伸，提高农村公共服务水平。开展农村人居环境综合整治，实行农村生活垃圾集中无害化处理，建设美丽乡村。三是促进精神文明和物质文明协调发展。以创建全国文明城市和申报国家历史文化名城为抓手，努力补齐公共文化基础设施建设滞后、公共文化服务不足的短板，满足人民群众的精神文化需求。加强精神文明建设，大力培育和践行社会主义核心价值观，加强思想道德建设，提升公民文明素质，为加快实现新发展提供强大的精神动力。

4.坚持绿色发展理念，着力建设美丽武江。一是要大力推进生态环境建设。加快推进森林碳汇、生态景观林带、森林进城围城和乡村绿化美化四大生态工程，持续改善自然生态功能。同时，要积极将生态优势转化为经济优势，加快发展绿色产业，打造绿色品牌，把绿色产业培育成为新的经济增长点。二是要正确处理好经济发展和保护生态环境的关系。坚守环保底线，全面落实生态控制线、林业生态红线，决不以牺牲环境为代价换取经济一时的发展。配合市实施大气、水、土壤污染防治行动计划，为人民群众提供安全、舒适的生活环境。三是在全社会提倡绿色低碳生活。积极开展生态文明宣教活动，培育全民环境保护意识，开展节能减碳全民行动，倡导绿色低碳的生活方式和消费模式。

5.坚持共享发展理念，着力增进民生福祉。一是要注重保障基本民生。进一步扩大社会保险覆盖面，加强城乡居民基本养老保险与城镇职工基本养老保险衔接。尤其要重视解决失地农民的保险问题。健全医疗保障体系，实施城乡统一的医保制度。建立健全统筹城乡的就业促进体系，健全劳动关系协调机制，构建和谐劳动关系。继续整合优化义务教育资源，促进义务教育均衡发展，推进教育现代化建设。坚持卫生事业公益性质，继续深化医疗卫生体制改革，加强基层卫生机构建设，提高人民医疗健康服务水平。坚持计划生育基本国策，适应把握人口发展政策，加强人口服务管理，优化人口结构，提高人口素质。二是要注重保障底线民生。逐步提高城乡居民最低生活保障、五保供养等底线民生保障水平。加大对残疾人生产扶助和生活救助力度。大力做好“双拥”优抚安置工作，提高优抚对象保障标准。紧紧抓住省加大扶贫开发力度的契机，实施精准扶贫，确保打赢扶贫开发攻坚战。

（三）加强党对经济社会发展的领导，为顺利实现“十三五”规划提供坚强的政治保证。

1.提高领导经济社会发展的能力。切实加强党委领导经济社会发展工作的制度化建设，提高专业化能力和法治化水平。充分发挥党委总揽全局、协调各方的领导核心作用，加强党委对人大、政府、政协、司法机关以及人民团体的领导，支持和保证这些机构依法依章程履行职能，发挥各民主党派、工商联和广大无党派代表人士的作用，形成齐心协力推动经济社会发展的合力。

2.以法治思维和法治方式维护社会稳定。坚持依法治区，深入开展法治宣传教育，增强全社会尊法学法守法用法观念。加强信访和矛盾化解工作，强化源头治理，维护群众合法权益，依法规范信访秩序，把信访纳入法治化轨道。完善法律援助制度，健全司法救助体系，形成依法维权机制。扎实开展平安武江建设。

推进平安细胞工程，完善立体化治安防控体制机制，严厉打击各类违法犯罪活动，认真做好防范和处理邪教工作，强化安全生产、食品药品安全、消防等公共安全，坚决杜绝重特大事故发生。

3.营造良好干事创业氛围。坚持正确选人用人导向，打造一支忠诚干净担当的高素质干部队伍，不断增强凝聚力和战斗力。旗帜鲜明地保护、支持和鼓励想干事能干事干成事的干部，努力营造鼓励改革、宽容失误的社会环境。建立健全督查督办工作机制，完善绩效考核和监督问责制度，加大督查督办工作力度，大力整治“不作为、慢作为、不担当”，切实提高工作落实能力和执行力，形成“聚精会神谋发展、凝心聚力抓落实”的干事创业氛围。

4.全面加强党的建设。一是要深刻领会党建工作新要求。党的十八大以来，党中央提出了“全面从严治党”的重大战略思想。我们要把落实全面从严治党作为重大政治责任，深刻把握全面从严治党要求，严格落实党建工作责任制，不断加强理想信念教育，进一步密切党群关系、规范党内民主、提高选人用人水平，加强组织建设，不断提高党建工作水平。二是要突出强化基层党组织建设。要把加强基层党组织建设作为党建工作的重心，进一步加大力度整顿软弱涣散村（社区）党组织，加强基层干部队伍建设，不断增强基层党组织发展经济、服务群众的能力，努力把基层党组织建设成为推动科学发展的坚强堡垒。要突出问题导向，重点加强农村“三资”规范化、制度化管理。要着力推进基层民主法治建设，完善基层民主管理和监督机制，推动基层治理法治化。三是深入推进党风廉政建设和反腐败斗争。巩固省委第三巡视组反馈意见整改成效，进一步落实党风廉政建设主体责任和监督责任，全面贯彻落实中央八项规定和省、市实施办法，巩固拓展群众路线教育实践活动和“三严三实”专题教育成果，健全作风建设常态化长效化制度。认真贯彻落实《中国共产党廉洁自律准则》和《中国共产党纪律处分条例》，进一步严明党的纪律，加强督促检查，加大违法违纪行为查处力度，努力实现干部清正、政府清廉、政治清明。

四、扎实做好2016年工作，为“十三五”发展开好局、起好步

2016年是“十三五”规划实施的第一年，必须开好局、起好步。2016年全区经济发展的主要预期目标是：生产总值增长7%左右，地方一般公共预算收入与生产总值增长速度同步，固定资产投资增长13%。要实现以上目标，我们要重点在以下几个方面取得新突破：

（一）要在主动融入珠三角方面取得新突破。

必须深入贯彻落实省委、市委的部署，力争在主动融入珠三角方面取得新突破。全区上下要迅速转变思维，统一思想，树立主动融入珠三角的战略思维，形成主动融入珠三角的共识。同时，要积极探索建立有利于吸引珠三角资源要素转移的制度和工作机制，拓展我区与珠三角地区合作的广度和深度。

（二）要在产业园区扩能增效和招商引资方面取得新突破。

要加快甘棠园区建设。抓好已签约企业开工建设工作，督促已开工的22家企业加快建设，力争有20家企业能完成厂房建设并开始试产。同时，要抓好园区基础设施建设，加强园区管理和服务，确保项目建设顺利进行。要抓好招商引资工作，主动加强与莞韶对口帮扶指挥部的合作，科学谋划东区开发建设和剩余土地招商工作，引进一批符合园区产业定位、附加值高、创新性强的优质企业。要积极配合市莞韶园完善莞韶城一期建设，完成莞韶城三期征地，为莞韶园招商引资和项目建设确保基础条件。

（三）要在城市扩容提质方面取得新突破。

一是要加快芙蓉新城建设。按照芙蓉新城三年基本成

城行动方案中对2016年工作的要求，进一步加强工作力量、完善工作机制，特别要做好“三馆”、保利综合体等重点项目的交地工作和农民安置工作，争取在解决集体经济发展和农民生产生活保障上有新的突破。二是加快老城区改造工作。进一步建立健全老城区改造和市政建设项目挂点联系制度和协调会议制度，帮助协调解决项目建设过程中的问题，力促更多项目动工和建成。重点力促蝶峦酒店、奥园、移山路等项目顺利建设，力促万紫千红、万通城等项目正式开工建设。同时，要加强城市管理，在城市环境方面有新的面貌。

（四）要在发展民营经济和旅游经济方面取得新突破。

一是要大力发展民营经济。鼓励和支持现有民营企业转型升级。要逐步落实好国家、省、市关于发展民营经济方面的有关政策，提高办事效率，利用新城发展、园区建设以及旧城改造等有利条件，鼓励和支持民营经济发展，努力创造大众创业、万众创新的良好环境。二是要更新旅游的观念，积极谋划旅游经济的发展。要改变没有景点就没有旅游的观念，发挥武江特有的区位和基础优势，积极培育和做大旅游产业，要在旅游更高端消费和收益上去获取旅游经济的发展。目前，要重点围绕构建城市休闲产业集聚区和积极打造旅游集散中心，加快推进奥园、蝶峦酒店等项目建设，建设完善一批满足不同层次游客需求的酒店和消费场所，要加快挖掘区内乡村旅游资源，有针对性地发展乡村休闲旅游项目。

（五）要在民生保障和社会事业方面取得新突破。

一是继续加大民生投入，做好民生保障工作。按照要求积极推进就业创业、社会保障、科技、教育、文化、卫生、创文巩卫、计生等工作，切实落实好各项民生工程，特别是政府承诺的为民实事，要科学安排，确保落实到位。要扎实做好“三农”工作，加大农业基础设施建设，大力发展特色农业，促进农民增收。同时，积极开展精准扶贫工作，打响第三轮扶贫工作的攻坚战。二是切实维护社会稳定和社会平安。积极预防和化解各类矛盾纠纷，扎实推进创平工作，加强社会治安综合治理，落实安全生产“一岗双责”，保障食品药品安全。确保经济和社会加快发展中社会保持和谐稳定安全。

（六）要在党的建设方面取得新突破。

一是要学习贯彻中央、省、市系列会议精神和习近平总书记系列重要讲话精神，以思想建设为根本、以党性教育为核心、以道德教育为基础，全面加强党员干部的学习教育，不断强化党员干部队伍的理想信念和党性修养。二是严格按照要求，稳步推进各级领导班子换届工作，确保风清气正，圆满完成换届工作。三是加强基层党组织建设，要在基层队伍建设、基层阵地建设、集体经济发展、“三资”管理以及提高基层干部待遇方面有切实措施和成效。四是严格落实党风廉政建设党委主体责任和纪委监督责任，在全区范围内继续组织学习贯彻《中国共产党廉洁自律准则》和《中国共产党纪律处分条例》，贯彻执行中央八项规定和省、市实施办法，不断巩固群众路线教育实践活动、“三严三实”专题教育和省委巡视组反馈意见整改工作成效，确保干部队伍作风不断提升。进一步加大办案力度，继续保持反腐的高压态势，推动反腐倡廉工作取得新的进展和实效。

同志们，今后五年工作的奋斗目标已经确定，新一年的工作任务也已明确。全区各单位要切实把思想和行动统一到区委对经济社会发展的决策部署上来，锐意进取，奋发有为，为实现“十三五”时期发展蓝图、确保与全国同步全面建成小康社会而努力奋斗！

政府工作报告

——2015年1月 29日在武江区第八届人民代表大会第五次会议上

武江区人民政府区长 黄建华

各位代表：

我代表武江区人民政府向大会作工作报告，请予审议，并请各位政协委员和其他列席人员提出意见。

2014年工作回顾

2014年，在市委、市政府和区委的正确领导下，在区人大及其常委会和区政协的监督支持下，区政府紧紧围绕区委八届三次全会决策部署，着力加快城镇化、工业化进程，全力完成区八届人大四次会议确定的目标任务。

经济发展稳中有进。全年预计实现地区生产总值204.8亿元，突破200亿元大关，同比（下同）增长9.9%；完成区级公共财政预算收入4亿元，增长18.8%；城镇居民人均可支配收入增长9%以上，农民人均纯收入增长10 %以上。重点项目稳步推进。全年实施重点项目55项，完成投资53.1亿元，占全区固定资产投资的60.6%。全年完成固定资产总投资87.6亿元，增长44.5%，增速位居全市首位。工业经济平稳增长。全年实现规上工业增加值86.7亿元，增长8.6%。五大支柱产业①完成工业增加值76.8亿元，增长8.6%。加大民营企业服务力度，全年民营企业完成工业增加值11.9亿元，增长9.2%。积极打造园区工业经济，武江科技园完成工业增加值7.6亿元，增长26.1%；甘棠园区建设加速推进，将为我区工业提供新的支撑。全区规上工业企业已达50家，其中亿元以上企业3家。全年建安企业完成增加值12亿元，增长13%。第三产业稳中向好。全年实现增加值100.3亿元，增长11.2%。房地产业稳步发展，商品房销售额累计完成41.8亿元。全区新增限上商贸企业10家，社会消费品零售总额完成89.5亿元，增长11.1%。重点抓了专业市场和星级酒店的培育。光华五金机电城顺利开业，前进建材城等保持良好发展势头，新建成汇展酒店、碧桂园太阳城酒店。“西河商圈”呈现专业市场、酒店商务、商贸金融、大型商场集聚发展态势。现代农业稳步发展。全年农业实现产值5.8亿元，增长3.9%。现代农业发展取得新成效，养牛、石斛、食用菌等特色种养初具规模。全区专业合作社达55家，新建科技示范生产基地1个，新增农业生产基地3个，新培育国家级农业龙头企业1家、市级龙头企业2家，新培育家庭农场5家。

新区建设亮点纷呈。按照到2017年起步区②形成雏形、拉开新区开发建设总体框架的目标，区政府紧跟市委市政府工作节奏，全面加大了新区开发建设的工作力度。征地工作加快推进。2014年，先后克服了迁坟民风民俗与政策冲突、临时周转房、土地权属纠纷等突出问题，芙蓉新城完成路网交地800余亩，保利商业综合体、品牌汽车4S店等重点项目交地约1000亩，确保了新城11个新建项目用地。苗圃基地片区完成交地近600亩。沐溪-阳山片区完成莞韶城[③]一期等项目交地近6000亩。至此，起步区2万多亩土地已基本完成征收，市委、市政府重点建设的6条主干道基本贯通，莞韶城一期等重点项目建设用地得到有效保障。安置工作有序铺开。结合各村实际，有效地克服了安置地选址、外嫁女安置等一系列难题，安置新村建设加快推进。目前赤水新村228套房屋已交付使用；芙蓉新村、西联新村已分别开工建设楼房117栋、115栋，今年可建成房屋1228套并启动搬迁；车头新村基本完成土地平整，即将实施主体建设，计划建设房屋530套；下胡新村已完成选址，有望今年上半年正式动工。新城城市功能显现雏形。为使新城主体功能尽快形成，区积极配合市加快推进城市配套项目建设。目前，12个市直行政单位已进驻新城，新城路网、管网建设全面铺开，三馆[④]、滨江公园等文体设施加速推进，太阳城酒店开始营业，新城排洪水系、综合客运枢纽站等基础设施建设已经启动，新城教育、医疗、文化、金融、通信等公共服务配套陆续完善。园区建设势头趋好。围绕产城融合目标，着力推进甘棠工业园和莞韶城现代产业服务区建设。目前甘棠工业园已签约企业41家，24家企业挂牌成交，飞翔、莱雅等19家企业已动工建设。莞韶城一期开发建设突飞猛进，首期50栋电子商务楼建设已经完成，园区路网等基础设施不断完善。

城乡一体统筹推进。扎实开展打击“两违”工作，一年来共拆除大小违法建筑140宗，合计面积约3.7万平方米。大力开展“巩卫创文”，整治城市“六乱”，城区环境持续改善。积极推进恒熙华城、楼上楼等城市“三旧改造”项目，老城区品质逐步提升。全面配合市政项目建设，市区排涝工程、群康路等如期开工，通往新城的芙蓉隧道加快建设，奥园一期施工顺利，芙蓉北路、上饶路等项目完成交地。棚户区改造取得突破，顺利完成龙归社主安置小区建设和房屋分配工作。全年投入“三农”建设资金1925万元，农业农村发展基础进一步夯实。成功申报农田水利重点县建设项目，新修大型农田水利设施5宗，建设高标准农田1.5万亩，全面完成300人以上自然村公路硬底化任务。积极开展名镇名村建设，新建成2个名村5个示范村。扶贫“双到”工作取得实效，全区共落实帮扶资金1632万元，新增帮扶项目51个，4个贫困村的集体收入达到8万元以上，贫困户年人均纯收入达到6500元以上。大力实施植树造林工作，全年完成植树造林面积1.8万亩，新增生态公益林8万多亩，建设森林公园1个，建设乡村美化绿化示范村10个。节能减排工作有序推进，全区GDP能耗平稳下降。

社会事业协调发展。坚持民生优先，社会事业投入持续加大，2014年各类民生支出达5亿多元，占公共财政预算支出的64.3%。区政府承诺为民办的10件实事基本完成。社会保障水平不断提高，全年共发放低保资金1065万元，支出五保供养金73.4万元。狠抓社保扩面征缴，顺利完成城乡居民社会养老保险和医疗保险参保任务。全区就业形势稳定，城镇登记失业率为2.8%。科技工作继续走在全市前列，新成立2家市级工程技术研发中心，成功申报国家知识产权强县（区）工程示范试点区。“普九”成果得到巩固，小学适龄儿童入学率和小升初入读率均达到100%。文化惠民工程有序推进，“三下乡”和文物普查活动深入开展。大力推进农村基本公共服务均等化进程，龙归全民健身广场建成使用，龙归和江湾卫生院业务大楼顺利完工，农村家庭医生服务试点工作全面启动。严格落实各项计生奖扶政策，计划生育率达91.0%。成立了食品药品监管机构，有效整合了食品药品监管职能。大力推进“平安武江”建设，安全生产、防火防汛以及登革热等重大疫情的防控工作扎实到位，切实维护了武江和谐稳定的发展大局。积极支持工会、共青团、妇联、儿童、残联、老龄工作。审计、监察、编制、统计、武装、人防、“双拥”、优抚安置、物价、档案、外事侨务、民族宗教等工作均取得新的成绩。

财税保障能力不断增强。全年税收保持平稳增长，财政质量进一步优化。完成国税收入5466万元，增长13.7 %；地税收入2.4亿元，增长29.9%；非税收入占财政收入比重下降4.5 %。加大税收征管工作清理整顿，重点加强了房屋租赁税和耕地占用税征管工作，全年实现房屋租赁税收1476万元，增长41.9%，完成新增耕地占用税3420万元。坚持依法理财，规范国有资产经营和监管，提高了资产使用和经营效益。在保运转、保工资、保民生的基础上，强化财政预算编制，优化支出结构，加大公共服务保障力度，全年公共财政预算支出完成7.9亿元，增长3.2%。

政府自身建设得到加强。自觉接受区人大及其常委会和区政协的法律监督、工作监督和民主监督，全年办理人大建议10件，办理政协提案30件，答复率和满意率均为100%。“六五”普法活动扎实有效，依法行政水平不断提升。全面完成事业单位分类改革。积极推进政府职能转变和机构改革，取消、调整行政审批63项，精简率达41%。网上办事大厅武江分厅全面建成并投入使用，区、镇（街）、村（居）三级服务平台建设稳步推进。成立了公共资源交易中心，建立了统一规范的公共资源交易监管体系。严格规范权力行使和预算管理，深入开展“三公”经费整治、办公用房清理等专项活动，“三公”经费压缩42.8%。以党的群众路线教育实践活动为契机，严格执行“八项规定”，大力整治“四风”，强化政府效能建设；大力整治机关“三难”⑤问题和“庸懒散奢”等不良风气，机关作风得到好转。认真落实党风廉政建设责任制，强化廉政监察、执法监察、审计监督及重点领域监督，严肃查处违法违纪案件和损害群众利益行为。

各位代表，2014年的工作成绩得来不易，发展势头令人鼓舞。这是市委、市政府和区委科学决策、正确领导的结果，是区人大、政协有效监督和鼎力支持的结果，是全区人民和全体干部职工同心同德、奋力拼搏的结果。在此，我代表区人民政府，向全区人民，向驻区部队官兵，向各民主党派、各人民团体和社会各界人士，表示衷心的感谢并致以崇高的敬意!

在肯定成绩的同时，我们也清醒地看到，全区还有一些矛盾和问题尚未得到很好的解决，主要有：一是经济增长速度放缓，没有达到预期目标；二是发展方式还比较粗放，经济结构不够合理，亟待加快转型升级；三是财政收支矛盾较大，税源培植有待增强；四是土地等资源要素制约突出，创新发展能力有待加强；五是城乡一体化进程较为滞后，城乡公共服务和农村基础设施还比较薄弱；六是社会矛盾诱因复杂，信访维稳压力仍然较大。对此，我们一定高度重视，积极应对，认真加以解决。

2015年工作谋划

各位代表，2015年是“十二五”规划的收官之年，也是我区加快城市扩容提质、推进经济转型发展的攻坚之年。纵观国内外经济形势，我们既面临不少困难和挑战，同时也具备许多利好因素和条件。一方面，国内宏观经济进入深度调整期，经济下行压力大，影响经济运行不确定因素多，加上我区产业结构仍然没有从根本上得到优化，经济发展面临的形势依然严峻。另一方面，“新常态”下国内经济发展方式、经济结构正在发生积极变化，省委、省政府扶持粤东西北发展的力度不断加大，芙蓉新区和莞韶城等重大发展平台将进入开发建设的高潮期，我区的发展空间将更加广阔，发展环境将更加优化，发展后劲将更加充足，为我区未来经济社会发展奠定了坚实基础。只要我们不折不扣地落实国家、省、市的战略部署，加压奋进、主动作为，完全可以实现更加有质量、更加有效益、更加可持续的发展。

2015年区政府工作的指导思想是：全面贯彻落实党的十八大和十八届三中、四中全会，中央经济工作会议和省委十一届四次全会、市委工作会议精神，按照区委八届四次全会的工作部署，坚持稳中求进的总基调，主动适应经济发展新常态，保持经济运行在合理区间。深化改革，突出创新驱动，全面加快“两化”进程，统筹城乡发展，深入推进依法治区，促进武江经济社会平稳健康发展。

2015年经济社会发展主要预期目标是：全区生产总值增长8%左右，固定资产投资增长16%以上，区级公共财政预算收入增长10%左右，城乡居民收入与经济发展（GDP）同步增长。

为实现上述目标，今年将重点抓好六个方面工作：

一、全面加快新区开发建设

继续把服务新区建设作为今年政府工作的首要任务，举全区之力、集全区之智，全面加快芙蓉新区建设。

全力推进征收工作。坚持“以人为本、依法征收”原则，不断充实征收力量，依法解决村集体经济发展用地、土地权属争议、坟墓迁移等影响交地工作的突出问题，严格按照时间节点、目标任务，打好芙蓉新城、莞韶城三期、苗圃基地这三大片区的征收攻坚战，全力保障新区建设顺利推进。今年征收工作重点：1.市政府重点推进的市政道路。2.三甲医院、华师附中、滨江景观带、保利综合体等重点项目。3.莞韶城三期。4.赤水、芙蓉、西联村的整村搬迁和连片交地。5.苗圃基地2015年交地任务。

突出抓好新村安置。争取西联、芙蓉、车头安置新村年内完工，西联、芙蓉年底前搬迁，力争下半年启动下胡、阳山、村头安置新村房屋工程建设。进一步完善安置新村的配套设施，切实改善村民的居住条件。多元化解决被征地农民的社会保障问题，科学安排经济发展用地，保障农民长远生计。

着力完善新区城市功能。科学调配力量，全力跟踪和服务好新城在建和筹建的16个重点项目，力促路网工程、综合客运枢纽、市民文化活动中心等公建项目加快建设，进一步完善新区交通、教育、医疗、文化等城市功能。充分发挥保利、碧桂园、恒大三大地产项目的龙头作用，加快大型社区发展成熟，吸引更多的人口到新城居住，提升新区人气。

二、着力优化经济发展质量

高质量编制“十三五”规划，科学谋划发展思路。以广东省实施创新驱动发展战略及东莞对口帮扶为契机，合理吸收珠三角扩散和转移的产业与服务，优化经济结构，提高经济发展质量。

抓重点项目建设。继续落实区四套班子领导和区直部门挂点联系重点项目制度，围绕城市扩容提质和产业结构调整，大抓项目，抓大项目，以大项目推动大建设，以大投入带动大发展。全年计划推进54个重点项目，预计总投资73亿元。重点抓好中烟技改等26个亿元以上项目，保持固定资产投资较快增长的势头。

抓工业结构调整。武江现行工业结构单一，过度依赖中省企业，受政策性、指标性制约较多，亟须调整。主要从以下三个方面突破：一是抓潜能挖掘。对于烟草、电力等现有支柱企业，继续加大协调支持力度，鼓励企业优化产品结构，挖掘增长潜能，实现增资扩产，做大工业总量。二是抓创新提质。不断提高企业的科技含量和产品附加值，提高工业发展的质量和效益。重点跟进利民制药、丹霞制药、韶瑞重工等科技创新能力较强、发展潜力较大的企业，鼓励支持自主创新和技术改造，实现工业转型升级。三是抓优质招商。依托武江科技园、甘棠工业园，围绕新区规划和产业定位，着力引进一批科技型、创新型、创税型、附加值高的项目，打造园区工业经济。全力以赴加快甘棠工业园19家已动工企业的建设，力促项目早日建成、尽快达产，为武江工业发展注入新活力。

抓现代服务业培育。武江位于韶关市主城区，武广高铁、京珠高速、广乐高速等多条交通大动脉穿境而过，区位优势明显。同时，作为韶关城市西移的主要发展方向，武江是韶关未来的行政、金融、商贸中心，拥有得天独厚的现代服务业发展条件。我们将重点抓好：一是打造高品质旅游休闲目的地。依托建成的太阳城、汇展和在建的蝶峦、恒大等星级酒店，构建住宿餐饮高端服务链；力促重阳镇青暖温泉项目尽早开工，加快建设武江首个生态旅游度假村；利用主城区的区位优势，推动发展农家乐、油菜基地等现代都市休闲观光业。二是做大现代物流。加大招商引资力度，重点对接沐溪-阳山片工业企业，着力引进工业配套物流；着眼韶关丰富的特色农产品，建设具有规模的农产品配送基地。三是做大做旺专业市场。鼓励支持光华五金机电城、前进建材城等优化经营环境，推动专业市场规模化、集群化发展。四是发展城市综合体。重点跟踪好湘商大厦、摩尔城、奥园等高档写字楼和城市综合体建设，提升我区商贸经济的整体规模和档次，不断强化我区金融、商贸服务的枢纽地位。五是着力打造电子商务产业。依托莞韶城黄沙坪产业园，加快发展电子信息产业，积极打造武江现代服务业新亮点。

三、统筹城乡协调发展

积极推进以人为核心的城镇化，加大城乡统筹力度，实现城乡互促共进。

扶优做强现代农业。全面落实中央一号文件，重点推进以土地制度改革为主的农村改革和农业现代化。积极推进土地经营权确权登记颁证工作，引导土地经营权有序流转，发展农业适度规模经营。不断壮大农业龙头企业，大力扶持专业合作社、家庭农场、专业大户等新型主体，继续抓好石斛种植基地、食用菌培育大棚等农业项目，壮大产业化经营规模。深入实施产业扶贫，高标准完成新一轮扶贫“双到”任务。

综合整治城乡环境。大力推进“三旧”改造，争取宏大齿轮厂、原电石厂等项目年内动工建设。继续配合做好芙蓉北路、上饶路等市政项目建设，优化城区道路交通环境。加大环卫保洁力度和市容市貌整治，进一步改善城区面貌。落实“查违”重心下移，坚决打击“两违”建筑。以创建名镇名村、乡村美化示范村为抓手，扎实推进新农村建设和村庄整治。积极实施水利重点县建设项目，重点抓好龙归河、重阳河、江湾河等小流域治理。进一步完善乡村道路建设，完成县道313线山蕉至沙园、县道322线沙园至重阳段公路改造工程。继续推进3.5万亩高标准基本农田建设，着力提高耕地质量。完善“户收集、村集中、镇转运、区处理”的农村生活垃圾收运处理模式，改善农村环境卫生。

加强生态保护。坚守生态底线，全力推进新一轮绿化大行动，进一步加强碳汇造林、生态景观林带、森林进城围城和乡村美化绿化四大生态重点工程，全年计划新增植树造林面积2万亩，建设交通主干道景观林5543亩、生态景观林269亩。积极配合市相关职能部门，加强水土资源和大气污染防治等综合整治工作。大力发展循环经济，坚持绿色发展、低碳发展，力争完成“十二五”节能减排任务。

四、切实增进民生福祉

始终把解决民生问题放在突出位置，加快发展社会事业，大力提升基本公共服务均等化水平，提高群众幸福指数。

不断完善社会保障。稳步推进机关事业单位养老并轨改革，加强社保扩面征缴，加快实现城乡基本养老保险人员全覆盖。完善城乡医保一体化平台和医疗救助“一站式”结算服务，加大城乡贫困群体大病医疗救助力度。提高低保、五保和优抚对象等补助标准，抓好社会福利、慈善、助残等工作。推进安居工程建设，加快棚户区改造进度，全力做好居民搬迁工作。完善和统筹城乡就业工作，确保城镇登记失业率控制在3%以内。

大力发展社会事业。继续推进产学研合作，提升区域科技创新能力。围绕创建义务教育发展基本均衡县的目标，进一步巩固教育创强成果。加快龙归公立幼儿园建设，抓好东岗太阳城小学建设和齿轮小学异地新建工作。加大镇村文化站室和农民健身广场建设力度，争取启动区文化馆、图书馆建设。大力实施“五个一工程[⑥]”，深入开展乡镇卫生院达标创建活动。积极推动社会办医，满足群众多层次的医疗服务需求。狠抓人口计生基础工作，促进人口均衡发展。

提升社会治理能力。深化村（居）“网格化”[⑦]管理服务，完善基层社会治理体系。大力弘扬社会主义核心价值观，全面推进“创文”工作落实。进一步完善食品药品安全监管长效机制，努力保障人民群众“舌尖上的安全”。严格执行安全生产“一岗双责”，落实企业安全生产主体责任，提高安全生产水平。积极开展打假、打私、打传和治安专项整治行动，深入创建“平安武江”，维护社会稳定。加强政府专职消防队伍建设，健全突发事件预防预警和应急处置体系，提高公共安全和防灾减灾能力。全面实施政府和村（居）聘请法律顾问工作。深入开展“六五”普法活动，引导全民自觉守法、遇事找法、解决问题靠法，提高社会治理的法治化水平。大力推进“双拥”模范城创建工作。

今年，区政府将承诺办好6件民生实事：1.建设龙归中心卫生院综合大楼；2.建设龙归中心幼儿园；3.建设一批农村文化体育活动中心；4.重修重阳镇重阳桥；5.建设新华、惠民街道便民服务中心；6.实施市五中校园周边环境及道路综合整治。

五、提升财税保障能力

坚持以法治思维推进财税改革，积极提高财税收入质量，优化支出结构，提升财政服务经济发展及民生保障的能力，促进财政与经济良性互动、健康发展。

着力培育税源。积极开展税源调查，加强对重点项目、新运营投产企业的对接服务，确保税收增量及时入库。继续加大房屋租赁税和耕地占用税等重点税种的征收力度，加强执法监督，做到应收尽收。

加强财经监管。坚持依法理财，严肃财经纪律，建设法治财政。规范国有资产经营管理，优化和合理配置政府资源，提高资产使用和经营效益。加大重大建设项目、民生保障、政府采购资金的监管力度，提高财政资金使用的规范性、安全性和有效性。加强审计监督，强化债务管理，严格控制政府新增债务。

优化收支管理。深化财政体制改革，逐步建立政府事权与支出责任相适应的体制。严格按预算办事，合理使用财政资金，集中财力保障公共服务支出。从严控制一般性开支，确保“三公”经费零增长，增强财政综合平衡能力。

六、深化政府自身建设

以全面推进依法治区为契机，积极稳妥推动政府改革，依法全面履行政府职能，努力打造人民满意政府。

建设法治政府。自觉接受人大及其常委会的法律监督、工作监督和政协民主监督，认真办理人大议案、人大代表建议和政协委员提案。坚持政府向人大常委会报告重大事项制度。实行重大事项专家咨询论证、社会公示和听证、风险评估、合法性审查等制度，规范重大行政决策程序，进一步完善政府决策机制。深化行政体制改革，开展清理行政职权、编制权责清单工作，严格按照法定权限和程序行使权力、履行责任。深入推进政务公开，加大政府财政预算、“三公”经费、公共资源配置等领域信息公开力度。

建设效能政府。巩固群众路线教育实践活动成果，加强机关作风建设，加强对热点行业、重点部门和关键岗位的监督管理，坚决防止和纠正损害群众利益的不正之风。加大政务督查和行政问责力度，增强发展责任感，提振干部精气神，确保政令畅通。扩展和延伸网上办事平台，推进镇（街）、村（居）便民服务站点建设。认真办理网络问政和“民生热线”，促进政府与公众的良性互动。

建设廉洁政府。不折不扣落实党风廉政建设责任制和中央“八项规定”，坚决整治“四风”，严肃查处各类违法违纪行为。针对招投标、重大工程建设、国有资产处置等关键环节和重点领域，严格落实公共资源“阳光交易”，加强源头防控。推进公务消费和党政机关公务用车改革，营造风清气正、廉洁务实的政务环境。

各位代表！新的征程已经开启，新的形势催人奋进。让我们在市委、市政府和区委的坚强领导下，以更加宽广的视野谋划发展，以更加昂扬的斗志迎接挑战，以更加务实的作风勤勉干事，为圆满完成今年各项工作目标任务，建设更加美好的武江而努力奋斗！

注释：

①五大支柱产业：烟草、玩具、制药、电力、机械。

②起步区：依据芙蓉新区总体规划，起步区包括芙蓉新城中央商务区及北部、中部居住片区9平方公里和莞韶产业园甘棠片区5平方公里土地。

③莞韶城：莞韶城即东莞帮扶韶关“一园一城七组团”中的“一城”，总占地面积约1.8万亩，分三期开发。其中一期占地6000多亩，围绕西联长塘水库和佛塘水库布局；二期占地5000多亩，围绕西联沐溪水库布局；三期占地6000多亩，位于广乐高速韶关出入口的龙归片区。

④三馆：指市政府在芙蓉新城规划建设的市图书馆、档案馆、文化馆，用地面积约88亩，总建筑面积约4万平方米。

⑤三难：“门难进、脸难看、事难办”。

⑥五个一工程：指乡镇卫生院装备“五个一”设备：救护车、全自动生化仪、心电图仪、500毫安X线机、B超机各1台。

⑦“网格化”：网格化管理是以村（社区）为单位，按照一定的地理空间和人口分布，将村（社区）区域划分为若干个管理网格状单位，实行分片包干、责任到人、设岗定责、服务到户的一种联系群众、服务群众的管理服务新方式。

政府工作报告

——2016年1月7日在武江区第八届人民代表大会第六次会议上

区长　黄建华

各位代表：

我代表区人民政府向大会作政府工作报告，请连同《韶关市武江区国民经济和社会发展第十三个五年规划纲要（草案）》一并审议，并请政协委员和其他列席人员提出意见。

一、“十二五”时期和2015年工作回顾

“十二五”时期是我区发展史上极不平凡的五年。在市委、市政府和区委的正确领导下，在区人大和区政协的监督支持下，我们坚持以邓小平理论、“三个代表”重要思想、科学发展观为指导，深入贯彻习近平总书记系列重要讲话精神，认真落实省委、省政府关于进一步促进粤东西北地区振兴发展战略，按照市的总体部署和区“十二五”规划纲要，抢抓机遇，主动作为，奋力攻坚，努力完成“十二五”规划的目标任务。

（一）努力推动经济发展，区域竞争力不断提升

综合实力明显增强。“十二五”期间，经济发展实现三大突破：预计（下同）2015年完成地区生产总值（GDP）219亿元，突破200亿元大关，比2010年增长57.5%；2015年人均地区生产总值7.12万元，突破1万美元（折合人民币约6.48万元）大关，比2010年增长47.0%；2015年地方一般公共预算收入4.2亿元，突破4亿元大关，比2010年增长88.9%。五年累计完成固定资产投资349.3亿元，年均增长13.7%。

产业结构明显优化。三次产业结构由“十一五”期末的3.3∶52∶44.7优化为“十二五”期末的2.6：47：50.4。2015年全区生产总值同比增长6%，地方一般公共预算收入增长5%。农业稳步发展，2015年农业总产值完成9.8亿元，比2010年增长21.1%，年均增长3.9%。工业总量居全市第一，2015年完成工业增加值90亿元，比2010年增长45%，年均增长7.7%，规上工业企业达50家。第三产业快速发展，2015年实现增加值110亿元，比2010年增长74.3%，年均增长11.8%。节能减排任务基本完成。

（二）突出“三大抓手”，夯实区域发展基础

城市扩容提质取得新突破。新城建设呈新面貌。三纵三横主干路网基本贯通，城市框架基本形成。18个市、区行政单位进驻新城办公，一批城市配套服务设施项目正加紧推进，碧桂园、恒大、保利三大地产落户新城，新城常住人口达2.5万人。征收工作取得成效。新城累计完成征地2万余亩，签订房屋拆迁补偿协议951户，协议拆迁面积17.5万平方米。五个安置新村，1个建成入住、3个主体封顶，1个完成前期工作。苗圃项目累计清点丈量土地2600多亩，签订协议1960亩，交地775亩。旧城改造全面提质。加大征收力度，促成芙蓉北路、国道323线朝阳段、奥园、工业西内涝整治等城市项目建设。完成芙蓉丽景、恒熙华城等“三旧”项目

改造，蝶峦酒店、齿轮厂等项目稳步推进。

园区建设取得新进展。甘棠工业园累计签约企业40家，预计总投资约50亿元，建成后年产值可达100亿元；22家企业破土动工，莱雅、新科农等10家企业基本完成主体厂房建设，其中飞翔、以纯等2家企业已试投产，初步形成以化工涂料、装备制造、生物科技、服装等为主导产业的特色工业园。武江科技园企业转型升级力度加大，破碎机世界龙头芬兰美卓公司与韶瑞重工、国药集团与中茜药业成功并购，徐工集团与铁友机械签约合作，企业竞争力显著提升。莞韶城土地征收高效推进，完成一期征地5600余亩，黄沙坪创新园初具规模，已建成71幢电子商务楼，吸引22家企业进驻；三期征收工作已全面铺开，清点丈量土地2013亩。

交通基础设施不断完善。全面完成广乐高速武江段土地房屋征收工作，区位交通优势更加明显。实施市区至江湾，市区至重阳县道改造工程，镇域交通状况明显改善。完成300人以上自然村村村通公路任务，奠定了农村交通网络“微循环”基础。五年累计完成县道改扩建48.4公里、危桥改造5座、通自然村公路改造28.96公里。

（三）农业经济稳步发展，农民收入明显提高

2015年农村居民人均可支配收入1.4万元，比2010年增长78.3%。“十二五”期间，大力发展特色种养业，粮食播种面积稳定在7.5万亩，新增养牛、石斛种植等特色基地。实施科技兴农战略，建立农业技术示范基地3个，落实农机购置补贴250多万元。推广“企业+合作社+农户”发展方式，2015年农民专业合作社增至61个，龙头企业发展到6家。完成农村土地承包经营权确权登记颁证试点工作。植树造林11万亩，灵芝、食用菌等林下经济发展取得新成效。全面完成第二轮扶贫开发“双到”任务，筹集各类资金2369.9万元，开展扶贫项目89个，4个贫困村贫困户人均可支配收入9800多元，贫困村集体经济收入均超过10万元。

（四）民生投入不断加大，民生福祉持续改善

2015年民生支出6.8亿元，占当年财政总支出71%，比2010年增长169%。

农业、农村基础设施进一步改善。启动农田水利重点县和中小河流整治项目建设，完成农田水利设施建设项目19宗，受益农田6600多亩。完成农村安全饮水、小型水库除险加固、农田水利示范镇等水利工程建设50多宗，安全饮水工程惠及2.56万人，改善农田灌溉4万多亩，建成高标准农田3.5万亩。完成8个名村、20个示范村建设任务，其中4个名村入选《广东省岭南名村》。

社会保障体系进一步完善。“十二五”期间，城乡居民最低生活保障制度得到落实，累计发放低保资金约2750万元；实施城乡医疗救助制度，累计救助约1.3万人次、支出资金200多万元。农村五保对象实现应保尽保，完成8个农村幸福院建设。社会保险扩面征缴工作取得明显成效。城镇新增就业、下岗失业人员再就业、转移农村劳动力人数均完成省、市下达的任务。城镇居民失业登记率控制在3%以内。认真落实每年承诺的民生实事。

（五）社会事业协调发展，社会管理取得成效

社会事业取得进步。“十二五”期间，申请各项专利1814项，约占全市同期申报总数的1/5。2014年我区被列为国家知识产权强县（市、区）工程试点。省教育强区成功创建，义务教育发展基本均衡区创建工作通过国家督导评估。建成武江体育馆、18个镇村（居）全民健身广场、80个村（居）电子阅览室等一批文体设施。完成卫生和计划生育机构改革，启用惠民社区卫生中心、重阳、江湾卫生院新业务大楼。严格落实各项计生奖扶政策，2014年度计生工作被省评为先进单位。成立区食品药品监督管理局，落实食

品安全属地管理职责。完成“十三五”规划编制和第六次全国人口普查活动。积极支持工会、共青团、妇联、儿童、老龄开展工作，“双拥”、优抚安置、武装、人事、物价、档案、民族宗教等工作取得新成效。

城乡环境明显改善。以创文巩卫为契机，全面提升城市管理水平。实施小街小巷整治工程，推进城乡公共设施建设，改善公共服务环境。加强“六乱”整治，规范城市管理秩序。完善垃圾处理工作机制，农村卫生状况明显好转。加强公民道德教育，提升市民道德素养。

社会和谐稳定。坚持安全发展的理念，实施平安武江“十大工程”建设，新华街惠民西社区获得“全国平安和谐社区建设示范社区”称号。严厉打击一切形式的违法犯罪活动，群众安全感指数不断提高。落实消防、安全生产“一岗双责”，突出抓好重点行业、重点领域消防和安全生产隐患的排查和治理，安全生产各项指标均在控制范围内。积极做好各类矛盾的调处，信访形势保持平稳。加强应急管理工作，及时有效处置突发事件。

（六）强化依法行政意识，政府建设不断加强

认真执行区委决定决议，自觉接受区人大法律监督和区政协民主监督，广泛听取各民主党派、工商联、无党派人士的意见，重视发挥舆论和社会监督作用，5年办理人大代表建议76件、政协委员提案197件，办复率、满意率均达100%。积极推进政府职能转变和机构改革。全面完成事业单位分类改革。深入开展“六五”普法。实施政府法律顾问和一村（社区）一法律顾问制度，实行重大行政决策专家咨询论证、风险评估、合法性审查等制度，政府依法行政、科学决策水平不断提高。政府信息公开、办事公开、村务公开、校务公开等制度进一步健全。村账镇管制度进一步完善。集中解决了一批影响和制约科学发展的突出问题及群众反映强烈的热点难点问题，“民生热线”、网络问政工作不断深入。深入开展党的群众路线教育实践活动和“三严三实”专题教育，认真落实中央八项规定，坚决整治“四风”，“三公”经费大幅下降。完成公务用车改革。开展政府部门权责清单编制工作，机关效能建设不断深化，行政监察、审计监察、廉政建设、纠风治乱工作进一步加强。

各位代表，过去五年的成绩来之不易，这是全区上下团结奋斗的结果。在此，我代表区人民政府，向辛勤工作在各条战线上的广大干部群众，向忠实履职的人大代表、政协委员，向驻区的部队官兵、公安干警，向关心支持政府工作的社会各界人士，表示衷心的感谢并致以崇高的敬意！

在取得成绩的同时，我们也清醒地看到，我区经济社会发展还面临不少困难和问题，发展不足仍然是主要矛盾。从发展理念上看，思想解放与市委提出的“五破五立”还有较大差距，创新不足；从发展手段上看，经济发展过度依赖国有、房地产企业，形式单一；从发展质量上看，发展方式比较粗放，经济结构不够合理，亟待加快转型升级；从发展环境上看，基本公共服务供给不足，社会建设任务还很艰巨。此外，社会矛盾诱因复杂，信访维稳形势仍然严峻。对此，我们一定高度重视，积极应对，认真加以解决。

二、“十三五”时期奋斗目标与主要任务

“十三五”时期，是实现战略转型产业兴区、与全国同步全面建成小康社会的攻坚阶段，也是我们全面发力、大有作为的重要战略机遇期。我们必须紧紧围绕“十三五”规划的目标任务，更加奋发有为地开创武江全面发展的新局面。

“十三五”期间区政府工作的指导思想是：高举中国特色社会主义伟大旗帜，以邓小平理论、“三个代表”重要思想和科学发展观为指导，全面贯彻中央、省委和市委全会精神，深入贯彻习近平总书记

系列重要讲话精神，按照“四个全面”战略布局，围绕“三个定位、两个率先”，以全面建成小康社会为总目标，以主动融入珠三角为总战略，以城市经济为主战场，狠抓交通基础设施建设、中心城区扩容提质、产业园区扩能增效“三大抓手”，推进传统产业转型升级，加快发展新兴产业，努力将武江建设成为城市经济发展先行区、韶关都市发展核心区，确保全面建成小康社会。

今后五年经济社会发展的主要目标是：到2018年，全区生产总值比2010年翻一番，2020年与全国同步全面建成小康社会。具体目标是：到2020年，全区生产总值达到395亿元左右，年均增长10%左右；固定资产投资年均增长13%左右；地方一般公共预算收入与生产总值增长速度基本同步。城乡居民收入增长9%，人民生活水平和质量普遍提高，生态环境、人居环境显著改善，就业、教育、文化、社保、医疗、住房等公共服务体系更加健全。社会管理体制更加完善，基层民主更加健全，社会更加和谐稳定。为实现以上目标，我们重点围绕以下工作思路予以实施：

盯住与全国同步全面建成小康社会的目标，真抓实干

聚焦目标，破解发展难题，厚植发展优势，补齐发展短板，确保2020年小康指数达到97%以上，广大群众幸福感普遍提升。加强创新驱动，促进城乡统筹，壮大实体经济，经济发展指数达到92%。全面推进依法治区，创新社会治理，民主法治指数达到99%。完善公共文化服务体系，加快文化改革发展，文化建设指数达到99%。发展社会事业，加强公共服务体系建设，打赢新时期精准扶贫攻坚战，建设平安和谐武江，人民生活指数达到98%。加强环境治理，建设美丽武江，资源环境指数达到99%。

围绕建设城市经济发展先行区和韶关都市发展核心区两个定位，主动作为

贯彻落实市委市政府主动融入珠三角总战略，充分发挥区位、资源、产业、生态等综合优势，积极参与珠三角地区产业分工协作，主动接受珠三角地区的辐射带动。以东莞帮扶为契机，加大招商引资力度，积极承接珠三角地区产业转移，形成与珠三角地区优势互补的特色产业集群。密切参与韶关市“3+1+2”城市经济圈[①]建设，率先发展城市经济。以城区扩容提质为契机，以现代服务业发展为抓手，在芙蓉新城集聚发展商务金融、科技信息、文化创意、高端商务等新兴产业，打造服务粤北和粤湘赣中央商务区；在老城区优化教育、卫生、文化等公共资源配置。

培育发展四大产业，强化支撑

培育发展先进装备制造业。对接珠江西岸先进装备制造产业带，以韶瑞重工、宏大齿轮、东南轴承、飞翔变速箱等现有企业为主，积极引进行业知名企业，发展资金技术密集、关联度高、带动性强的液压件、汽车零部件、矿山工程机械、农业机械等产业。

培育发展旅游产业。围绕“大旅游”战略，依托区位优势，大力推进旅游服务设施建设，进一步提升旅游配套消费端的规模和档次。立足我区交通便利和生态环境优势，把新型城镇化建设与现代旅游产业发展相融合，鼓励发展休闲旅游消费经济，深入挖掘文化内涵，把文化创意产业、主题公园、旅游娱乐项目等有机结合起来，同时大力发展城郊自驾游，积极发展民宿和农家乐。

培育发展物流、电商产业。重点依托莞韶城黄沙坪创新园和佰旺电子商务园，打造“专业市场+电商+物流”的新模式。配合市引进大型商贸企业和知名物流企业，争取到2020年建成若干个大型化、高档次的专业物流中心，形成服务于粤湘赣三地的华南区域性重要物流节点。

培育发展特色轻工业。围绕烟草、纺织服装、制药、玩具、涂料等特色轻工业，以中

烟、以纯、利民、丹霞制药、旭日、莱雅等企业为龙头，积极推进质量品牌建设。

三、2016年工作安排

2016年是“十三五”的开局之年，也是芙蓉新城三年基本成城的关键之年。今年政府工作的总体要求：全面贯彻落实党的十八大和十八届三中、四中、五中全会及中央经济工作会议精神，以习近平总书记系列重要讲话精神为统领，按照市委、市政府和区委的部署，积极参与韶关主动融入珠三角发展战略，以城市扩容提质为契机，以园区增效为依托，以现代服务业发展为抓手，大力发展城市经济。坚持稳中求进的总基调，以提高经济发展质量和效益为中心，主动适应经济发展新常态，保持经济运行在合理区间。狠抓改革攻坚，突出创新驱动，加强民生保障，促进经济平稳健康发展和社会和谐稳定，为实现“十三五”规划目标开好局、起好步。

2016年全区经济社会发展的主要预期目标：生产总值增长8%左右；固定资产投资增长13%；地方一般公共预算收入增长与经济增长基本同步。

围绕上述目标，今年重点抓好以下七方面工作：

（一）以高度的政治责任感，认真落实《三年基本成城行动方案》，全力推进芙蓉新城建设

芙蓉新城开发建设是市委、市政府推进全市发展战略的主战场，也是武江经济“调结构、转方式”的主平台。市委、市政府要求，到2018年基本建成芙蓉新城，即：新城骨干路网全面建成，市政基础设施、公共服务设施基本配套，绿道水系网络和滨水生态空间基本形成，三大居住片区基本建成，城市框架成型；5个村农民安置房全部建成交付使用，旧村庄拆迁工作基本完成。作为辖区政府，要以主人翁精神，主动承接芙蓉新城征收安置任务，为三年基本成城发挥作用。今年围绕新城城市功能健全，重点做好用地需求保障服务工作。一是全力配合加快路网建设。在新城三纵三横主干路网初步形成的基础上，继续推进2号路、5号路、8号路、新白线一期等12条城市支路土地房屋征收工作，进一步完善新城路网。二是继续做好新城重点建设项目用地保障。要在新城人口不断聚集的基础上，着重保障三甲医院、儿童医院、商贸综合市场、综合客运枢纽站、市民文化活动中心（三馆）、华师附中等城市配套设施建设用地需求。积极配合市推动前海人寿金融中心、中海投资、保利商业综合体等总部经济项目落地。三是做好村民安置工作。建成芙蓉、车头、西联安置新村，启动下胡安置新村建设，力争年内完成芙蓉、西联村民入住新村工作，基本完成车头、下胡、西联坟墓迁移，整体拆除赤水旧村。落实新城被征地农民养老保险，协调市相关部门做好村集体经济发展用地返拨工作。

（二）认真贯彻中央城市工作会议精神，着力提升老城区综合承载力

坚持把创造优良人居环境作为城市工作的中心目标，配合市加快推进老城区优化提质，加强基础设施建设，加快棚户区和危房改造，有序推进老旧住宅小区、城中村综合整治，为发展城市经济创造空间。一是助推市政设施完善。配合市继续推进芙蓉北路、新群康、移山、独芳等市政道路改造，力促芙蓉北一路等改造工程开工建设。二是加大“三旧”和棚户区改造力度。继续扩大芙蓉丽景、恒熙华城改造示范效应，加快推进繁荣锦苑、市织布厂、富康广场改造，力争完成蝶峦酒店住宅部分、宏大齿轮厂一期改造。分步实施二棉厂、韶关液压件厂等较大厂矿企业棚户区改造。三是提升管理水平，着力打造智慧城市。以实施居住证制度为抓手，推动城镇常住人口基本公共服务均等化。配合市实行“数字”城管，加强城市公共管理。继续优化教育、文

化、卫生等公共资源配置，进一步完善城市功能。

（三）加大“三农”投入，推动城乡协调发展

夯实农业农村基础。完成小型农田水利重点县建设，大力推进中小河流治理，全面完成龙归河（龙归段）治理，实施东埔、洞子等山塘水库除险加固工程。实施村村通自来水工程。全面铺开农村土地承包经营权确权登记颁证工作。巩固高标准基本农田建设成果。加快农村交通设施建设，完成重阳镇重阳桥改建、水口桥重建工程，推进县道322重阳至万侯段改造，实施县道313、318、322安全防护工程项目。完成农村危房改造任务。继续推进村庄环境整治工程，基本实现农村垃圾收集、运输、处理全覆盖。

发展特色农业。认真落实中央强农惠农富农政策，积极参与韶关“大农业”发展战略，坚持城郊型、基地型和效益型农业的发展思路，壮大镇域经济。重点扶持优质灵芝、丝茅姜等特色种植，引进深加工企业，建立龙归后坪茶树菇、江湾胡洋铁皮石斛生产基地。充分整合农业和旅游两大行业优势，发展果蔬采摘、特色餐饮、乡村休闲、农事体验等多产品组合的农业观光项目，探索以休闲、度假为主要功能的现代农业经济发展模式。

（四）继续优化经济结构，提升经济发展质量

加强招商引资工作，加快民营经济发展。认真贯彻全市招商引资工作会议精神，借助外来投资，破解武江经济产业结构不够合理的困局。落实招商引资工作联席会议制度，实行招商引资“一把手”工程。加强沟通对接，争取更多项目纳入省和市的盘子。重点围绕珠江西岸先进装备制造和深莞惠电子信息产业，有针对性开展产业链招商，促进产业转型升级。充分利用国家、省和市一系列促进民营经济发展的政策措施，特别是市促进民营经济发展49条，鼓励个转企、企转规、规改股、股上市，支持民营企业做强做大。依托各类专业市场及创业平台，鼓励大众创业万众创新。以芙蓉新城开发建设为契机，配合市加快优质民营项目布局。

加快现代服务业发展，构建武江城市经济发展新框架。一是积极参与韶关“大旅游”发展战略。充分利用韶关参与“广佛肇+清云韶”经济圈②，建成珠三角生态休闲区的功能定位，依托高铁站、京珠高速韶关出口粤北游客集散中心的区位条件，大力发展旅游配套产业，加快蝶峦、恒大酒店、保利综合体建设，继续扶持汇展、碧桂园•太阳城酒店发展，培育中高端住宿餐饮购物经济；深挖自身旅游资源，继续擦亮九龄公园等本土旅游品牌，加快奥园集旅游休闲、文化娱乐、餐饮购物的一站式综合体项目建设。二是积极参与韶关“大物流”发展战略。紧紧抓住芙蓉新区建设成为粤湘赣现代商贸物流中心的机遇，继续做强做大雪印冷链、国药医药等专业物流。三是积极培育新城现代服务业经济圈。依托新城中心城区区位优势，大力发展文化、金融、科技等新兴产业，主动配合市做好项目落户芙蓉新城工作。四是力推互联网+产业。重点协助莞韶帮扶指挥部做好黄沙坪创新园运营工作，配合市做好佰旺电子商务园建设，引领全市新型经济发展。

精心培育园区经济，强力打造武江工业新引擎。甘棠园区、武江科技园充分利用东莞对口帮扶、韶关全面融入珠三角等有利条件，主动承接珠三角产业转移，加大招商引资力度，优先发展民营经济，充分挖掘园区潜能。今年，甘棠园区重点做好企业厂房建设及项目投产工作，继续扶持飞翔、以纯等企业增资扩产，力争莱雅、新科农等8家企业投产，力促2016年再完成10家签约企业的厂房建设，力推签约企业完成土地招拍挂工作。武江科技园充分依托韶瑞重工、铁友机械等现有装备制造基础，主动对接珠江西岸先进装备制造产

业带，引进优质项目，加快产业升级改造，积极参与产业分工，努力成为珠江西岸先进装备制造产业带的重要配套区。配合莞韶帮扶指挥部继续推进莞韶城一期黄沙坪创新园建设，协助入园企业尽快形成效益；加快推进莞韶城三期土地征收工作，带动龙归片区经济社会发展。

（五）坚持绿色发展理念，推进生态文明建设

抓好森林进城围城、生态景观林带、碳汇造林等林业重点生态工程建设，新增2个镇级森林公园，新建10个乡村绿化美省级示范村。划定生态红线，加强封山育林，严格林木采伐管理。严格落实新环保法，严控高能耗、高排放、高污染项目，大力发展循环经济、推行清洁生产。加强水源地保护，着力改善重点流域水环境质量。抓好规模化养殖场排放治理，配合市加强对重点污染源的监管，完成年度节能减排任务。强化土壤污染防治，配合市做好重金属、化学品生产等重点企业的监管。抓好水土流失治理。落实耕地保护目标责任。严格管理秸秆、生活垃圾露天焚烧，提高空气质量。大力倡导绿色低碳节约生活方式。

（六）坚持共享发展理念，着力改善和保障民生

实施积极就业政策。深入推进大学生创业引领计划和离校未就业促进计划，统筹做好大中专毕业生、农村转移劳动力、城镇困难人员、退役军人就业工作。完善就业公共服务平台，加强创业就业培训。力争全年实现城镇新增就业3500人，城镇失业人员再就业2500人，就业困难人员再就业400人，新增转移就业劳动力2400人。

增强社会保障能力。扩大社会保险覆盖面，推进机关事业单位养老保险制度改革，建立健全职业年金制度。完善应急救助、社会救助和社会福利体系建设，提高底线民生保障水平。推进建筑业工伤险、农房险、计生家庭意外险。大力发展养老服务，继续推进龙归、重阳、江湾镇农村幸福院建设，开展“银龄安康行动”，落实高龄老人津贴制度。

统筹发展社会事业。加大知识产权保护力度，推进科技成果转化。启动全国教育现代化先进区创建工作，完成龙归、江湾镇教育强镇复评。推进基层公共数字文化服务管理平台建设，完成农村广播电视覆盖工程。创建平安文化市场，促进文化产业发展。推进三级文化馆（站、室）达标建设。继续抓好非物质文化申遗。深化医药卫生体制改革，落实分级诊疗制度，加快龙归镇中心卫生院业务大楼建设，启用新华街道社区卫生服务中心综合大楼。加强公共卫生体系建设，提升疾病防控和医疗卫生服务保障水平。加强流动人口计划生育服务管理，全面实施二孩政策。完善体育基础设施，广泛开展全民健身活动。加强食品药品安全监管，开展“平安食堂”、“明厨亮灶”创建活动，完善食品安全“黑名单”制度。做好外事侨务、档案史志、民族宗教、人防应急、防震减灾等工作。

加强社会治理创新。落实安全生产主体责任，坚决遏制重特大事故发生。积极探索“城中村”、城乡接合部、老城区居民区综合治理模式，逐步推行社区化管理。加强社会组织管理，推进社会组织诚信和行业自律。加强矛盾纠纷排查调处，积极化解信访积案。深入开展双拥共建，推进军民融合发展。全面完成区、镇、村三级公共法律服务体系平台建设。加强社区警务室建设，完善社区治安群防群治网络。加强社会治安防控，加快公安“四项建设”，大力创建“平安武江”。

扎实推进精准扶贫精准脱贫工作。按照“五个一批”的要求，启动新时期精准扶贫工作。加大扶贫资金整合力度，着力加强贫困村交通、水利、电力、信息等基础设施建设，加大产业、智力、科技和电商扶贫力度，加大“两不具备”

贫困村庄整体搬迁和旧村庄改造。通过输出劳务、发展产业、加强培训、推动创业，促进有劳动能力的贫困户脱贫，对无劳动能力的实行政策兜底，以精准帮扶促进贫困村民生改善和贫困群众收入提高。

深入开展创文巩卫工作。加强对创建工作的管理和监督，形成长效管理制度，坚持把创文巩卫纳入领导班子和领导干部的考核。围绕创文测评体系，对短板项目进行重点攻坚。以示范点建设为载体，推进社区服务站和文明村镇示范点建设。设立创文热线，畅通市民反映创建问题的渠道，及时处理群众反映的问题，提高市民支持率。

今年，区政府重点办好5件民生实事：1.实施村村通自来水工程（重阳、西河片区）；2.全面完成小型农田水利重点县建设；3.新建镇泰小学教学综合楼；4.搭建武江区基层公共服务综合平台；5.实施向阳小区等9条小街小巷综合整治。

（七）着力推进依法行政，建设法治政府

坚持做到依法行政。自觉接受人大政协、新闻网络、社会舆情的监督，认真办理人大代表议案、建议和政协委员提案，主动听取社会各界的意见建议。强化依法行政意识，落实政府常务会议学法制度。落实重大行政决策法定程序，加强重大决策公众参与平台建设。完善政府法律顾问制度。深化行政执法体制改革，开展行政执法考评，加强行政执法检查，规范行政执法行为。深化政务公开。加强行政复议和行政应诉工作，完善行政争议协调化解机制。

坚持做到高效务实。加强政府工作作风建设，弘扬“三严三实”作风。认真贯彻市抓落实提高执行力大会精神，摒弃“慢”“浮”“僵”“推”“梗”“懒”“怕”等作风顽疾，在思想上坚持“五破五立”，全面提高政府执行力，营造浓厚的干事创业氛围。公布实施区级部门权责清单和区级行政审批事项目录。推行商事登记制度改革，实行“先照后证”等制度。推进“互联网+公共服务”，方便群众办事创业。加大问责追责力度，坚决纠正不作为、慢作为、乱作为。建立健全窗口服务投诉处理机制，加强“12345”投诉举报平台建设。

坚持做到清正廉洁。严格执行中央八项规定，落实领导干部“一岗双责”，坚决将纪律挺在前沿，健全教育、制度、监督并重的惩治和预防腐败体系，从源头上预防和治理腐败。强化权力运行制约监督，加大对重点项目、重大工程及国有资产等监管力度，推进廉政风险防控工作全覆盖。加大行政监察和审计监督力度，严肃查处各类违纪违法案件，切实纠正部门和行业的不正之风，着力解决损害群众利益的突出问题。

各位代表，“十三五”时期的宏伟蓝图已经绘就，形势催人奋进，发展任重道远！做好2016年的工作，任务艰巨、责任重大、使命光荣。让我们紧密团结在区委的周围，以更加开放的思想，更加昂扬的斗志，更加扎实的工作，为全面建成小康社会而努力奋斗！

注释：

①韶关市“3+1+2”城市经济圈：依托浈江、武江、曲江和乐昌、南雄现有城市规模和韶关机场建设，发挥乳源少数民族自治县的政策效应，在浈江、武江、曲江和乐昌、南雄城区以及乳源东北部打造“3+1+2”城市经济圈。

②“广佛肇+清云韶”经济圈：以广州、佛山、肇庆为代表的珠三角地区与以清远、云浮、韶关为代表的粤东西北地区融合发展，通过规划统筹、交通对接、产业转移等举措，优化配置区域内各种资源，缩小地区发展差距，打造珠三角带动粤东西北地区发展的示范区。

关于印发《武江区农村土地承包经营权确权登记颁证实施方案》的通知

韶武府办〔2015〕12号

各镇人民政府，农村土地承包经营权确权登记颁证工作领导小组，区直有关单位：

区农业局、区委宣传部、区委农办、区公安分局、区财政局、区国土资源分局、区林业局、区司法局、区档案局、区妇女联合会等单位制订的《武江区农村土地承包经营权确权登记颁证实施方案》，已经区人民政府同意，现印发给你们，请结合实际认真组织实施。实施中遇到的问题，请径向区农业局反映。

韶关市武江区人民政府办公室

2015年3月31日

武江区农村土地承包经营权确权登记颁证工作实施方案

为贯彻落实《中共广东省委 广东省人民政府关于全面深化农村改革加快推进农业现代化的若干意见》（粤发〔2014〕9号）及市农业局关于《韶关市农村土地承包经营权确权登记颁证工作实施方案》（韶农〔2014〕164号）精神，扎实推进我区农村土地承包经营权确权登记颁证（以下简称“确权登记颁证”）工作，结合我区实际，制定本工作实施方案。

一、指导思想

以坚持和完善农村基本经营制度，保持现有土地承包关系稳定并长久不变，开展确权登记颁证工作，赋予农民对承包地占有、使用、收益、流转及承包经营权抵押、担保和入股发展农业产业化经营权能，探索完善归属清晰、权能完整、流转顺畅、保护严格的农村土地产权制度，增加农民财产性收入，切实保护广大农民的合法权益，在推进工业化、信息化、城镇化过程中同步推进我区农业现代化和农村和谐稳定提供体制保障。

二、目标任务

以现有土地承包合同、权属证书为依据，查清承包地块的面积和空间位置，建立健全土地承包经营权登记簿，妥善解决承包地块面积不准、四至不清、空间位置不明、登记簿不健全等问题，把承包地块、面积、合同、权属证书落实到户。登记颁证前，鼓励农民在自愿前提下采取互换并地方式解决承包地细碎化问题。以确权登记成果为基础，健全农村土地承包管理档案，建立农民土地承包权属电子管理系统，实现农村土地承包经营权权属管理信息化。通过确权登记颁证，真正把农民的土地权利确权固化到农户，做实农村经济的微观基础，让农民吃上“定心丸”，进一步激发农业农村发展活力。以确权登记颁证为基础，以点带面，推动农村土地流转、农村产权制度改革、乡村治理创新、农民社会保障体系完善等配套改革工作，全面深化农村综合改革。为完成目标任务，我区主要分两个阶段推进：

（一）试点阶段。2015年，我区选择重阳镇青暖村、万侯村开展确权登记颁证试点，要力争在上半年基本完成试点工作，为在全区全面铺开积累经验。

（二）全面铺开阶段。2015年总结试点工作，全面部署铺开确权登记颁证工作。2015年—2016年全区各镇每年科学编制计划推进确权登记颁证工作，力争在2016年底基本完成全区确权登记颁证任务。

三、基本原则

（一）保持稳定。在保持现有农村土地承包关系稳定的前提下，以已经签订的土地承包合同和颁发的土地承包经营权证书为基础，开展确权登记颁证，进一步明晰土地承包经营权归属，确认农民对承包土地的占有、使用、收益以及依法处置等权利，强化物权登记管理。严禁借机违法调整收回农户承包地，更不能打乱重分、另起炉灶。

（二）依法规范。严格执行《物权法》《农村土地承包法》和《土地管理法》等有关土地承包经营权登记的法律法规，参照《农村土地承包经营权证管理办法》规定的登记内容和程序开展土地承包经营权登记工作。法律政策有明确规定的，要严格执行；对尚未作出明确规定的，要依照法律政策的基本精神，贯彻男女平等的基本国策，结合各镇实际，充分尊重基层和农民群众的首创精神，合情合理作出具体规定。在搞土地股份合作社、发展农业适度规模经营过程中，农户需要入社的，要先确权确地后再加入。在推进高标准农田、基本农田建设过程中，农民有意愿通过开展互换并地解决承包地细碎化问题的，各镇要给予积极引导，并指导和支持互换并地各方完成必要手续和程序后，再进行确权登记颁证。要认真绘制农户承包地块位置图，明确承包土地的面积、空间位置和权属等，并将农户承包地成图、登记、造册。

（三）因地制宜。根据各镇土地承包的实际情况，因地制宜，分类指导。要坚持确权确地到户，并突出问题导向、分清轻重缓急，按照先易后难、积极稳妥的思路，对权属清晰的先确权颁证，有争议的先调处后确权。确权登记必须坚持以“确地”为主，缺什么补什么，妥善解决历史遗留问题，化解不利于农村健康发展、和谐稳定的纠纷和隐患。

（四）依靠群众。要以农民群众参与程度、满意程度作为衡量和检验工作成果的准绳。各镇各有关部门要把发动农民群众参与摆在重要位置，通过深入细致地宣传动员和解释说明，做到家喻户晓、释疑解惑。在试点和全面铺开中碰到的具体矛盾和问题，要充分依靠本集体经济组织成员，通过民主议事、民主协商的办法来解决，各镇政府和有关部门可以引导、指导，但不能替民作主，更不能篡改民意，粗暴行政。

（五）分级负责。确权登记颁证工作实行市负总责，区、镇为责任主体，村为实施主体，强化部门协作，形成整体合力。市级负责指导各县（市、区）制定具体工作方案并督促落实，协调市直有关单位按照职能分工为确权登记颁证工作提供必要的支持和协助。区、镇根据本工作方案，负责指导、支持村开展具体实施工作，接受上级有关部门督促督导和考核验收。区、镇党政主要领导要亲自抓，分管领导具体抓，各有关部门要通力协作、镇村干部群众积极参与。

四、技术标准

各镇要认真落实好以下确权登记颁证的技术规程与标准。

（一）《农村土地承包经营权调查规程》（NY/T 2537-2014，农业部2014-02-19发布、2014-03-01实施）。

（二）《农村土地承包经营权要素编码规则》（NY/T 2538-2014，农业部2014-02-19发布、2014-03-01实施）。

（三）《农村土地承包经营权确权登记数据库规范》（NY/T 2539-2014，农业部2014-02-19发布、2014-03-01实施）。

五、主要工作内容

（一）开展土地承包档案清理。按照《农业部国家档案局关于加强农村土地承包档案管理工作的意见》，全面组织清理土地承包档案，着重解决土地承包方案、承包合同、承包台账种类不齐全、管理不规范等问题。严格执行土地承包档案管理规定，实行分级管理、集中保管的原则。建立健全整理立卷、分类归档、安全保管、公开查阅等制度。

（二）查清承包地块面积和空间位置。以第二次全国土地调查成果为基础，以二轮土地承包台账（签订的土地承包合同和发放的经营权证书）为依据，因地制宜开展土地承包经营权权属调查勘测，进一步查清承包地块面积、四至、地类和空间位置。实测结果经村、组公示确认后，作为确权登记颁证的依据。

（三）建立土地承包经营权登记簿。依据《农村土地承包经营权证管理办法》要求，按照不动产统一登记的原则，建立农村土地承包经营权登记簿。将经依法确认的承包地块面积、四至、地类和空间位置等信息登记在登记簿上，将登记信息录入到计算机，实行信息化管理。

（四）开展土地承包经营权登记、变更、注销。在建立土地承包经营权登记簿的基础上，开展土地承包合同变更、解除和土地承包经营权登记、变更、注销。承包期内，因下列情形导致土地承包经营权发生变动或者灭失，根据当事人申请，都要依法办理变更、注销登记，并记载于土地承包经营权登记簿：一是因集体土地所有权变化的；二是因承包地被征占用导致承包地块或者面积发生变化的；三是因承包农户分户等导致土地承包经营权分割的；四是因土地承包经营权采取转让、互换方式流转的；五是因结婚等原因导致土地承包经营权合并的；六是承包地块、面积与实际不符的；七是承包地灭失或者承包农户消亡的；八是承包地被发包方依法调整或者收回的；九是其他需要依法变更、注销的情形。凡登记、变更、注销土地承包经营权的，都应当对涉及的每宗承包地块实测确认。

（五）对其他承包方式开展确权登记颁证。采取招标、拍卖、公开协商等方式承包农村土地的，当事人申请土地承包经营权登记，按照《农村土地承包经营权证管理办法》有关规定办理登记。对境外企业、组织和个人租赁农村集体土地，从事农业生产经营活动的，暂不予登记。

（六）做好土地确权登记资料归档。在区档案局的支持和指导下，做好土地确权登记文件资料的归档工作。资料归档实行区、镇、村分级保管。区农业局要将确权登记颁证相关资料进行归档，集中保管，并依法按期移交区档案馆。镇、村也要重视资料归档工作，认真做好资料的归档工作，确保相关资料保存规范、完整。

六、工作步骤

（一）成立机构。区成

立确权登记颁证工作领导小组及其办公室。各镇也要成立以党政主要领导为组长的确权登记颁证工作领导小组及其办公室，具体负责组织实施确权登记颁证工作。行政村成立确权登记颁证工作组，村支书（主任）任组长，村民小组负责人和村民代表为成员，负责协调村民小组开展确权登记颁证工作。村民小组成立由村民小组组长和若干村民代表组成的确权登记颁证工作小组，参与资料收集、权属指界、农户地块确认、矛盾纠纷调处等工作。

（二）制定方案。各镇要结合实际，制定本镇工作实施方案，指导村一级制订具体实施方案和流程。村一级制定的具体实施方案，须经本村集体经济组织成员会议表决通过后，在村务公开栏进行公示，公示期为7天，无异议后再具体实施。各镇成立确权登记颁证工作领导小组的文件和工作实施方案要及时报区确权登记颁证工作领导小组办公室备案。

（三）宣传培训。区、镇要采用政府公告、广播、电视、报纸、公开信、宣传单、横幅等多种形式，加强土地承包法律政策及确权登记颁证工作的宣传，让各级干部、农民群众充分认识开展确权登记颁证的目的、意义，充分调动广大农户参与的积极性和主动性。召开区、镇确权登记颁证工作动员会。重点培训区、镇有关工作人员及村干部，使之掌握相关政策法规、业务知识以及工作程序和操作规程。

（四）收集资料。收集二轮承包台账、户籍、行政区代码以及行政界线、1：2000或精度更高的数字正射影像数据、基础测绘成果、基本农田范围线、地力等级划分成果、国有用地红线、林权界线、土地调查成果、集体土地确权成果等资料。

（五）摸底调查。组织人员进村入户开展摸底调查，发放并填写发包方调查表、承包方调查表等，收集核实二轮承包农户户籍、二轮承包台账等信息，并逐户签字认可。

（六）制作底图。以集体经济组织为单位，以1：2000或精度更高的数字正射影像图作为调查地块、获取电子图斑的基础数据，并添加标注。以图形纹理的形式勾绘农户承包地的权属边界，制作打印工作底图。

（七）外业调查。由镇、村工作组人员共同组成农户承包地指界小组，与承包户主或代理人（代理人进行指界时，应出示代理人的身份证和委托书及户主身份证复印件）现场共同指界确认承包户所属地块。现场指界后，由调查人员标注上图，填写承包地块调查表，按照编码规则编码，形成有地类、地块编号、地块面积等信息的草图。对于面积较小、树荫遮蔽的地块，以及重要的界址点线应实地测量。对存在争议的地块待争议解决后再登记。

（八）内业处理。对外业调查数据及图件进行检查后，按照相关规范要求，制作地块分布图（确认图）、农户承包地块空间方位示意图等图件资料及公示结果归户表、登记簿、合同等资料。

（九）张榜公示。集体经济组织在地块分布图（公示图）、公示表上加盖公章，并在村务公开栏进行公示，公示期限不少于7天，并对公示现场进行拍照存档。在公示期间，发包方和承包方提出异议的，镇、村工作人员与调查人员应及时进行核实、修正，并再次进行公示，公示期限不少于7天。

（十）签印确认。公示无异议的，由发包方、承包方（代表）在农村土地承包经营权公示结果归户表和地块分布图（确认图）上签字盖章或按手印确认。

（十一）审核颁证。村集体经济组织将本组织的确权成果资料连同《土地承包合同》，上报镇政府初审，初审通过后提交区农业局审核，审核通过后，向农户颁发加盖区人民政府印章的农村土地承包经营权证书，并造册登记。

（十二）归档建库。区农业

局将确权登记颁证相关资料进行归档，集中保管，并依法按期移交区档案馆。以区级行政区为单位，按照统一的标准建立农村土地承包管理信息系统，成果供政府各相关部门共享。

（十三）检查验收。确权登记颁证工作结束后，要及时总结农村土地承包经营权确权登记颁证工作的组织实施情况，并逐级上报。在镇确权登记颁证工作领导小组自行检查验收的基础上，区确权登记颁证工作领导小组组成检查组对各镇进行检查验收，同时区农业局、各镇认真做好迎接省的检查验收工作。

七、保障措施

（一）加强组织领导。区成立以区长任组长、区委常委、常务副区长及分管农业农村工作的副区长任副组长，区委宣传部、区委农办、区农业局、区公安分局、区民政局、区财政局、区国土资源局分局、区林业局、区司法局、区档案局、区妇联、各镇等单位为成员的农村土地确权登记颁证工作领导小组。领导小组下设办公室，办公室设在区农业局，抽调区国土资源分局、区档案局各一名业务骨干集中到区确权办工作。各成员单位要在区确权登记颁证工作领导小组的领导下，主动开展工作，密切配合，形成合力。各镇街、村要相应成立领导机构，层层落实工作分工和责任，有效组织农村土地确权登记颁证工作开展。

（二）明确部门职责。农业部门要切实发挥好牵头作用，积极主动做好指导、督促、检查、验收等工作，并协调成员单位推进工作落实；宣传部门负责发动各新闻媒体开展确权登记颁证工作的政策宣传、典型宣传和舆论引导工作，努力营造各方支持的良好氛围；国土资源部门免费提供第二次土地调查成果和经省级验收合格的农村集体土地所有权确权成果（含基础测绘成果、基本农田范围线、国有用地红线等），同时，在试点阶段，免费提供现有的1：2000数字正射影像数据，在全面实施阶段，负责协同省、市国土资源部门组织实施我区各镇1：2000正射影像图制作并免费提供使用，并指导处理有关土地权属的矛盾纠纷；财政部门负责全区确权登记颁证工作专项经费落实及拨付，并加强资金使用监管；公安部门负责查询、核实户籍资料；司法部门负责确权登记颁证工作纠纷争议的法律援助和相关政策法规问题解释，研究完善有关法律规章，做好农村承包土地矛盾纠纷的调处工作；档案部门负责指导确权登记颁证中形成的各种文件材料的收集、整理、归档和管理工作。其他有关部门也要在各自职责范围内协助做好相关工作。

（三）做好宣传培训。把宣传工作贯穿始终，各级各部门既要通过广播、电视和印发宣传海报、工作宣传问答、致农民朋友的一封信等多渠道、多层次、多形式加大宣传力度，加强土地承包法律及确权登记颁证工作意义、目的、政策和工作方法宣传，使全区上下思想统一、行动协调，努力营造各方支持、积极参与的良好氛围，同时又要围绕确权登记颁证工作需要，分级、分层次对领导干部、工作人员和农村基层干部进行培训，培养一支熟悉政策、掌握规程、精通业务、作风过硬的确权登记颁证工作队伍，增强各级做好工作的信心和决心。

（四）落实专项经费。农村土地确权登记工作不得向农民收取任何费用，所需工作经费纳入各级财政预算。中央、省级、市级补助标准现已经明确，其中中央、省级按每亩10元的标准给予补助，市级按每亩5元的标准给予补助，其中，省级、市级对已完成确权登记颁证工作的有关市县通过“以奖代补”的方式给予补助。区将对每亩确权登记颁证工作所产生的实际费用进行补差。

（五）强化制度保障。一是设立参与技术单位负责制度。对需由技术单位负责的有关工作，按照招投标、政府采购等政府采购服务程序交由测绘资质乙级以上（含乙级）的技术单位完成。技术单位应当做好保密工作，依合同落实受托业务范围内形成文件材料的归档和移交工作。二是推行村集体经济组织成员议事制度。确权登记颁证工作中的重大事项和农村土地承包经营权权属界线最后的核定由村集体经济组织成员会议讨论表决通过。

（六）加强督促检查。区、镇领导小组要加强对农村土地承包经营权确权登记颁证工作的督促和业务指导工作，对每阶段发现的新情况、新问题和重大事项要及时报告，研究处理，确保我区确权登记颁证工作顺利开展。

关于调整城乡低保最低月标准及农村五保供养最低年标准的通知

韶武府办〔2015〕22号

各镇人民政府、街道办事处，区府直属有关单位：

根据《韶关市民政局 韶关市财政局关于印发2015年韶关市城乡低保最低月标准及农村五保供养最低年标准的通知》（韶民救〔2015〕2号）有关精神，结合我区实际，经区政府同意，决定调整城乡低保月标准及农村五保供养年标准，现就调整标准的有关事项通知如下：

一、按照（韶民救〔2015〕2号）要求，调整城乡低保月标准及农村五保供养年标准，城市低保标准为412元/人月、人均补差水平最低为374元；农村低保标准为260元/人月，人均补差水平最低为172元；五保供养最低年标准为7704元。

二、调整后的城乡低保月标准及农村五保供养年标准从2015年1月1日起执行，对未达标的月份予以补发。

韶关市武江区人民政府办公室

2015年5月4日

关于印发武江区加快推进农村集体“三资”管理体系建设工作实施方案的通知

韶武府办明电〔2015〕41号

各镇人民政府，区府直属及驻区有关单位：

《武江区加快推进农村集体“三资”管理体系建设工作实施方案》已经区人民政府同意，现印发给你们，请结合本单位的实际认真组织实施。执行过程中如遇问题，请径向区委农办、区财政局反映。

韶关市武江区人民政府办公室

2015年9月28日

武江区加快推进农村集体“三资”管理体系建设工作实施方案

建设和完善农村集体“三资”监管平台和资源资产交易平台（以下简称“两个平台”），加快推进全区农村集体资金、资产、资源（以下简称“三资”）监督管理体系服务功能，是全面落实农村综合改革政策，进一步加强农村党风廉政建设的重要内容，是稳定和完善农村基本经营制度、切实维护农民群众合法权益的重要举措，对促进农村社会和谐稳定，推进社会主义新农村建设具有重要意义。按照省、市工作部署和有关文件要求，结合我区实际，特制定本工作方案。

一、工作目标

通过建设和完善“两个平台”，逐步形成产权明晰、权责明确、经营高效、管理民主、监管到位的农村集体“三资”管理体制和经营机制，实现农村“三资”监管“有平台、进平台、用平台、管平台”及监管信息化、民主化、公开化、制度化和档案化的目标。建设和完善农村“三资”监管体系，将进一步提升农村“三资”监管水平，确保农村集体“三资”保值增值，防止农村集体“三资”流失，保障群众的合法权益，提高农村干部廉洁自律的自觉性，为促进农村社会和谐、稳定、发展创造良好的环境。

二、工作原则

（一）坚持"五权"不变原则。强化农村集体"三资"监督管理，必须坚持农村集体"三资"所有权、使用权、监督权、处置权和收益权"五权"不变原则，任何组织和个人不得非法侵占、截留和挪用农村集体"三资"，维护村集体和村民涉及"三资"的合法权益。

（二）坚持民主管理原则。强化农村集体"三资"监督管理，必须坚持民主管理的原则，保障村民以及民主理财小组对村集体"三资"占有、使用、收益和分配的知情权、反映权和监督权。

（三）坚持公开原则。强化农村集体"三资"监督管理，必须坚持公开原则，及时将村集体"三资"的使用和收益向全体村民公开，资产和资源的承包、租赁、出让必须实行招投标或公开竞价。

（四）坚持成员受益原则。强化农村集体"三资"监督管理，必须坚持成员受益原则，通过完善收益分配制度，让农民群众随着集体经济壮大，得到更多的实惠。

三、监管范围

农村集体"三资"监管工作的范围是全区51个行政村、413个村小组的资金、资产、资源，具体是：

（一）农村集体资金。指村、组集体所有的货币资金，包括现金和银行存款。

（二）农村集体资产。指村、组集体投资兴建的房屋、建筑物、机器、设备等固定资产，水利、交通、文化、教育等基础公益设施以及农业资产、材料物资、债权等其他资产。

（三）农村集体资源。指法律法规规定为村、组集体所有的土地、水面、林地、荒地、山岭、山坡、荒滩、荒坡等自然资源。

四、工作重点

（一）组建相关的主管机构，明确工作职责，强化队伍建设，确保农村"三资"监管工作顺利开展。

（二）建设和完善农村集体"三资"监管体系。依托区政务服务体系一体化应用平台，建设和完善"两个平台"，通过扩展农村集体"三资"监管网络功能模块和建设镇级农村集体资产资源交易大厅，实现网络化和实体化管理模式。

（三）完善农村会计委托代理制度。实行农村会计代理（记）服务，全面落实会计核算、收款收据领用、收支两条线、非生产性开支定额管理、资金申请审批、限时报账等制度，强化对农村集体资金的监管。

（四）加强合同监管。开展农村集体资产、资源清查摸底、造册登记工作，重点在收集整理农村集体资产资源的承包、租赁和农村工程项目建设等经济合同，促进农村集体资源资产依法依规进行交易，为提升农村集体"三资"管理水平奠定基础。

（五）建立健全农村集体资产、资源管理制度。重点是建立健全资金的使用、资产资源清查登记、资产资源评估、资产资源处置、资产资源经济合同监管等制度，强化对村集体资产资源的监管。

五、工作任务

（一）组建主管机构，加强队伍建设。一是成立农村"三资"管理机构。区成立以区政府副区长任组长，区监察局、区委农办、区财政局、区农业局、区民政局、区国土资源分局、区林业局、区住房与城乡建设局、区行政服务中心、区信息中心、各镇等单位为成员的农村集体"三资"管理工作领导小组，下设办公室，办公室设在区财政局，办公室主任由区财政局一名副局长担任，区农业局、区林业局、区国土资源分局分管副局长为副主任。区委农办为牵头主办单位，区财政局为牵头实施单位，区农业局、区林业局、区国土资源分局为具体协办单位；各镇也要相应的成立以党政一把手为组长的镇级工作领导小组，组建农村集体"三资"管理服务中心（以下简称管理服务中心）。负责全面实行农村会计代理制和资金代管制，代理辖区内村组日常的资产、资源和资金管理，指导和监督村组的集体“三资”管理工作。同时承担资产资源交易、耕地流转指导、耕地承包合同管理和纠纷调解、农民负担和村民“一事一议”筹资筹劳监督管理、农村集体经济统计及内部审计、指导农民专业合作组织和农业社会化服务组织建设等工作。二是加强队伍建设。农村集体“三资”管理服务中心设立会计、资金管理、资产资源管理及交易等工作岗位，按照岗位配齐专（兼）职工作人员3-5人。工作人员由镇农办、财政所、村账办等机构人员组成。三是加强“三资”管理服务人员培训工作，提高“三资”管理服务人员工作水平，确保该项工作顺利开展。（区、镇主管机构组建、人员配备由区人社局、各镇负责，10月25日前完成；管理服务中心网络运行操作人员培训、农村“三资”信息收集录入及财务结算软件应用的培训及交易操作人员培训均由区财政配合软件开发中标单位组织培训。所有培训工作10月30日前完成。）

（二）收集整理完善资产资源信息。各镇要抓紧组织村、组开展清产核资，到9月底，基本完成2014年底以前的镇、村、组的“三资”清查工作。各镇要以市纪委《关于印发〈关于深化农村“三资”清理监管工作的实施方案〉的通知》（韶纪发〔2012〕6号）文件为基础，按照“清查、登记、核实、公示、确认、上报”六个操作程序开展农村集体“三资”清理工作。重点做好以下五项工作：一是做好资金清理。清理农村集体资金存量情况，包括农村集体所有资金收入的来源和结余情况，如政策性补助补贴收入、资产出租收入、投资收益、社会捐赠收入、其他收入等。二是做好资产清理。资产清理范围包括农村集体所有资产的情况，重点是扶贫开发过程中形成的应收暂付款项、出租商铺、小水电等股权、债权等长期投资，准确掌握农村集体资产的实物与价值状况。三是做好负债清理。清理农村集体组织欠债情况，重点是建设项目贷款和拖欠的工程款，以及集体组织拖欠的补贴、分红等款项。四是做好资源清理。按照集体土地确权、林地确权的情况，清理农村集体所有的土地、山塘水库、草场资源、林地资源等，掌握农村集体资源使用的情况。五是做好交易清理。清理农村资产、资源交易情况，包括房屋、商铺的出租合同、转让合同，股权、债权合同，资源的发包流转合同等。各镇要高度重视，及时在村委和村小组开展清产核资工作，因为这是关系到该项目工作能否顺利开展的关键环节。各镇人民政府要在班子挂点村委工作组的基础上，成立清产核资工作小组，包干分片，按时完成工作任务村。区级成立武江区村组清产核资工作督导组，由区委农办牵头，区财政局、区人社局、区农业局、区住房与城乡建设局、区林业局等部门指定一名副职和单位财务人员组成，指导各镇的清产核资工作。（资产资源信息收集整理录入由各镇负责，纸介质表格10月20日前完成，网络资料录入各镇待网络平台建设完成后再录入。）

（三）提升农村集体“三资”监管网络建设水平。依托区政务服务体系一体化应用平台，把农村资产资源交易模块提升为农村集体“三资”监管模块，在已有的政策法规、通知公告、招标公告、中标公告、合同公示、待交易信息、供求信息等七大功能模块基础上增加资源资产信息、经济合同信息、财务公开、网上交易等功能模块。（责任单位：区财政局，10月20日前完成。）

（四）管理服务中心建设。为提高管理工作效率，实现管理服务工作电算化模式，各镇管理服务中心办公场所立足于现有的镇人力社会保障楼，实现办公场所共享。所需办公设备根据软件需要，从节约、从简、联合使用的原则出发，尽量利用现有办公设备。如无法满足软件运行需要，确需新购，由区财政局统一安排解决。（办公场所建设调配由各镇和区人社局负责，办公设备由各镇和区财政局统筹解决10月25日前完成；资金管理专户开设由各镇负责，10月25日前完成。）

（五）资源资产交易大厅建设。各镇农村集体资产资源交易大厅可设在镇人力资源和社会保障服务中心培训室。交易大厅所需设备可利用原人社部门配备的设备设施，其他缺少的必备设施由区财政局统筹解决。交易制度、人员岗位职责、交易规则、交易工作流程图上墙公开。（交易大厅建设由各镇负责，10月25日前完成；必备设施的购置由区财政局负责，11月15日前完成。）

（六）做好农村集体经济组织身份的确认颁证工作。根据《广东省农村集体经济组织管理规定》（省政府第189号令），省、市有关文件精神，农村“三资”平台信息的录入、合同的签订等经济活动都须以经济合作联社、经济合作社的身份进行运作。为确保我区农村“三资”监管平台和交易平台工作顺利实施，与省、市统一口径，区农业局要对已颁发到全区51个村委的经济合作社联社的证明书（正副本）、组织机构代码、统一印制的公章，和413个村小组的经济合作社证明书进行清查核实，确保51个经济合作社联社有集体经济组织、公章和组织机构代码证，413个经济合作社有证明书和公章。对经济合作社没有统一印制公章的，要指导各镇的经济合作社统一印制公章。（农村集体经济组织证明书的颁证、身份确认工作由区农业局负责，各镇配合；经济合作社公章印制由各镇负责。该项工作于10月30日前完成。）

（七）推进组帐镇代记工作。在全区实行“村财务镇代理”的基础上，推进“组账镇代记”工作（具体工作按附件1执行）。各镇在试点基础上组织开展“组账镇代记”工作，10月底前完成辖区内30%集体经济有收入的村小组“组账镇代记”工作，12月底全面完成。各镇要组织力量与辖区内村小组签订代理委托书，完成对村小组的收入、支出、现金、存款清理结算，会计资料、账册、凭证、资金的移交手续，用财务结算软件记账，村小组资金存入管理专用账户等工作。（会计清理结算相关工作由各镇负责，区财政局配合指导，11月20日前完成，电脑记账工作11月20日前完成。）

（八）建立健全监管制度。完善农村“三资”清理监管制度，重点是完善财务收支管理制度，财务公开制度，财务开支审批制度，资产承包、租赁、出让、清查、台账、评估、经营管理制度，资源处置、招标、台账登记、承包、租赁、出让、拍卖管理制度，农村集体建设用地收益专项管理制度和责任追究制度等。（农村“三资”管理服务和资产资源交易等制度由区委农办起草，区人民政府办公室印发，10月20日前完成；责任追究制度由区监察局牵头，区审计局配合起草印发，11月20日完成。）

（九）所需经费筹措。农村集体“三资”管理服务平台搭建工作各镇要充分利用原有设备，在满足软件运行的情况下，确保工作任务的顺利完成。所需新增设备采购经费由区财政局统筹安排，其他经费由各镇解决。

六、工作要求

（一）加强组织领导。农村集体“三资”监督管理工作是一项系统工程，也是一项长期任务，涉及面广，政策性强、情况复杂、难度较大。各镇要参照区的做法成立农村集体“三资”监督管理工作领导小组及其办公室，具体组织农村集体“三资”管理服务中心和资产资源交易中心开展农村集体“三资”监督管理工作，确保此项工作扎实有效的开展。

（二）明晰工作思路。农村集体“三资”监督管理要坚持“重点明确、全面推进、把握政策、宽严相济、认真清资、民主监督”工作原则，既要核清全区农村集体“三资”的底数，纠正农村集体“三资”管理中存在的问题，确保强农惠农政策落到实处，又要建章立制，建立健全农村集体“三资”监管的长效机制。

（三）严肃工作纪律。切实加强对工作推行过程的跟踪监督，对可能出现的一些倾向性、苗头性问题早敲警钟，防微杜渐，及时纠正。要严肃工作纪律，对侵占挪用集体财物、违反规定擅自处置资产资源、监管人员失职失管等行为，要根据有关规定严肃追究相关责任人的责任。

（四）加大督导力度。从实际出发，因地制宜，加强政策及业务指导，正确处理加强农村集体“三资”监督管理与维护村民民主权益、经济利益的关系，准确把握资产资源清查、产权登记界定、处置等有关政策规定和工作原则，及时解决工作中出现的新情况和新问题。强化服务意识，有效引导村集体强化经营管理，盘活用活集体资产资源，切实增加集体经济收入。建立督查反馈制度，定期或不定期组织人员对各镇集体“三资”管理情况进行督查，推动监管工作落到实处，切实维护农村集体权益和农民合法利益。

（五）加大宣传力度。农村集体“三资”服务平台建设是一项民心工程，事关广大农民切身利益，省委、省政府，市委、市政府高度重视。各镇人民政府要加大该项工作的宣传力度，通过墙报、横幅、标语、入户等形式进行宣传，使中央、省、市关于加强农村集体“三资”管理的文件精神家喻户晓，确保我区顺利完成农村集体“三资”管理服务平台建设任务。

附件：1.武江区“组账镇代记”工作实施办法

2.加快推进农村集体“三资”管理服务体系建设工作细化表

附件1：

武江区“组账镇代记”工作实施办法

“组账镇代记”是“村财务镇代理”工作的扩展，是解决村小组“有账无人记、有账不会记、记账不规范”等诸多问题的有效措施。根据省、市《关于进一步规范村级财务管理制度》的要求，结合正在开展的农村集体“三资”清理监管工作，为扎实推进全区“组账镇代记”工作，特制定本实施方案。

一、主要任务和目标

通过实行“组账镇代记”制度，规范全区组级财务管理、提高会计工作效率，规范会计核算，防止错账、假账、假公开现象发生，促进各项财务制度的严格执行，从而加强对组级财务管理的监督，从源头上杜绝农村基层腐败现象发生。

二、组织形式和主要内容

（一）组织形式。实行“组账镇代记”制度的形式是在各镇原“村账镇代理”工作基础上，与辖区内各村小组签订委托代记协议，在“三个民主”（民主管理、民主决策、民主监督）和“四权”（资金所有权、经营权、处置权、财务审批权）不变情况下，对村小组财务坚持“一组一账”管理，实行统一制度、统一记账、统一公开、统一票据、统一建档的“五统一”服务。

（二）主要内容。实行“组账镇代记”制度的主要内容：一是由各镇“三资”管理服务中心负责各村小组财务管理和监督；二是各村小组的会计凭证审核、会计账簿登记、财务结算、会计档案管理等工作均集中由“三资”管理服务中心统一办理；三是各村小组集体资产的使用权、经营权、审批权及现金收支权仍在村小组，村小组会计主体法律责任不变，各项收支业务仍由各村小组审批并承担相应的会计法律责任。

（三）具体做法。第一是实行“组账镇代记”工作前要进行全面财务清理。各镇要组织相关人员对各村小组的财务状况进行一次全面的清查，并对财务各项收支情况和集体资产情况进行清理、审核、登记，经审核无误后，办理组账交接手续，将组账移交镇“三资”管理服务中心统一代记。第二是做好建章立制工作。为与“村财务镇代理”制度相衔接，各镇要建立一系列的配套制度，以规范财务管理。一是建立统一票据制度。必须使用符合国家法律法规和有关规定的票据，票据发生的收支业务，必须内容完整、手续完备、票款相符。实行“组账镇代记”工作后，要求每半年必须结账、对账一次，并公布一次账目，收支业务较大的村小组必须每季度公布账目一次。二是建立审批制度。村小组开支500元以内的（含500元），由村组长审批，500元以上至3000元的开支由村小组干部集体讨论决定，3000元以上的大额开支由成员代表大会讨论决定，并附上成员代表会议记录进行报账。村小组集体资金，原则上不能借给外单位（个人）或大额借给本单位成员，确需借给的，必须经村小组会议讨论通过，并送镇“村财务镇代理”办公室审核。村小组集体工程项目等大额举债，必须召开村民代表会议或村民大会同意，并送镇“村财务镇代理”办公室审查，报镇“村财务镇代理”领导小组批准。村小组1万元以上的工程项目，一律实行公开招标。三是建立财务管理回避制度。各村小组长、副组长以及亲属不得兼任财务会计，除财务会计外，其他任何人不得保管集体现金。四是建立健全审计制度。每年由区财政局会同有关单位抽取5%的村小组进行财务审计，以加强审计监督。

三、实施时间

各镇2015年10月底前完成辖区范围内30%有经济收入的村小组的“组账镇代记”工作，12月底前全面完成“组账镇代记”工作。2016年1月1日起全区实施“组账镇代记”制度。

四、注意事项

（一）必须坚持村民自愿的原则。各镇要按照村民自治法和有关法律法规的要求，在尊重村的民主管理、民主决策和民主监督的基础上，经各村小组同意，与镇“村财务镇代理”办公室签订委托协议后实施。

（二）注重做好干群思想工作。各镇要重点讲清“组账镇代记”不是“组财镇用”，而是在坚持“三个民主”“四权不变”的原则下加强对村小组的财务管理，并办好“一个手续”即镇“村财务镇代理”办公室要与各村小组签订《组账镇代记协议书》。在实施过程中，坚持“一组一账”管理，严防“组财镇用”现象的发生，确保村小组集体资产不被平调、挪用、侵占，集体权益不受侵犯；不得干预属于村民依法自治范围的事项。

（三）建立一套职责明确的监督制约机制。各镇政府主要是承担服务和监督职能，在实行“组账镇代记”工作基础上，帮助村小组建立和完善各项财务管理制度，不干涉村小组的正常事务，切实保障其资金的使用和自主发展经济的权益。各村小组要认真执行有关财务制度，及时上报财务收支账目，不得隐瞒收支、坐支资金、私设小金库，要充分将民主理财小组监督和民主监督结合起来，将内部监督和外部监督结合起来，为村民群众直接对组级组织权力进行最广泛的监督开辟一条渠道。

附件2：

加快推进农村集体“三资”管理服务体系建设工作细化表

表8

序号	建设项目	建设内容	实施单位	负责人	完成时间	协助单位	督办	备注
1		乡镇新农村建设服务中心（农村集体“三资”管理服务中心）及资产资源交易大厅装修改建。	各镇	各镇镇长	10月25日前	区财政局、区行政服务中心	区“三资”管理领导小组办公室	各镇9月20日前将改建方案报至区“三资”管理办，联系人：孙青文，电话：15814975377。
2		落实新农村建设服务中心（农村集体“三资”管理服务中心）工作人员。	各镇	各镇镇长	10月25日前	区财政局、区人社局	区“三资”管理领导小组办公室	各镇7月20日前将人员名单报至区财政局，联系人：孙青文。

续表8

序号	建设项目	建设内容	实施单位	负责人	完成时间	协助单位	督办	备注
3	提升监管网络平台功能	“三资”信息收集录入及财务软件应用培训。	区财政局配合软件开发中标单位组织培训	陈雪延	10月30日前	各镇	区“三资”管理领导小组办公室	每类培训各镇至少派2人参加学习。
		网络办事操作培训。	区财政局配合软件中标单位组织培训	陈雪延				
		交易大厅操作人员培训。	区财政局配合软件开发中标单位组织培训	陈雪延				
4		增加“三资”监管功能模块，将“三资”管理信息纳入网厅	区财政局	陈雪延	10月20日前	区政府信息中心	区“三资”管理领导小组办公室	
5	账户设立、设备采购及制度建设	开设组账镇代记资金专户	各 镇	各镇镇长	10月25日前	区财政局	区“三资”管理领导小组办公室	
6		“三资”管理服务中心、交易大厅设备和财务软件预算、采购及安装	区财政局	陈雪延	11月15日前	区行政服务中心	区“三资”管理领导小组办公室	
7		“三资”管理及交易制度制定及上墙	区财政局	陈雪延	10月25日前	区农业局、区林业局、区国土资源分局、各 镇	区“三资”管理领导小组办公室	
8	资源资产清理和录入	资源资产数据清查整理	各镇“三资”管理服务中心	各镇镇长	10月20日前	区财政局、区人社局、区农业局、区住房与城乡建设局、区林业局、区政府信息中心	区“三资”管理领导小组办公室	区财政局提供资产资源收集整理模板说明
9		资源资产数据录入	各镇“三资”管理服务中心	各镇镇长	待定	区财政局、政府信息中心	区“三资”管理领导小组办公室	

续表8

序号	建设项目	建设内容	实施单位	负责人	完成时间	协助单位	督办	备注
10	农村集体经济组织身份的确认领证工作	农村集体经济组织证书颁证身份确认。	区农业局	潘岐亮	10月30日	各镇	区“三资”管理领导小组办公室	
11		经济合作社公章印制	各镇	各镇镇长	10月30日	区农业局	区“三资”管理领导小组办公室	
12	组账镇代记	组账清理结算、会计资料移交	各镇“三资”管理服务中心	各镇镇长	11月20日前	区财政局	区“三资”管理领导小组办公室	
13		组账财务电算化记账	各镇“三资”管理服务中心	各镇镇长	11月20日前	区财政局	区“三资”管理领导小组办公室	
14		组账财务公开资料录入	各镇“三资”管理服务中心	各镇镇长	11月20日前	区财政局、区政府信息中心	区“三资”管理领导小组办公室	
15	制度建设	制定管理服务制度	区委农办	秦留柱	10月20日前		区“三资”管理领导小组办公室	
16		制定交易管理制度	区财政局	陈雪延	10月25日前	区交易中心	区“三资”管理领导小组办公室	
17		制定交易流程	区财政局	陈雪延	10月25日前	区交易中心	区“三资”管理领导小组办公室	
18		三资监管文件资料收集整理	区财政局	陈雪延	10月15日前		区“三资”管理领导小组办公室	
19		三资监管文件资料印制	区财政局	陈雪延	10月15日前		区“三资”管理领导小组办公室	

关于印发《武江区落实省委巡视工作反馈意见整改方案》的通知

韶武委办发电〔2015〕65号

各镇、街道，区直各单位以及各项目工作组：

《武江区落实省委巡视工作反馈意见整改方案》已经区委、区政府研究同意，现印发你处，请认真抓好整改落实，整改情况于10月30日前报区委办公室。

中共韶关市武江区委办公室

2015年10月10日

武江区落实省委巡视工作反馈意见整改任务分工方案

根据省委巡视工作统一部署，省委第三巡视组于2015年5月20日到8月10日对我区开展了巡视。巡视期间，省委巡视组围绕党风廉政建设和反腐败工作这个中心，通过开展个别谈话，受理群众来信来访来电，调阅有关文件资料，进行了深入细致的巡视检查。9月15日，反馈了巡视情况。巡视组在充分肯定我区经济社会发展取得成绩的同时，指出了我区在党风廉政建设、落实“两个责任”、执行“八项规定”和作风建设、选人用人和干部管理监督、执行民主集中制等方面存在的问题，并提出了整改的意见和要求，区委对巡视组的反馈意见高度重视，立即召开区委常委会，成立了整改工作领导小组，由区委书记王德雄负总责，区党政领导班子成员负责各自分管领域的整改工作，有关单位负责协调承办，区纪委加强对整改工作的监督检查。具体安排如下。（责任单位中第一位的为牵头单位，其余的为主要参与单位）：

一、认真落实党委主体责任和纪委监督责任，切实抓好党风廉政建设和反腐败工作

1.严格贯彻落实省纪委《关于落实党风廉政建设党委主体责任和纪委监督责任的意见》，定期向上级党委和纪委报告责任落实情况。（责任领导：曾清兰、曹锢；责任单位：区纪委、区委办、区政府办）

2.把党风廉政建设和反腐

败宣传教育工作纳入区委中心组学习的规定内容，进一步提高主要领导干部“一岗双责”意识。（责任领导：郑伟平；责任单位：区委宣传部）

3.督促主要领导干部切实履行党风廉政建设第一责任人责任。严格执行述职述廉述德和廉政巡查制度。（责任领导：曹錩；责任单位：区纪委、监察局）

4.对群众信访举报的问题及时处理。对省委巡视组移交的线索，对上级负责调查的坚决配合好，对本区负责调查的认真查实查办。旗帜鲜明支持纪委依法依纪查办腐败案件。（责任领导：曹錩；责任单位：区纪委、监察局、区委组织部）

5.加大监督工作力度。探索实行廉政提醒制度，对群众反映本级班子成员一般性党风问题，及时发出提醒函，限时整改。注重查办下级单位主要负责人涉腐问题，做到事前监督、事中监督与事后监督并重，切实强化对下级单位主要负责人的监督。（责任领导：曹錩；责任单位：区纪委、监察局、区委组织部）

6.加强镇街纪检组织建设。发挥镇街纪委监督执纪问责作用，抓好基层工作纪律、作风建设和服务意识，切实加强对镇街和村居干部日常监督管理。（责任领导：曹錩；责任单位：区纪委、监察局、区委组织部、各镇街党工委）

7.加强区纪检监察部门研究解决区内重点领域腐败问题的能力。认真落实“一案三报告”，发挥办案的治本作用。（责任领导：曹錩；责任单位：区纪委、监察局）

8.严肃查处利用职权、职务影响谋取不当利益的问题，认真落实领导干部配偶子女经商办企业的制度。（责任领导：曹錩；责任单位：区纪委、监察局）

9.规范征地拆迁补偿费和项目工作经费的管理。

（1）制定全区统一规范的征地拆迁补偿资金管理流程，完善征地拆迁补偿资金的审核、拨付机制。（责任领导：曾清兰；责任单位：区财政局、西联镇、西河镇）

（2）加强项目“工作经费”支出管理，严控廉政风险。（责任领导：曾清兰；责任单位：区财政局、区园区管委会、区新城办以及各项目工作组）

（3）完善征地拆迁和重大项目廉洁风险同步预防机制，研究制定关于加强征地拆迁和重大工程项目廉政监督的意见。加强对征地拆迁补偿费和项目工作经费的监督，加强对征地拆迁和重大项目的财务监管和专项审计。（责任领导：曹錩；责任单位：区纪委、监察局、区审计局、区财政局）

10.加强对财政专项资金、资产管理使用的监督。（责任领导：曾清兰；责任单位：区财政局、区纪委、监察局、区审计局）

11.加快农村“三资”监管平台建设，实现对农村的资产、财务实施统一管理、统一监督。（责任领导：曾清兰；责任单位：区财政局、区委农办）

12.加强农林水利项目现场查核和实地监管。（责任领导：刘拥军；责任单位：区农业局）

二、持续落实中央八项规定精神，大力推进作风建设

13.整治收送“红包”、土特产等顶风违纪现象。（责任领导：曹錩；责任单位：区纪委、监察局）

14.深入开展违规使用财政资金、擅自提高标准，发放奖励等专项治理工作。（责任领导：曾清兰；责任单位：区财政局、区监察局、区人社局）

15.整治超标准接待、吃吃喝喝、公车私用等现象。（责任领导：孙理鸣；责任单位：区政府办、区委办、区纪委）

16.整治干部不敢担当、不作为、事难办、慵懒散等问题。（责任领导：周小明；责任单位：区委组织部、区纪委）

17.完善督查督办工作机制，推动各项工作落实。（责任领导：孙理鸣；责任单位：

区委办、区政府办）

18.进一步加强和改进联系服务群众机制。（责任领导：周小明；责任单位：区委组织部、区委办、区政府办）

19.坚持暗访、查处、追责、曝光“四管齐下”，拓宽作风问题监督渠道，强化监督效果。整治迟到早退、随意请假、无故旷工、上班时间玩电脑炒股票等问题。（责任领导：曹镅；责任单位：区纪委、监察局）

三、坚持把纪律挺在前面，严肃政治纪律和规矩

20.加强政治纪律和政治规矩教育，提高党性认识，强化监督管理，根除干部队伍“圈子”文化。（责任领导：周小明；责任单位：区委组织部、区纪委、监察局）

21.贯彻落实省纪委《关于加强党员领导干部“八小时以外”活动监督管理的意见》。（责任领导：曹镅；责任单位：区纪委、监察局、区委办、区政府办、区委组织部）

22.严格遵守组织纪律。加强理想信念教育，切实增强领导干部的事业心和责任感；加强纪律教育，强化请示报告、请销假、出入境管理等制度；梳理权责清单，明确责任，提高效率；加强业务培训，提升干部业务能力水平。（责任领导：周小明；责任单位：区委组织部、区委办、区外事侨务局、区编办）

四、认真执行民主集中制，提高选人用人水平

23.进一步规范党内生活，勇于开展批评和自我批评。（责任领导：周小明；责任单位：区委组织部）

24.严格执行民主集中制。完善区委常委会、区政府常务会工作制度和议事规程，坚持按程序办事、按规矩办事，对“三重一大”事项决策，会前充分酝酿、征求意见，会上充分商量、充分发表意见，做到决策科学化、民主化。（责任领导：孙理鸣；责任单位：区委办、区政府办）

25.充分发挥区纪委书记、组织部长在干部监督管理和选拔任用等重要问题上的作用。（责任领导：曹镅、周小明；责任单位：区纪委、区委组织部）

26.进一步规范选人用人工作。严格遵守干部选任程序，加强规范化建设；坚持正确用人导向，大力整治违反组织人事纪律、“带病提拔”等不正之风。坚决整改超职数配备干部问题。（责任领导：周小明；责任单位：区委组织部）

27.加强组织部门自身建设，全面深入了解干部队伍的情况并及时向区委报告，不断提高知人善任水平，增强选人用人公信力。（责任领导：周小明；责任单位：区委组织部）

28.加强干部监督管理，贯彻落实广东省《关于加强党员领导干部“八小时以外”活动监督管理的意见》，加强对干部的平时考察，充分运用好干部预警监督“三提示三书”办法，及时提醒。（责任领导：曹镅、周小明；责任单位：区委组织部）

29.规范干部交流轮岗工作。（责任领导：周小明；责任单位：区委组织部）

关于印发《武江区创建广东省推进教育现代化先进区实施方案》的通知

韶武府办〔2015〕44号

各镇人民政府、街道办事处，区府直属及驻区有关单位：

《武江区创建广东省推进教育现代化先进区实施方案》已经区政府同意，现印发给你们，请认真贯彻落实。执行中遇到问题，径向区教育局反映。

韶关市武江区人民政府办公室

2015年12月30日

武江区创建广东省推进教育现代化先进区实施方案

为深入贯彻党的十八大精神，全面落实国家、省和市中长期教育改革发展规划纲要，根据《广东省人民政府关于推进我省教育“创强争先建高地”的意见》（粤府〔2013〕17号）和《韶关市创建广东省推进教育现代化先进市实施方案（2015—2020年）（征求意见稿）》的有关要求，为加快我区创建广东省推进教育现代化先进区进程，特制定本实施方案。

一、指导思想

以邓小平理论、“三个代表”重要思想、科学发展观为指导，深入贯彻习近平总书记系列重要讲话精神党的教育方针，以加快推进教育现代化建设为抓手，积极实施教育优质化、特色化、国际化战略，坚持优质均衡发展原则，全面提升基础教育品质；推动各类教育协调发展，不断完善现代教育体系；深化素质教育实践，全面提升教育质量；创新教育体制机制，增强教育发展活力；加强文化建设，形成区域教育文化品牌；加快教育信息化建设，全面提升教育信息化水平；加强教育合作，构建多元开放的教育新格局。努力构建结构合理、开放多元、充满活力、具有武江特色的现代国民教育体系和终身教育体系，切实增强教育主动适应和服务经济社会发展的能力，为支撑经济转型、推动自主创新、引领文化发展、促进社会和谐做出更大的贡献。

二、工作目标

（一）总体目标

通过创建广东省推进教育现代化先进区，使我区教育优先发展战略地位得到巩固和发展，教育保障全面落实，教育发展体制机制健全。进一步优化国民教育体系，完善终身教育体系，各级各类教育发展优质均衡，教育教学条件完善，教学质量明显提高，办学特色突显。力争2017年在教育现代化保障、教育现代化实践、教育现代化成就三大方面有明显提升，成功创建为“广东省推进教育现代化先进区”。

（二）具体目标

1.教育理念现代化

各镇人民政府、街道办事处和各部门要深刻认识教育在经济社会发展中基础性、先导性和全局性地位，坚持教育优先发展战略定位，制定科学系统的教育发展战略规划，切实保证经济社会发展规划中优先谋划教育发展，财政资金优先保障教育投入，公共资源优先满足教育和人力资源开发需要，真正把推进教育现代化建设作为落实科学发展观、构建和谐社会的基础工程。

2.教育体系现代化

义务教育均衡、优质发展。树立稳定持续的发展观念、扩大优质教育资源，构筑公平合理的投入机制，建设协调发展的课程体系；注重均衡配置，改善办学条件；优化结构，提高教师队伍素质；注重内涵发展，提升教育质量；注重扶弱帮贫，实现教育公平，确保区域义务教育均衡发展。坚持“两个为主”原则，将进城务工人员随迁子女就学纳入当地教育发展规划，纳入财政保障体系，依法保障公平接受义务教育的权利。建立健全特殊教育保障机制，加快乡镇特殊教育随班就读资源课室建设，保障残疾儿童接受九年义务教育。

普通高中优质、特色发展。不断改革创新普通高中教育优质发展机制，进一步整合和优化高中阶段教育资源，以多样化和办出特色为抓手，积极推进普通高中创特色工程，高质量普及高中阶段教育。

学前教育普惠、优质发展。认真落实《武江区发展学前教育三年行动计划（2014—2016年）》，将学前教育纳入经济和社会发展总体规划，学前教育经费列入财政预算，新增教育经费向学前教育倾斜。逐步建立政府主导、社会参与、公办与民办并举的办园体制，逐步提高普惠性幼儿园和省规范化幼儿园比例。

加快完善终身教育体系。加强成人文化技术学校和社区文化建设，努力建设学习型社会。

3.教育内容现代化

加强教育改革研究。树立教育改革意识，重点围绕教育管理、教育教学、课程开发等方面问题，推进科研立项。积极申请省级以上教育科研课题立项，促进我区教育科研上新水平。

全面实施素质教育。坚持德育为首、育人为本，全方位优化育人环境。注重学科教学渗透德育，注重德育队伍建设，使全体教师全程参与育人。优化全区素质教育质量检测和评价体系，有效服务全区素质教育实施。坚持能力为重，强化能力培养，通过组织丰富的社会实践活动，促进学生学会知识技能，学会动手动脑，学会生存生活，学会做人做事。全面开设心理健康教育活动课，培养学生良好个性和健全人格，促进学生身心健康发展。深入开展阳光体育活动，确保学生体质健康。重视美育和劳动教育，实现安全教育、生命教育、国防教育常态化。

拓展教育国际交流与合作。积极执行对外交流法律法规和上级有关政策，积极创新国际教育交流运行机制，开展宽领域、多层次、多形式的人才培养合作和学术交流，提高各级各类学校对外交流与合作水平和效益。

4.教育装备现代化

加大教育信息化资金投入力度，完善教育信息化基础支撑，加快教育信息化建设，提高“三通两平台”工作成效。建立开放灵活的教育信息公共服务平台，加强城乡教育教学信息资源开发与共享，有效推动全区教育信息化的应用和普及。

5.教育管理现代化

教育管理体制改革，构建现代学校制度。建立学校依法办学、自主管理、民主监督、社会参与的现代学校制度。进一步完善学校目标管理和绩效管理机制，建立符合现代教育规律的学校管理制度和配套政策。建立完善教育教学指导、管理和质量监控制度。

6.师资队伍现代化

加强学校管理队伍和教育行政队伍建设。完善校长选拔和任用体制，加强校长培训。优化学校管理队伍结构，提高教育行政人员学历水平。着力解决中小学教师学科结构性缺编和教辅人员配备不足问题，积极引进高水平、高学历人才，重点加大对幼儿园大专及以上学历教师，小学和初中本科及以上学历教师，高中阶段硕士及以上学位教师的培养和引进力度。建立名教师、名班主任、名校长培养培训体系，加强高素质师资队伍建设。

完善教师交流制度，均衡配置师资队伍。切实推进区内公办中小学教师（含校长）定期交流制度。积极开展城镇教师支援农村教育工作，完善优质学校教师对口支援薄弱学校制度。

三、组织机构

为切实加强对创建广东省推进教育现代化先进区工作的领导，成立“武江区创建广东省推进教育现代化先进区工作领导小组”（以下简称“创先”领导小组）。

组　长：黄建华　区委副书记、区长
副组长：曾清兰　区委副书记
　　　　孙理鸣　区委常委、区委办主任
　　　　王敏雯　副区长
　　　　朱旭东　区政府办主任
　　　　曹华龙　区教育局局长
成　员：林小夏　区编办主任
　　　　成振铭　区发改局局长
　　　　刘立文　区民政局局长
　　　　韩伟强　区司法局局长
　　　　陈雪延　区财政局局长
　　　　李力克　区人社局局长
　　　　黄艺顺　区住建局局长
　　　　方旭铭　区文新局局长
　　　　刘　武　区卫计局局长
　　　　胡丽娟　区审计局局长
　　　　肖大清　区安监局局长
　　　　王　鸽　区食药监局局长
　　　　黄雅琪　区外事侨务局局长
　　　　赵建军　区体育局局长
　　　　姚昌锋　市公安局武江分局副局长
　　　　徐湘宜　市国土资源局武江分局局长
　　　　龚耿岚　区妇联主席
　　　　杨　岚　团区委书记
　　　　蔡小英　区残联理事长
　　　　段刚锋　区委宣传部副部长
　　　　黄建忠　区教育局副局长
　　　　各镇（街道）镇长（办事处主任）

“创先”工作领导小组下设办公室，办公地点设在区教育局。曹华龙同志兼任办公室主任，黄建忠同志兼任办公室副主任。办公室人员从区相关部门、中小学校中抽调。

四、责任分工

对照《广东省推进教育现代化先进县（市、区）督导验收方案》评估指标要求，任务分工如下（详见附件）：

（一）办学条件

1.学前教育。省规范化幼儿园达95%，公办幼儿园和普惠性民办幼儿园覆盖率达到80%。［区教育局、各镇（街道）人民政府（办事处），排在第一位的为牵头单位（下同）］

2.义务教育。义务教育阶段普通中小学校中公办标准化学校覆盖率100%。随班就读残疾儿童学习康复得到帮助，专门（工读）教育学校转化学生成效显著。［区教育局、区残联、各镇（街道）人民政府（办事处）］

3.高中阶段教育。公办省

一级以上普通高中学校招生指标分配比例达到省的要求。建有2个或2个以上省级及以上职业教育实训中心（基地）。（区教育局、区财政局）

4.教育信息化。推进教育信息化“三通两平台”工作有明显成效，90%的教师及初中以上学生拥有个人实名制的网络学习空间。中小学宽带接入比例达到100%，城镇中小学拉入带宽不低于500M，其他学校不低于100M。建成区级教育资源和教育管理公共服务平台；100%学校建成门户网站和教育教学管理平台，所有教学点实现数字教育资源全覆盖；资源共建共享机制健全，有明显成效。80%以上教师达到《中小学教师信息技术应用能力标准》。信息技术应用创新活动参与面广，逐步形成本地化的特色应用活动、品牌项目，有效推动教育信息化的应用和普及。（区教育局、区财政局）

5.教师队伍。教师队伍整体水平高，管理制度完善，具有创新性，充满活力，探索教师合理流动机制。幼儿园专任教师大专以上学历、小学专任教师本科以上学历的比例均达70%以上，初中专任教师本科率达90%以上，普通高中教师研究生学历或硕士学位以上比例达到15%以上。建立名教师、名班主任、名校长培养培训体系，制度完善，培养一批在国内有一定影响力的名教师、名班主任、名校长。所有学校按省要求配齐从事教学实验、实训、图书、电子化教育、卫生保健及寄宿生生活指导等教辅人员。（区教育局、区编办、区人社局）

6.社会公共教育设施。图书馆、博物馆、科学馆、美术馆、青少年宫、文化馆、体育中心、学生综合实践基地等覆盖全区，满足需求；在推进素质教育、培养青少年全面发展工作中发挥积极作用。（区住建局、区财政局）

（二）教育管理

1.法制保障。扎实推进依法治校，学校基本实现“一校一章程、一校一法律顾问”。教育普法工作有规划、有措施、有总结，全体教师每年至少参加一次专门的学法培训。（区教育局、区司法局）

2.规范办学行为。严格执行省定课程计划，开齐开足课程。中小学生课业负担合理，无违规集体补课现象。义务教育阶段不设重点学校和重点班。完善义务教育就近入学制度，公办义务教育学校实行就近免试入学。重视做好校园安全防范工作，全区学校没有发生1次死亡3人以上校园安全责任事故。（区教育局、区安监局）

3.教育督导。建立完善决策、执行、监督相结合的教育行政运行机制，扎实推进依法治教工作。区人民政府教育督导机构健全，配足配强专职督导人员，全面实施督学责任区和中小学挂牌督导制度。（区教育局、区编办）

（三）教育经费

1.经费投入。全区及区本级教育财政拨款的增长比例连续三年高于财政经常性收入的增长比例。（区财政局）

2.经费管理。全区小学、初中、普通高中生均公共财政预算教育事业费和教育公用经费支出逐步提高。教师工资福利待遇不低于当地公务员工资福利待遇（两相当）。按不低于教师工资总额1.5%的比例安排教师培训专项经费。（区财政局、区人社局）

（四）教育发展水平

1.普及程度。学前三年毛入园率达98%以上。高中阶段教育毛入学率达95%以上。（区教育局）

2.人力资源水平。新增劳动力平均受教育年限达14年，其中高中以上教育占95%以上。主要劳动力年龄人口平均受教育年限达11.5年，其中高等教育占20%以上。（区教育局、区人社局）

3.教育质量。建立符合规律有特色的中小学德育体系。德育形式内容丰富，德育工作针对性、实效性强，重视德育队伍建设。明确“健康第一”的培养目标，确保学生每天锻炼一小时。广泛开展体育、艺术“2+1”项目。《国家学生体质健康标准》优良率：2017年达到85%。初中毕业生升学率达95%以上。普通高中毕业生升学率达90%以上。高中学业水平考试成绩C级以上比例达85%以上。（区教育局）

（五）教育公平

1.区域义务教育均衡发展。巩固义务教育发展基本均衡区，推进义务教育均衡发展工作评估得分在90分以上、小学和初中的差异系数分别小于0.5。（区教育局）

2.教育公平。将进城务工人员随迁子女入学纳入当地教育发展规划，纳入财政保障体系。建立以政府为主导、社会各方面广泛参与的留守儿童关爱体系。进城务工人员随迁子女在公办学校就读比例不低于50%，三类残疾儿童少年入学率达97%，普惠性幼儿园比例逐年提高。重视助学工作，全面落实家庭经济困难学生资助政策。（区教育局、区财政局、区政法委、区妇联、区残联、团区委、区卫计局、区民政局）

五、工作步骤

（一）启动阶段（2015年11月－2016年1月）

1.对照《广东省推进教育现代化先进县（市、区）督导验收方案（修订）》，进行摸底排查，收集、汇总、整理有关资料，并针对发现的问题，召开专题会议进行研究，提出实施办法，制定推进教育现代化建设规划表。

2.召开武江区创建广东省推进教育现代化先进区工作动员大会，成立工作领导小组及其办公室，研究制定创建工作实施方案，明确创建意义、目标、措施和步骤等，分解工作任务，明确各镇（街道）、各部门的创建工作任务职责。

（二）实施阶段（2016年1月—2017年6月）

1.在创建工作领导小组的统筹指挥下，各镇（街道）、各部门认真落实创建工作。

2.对照《广东省推进教育现代化先进县（市、区）督导验收方案（修订）》指标进行自查，找出存在的问题，加强沟通，抓好整改。

3.认真进行申报准备，完善各种资料。

（三）申报阶段（2017年6月—9月）

1.初步建成教育档案资料库，并针对档案资料建设中发现的问题，制定整改措施，推动整改落实。

2.完成自评报告、评估方案等申报材料，正式向省政府提出督导验收申请。

（四）验收阶段（2017年10月—12月）

1.召开迎评工作会议，制定迎评工作方案，对督导验收前各项准备工作进行检查和整改。

2.编印制作武江区教育宣传片、画册，争取相关媒体对创建工作进行宣传报道。

3.配合督导验收组做好座谈、专访、考察、问卷、查阅资料等工作。

（五）巩固阶段（2017年12月以后）

1.根据省督导验收组的反馈意见，制定整改工作计划。

2.各镇（街）、各部门、各学校按计划和要求进行整改，提高创建工作水平，巩固创建工作成果。

六、保障措施

（一）提高认识，加强领导。创建广东省推进教育现代化先进区，是全面提升我区教育综合实力和教育现代化水平的重大举措，对于提高全区人口素质，促进经济发展与社会和谐，都具有重要意义和深远影响。推进教育现代化是我区当前和今后一个时期发展教育事业的重点工作，各镇（街道）、各部门务必统一思想，提高认识，增强主动性和积极性，把推进教育现代化建设作为本镇、本部门的重点工作，各司其职，各负其责，大力协作，紧密配合，形成上下联动、齐抓共管的工作格局，为我区实现创建目标提供保障。区“创现”工作领导小组定期召开工作会议，研究创建工作的重大部署和政策措施，通报创建过程中出现的问题，做好创建工作的统筹、协调和督办。协调指导各镇（街道）、各部门、各学校开展推进教育现代化的各项工作，落实各项工作的职责分工和进度安排，抓好薄弱环节的整改，组织好各项资料的收集整理。

（二）明确分工，落实责任。各镇（街道）、各部门、各学校要按照区委、区政府的工作部署，根据各自职能认真开展创建工作，同时对照《武江区创建“广东省推进教育现代化先进区”任务分解表》（详见附件），相互协作，落实责任，突出重点，攻缺补弱，务求实效，高质量完成创建任务。对因推进措施不力影响创建进度的单位或个人，将按有关规定严肃问责。

（三）积极筹措，保障经费。依法加大政府对教育的经费投入，财政资金优先保障教育投入，建立健全教育公共财政投入稳定增长机制，确保教育投入“三个增长”。依法征收城区教育费附加和地方教育费附加，全部用于教育事业。切实加大对学前教育和特殊教育经费投入力度，确保满足学前教育和特殊教育发展需要。大力弘扬武江区尊师重教优良传统，广泛发动社会各界和海内外热心人士捐资助学，筹措更多资金推进教育现代化建设。

（四）强化宣传，营造氛围。加大我区教育改革发展的舆论宣传力度，充分发挥舆论导向作用，大力营造全社会尊师重教、积极支持配合教育现代化建设的浓厚氛围。通过政府网站、教育信息网站、镇、街道社区（村）宣传栏等媒体媒介，图文并茂，动静结合地及时展示近几年武江区教育改革与发展的成果，及时报道我区大力创建广东省推进教育现代化先进区工作动态，让更多居民了解、关心并支持我区教育现代化建设。

附件：《武江区创建“广东省推进教育现代化先进区”工作任务分解表

附件　　武江区创建“广东省推进教育现代化先进区”工作任务分解表

表9

一级指标	二级指标	三级指标	等级标准 A	等级标准 评估说明	责任单位	区教育局主办或协调股室
1.教育现代化保障	1.1 教育思想和战略规划	1.1.1 教育思想	教育优先发展战略定位清晰明确，教育思想观念先进、科学；教育发展思路清晰。坚持依法治校，推进教育治理能力现代化	对教育的重要作用的基本认识到位，重视安排教育发展；教育发展思路比较清晰为B	区委办、区政府办、区发改局、区教育局	办公室
		1.1.2 战略规划	制订有科学、系统的教育发展战略规划，城乡规划委员会将教育部门列为成员单位，完善学校建设规划、实施机制，规划实施保障有力	制定了教育发展战略规划为B	区委办、区政府办、区政协办、区发改局、区教育局、区妇联	
	1.2 人才资源	1.2.1 师资队伍★	教师配置与学科（专业）结构符合学校课程方案要求；所有学校配齐从事教学实验、实训、图书、电化教育、卫生保健及寄宿生生活指导等教辅人员	必达A，幼儿园专任教师大专以上学历、小学专任教师本科以上学历的比例：2014年达60%，2015年达70%；初中专任教师本科率：2014年达80%，2015年达90%；普通高中和中等职业学校教师研究生学历或硕士学位以上比例：2014年达12%，2015年达15%（该指标如果暂时没达到，政府必须书面承诺2015年达15%；而且有落实的具体方案、措施及2014年的成效）	区编办、区人社局、区教育局	人事监察股
			特殊教育（含工读）学校师生比达到《广东省特殊教育学校教职员编制标准暂行办法》的要求			
			幼儿园专任教师大专以上学历、小学专任教师本科以上学历的比例均达70%			
			初中专任教师本科率达90%以上			
			普通高中和中等职业学校教师研究生学历或硕士学位以上比例达到15%以上，中等职业学校双师型专任专业课教师比例达60%以上			
			全面落实中小学教师专业标准要求；区域内中小学教师专业发展措施具体、经费保证、成效显著、特色鲜明			
			建立名教师、名班主任、名校长培养培训体系，制度完善，培养一批在省内有影响力的名教师、名班主任、名校长			

续表9

一级指标	二级指标	三级指标	等级标准		责任单位	区教育局主办或协调股室
			A	评估说明		
1.教育现代化保障（续）	1.2人才资源	1.2.2学校管理队伍	落实有关校（园长）专业标准，拥有一支理念先进、高素质的幼儿园园长、中小学校长队伍，校长任职条件和任用办法健全	校长普遍素质较高，任职管理制度基本健全为B	区编办、区人社局、区教育局	人事监察股
			学校管理队伍结构合理，整体素质高	学校管理队伍的结构基本合理为B		
		1.2.3教育行政队伍	教育行政人员95% 以上拥有本科及以上学历，善于学习教育理论，熟悉教育规律、政策，有效地指导学校开展教育教学等各项工作，能有效解决工作中所遇到的实际问题	90%—94%以上教育行政人员拥有本科及以上学历为B	区编办、区人社局、区教育局	人事监察股
			管理或服务的规章制度明晰，流程科学，体现服务意识	服务意识基本到位为B		
			建立完善的教育教学指导、管理和质量监控制度	制度基本齐全为B		教研室 人事监察股 德体卫艺股
1.教育现代化保障（续）	1.6教育信息化	1.6.1教育信息化建设	教育信息化规划合理	根据考察评定等级	区教育局 区财政局	教仪站
			中小学宽带接入比例达到100%，城镇中小学接入带宽不低于500M，其他学校不低于100M	达到90%—99%为B		
			100%学校能自行设计或依托上级公共教育服务平台，建成学校门户网站和教育教学管理平台，所有教学点实现数字教育资源全覆盖	达到90%—99%为B		
			中小学校网络多媒体教室占总课室比例不低于90%	达到80%—89%为B		
			100%教师配备专用教学用终端	达到90%为B		
		1.6.2教育信息化成效	80%以上教师达到《中小学教师信息技术应用能力标准》	达到70%—79%以上为B	区教育局	教仪站 人事监察股
			90%的教师及初中以上学生拥有个人实名制的网络学习空间	达到80%—89%以上为B		

续表9

一级指标	二级指标	三级指标	等级标准		责任单位	区教育局主办或协调股室
			A	评估说明		
			信息技术应用创新活动参与面广，逐步形成了本地化的特色应用活动、品牌项目，有效推动了教育信息化的应用和普及	根据考察评定等级		
	1.7教育交流与合作	1.7.1交流与合作工作基础	县（市、区）教育行政部门工作职责中有明确的对外交流工作职能，有相应的工作部门；认真执行上级有关对外交流的规章制度；与国际及港澳台交流合作机制完善，制订对外交流合作工作规划、实施方案和年度工作计划，定期指导学校开展对外交流活动	根据考察评定等级	区教育局	办公室
		1.7.2国际及港澳台交流与合作活动	与境外教育部门、学校等机构有较频繁的交流和合作；重视教师境外培训培养，接受境外培训培养教师的学习成果在本区内推广；辖区重视聘请外籍教师工作，有健全的管理制度，管理规范，无出现违法案件	根据考察评定等级。“与境外教育部门、学校等机构有较频繁的交流和合作”包括：切实有效开展人员交流、信息交流、资源共享、教学科研合作等活动并建立稳定的联系（如签署合作协议或形成合作机制等），交流与合作项目在数量、经费和影响力逐年增长，形成一定数量的品牌项目及可推广的经验	区教育局 区外事侨务局	办公室 教研室 教育股
			重视外国学生和港澳台学生工作，认真执行有关管理制度，妥善解决入学问题			
		1.7.3国际理解教育	在弘扬中华优秀传统文化基础上，加强国际理解教育，培养学生国际化素养，学生理解、尊重多元化文化，懂得并掌握基本的国际礼仪	根据考察评定等级	区教育局	德体卫艺股

续表9

一级指标	二级指标	三级指标	等级标准		责任单位	区教育局主办或协调股室
			A	评估说明		
2.教育现代化实践（续）	2.2教育管理	2.2.1学校管理	现代学校制度完善，实现“一校一章程”，依照章程实施管理，制度完善，建立健全教职工代表大会制度，建立中小学家长委员会和法律顾问制度	现代学校管理制度基本完善为B	区教育局	教育股 德体卫艺股
			学校办学目标明确，学校发展规划科学合理、实施有力	制定学校发展规划为B		
			学校的校风、教风、学风优良，校园文化环境建设科学，特色鲜明，校园文化活动丰富多彩	根据考察评定等级		
		2.2.2教育行政管理	健全党政一把手亲自抓教育现代化建设的领导体制和目标管理责任制	党政领导制度基本健全为B	区委办 区政府办 区教育局	办公室
			政府的教育管理机构设置健全，分工明确；管理制度健全，管理手段先进，管理效能高	管理机构、制度基本健全为B		
			决策过程民主化、决策程序规范化、决策方法科学化。决策能得到全社会的监督，信息反馈渠道通畅	基本实现决策民主化、规范化、科学化为B		
2.教育现代化实践（续）	2.2教育管理	2.2.3教育法治	教育法治观念普遍增强，扎实推进依法治校工作，教育法制工作机构健全，总体上形成了“政府依法行政、学校依法办学、社会依法参与、学生依法受教”的教育法治局面；教育普法工作有规划、有措施、有总结，全体教师每年至少参加一次专门的学法培训	根据考察评定等级	区教育局、区司法局	办公室 教育股
			依法保障学校、教师、学生及家长的合法权益；教育投诉案件都能得到妥善处理，杜绝师生权益遭受侵害的现象；建立和完善校园安全综合防控体系和长效工作机制；按规定为学生购买校方责任保险	近1年出现违法违纪现象为C		

续表9

一级指标	二级指标	三级指标	等级标准		责任单位	区教育局主办或协调股室
			A	评估说明		
2.教育现代化实践（续）	2.2教育管理	2.2.4教育督导	县（市、区）政府教育督导机构健全；配足配强专职督导人员，落实教育督导专项经费	根据考察评定等级	区教育局	督导室
			实施督导责任区制度，创新挂牌督导机制效果好，健全各级各类学校教育教学质量保障与评估机制；实现教育督导评估工作的专业化、规范化、制度化			
			以加强教育质量监测为抓手，提升教育质量，推进教育公平，促进教育区域均衡发展			
2.教育现代化实践（续）	2.3教育改革	2.3.1改革理念	改革意识强烈，改革的指导思想先进、科学，能敏锐发现和深刻把握教育的热点、难点、焦点问题，采取有效的改革措施，及时予以解决	根据考察评定等级	区教育局	教研室
		2.3.2改革研究	教育科研机构人员齐备，教育教学研究规范化，教育科研经费逐年增加，所有教师参加各类教育教学研究	根据考察评定等级		
			形成浓厚的教育科研氛围，获得省级以上教育科研课题的立项逐年增加，获省级教育科研重点课题1项以上	根据考察评定等级		
			教育科研成果显著，在区域内有较大影响力，起到引领和示范作用	根据考察评定等级		
		2.3.3改革成效	改革的创新性特征明显、成效非常显著，极大地提高了县域教育教学质量、学校管理水平，明显地促进县域教育的可持续、跨越式发展	根据考察评定等级		

续表9

一级指标	二级指标	三级指标	等级标准		责任单位	区教育局主办或协调股室
			A	评估说明		
3.教育现代化成就	3.1教育质量	3.1.1学校教育教学水平与学生素质★	高中学业水平考试成绩C级以上比例达85%以上	必达A	区教育局	教育股
			中等职业学校毕业生“双证率”98%（艺术、体育专业70%）以上（未开考科目除外）			
		3.1.2普及率与就业率	学前三年毛入学率达98%以上	达到90%—97%为B		
			适龄儿童少年入学率达到100%	达到98%—99%为B		
			九年义务教育巩固率达到95%	达到92%—94%为B		
			高中阶段教育毛入学率达到95%	达到92%—94%为B		
			中职毕业生初次就业率达到98%以上	达到90%—97%为B		
3.教育现代化成就（续）	3.2教育公平	3.2.1义务教育均衡发展水平★	达到国家义务教育发展基本均衡县要求；县级政府推进义务教育均衡发展工作评估得分在90分以上、小学和初中的差异系数分别小于0.5	必达A	区教育局 区财政局 区残联	督导室
		3.2.2区域学位供给能力★	义务教育阶段学位供给能力系数达到1	必达A		教育股 基财股
			高中教育阶段学位供给能力系数达到0.95，公办省一级以上普通高中学校招生指标分配比例达到省要求			
		3.2.3农村适龄人口教育机会	农村适龄人口的教育机会系数达到1	达到0.9为B		

续表9

一级指标	二级指标	三级指标	等级标准		责任单位	区教育局主办或协调股室
			A	评估说明		
		3.2.4 女性适龄人口教育机会	女性适龄人口的教育机会系数达到1	达到0.9为B		
		3.2.5 进城务工人员随迁子女教育机会★	进城务工人员随迁子女在公办学校就读比例不低于50%	必达A		
		3.2.6 贫困生教育机会★	学前教育、义务教育、高中阶段教育的学生资助制度健全，资助资金配套及时、到位，学生资助政策全面落实	必达A		
			贫困生教育机会系数达到1			
			杜绝基础教育阶段学生因贫困而辍学的现象			
		3.2.7 残障适龄人口教育机会★	特殊教育保障机制健全	必达A		
			常住残障适龄人口教育机会系数达到0.97			
		3.2.8 境外来粤工作人士子女教育机会	符合就读条件的境外来粤工作人士子女的教育机会系数高标准地保持1	境外来粤工作人士子女教育机会系数达到1为B		
	3.3 教育特色	3.3.1 特色的适切性	教育教学改革和发展的整体特色明显，并与当地经济社会发展需求和文化传统紧密契合	根据考察评定等级	区委宣传部 区教育局	教研室 德体卫艺股

续表9

一级指标	二级指标	三级指标	等级标准		责任单位	区教育局主办或协调股室
			A	评估说明		
		3.3.2 特色的影响力	标志性的教育特色在省内外具有明显的品牌意义	教育特色在省内具有较大影响的为B	区委宣传部 区教育局	教研室 德体卫艺股

说明：

1.推进教育现代化先进县（市、区）督导验收、复评达标要求：珠三角广州等6个市为A≥34、C=0，江门、惠州和肇庆3个市为A≥32、C=0，粤东西北汕头等12个市为A≥30、C≤2，且所有必达指标为A，同时公众满意度达85%以上（结合义务教育发展基本均衡县公众满意度调查进行）。

2.“等级标准”栏所有要素评定为A，则该三级指标结论为A；有1个以上要素评定为B，则该三级指标结论为B，有1个以上要素评定为C，则该三级指标结论为C。

3.“高于”“不少于”“不低于”“以上”等均含本数。“逐年提高”是指近3年连续每年比上年有所提高。

附 录

武江区文件目录选编

2015年中共韶关市武江区委及办公室文件目录选

表10

序号	文件名称	文号	发文单位	发文时间
1	关于区委常委挂钩联系乡镇（街道）领导干部驻点普遍直接联系群众工作的通知	韶武委办〔2015〕1号	区委办	2015年1月7日
2	关于调整区依法治区工作领导小组成员的通知	韶武委办〔2015〕2号	区委办	2015年4月9日
3	关于调整中共韶关市武江区委反腐败协调领导小组成员的通知	韶武委办〔2015〕3号	区委办	2015年5月14日
4	中共韶关市武江区委办公室关于成立武江区委巡视工作联络小组的通知	韶武委办〔2015〕4号	区委办	2015年5月25日
5	中共韶关市武江区委办公室关于印发《武江区开展“三严三实”专题教育实施方案》的通知	韶武委办〔2015〕5号	区委办	2015年6月15日
6	中共韶关市武江区委办公室关于成立区委基层治理领导小组的通知	韶武委办〔2015〕6号	区委办	2015年7月7日
7	中共韶关市武江区委办公室转发《中共韶关市武江区纪委关于2015年全区开展纪律教育学习月活动的意见》通知	韶武委办〔2015〕7号	区委办	2015年7月17日
8	关于印发《武江区加强社会工作人才队伍建设实施意见》的通知	韶武办发〔2015〕1号	区委办 区政府办	2015年3月12日
9	关于调整武江区“创建平安武江”领导小组成员的通知	韶武办发〔2015〕2号	区委办 区政府办	2015年4月21日
10	关于调整韶关市武江区社会治安综合治理委员会成员的通知	韶武办发〔2015〕3号	区委办 区政府办	2015年4月21日

续表10

序号	文件名称	文号	发文单位	发文时间
11	关于调整武江区双拥工作领导小组成员的通知	韶武办发〔2015〕4号	区委办 区政府办	2015年7月10日
12	关于加强区领导班子成员和区直部门挂点联系重点工商贸企业的通知	韶武办发〔2015〕5号	区委办 区政府办	2015年9月2日
13	关于调整区民族宗教工作领导小组成员的通知	韶武办发〔2015〕6号	区委办 区政府办	2015年9月8日
14	关于调整武江区绩效考评工作领导小组成员的通知	韶武办发〔2015〕7号	区委办 区政府办	2015年9月15日
15	关于调整武江区社区居委会管理工作领导小组的通知	韶武办发〔2015〕8号	区委办 区政府办	2015年9月17日
16	关于成立省委第三巡视组反馈意见整改落实工作领导小组的通知	韶武办发〔2015〕9号	区委办 区政府办	2015年9月25日
17	关于调整武江区信访事项复查复核领导小组的通知	韶武办发〔2015〕10号	区委办 区政府办	2015年11月12日
18	关于调整武江区加强信访工作和维护社会稳定协调领导小组的通知	韶武办发〔2015〕11号	区委办 区政府办	2015年11月12日
19	中共韶关市武江区委办公室韶关市武江区人民政府办公室关于印发《韶关市武江区全面推进公务用车制度改革总体方案》和《韶关市武江区区直机关公务用车改革实施方案》的通知	韶武办发〔2015〕12号	区委办 区政府办	2015年11月16日
20	关于调整韶关市武江区社会治安综合治理委员会成员的通知	韶武办发〔2015〕13号	区委办 区政府办	2015年12月9日
21	关于调整武江区“创建平安武江”领导小组成员的通知	韶武办发〔2015〕14号	区委办 区政府办	2015年12月9日

2015年中共韶关市武江区委及办公室文件目录选（明电）

表11

序号	文件名称	文号	发文单位	发文时间
1	关于调整武江区公民无偿献血委员会的通知	韶武委办发电〔2015〕1号	区委办 区政府办	2015年1月20日
2	关于做好2015年元旦春节期间拥军优属工作的通知	韶武委办发电〔2015〕3号	区委办 区政府办	2015年1月21日
3	关于进一步做好教育实践活动深化整改落实情况统计填报工作的通知	韶武委办发电〔2015〕4号	区委办	2015年1月29日
4	区委办 区政府办印发《武江区开展一村（社区）一法律顾问工作实施方案》的通知	韶武委办发电〔2015〕5号	区委办 区政府办	2015年2月3日
5	转发中共广东省委办公厅广东省人民政府办公厅关于进一步加强当前安全生产工作的紧急通知	韶武委办发电〔2015〕9号	区委办 区政府办	2015年2月12日
6	关于印发武江区2015年重点建设项目计划表及武江区2015年重点建设预备项目计划表的通知	韶武委办发电〔2015〕13号	区委办 区政府办	2015年3月5日
7	关于调整武江区加强信访工作和维护社会稳定协调领导小组的通知	韶武委办发电〔2015〕14号	区委办	2015年3月6日
8	2014年各单位网络问政办理情况通报	韶武委办发电〔2015〕15号	区委办	2015年3月9日
9	关于调整武江年鉴编纂委员会成员的通知	韶武委办发电〔2015〕16号	区委办 区政府办	2015年3月11日
10	关于印发《〈武江年鉴·2015〉编纂方案》的通知	韶武委办发电〔2015〕17号	区委办 区政府办	2015年3月11日
11	关于调整武江区禁毒委员会组成人员的通知	韶武委办发电〔2015〕19号	区委办 区政府办	2015年3月16日
12	关于进一步规范办文有关事项的通知	韶武委办发电〔2015〕21号	区委办 区政府办	2015年3月23日
13	关于印发《武江区2015年依法治区工作要点》的通知	韶武委办发电〔2015〕24号	区委办	2015年4月10日
14	关于调整武江区关心下一代工作委员会领导成员的通知	韶武委办发电〔2015〕30号	区委办	2015年4月30日
15	关于规范区委、区政府规范性文件代拟稿报送工作的通知	韶武委办发电〔2015〕32号	区委办 区政府办	2015年5月8日

续表11

序号	文件名称	文号	发文单位	发文时间
16	2015年“五一”假期值班工作情况通报	韶武委办发电〔2015〕33号	区委办	2015年5月8日
17	关于印发武江区人口与计划生育目标管理责任制考核方案的通知	韶武委办发电〔2015〕35号	区委办 区政府办	2015年5月20日
18	关于进一步做好防汛和维护社会稳定工作的通知	韶武委办发电〔2015〕37号	区委办	2015年5月26日
19	关于印发《韶关市武江区县以下机关建立公务员职务与职级并行制度工作推进方案》的通知	韶武委办发电〔2015〕40号	区委办 区政府办	2015年6月8日
20	印发武江区2015年广东扶贫济困日活动工作方案的通知	韶武委办发电〔2015〕42号	区委办 区政府办	2015年6月23日
21	关于在“三严三实”专题教育活动中深化落实党的群众路线教育实践活动整改任务的通知	韶武委办发电〔2015〕43号	区委办	2015年6月24日
22	关于印发《武江区区委中心组“三严三实”专题学习方案》的通知	韶武委办发电〔2015〕45号	区委办	2015年6月29日
23	关于成立武江区公务用车制度改革工作领导小组的通知	韶武委办发电〔2015〕51号	区委办 区政府办	2015年8月4日
24	关于落实省委第三巡视组反馈意见整改工作的通知	韶武委办发电〔2015〕61号	区委办	2015年9月21日
25	关于进一步加强节假日值班的通知	韶武委办发电〔2015〕63号	区委办	2015年9月25日
26	关于印发《武江区落实省委巡视工作反馈意见整改方案》的通知	韶武委办发电〔2015〕65号	区委办	2015年10月10日
27	关于推行政府工作部门权责清单制度工作的通知	韶武委办发电〔2015〕69号	区委办 区政府办	2015年10月28日
28	关于成立《中国共产党韶关市武江历史》编辑部的通知	韶武委办发电〔2015〕76号	区委办	2015年12月2日
29	关于省市对我区保密工作检查情况的通报	韶武委办发电〔2015〕80号	区委办	2015年12月14日
30	转发《中共韶关市委办公室 韶关市人民政府办公室关于印发〈2015年县（市、区）经济社会科学发展考核实施方案〉的通知》的通知	韶武委办发电〔2015〕81号	区委办 区政府办	2015年12月15日
31	关于做好2016年元旦春节期间有关工作的通知	韶武委办发电〔2015〕87号	区委办	2015年12月25日

2015年韶关市武江区政府及办公室文件目录选编

表12

序号	文件名称	文号	发文单位	发文时间
1	关于印发《武江区开展居住证门禁系统试点工作实施方案》的通知	1	韶武府办明电	1.21
2	关于印发清理规范税收等优惠政策实施方案的通知	2	韶武府办明电	1.26
3	关于进一步切实抓紧落实办公用房清理整改工作的通知	3	韶武府办明电	1.3
4	关于区委、区政府分管领导带队对分管部门、行业进行安全生产大检查的通知	1	韶武府明电	2.2
5	关于召开武江区八届四次全体会议的通知	4	韶武府办明电	3.3
6	关于编写武江区2014年大事记的通知	5	韶武府办明电	3.9
7	关于贯彻实施《广东省行政许可监督管理条例》的通知	6	韶武府办明电	3.9
8	关于印发《武江区2015年地质灾害防治方案》的通知	7	韶武府办明电	3.12
9	关于成立武江区地质灾害防治工作领导小组的通知	8	韶武府办明电	3.12
10	关于印发《武江区档案收集档案工作方案》的通知	9	韶武府办明电	3.13
11	关于进一步加强办公用房清理整改工作的通知	10	韶武府办明电	3.17
12	关于抽调芙蓉新城征拆和服务工作人员的通知	11	韶武府办明电	3.31
13	关于做好市对我区2014年经济社会发展考核结果复核暨征求2015年县（市、区）经济社会发展考核实施方案意见的紧急通知	12	韶武府办明电	4.9
14	关于开展全区第二轮党政机关和领导干部办公用房清理整改检查工作的通知	13	韶武府办明电	4.1
15	关于调整武江区节能减排工作领导小组的通知	14	韶武府办明电	4.14
16	关于2015年武江区城乡居民基本养老保险医疗保险任务分解的通知	15	韶武府办明电	4.17

续表12

序号	文件名称	文号	发文单位	发文时间
17	关于召开武江区第二季度安全生产及消防安全暨重点单位整治工作会议的通知	16	韶武府办明电	4.2
18	关于印发《2015年韶关市武江区环境保护大检查实施方案》的通知	17	韶武府办明电	4.23
19	关于成立武江区林业生态红线划定工作领导小组的通知	18	韶武府办明电	5.4
20	关于做好我区2015年度无偿献血工作的通知	19	韶武府办明电	5.4
21	关于召开2015年第一季度经济形势分析会的通知	20	韶武府办明电	5.5
22	关于调整韶关市武江区人民政府教育督导委员会成员名单的通知	21	韶武府办明电	5.14
23	关于成立“5·11”机械伤害事故调查组的通知	22	韶武府办明电	5.15
24	关于召开全区夏季消防安全检查工作会议的通知	23	韶武府办明电	6.1
25	关于配合做好安装治安视频监控的通知	24	韶武府办明电	6.2
26	关于印发武江区涉农资金专项整治行动实施方案的通知	25	韶武府办明电	6.3
27	关于开展违法违规用地拆除整治工作的通知	26	韶武府办明电	6.4
28	关于加快推进2015年区政府承诺为民办的实事项目的通知	27	韶武府办明电	6.8
29	关于开展“广东扶贫济困日”现场捐赠活动的通知	28	韶武府办明电	6.26
30	关于要求成立重点水利工程建设工作协调领导小组的通知	29	韶武府办明电	7.6
31	关于印发韶关市武江区2015年度政府常务会议专题学法计划的通知	30	韶武府办明电	7.6
32	关于补报《武江年鉴·2015》有关内容的通知	31	韶武府办明电	7.13
33	关于召开武江区安全生产和消防安全工作暨区政府第三季度防范重特大生产安全事故工作会议的通知	32	韶武府办明电	7.14

续表12

序号	文件名称	文号	发文单位	发文时间
34	关于全国政府网站普查政府信息公开工作检查情况的通报	33	韶武府办明电	7.29
35	关于成立武江区2015年事业单位公开招考工作领导小组的通知	34	韶武府办明电	8.19
36	关于切实做好政府信息公开平台栏目信息及时更新工作的通知	35	韶武府办明电	8.25
37	关于印发《2015年韶关市武江区企业情况综合数据采集工作方案》的通知	36	韶武府办明电	9.1
38	关于梳理政府资产权、物权等相关问题的通知	37	韶武府办明电	9.8
39	关于成立韶关市武江区农村危房改造工作领导小组的通知	38	韶武府办明电	9.17
40	关于转发《韶关市人民政府办公室关于印发〈韶关市2015年南粤水更清行动重点目标和任务〉的通知》的通知	39	韶武府办明电	9.25
41	关于明确处置非法集资推进“平安武江”创建阶段工作任务的通知	40	韶武府办明电	9.25
42	关于印发武江区加快推进农村集体“三资"管理体系建设工作实施方案的通知	41	韶武府办明电	9.30
43	关于召开全区农村集体“三资”管理服务平台建设工作会议的通知	42	韶武府办明电	10.9
44	关于成立武江区参加韶关市第五届老年人运动会代表团的通知	43	韶武府办明电	10.10
45	关于征集武江区2016年民生实事项目的通知	44	韶武府办明电	10.15
46	关于印发武江区2015年国民体质测定工作方案的通知	45	韶武府办明电	10.21
47	关于转发韶关市人民政府教育督导室《关于转发“均衡县”国检流程及注意事项的通知》的通知	46	韶武府办明电	10.27
48	关于下达武江区2015年例行督察发现违法图斑查处整改工作任务的通知	47	韶武府办明电	11.5
49	关于成立武江区义务教育学校校长教师交流轮岗工作领导小组的通知	48	韶武府办明电	11.10
50	关于成立韶关市武江区第三次全国农业普查领导小组的通知	49	韶武府办明电	11.10

续表12

序号	文件名称	文号	发文单位	发文时间
51	关于拨给2015年市级“广东扶贫济困日”第三批捐赠资金的通知	50	韶武府办明电	11.12
52	关于召开武江区安全生产和消防安全暨政府第四季度防范重特大生产安全事故工作会议的通知	51	韶武府办明电	11.17
53	关于我区城乡居民基本养老保险、医疗保险扩面征缴情况的通报	52	韶武府办明电	11.23
54	关于明确武江区棚户区改造工作指挥部办公室成员的通知	53	韶武府办明电	12.17
55	关于印发武江区2015年开展农民工工资支付情况专项执法检查活动方案的通知	54	韶武府办明电	12.23
56	关于印发武江区病死畜禽无害化处理工作实施方案的通知	55	韶武府办明电	12.23
57	关于成立“12·9”事故调查组的通知	56	韶武府办明电	12.23
58	关于做好地质灾害防治工作的通知	57	韶武府办明电	12.24

索　　引

主题索引

说　　明

1. 本索引按照主题词首字汉语拼音字母顺序排列。
2. 索引款目后的数字表示内容所在的页码，数字后的英文字母（a、b、c）表示栏别（即版面的1、2、3、栏）。
3. 本期的特载、大事记、人物·荣誉、文件辑录和附录等内容未作索引。

A

B

C

D

E

F

G

H

J

K

L

M

N

P

Q

R

S

T

W

X

Y

Z

彩版索引

表格索引